Dietmar Urmes

Besseres Englisch
in schnellen Schritten

TAKE IT EASY

Etymologische Lerntricks
und grammatische Faustregeln

fourierverlag

„Wer fremde Sprachen nicht kennt, weiß nichts von seiner eigenen."

(Goethe, Eigenes und Angeeignetes)

Lektorat: Stefan Zöller, Augsburg
Covergestaltung: Thomas Jarzina, Köln
Gesamtherstellung: GGP Media, Pößneck
Printed in Germany

ISBN 3-932412-34-6

Inhalt

3. Überspielen Sie Ihre Formulierungsschwächen!

4. Ersparen Sie sich „dumme" Rechtschreibfehler!

5. Nutzen Sie einfache Aussprachetricks!

6. Vergessen Sie das stupide Vokabelpauken!

7. „Überleben" Sie mit drei Grammatikregeln!

Anhang

Vorwort

Mit diesem Buch komme ich dem ausdrücklichen Wunsch meiner Schüler nach, etwas mehr über die etymologischen Lerntricks und verblüffend einfachen grammatischen Grundregeln zu erfahren, mit denen ich sie gewöhnlich schon in unserer ersten Englischstunde bekannt mache und die vor allem den weniger Sprachbegabten nach jahrelangen Misserfolgen neue Zuversicht geben, dass „noch nicht alles verloren ist". Auch bei Schülern mit passablen Englischkenntnissen stellt sich spontane Begeisterung ein, wenn sie erkennen, dass man innerhalb von Minuten durch ein simples Aha-Erlebnis Hunderte von neuen Wörtern verstehen und lernen kann und dass selbst die Grammatik, mit der man jahrelang auf Kriegsfuß stand, schlagartig ihre Schrecken verliert.

Die in der Schule eher seltene Beschäftigung mit der Etymologie – d.h. der Herkunft, Geschichte und Grundbedeutung von Wörtern – stößt für gewöhnlich auf großes Interesse, da sie nicht nur den germanischen Sprachanteil im Englischen als für uns leicht verständliches Vokabular „enttarnt", sondern auch viele geographische, historische und kulturelle Zusammenhänge erkennbar macht und somit den allgemeinen Bildungshorizont erweitert; und dass man ganz nebenbei ein wenig Griechisch, Lateinisch und Französisch mitbekommt, wird sicherlich nicht schaden, haben doch diese drei Sprachen auch im Deutschen ihre Spuren in Form von Fremdwörtern hinterlassen, die sich wiederum durch einen einfachen Kniff in englische Vokabeln verwandeln lassen.

Über etymologische Hilfen zum Erkennen von Wortbedeutungen hinaus werden Sie in diesem Buch erfahren, wie Sie typische Rechtschreib- und Aussprachefehler durch bestimmte Lernstrategien vermeiden und zudem Ihre Gedächtnisleistung enorm steigern können. Auch das Lernen selbst will schließlich gelernt sein!

I

Die Bildung der englischen Sprache

Wie stolz waren die Briten stets auf ihre *'splendid isolation'*, diese „herrliche" politische und geographische Abkapselung vom europäischen Festland, die ihnen jahrhundertelang das Gefühl militärischer Uneinnehmbarkeit und kultureller Eigenständigkeit suggerierte und nicht zuletzt die Untertunnelung des Ärmelkanals so lange vereitelt hat, die ja schließlich ihre *'splendid isolation'* im wahrsten Sinn des Wortes zu untergraben drohte.

Dabei konnte die Insellage Großbritanniens seinen Einwohnern eigentlich nie einen dauerhaften Schutz vor Invasionen fremder Völkerschaften garantieren – und mit den Eroberern kam jeweils eine neue Sprache auf die Britischen Inseln, die nach und nach die vorherige ersetzte, zumindest jedoch stark überformte.

1

Die kelto-römische Basis

Überspringen wir die kontinuierlichen Einwanderungen steinzeitlicher Bauernkulturen aus Nord-, West- und Südeuropa, an deren Größe noch heute Kolossalbauten wie *Stonehenge* erinnern, und auch den Einfall keltischer Stämme um 700 v. Chr., die in mehreren Wellen besonders Wales, Schottland und Irland überschwemmten und den um 75 v. Chr. eindringenden nordgallischen *Belgen* (vgl. *Belgien*) Südengland als Siedlungsraum überließen, wo sie ihre Hauptstadt *Venta Belgarum* (= Winchester) gründeten.

Mit der Invasion Englands durch *Julius Cäsar* (55 und 54 v. Chr.) und der endgültigen Eroberung der Insel durch *Claudius* (43 n. Chr.) wird es sprachgeschichtlich interessant. Die siegreichen Legionen gaben der neuen Provinz den Namen *Britannia* nach dem dort ansässigen keltischen Stamm der *Briten*.

Die bewaldeten und daher schwer einnehmbaren Berglandschaften der Insel (Wales, Cornwall und Schottland), die einer Eroberung weitaus häufiger widerstanden als der schmale Wassergraben des Ärmelkanals, und auch Irland blieben bis auf den heutigen Tag die ethnischen und sprachlichen Rückzugsgebiete der Kelten. Besonders in *Wales* machte dieses kriegerische Volk den neuen Herren zu schaffen; möglicherweise erhielten deswegen die Legionäre, die in diesem westlichen Teil der Provinz stationiert waren und immer wieder in Scharmützel mit der aufsässigen Bevölkerung verwickelt wurden, zu Hause in Rom den Beinamen *Waliser* – ein Spitzname, der bald allen römischen Soldaten anhaftete, wo auch immer sie in der Folgezeit auftauchten, um die Grenzen ihres Weltreiches zu erweitern, neue Völkerschaften zu unterwerfen und ihnen römische Lebensart aufzuzwingen (vgl. *Wallonien* = romanisiertes Keltenland in Belgien und Nordfrankreich; *Walachei* = von den Römern kultivierte Landschaft in Rumänien; *Walliser* = noch heute französisch sprechende Nachfahren römischer Siedler in den *Walliser* Alpen der Schweiz; *Kleinwalsertal* = abgelegenes Alpental, in das Kolonisten aus den Walliser Alpen auswanderten). Im Laufe der Zeit wurde gar jeder fremde Einfluss, der von Rom ausging, als *walisisch* oder *welsch* bezeichnet (vgl. *Wallach* = kastrierter Hengst, ursprünglich in der *Walachei; Walnuss* = eine aus Italien eingeführte Nussart; *Rotwelsch* oder *Kauderwelsch* = für die normale Bevölkerung unverständliche Gaunersprache).

Römische Städte und Lager [43 - 410 n.Chr.]

● Londinium = London [Flotten und Zollstation]
■ Camulodunum (Colne Castra) = Colchester [Legionslager]

○ *Römische Städte und ihre heutigen Namen*

Aquae Sulis = Bath
Deva (Castra) = Chester
Dubris = Dover
Durnovaria (Castra) = Dorchester
Durovernum Cantiacorum = Canterbury
Eburacum = York
Glevum (Castra) = Gloucester
Isca (Castra) = Exeter
Isurium = Aldborough
Lindum Colonia = Lincoln
Muridunum = Carmarthen
Ratae (Castra) = Leicester

Segontium = Caernarvon
Sorbiodunum = Old Sarum / Salisbury
Venta Belgarum (Castra) = Winchester
Venta Icenorum = Caistor-next-Norwich
Verulamium = St. Albans
Viroconium (Castra) = Wroxeter

Inseln:

Monapia Insula = Isle of Man
Mona Insula = Anglesey
Vectis Insula = Isle of Wight

[Castra = Lager (lat.); -dunum = Stadt (kelt.); Venta (lat.) = Ausbau einer kelt. Siedlung]

Vergleichsweise leichtes Spiel hatte die Besatzungsmacht in der flachhügeligen, offenen Landschaft Englands. Aus den befestigten Legionslagern (lat. *castra;* vgl. dt. *Kassel*) entwickelten sich häufig mit Wall und Mauer umgebene Städte (lat. *vallum;* vgl. engl. *wall*), in deren Zentrum noch heute die rechtwinklig sich kreuzenden Hauptachsen des ursprünglichen Lagers erkennbar sind.

Auch ihre Namen verraten oft genug ihre römische Entstehung, besonders die Endungen *-cester* und *-chester,* die aus dem lateinischen Wort für Lager (*castra*) abgeleitet sind (vgl. *Leicester, Worcester, Gloucester, Rochester, Winchester, Colchester* etc.). London (*Londinium*) war schon zur Römerzeit Hauptstadt der Provinz *Britannia.*

Neben den ersten Stadtgründungen verdanken die Briten den Römern die Anlage eines leistungsfähigen Netzes schnurgerader und gepflasterter Fernstraßen, die in erster Linie natürlich die Kontrolle und Verwaltung des eroberten Gebietes vereinfachen sollten und sowohl den reibungslosen militärischen Nachschub als auch schnelle Truppenbewegungen innerhalb der von Aufständischen erschütterten Provinz ermöglichten.

Auf den Exerzierplätzen der Lager waren die römischen Legionäre im exakten Marschieren gedrillt worden; etwa 80 Zentimeter hatte ein Schritt zu messen, wobei nach Soldatenusus nur jeder zweite gezählt wurde (vgl. *„Links ..., links ..., links, zwo, drei vier!"*). Tausend solcher genormter Doppelschritte (lat. *milia passuum* = 1,6 km) summierten sich zur Meile (engl. *'mile'*), die Großbritannien noch heute als 2000-jähriges Erbe so standhaft gegen kontinentale Längenmaße verteidigt.

Die vorzüglichen Straßenverbindungen förderten zudem den rasch aufblühenden Tausch römischer Gebrauchs- und Luxusgüter gegen heiß begehrte britische Bodenschätze, vor allem Zinn, Kupfer und Gold, sowie gegen willkommene Getreide- und Wolllieferungen aus dieser nördlichsten Provinz des Imperiums. Gewogen wurden die Waren – aber auch die Gold- und Silbermünzen – auf der römischen *Libra,* und zwar nach dem Standardgewicht des *Libra pondo,* das exakt 327,45 Gramm entsprach; so mag die für einen Mitteleuropäer verwirrende Eigenart der Briten verständlich werden, zwar *'Pound'* zu sagen, aber sowohl die Hauptgewichts- als auch die Währungseinheit mit einem ***L*** abzukürzen (⇨ ***lb*** [gesprochen: lib] für ein *Gewichtspfund* und **£** für ein *'Pound Sterling'*).

Die römischen Legionäre erhielten selbstverständlich ein festes Gehalt, das sie als *salarium* ausgezahlt bekamen. Der etymologisch interessierte Leser wird darin das lateinische Wort *sal, salis* (= Salz; vgl. auch *Saline, Salami, Salat* usw.) wiedererkennen, und tatsächlich erhielten die Soldaten Roms, wenn sie sich auf einem Landfeldzug befanden, hauptsächlich ihren Lohn, um sich davon teures Salz zum Würzen ihres selbst gebackenen Fladenbrotes beschaffen zu können, denn Salz stand allenfalls an den Meeresküsten in ausreichendem Maße zur Verfügung. Später übernahmen die Engländer diese *Salzwährung* (= *'salary'*) als Bezeichnung für jede Art von festem Gehalt. Auch das Wort für Zahlungsmittel (= *'money'*) adoptierten sie von den römischen Eroberern, die ihr geprägtes Geld *moneta* nannten, da zu Hause in Rom die staatliche Münzpresse im Tempel der Göttin Juno untergebracht war, die den Beinamen *Moneta* (*Mahnerin;* von lat. *monere* = ermahnen, warnen) hatte. Das begehrteste Geldstück war eine gediegene Goldmünze, der *Solidus,* der wegen seines hohen und unveränderlichen Wertes schließlich auf die Begriffe „zuverlässig, sicher" (= *'solid'*) und die in festem Gehalt stehenden Legionäre (= *'soldiers'*) abfärbte[1].

---

[1] Vgl. auch deutsche Entlehnungen wie *Sold, Soldat, Söldner, Solidarität* und *konsolidieren* sowie *Saldo, saldieren* und *Salpeter,* wörtl. „Salz des Steins".

Wahrscheinlich ist das Lateinische lange Zeit lediglich die Amts- und Schriftsprache der verhassten Besatzungsmacht geblieben und wurde daher wohl von der Mehrheit der Inselbewohner strikt abgelehnt.

Erst seit 450 n. Chr., also mit der Herrschaft der Angelsachsen, die eine große Anzahl lateinischer Erb- und Lehnwörter vom Festland mitbrachten, wird der Einfluss dieser Sprache auf das Altenglische zugenommen haben. Nicht übersehen werden darf die Rolle des Kirchenlateins, das mit Beginn der Christianisierung im ausgehenden 6. Jahrhundert von immer größeren Bevölkerungsteilen verstanden und in abgewandelter Form in die Alltagssprache übernommen wurde.

Die französische Sprachinvasion nach der *'Battle of Hastings'* im Jahre 1066 und der Eroberung des Landes durch die Normannen (*Wilhelm der Eroberer*) brachte der bisherigen keltisch-lateinischen Mischsprache erneut einen enormen Zuwachs an Wörtern lateinischen Ursprungs.

In der Renaissance, also der „Wiedergeburt" der klassischen Antike und der Rückbesinnung auf die alten Sprachen, wurde das Englische abermals um eine Vielzahl an lateinischen Fremdwörtern bereichert, und schließlich hat auch die Entwicklung von Technik und Wissenschaft seit dem 18. Jahrhundert viele lateinische Neuprägungen beigesteuert. So verwundert es eigentlich, dass das Englische allgemein als germanische Sprache eingestuft wird, obwohl fast 60 % aller englischen Wörter romanischer Herkunft sind.

*

a) Die Adaption (vulgär-)lateinischer Wörter

Wer in der Schule kein Latein oder Französisch gelernt hat, wird trotzdem viele interessante und hilfreiche Hinweise zum besseren Verständnis der englischen Sprache in diesem Kapitel entdecken; es sollte also auf keinen Fall übersprungen werden, zumal hier wesentliche Prinzipien der englischen Wortbildung und Grammatik erklärt werden.

Anders als auf dem Festland, wo sich eine germanische Grundsprache kontinuierlich etwa zur deutschen Hochsprache entwickeln konnte, hatte sich die Bevölkerung Britanniens seit *Cäsars* Zeiten immer wieder mit neuen Herren und damit auch fremden Sprachen auseinander zu setzen.

Wie Kinder, die ihre Muttersprache erlernen, imitierten die Einheimischen nach und nach den Klang der fremden Wörter, was ihnen verständlicherweise nur annähernd gelang. Mit der verwirrenden Fülle der diversen Endungen, mit denen z.B. die Tätigkeiten einzelner Personen (*ich, du, wir* etc.) und die Fälle der Hauptwörter (*wer?* [Nominativ], *wessen?* [Genitiv], *wem?* [Dativ] und *wen?* [Akkusativ]) unterschieden wurden, konnten sie dagegen wenig anfangen; die einfachste Möglichkeit, mit diesem Problem fertig zu werden, bestand darin, die unbekannten Wörter – wenn man sie denn überhaupt benutzte – rigoros zu verkürzen, d.h. ihre *Suffixe* (= Endungen), manchmal aber auch ihre *Präfixe* (= Vorsilben) einfach zu kappen. Dieser Rosskur verdankt die englische Sprache zwei ihrer außergewöhnlichsten Merkmale: ihre „Einsilbigkeit" und die Notwendigkeit, fast ohne jede Grammatikregel auszukommen.

Die Entwicklung des Englischen im Sinne der Vereinfachung einer aufgezwungenen Fremdsprache wurde zudem von der Besatzungsmacht gefördert. Im Laufe der Zeit hatte sich im gesprochenen Latein, dem so genannten Volks- oder Vulgärlatein, neben dem ersten Fall (= Nominativ) eines Hauptwortes nur der vierte Fall (= Akkusativ) behaupten können, und von ihm leiteten die Briten fast immer ihre „neuen" Wörter ab, wobei sich oft zwangsläufig eine Verlagerung des Akzentes auf den Wortanfang ergab.

Wer die englische Vokabel *'autumn'* (= Herbst) kennt, fragt sich mit Recht, warum dieses Ungetüm am Ende mit der eigenartigen und gar nicht auszusprechenden Kombination ***-mn*** geschrieben wird; die Lösung ist recht einfach, wenn man das oben beschriebene Prinzip bedenkt und die ehemalige lateinische Akkusativendung ***-um*** wieder anhängt, z.B.:

autumn	- autumn-*um*	(lat. Bedeutung ebenf. Herbst)
castle	- castell-*um*	(Burg; vgl. *Kassel*)
member	- membr-*um*	(Mitglied; vgl. *Membrane*)
spirit	- spirit-*um*	(Geist, Seele; vgl. *Sprit*)
state	- stat-*um*	(Zustand, Staat; vgl. *Statut*)

Die gleiche Grundregel gilt natürlich auch für weibliche Hauptwörter (Akkusativendung ***-am*** oder ***-em***) sowie sächliche Nomina (Akkusativendung ***-um*** bzw. ***-a*** für die Mehrzahl), wie die folgenden Beispiele belegen:

arms	- arm-*a (pl.)*	(Waffen)
column	- column-*am*	(Säule; vgl. *Zeitungskolumne*)
school	- schol-*am*	(Schule; vgl. *Scholar*)

Selbst wenn Sie über keine Lateinkenntnisse verfügen, dürfte es sich lohnen, die folgende, nach Haupt- und Eigenschafts- bzw. Tätigkeitswörtern geordnete Aufstellung der Entlehnungen aus der lateinischen Sprache intensiv durchzuarbeiten, um Ihre Kenntnisse des englischen Grundwortschatzes aufzufrischen oder zu erweitern. Wären Sie ein Römer oder eine Römerin der ersten nachchristlichen Jahrhunderte, hätten Sie wahrlich keine nennenswerten Schwierigkeiten, die darin aufgeführten englischen Begriffe zu verstehen. Doch auch als Mensch unserer Zeit, der im Allgemeinen das Lateinische als eine tote Sprache betrachtet, wird Ihnen manches englische Wort in seiner Bedeutung und Schreibung durchschaubar werden, zumal viele deutsche Wörter ebenfalls aus dem Lateinischen stammen; sie sind als Assoziationshilfe und Gedächtnisstütze in Kursivschrift vermerkt. Urteilen Sie selbst, ob man die lateinische Sprache als wirklich ausgestorben betrachten kann:

Haupt- und Eigenschaftswörter lateinischen Ursprungs:

Englisch	*latein. Akkusativ*	*(dt. Bedeutung / Fremdwort)*
able	*(h)*abil-*em*	- geeignet; vgl. *Habilitation*
abundance	abundanti-*am*	- Überfluss
accusation	accusation-*em*	- Anklage; vgl. *Akkusativ*
action	action-*em*	- Handlung
actor	actor-*em*	- Darsteller; vgl. *Akteur*
admirable	admirabil-*em*	- erstaunlich; vgl. *Mirabelle*
adult	adult-*um*	- erwachsen
agile	agil-*em*	- flink, wendig; vgl. *agil*
agriculture	agricultur-*am*	- Landwirtschaft
air	aer-*a*	- Luft
alien	alien-*um*	- fremd, Fremder
animal	animal	- Tier; vgl. *animalisch*
antique	antiqu-*um*	- alt; vgl. *antik, Antiquität*
anxiety	anxietat-*em*	- Ängstlichkeit; vgl. *Angst*
apt	apt-*um*	- passend; vgl. *Adapter*
art	art-*em*	- Kunst; vgl. *Artist*
attention	attention-*em*	- Aufmerksamkeit
beast	besti-*am*	- wildes Tier; vgl. *Bestie*
brief	brev-*em*	- kurz; vgl. *Brief, Brevier*
camp	camp-*um*	- Feld, Ebene; vgl. *Camping*

candidate	candidat-*um*	- Bewerber; vgl. *Kandidat*
capital	capital-*em*	- hauptsächlich; vgl. *Kapitän*
car	carr-*um*	- Wagen; vgl. *Karren, Karre*
case	cas-*us*	- Fall, Zufall
cause	caus-*am*	- Ursache; vgl. *kausal*
cave	cav-*um*	- Höhle; vgl. *konkav*
cell	cell-*am*	- Kammer; vgl. *Zelle*
ceremony	ceremoni-*am*	- Feierlichkeit; vgl. *Zeremonie*
civil	civil-*em*	- bürgerlich; vgl. *Zivilist*
class	class-*em*	- Abteilung, Flotte, Klasse
clear	clar-*um*	- hell; vgl. *klar, klären*
client	client-*em*	- Schützling; vgl. *Klient*
coast	cost-*am*	- Küste; vgl. *Costa Rica*
collar	coll-*um*	- Kragen; vgl. *Kollier, Dekolleté*
colony	coloni-*am*	- Ansiedlung; vgl. *Köln*
colour	color-*em*	- Farbe; vgl. *Kolorit, Koloratur*
comic	comic-*um*	- lustig, komisch; vgl. *Komiker*
concession	concession-*em*	- Zugeständnis; vgl. *Konzession*
concord	concordi-*am*	- Eintracht; vgl. *Konkordat*
condition	condition-*em*	- Bedingung; vgl. *Kondition*
consolation	consolation-*em*	- Trost; vgl. *Nachtkonsole*
conversion	conversion-*em*	- Umkehrung; vgl. *Konverter*
council	concili-*um*	- Versammlung; vgl. *Konzil*
creature	creatur-*am*	- Geschöpf; vgl. *kreativ*
credit	credit-*um*	- Darlehen, Glaube; vgl. *Credo*
criminal	criminal-*em*	- verbrecherisch, Verbrechen
culture	cultur-*am*	- Anbau, Pflege; vgl. *Agrikultur*
cure	cur-*am*	- Sorge, Fürsorge; vgl. *Kur*
curious	curios-*um*	- neugierig; vgl. *Kuriosität*
decision	decision-*em*	- Entscheidung; vgl. *dezidiert*
declaration	declaration-*em*	- Verkündigung; vgl. *deklarieren*
dense	dens-*um*	- dicht; vgl. *Kondensation*
difficulty	difficultat-*em*	- Schwierigkeit; vgl. *diffizil*
discipline	disciplin-*am*	- Unterricht, Zucht
disk	disc-*um*	- Scheibe; vgl. *Diskus*
divine	divin-*um*	- göttlich; vgl. *Filmdiva*

division	division-*em*	- Teilung; vgl. *dividieren*
document	document-*um*	- Beweis; vgl. *Dokumentation*
domestic	domestic-*um*	- häuslich; vgl. *Domestike*
domicile	domicili-*um*	- Wohnsitz; vgl. *Domizil, Dom*
domination	domination-*em*	- Herrschaft; vgl. *dominieren*
education	education-*em*	- Erziehung; vgl. *Koedukation*
eloquent	eloquent-*em*	- redegewandt; vgl. *Eloquenz*
equal	aequal-*em*	- gleich; vgl. *äquivalent*
equality	aequalitat-*em*	- Gleichheit; vgl. *Äquator*
error	error-*em*	- Irrtum; vgl. *erratisch* = zerstreut
eternity	aeternitat-*em*	- Ewigkeit; vgl. *Eternit*
example	exempl-*um*	- Beispiel; vgl. *exemplarisch*
excursion	excursion-*em*	- Streifzug; vgl. *Exkurs*
extension	extension-*em*	- Ausdehnung; vgl. *extensiv*
false	fals-*um*	- falsch; vgl. *Falsett* = Fistelstimme
fame	fam-*am*	- (guter) Ruf; Gegenteil: *infam*
familiar	familiar-*em*	- vertraut; vgl. *familiär, Familie*
fate	fat-*um*	- Schicksal; vgl. *Fatalismus*
favour	favor-*em*	- Gunst; vgl. *Favorit*
fertile	fertil-*em*	- fruchtbar; vgl. *Fertilität*
firm	firm-*um*	- fest, stark; vgl. *Firmung, Firma*
fork	furc-*am*	- Gabel; vgl. *Mistforke*
fragile	fragil-*em*	- zerbrechlich; vgl. *Fragment*
frequent	frequent-*em*	- zahlreich; vgl. *Frequenz*
front	front-*em*	- Vorderseite; vgl. *frontal*
fume	fum-*um*	- Rauch, Dampf; vgl. *Parfüm*
fury	furi-*am*	- Wut, Raserei; vgl. *Furie*
gem	gemm-*am*	- Edelstein; vgl. *Gemme*
general	general-*em*	- allgemein; vgl. *generell*
generous	generos-*um*	- großzügig; vgl. *generös*
globe	glob-*um*	- Kugel; vgl. *Globus*
glory	glori-*am*	- Ruhm; vgl. *Preußens Gloria*
gorge	gurgit-*em*	- Abgrund; vgl. *Gurgel*
honour	honor-*em*	- Ehre, Ehrenamt; vgl. *Honorar*
hospital	hospital-*em*	- Krankenhaus; vgl. *Hospiz*
hour	hor-*am*	- Stunde; vgl. *km/h* (h = hora)

imagination	imagination-*em*	- Einbildung; vgl. *imaginär*
indignation	indignation-*em*	- Entrüstung; vgl. *indigniert*
industry	industri-*am*	- Fleiß; vgl. *Industrie*
infant	infant-*em*	- Kind; vgl. *infantil*
ingenious	ingenios-*um*	- erfinderisch; vgl. *Ingenieur*
injury	iniuri-*am*	- Verletzung; vgl. *Verbalinjurie*
invalid	invalid-*um*	- schwach, krank; vgl. *Invalide*
inventor	inventor-*em*	- Erfinder; vgl. *Inventar*
invitation	invitation-*em*	- Einladung
joke	ioc-*um*	- Scherz; vgl. *Joker*
just	iust-*um*	- gerecht, richtig; vgl. *justieren*
justice	iustiti-*am*	- Gerechtigkeit; vgl. *Justiz*
lake	lac-*us*	- See; vgl. *Wasserlache*
lapse	laps-*us*	- Sturz, Fall; vgl. *Kollaps*
large	larg-*um*	- weit, reichlich; vgl. *Largo*
letter	litter-*am*	- Buchstabe; vgl. *Literatur*
limit	limit-*em*	- Grenze; vgl. *Limes*
mansion	mansion-*em*	- Herrenhaus; vgl. *Mansarde*
master	magistr-*um*	- Meister; vgl. *Magister, Mister*
matrimony	matrimoni-*um*	- Ehe; vgl. *Matrone*
matter	materi-am	- Material, Sache; vgl. *Materie*
mature	matur-*um*	- reif; vgl. *Matura* = Abitur
me / my	me-*um*	- mir, mich / mein
mention	mention-*em*	- Erwähnung; vgl. *Mentor*
merit	merit-*um*	- Verdienst; vgl. *Pour le mérite*
minister	ministr-*um*	- Diener; vgl. *Ministrant*
minute	minut-*um*	- klein; vgl. *Mini, minutiös*
moderation	moderation-*em*	- Mäßigung; vgl. *Moderator*
money	monet-*am*	- Geld, Münze; vgl. *Moneten*
motion	motion-*em*	- Bewegung; vgl. *Emotion*
mount	mont-*em*	- Berg, anhäufen; vgl. *montieren*
muscle	muscul-*um*	- Muskel; eigentl.: *Mäuschen*
nice	nesci-*um*	- nett; eigentlich: unwissend
notion	notion-*em*	- Kenntnis, Begriff; vgl. *Notiz*
objection	obiection-*em*	- Einwand; vgl. *objektiv*
odour	odor-*em*	- Geruch; vgl. *Deodorant*

opinion	opinion-*em*	- Meinung
orator	orator-*em*	- Redner; vgl. *Oratorium*
origin	origin-*em*	- Ursprung; vgl. *original*
palm	palm-*am*	- Handfläche; vgl. *Palme*
parents *(pl.)*	parent-*es (pl.)*	- Eltern
part	part-*em*	- Teil; vgl. *Partner*
patient	patient-*em*	- geduldig; vgl. *Patient, Patience*
peace	pac-*em*	- Friede; vgl. *Pazifist*
pen	penn-*am*	- Feder, Füller; vgl. *Pen-Club*
perfect	perfect-*um*	- vollendet; vgl. *Perfektion*
pine	pin-*um*	- Fichte; vgl. *Pinie*
plain / plane	plan-*um*	- flach; vgl. *Plane, planieren*
potent	potent-*em*	- mächtig; vgl. *Potentat, Potenz*
pound	pond-*us*	- Pfund, Gewicht; vgl. *Kilopond*
present	praesent-*em*	- anwesend; vgl. *Präsenz*
prime	prim-*um*	- erster; vgl. *primär, prima*
profound	profund-*um*	- tief, gründlich; vgl. *profund*
promise	promiss-*um*	- Versprechen; vgl. *Kompromiss*
provision(s)	provision-*em*	- Lebensmittel; vgl. *Provision*
question	quaestion-*em*	- Frage; vgl. *Quästor* = röm. Beamt.
quiet	quiet-*um*	- ruhig; vgl. *Requiescat in pace*
recent	recent-*em*	- neu; vgl. *rezent*
refuge	refugi-*um*	- Zuflucht; vgl. *Refugium*
reign	regn-*um*	- Herrschaft; vgl. *Regierung*
relic	reliqui-*as (pl.)*	- Rest; vgl. *Relikt, Reliquie*
resistance	resistenti-*am*	- Widerstand; vgl. *resistent*
response	respons-*um*	- Antwort; vgl. *korrespondieren*
sacrifice	sacrifici-*um*	- Opfer; vgl. *Sakrifizium*
sanity	sanitat-*em*	- Gesundheit; vgl. *Sanitäter*
satisfaction	satisfaction-*em*	- Genugtuung; vgl. *satt*
secret	secret-*um*	- geheim; vgl. *Sekretär*
serene	seren-*um*	- heiter; vgl. *Serenade*
serpent	serpent-*em*	- Schlange; vgl. *Serpentine*
service	serviti-*um*	- Dienst; vgl. *Serviette, servieren*
sign	sign-*um*	- Zeichen; vgl. *Signal, signieren*
solemn	solemn-*em*	- feierlich; vgl. *Missa solemnis*

stable	stabil-*em*	- feststehend; vgl. *stabil*
stomach	stomach-*um*	- Magen (Schleimh.); vgl. *Stomatitis*
story	*(hi)*stori-*am*	- Geschichte; vgl. *Historie*
subtle	subtil-*em*	- fein, genau; vgl. *subtil*
succession	succession-*em*	- Nachfolge; vgl. *sukzessive*
sum	summ-*am*	- Gesamtheit; vgl. *Summe*
suspicion	suspicion-*em*	- Verdacht; vgl. *suspekt*
tardy	tard-*um*	- langsam; vgl. *retardiert*
tavern	tabern-*am*	- Bude; vgl. *Taverne, Tabernakel*
testimony	testimoni-*um*	- Zeugnis; vgl. *Attest*
tranquil	tranquill-*um*	- still; vgl. *Tranquilizer*
turbulent	turbulent-*um*	- stürmisch; vgl. *Turbine*
uncle	*(av)*uncul-*um*	- Onkel
urban	urban-*um*	- städtisch; vgl. VN *Urban*
vast	vast-*um*	- weit, öde; vgl. *wüst*
veil	vel-*um*	- Segel, Vorhang; vgl. *Velar*
vein	ven-*am*	- Ader; vgl. *Vene*
verb	verb-*um*	- Wort; vgl. *Verbum, verbal*
very	ver-*um*	- sehr; vgl. *wahr, wahrhaftig*
vest	vest-*am*	- Unterjacke; vgl. *Weste*
victim	victim-*am*	- Opfer(tier); vgl. *„Viech“*
victory	victori-*am*	- Sieg; vgl. *Viktoria*
vine	vine-*am*	- Weinrebe; vgl. *In vino veritas*
virgin	virgin-*em*	- Jungfrau; vgl. *Virginia*
vision	vision-*em*	- Anblick; vgl. *Television*
vital	vital-*em*	- lebensfähig; vgl. *Vitalität*
voice	voc-*em*	- Stimme; vgl. *Vokal*
voluntary	voluntari-*um*	- freiwillig; vgl. *Volontär*

Besonders schwer taten sich die Briten natürlich mit dem Formenreichtum der lateinischen Tätigkeitswörter; allzu gerne übernahmen sie daher eine ganz besondere Eigenart des Legionär-Jargons (= Vulgärlatein), nämlich auf jegliche Unterscheidung der Zeiten zu verzichten und mehr oder weniger nur noch die d r i t t e Stammform eines Verbs (= Partizip Perfekt Passiv) zu verwenden:

z.B.:	1. Stammform:	*colligere*	(= sammeln),
	2. Stammform:	*collegi*	(= ich habe gesammelt),
	3. Stammform:	***collectum***	(= gesammelt worden).

Man sagte also statt des korrekten *collegi* (ich habe gesammelt)

⇨ *habeo* ***collectum*** (eigentl.: ich habe *gesammelt worden*),

und aus dieser dritten Stammform bildeten die Briten eine Menge neuer Wörter, die sie natürlich noch um die Endung ***-um*** verkürzten. So entstand aus dem oben angeführten Wort *collect-**um*** die englische Grundform:

to collect.

Verbableitungen aus dem lateinischen Partizip Perfekt

(Die deutschen Fremdwörter entstammen dagegen meist der Grundform)

Englisch	*Vulgärlatein*	*Grundform*	*(dt. Bedeutung / Fremdwort)*
accept	accept-*um*	(accipere)	- annehmen, *akzeptieren*
act	act-*um*	(agere)	- handeln, *agieren*
agitate	agitat-*um*	(agitare)	- eifrig betreiben, *agitieren*
amputate	amputat-*um*	(amputare)	- abschneiden, *amputieren*
animate	animat-*um*	(animare)	- ermutigen, *animieren*
associate	associat-*um*	(associare)	- verbinden, *assoziieren*
attract	attract-*um*	(attrahere)	- anziehen; vgl. *attraktiv*
celebrate	celebrat-*um*	(celebrare)	- feiern, *zelebrieren*
close	claus-*um*	(claudere)	- schließen; vgl. *Klausur*
collect	collect-*um*	(colligere)	- sammeln; vgl. *Kollekte*
compose	composit-*um*	(componere)	- verfassen, *komponieren*
compress	compress-*um*	(comprimere)	- zus.drücken, *komprimieren*
confess	confess-*um*	(confiteri)	- bekennen; vgl. *Konfession*
confuse	confus-*um*	(confundere)	- verwirren; vgl. *konfus*

consecrate	consecrat-*um*	(consecrare)	- weihen, *konsekrieren*
constitute	constitut-*um*	(constituere)	- festsetzen, *konstituieren*
construct	construct-*um*	(construere)	- erbauen, *konstruieren*
correct	correct-*um*	(corrigere)	- berichtigen, *korrigieren*
corrupt	corrupt-*um*	(corrumpere)	- bestechen, *korrumpieren*
cultivate	cultivat-*um*	(cultivare)	- pflegen, *kultivieren*
decorate	decorat-*um*	(decorare)	- schmücken, *dekorieren*
degenerate	degenerat-*um*	(degenerare)	- entarten, *degenerieren*
desert	desert-*um*	(deserere)	- verlassen, *desertieren*
designate	designat-*um*	(designare)	- bezeichnen, *designieren*
direct	direct-*um*	(dirigere)	- lenken, *dirigieren*
discuss	discuss-*um*	(discutere)	- erörtern, *diskutieren*
dominate	dominat-*um*	(dominari)	- herrschen, *dominieren*
educate	educat-*um*	(educare)	- erziehen; vgl. *Koedukation*
elect	elect-*um*	(eligere)	- auswählen; vgl. *elegant*
elevate	elevat-*um*	(elevare)	- anheben; vgl. *Elevator* = Lift
emigrate	emigrat-*um*	(emigrare)	- auswandern, *emigrieren*
erect	erect-*um*	(erigere)	- aufrichten, *erigieren*
estimate	aestimat-*um*	(aestimare)	- schätzen, *ästimieren*
execute	exsecut-*um*	(exsequi)	- ausführen, *exekutieren*
extract	extract-*um*	(extrahere)	- herausziehen, *extrahieren*
fix	fix-*um*	(figere)	- anheften; vgl. *Kruzifix*
hesitate	hesitat-*um*	(hesitare)	- zögern, unschlüssig sein
illuminate	illuminat-*um*	(illuminare)	- beleuchten, *illuminieren*
illustrate	illustrat-*um*	(illustrare)	- erklären, *illustrieren*
imitate	imitat-*um*	(imitare)	- nachahmen, *imitieren*
immigrate	immigrat-*um*	(immigrare)	- einwandern, *immigrieren*
indicate	indicat-*um*	(indicare)	- anzeigen; vgl. *Indikativ*
inflate	inflat-*um*	(inflare)	- aufblasen; vgl. *Inflation*
inject	iniect-*um*	(inicere)	- einspritzen, *injizieren*
institute	institut-*um*	(instituere)	- einrichten; vgl. *Institut*
instruct	instruct-*um*	(instruere)	- unterweisen, *instruieren*
interrupt	interrupt-*um*	(-rumpere)	- unterbrechen
irritate	irritat-*um*	(irritare)	- reizen, *irritieren*
liberate	liberat-*um*	(liberare)	- befreien; vgl. *liberal*
merit	merit-*um*	(merere)	- verdient haben; vgl. *Meriten*

moderate	moderat-*um*	(moderare)	- mäßigen, *moderieren*
navigate	navigat-*um*	(navigare)	- segeln, *navigieren*
neglect	neglect-*um*	(neglegere)	- vernachlässig.; vgl. *Negligé*
negotiate	negotiat-*um*	(negotiari)	- verhandeln
nominate	nominat-*um*	(nominare)	- benennen, *nominieren*
object	obiect-*um*	(obicere)	- einwerfen; vgl. *objektiv*
operate	operat-*um*	(operare)	- tätig sein, *operieren*
part	part-*um*	(partiri)	- teilen, s. trennen; vgl. *apart*
penetrate	penetrat-*um*	(penetrare)	- durchdringen; vgl. *penetrant*
possess	possess-*um*	(possidere)	- besitzen; vgl. *possessiv*
post	posit-*um*	(ponere)	- aufstellen, *postieren*
predict	praedict-*um*	(praedicere)	- vorhersagen
prevent	praevent-*um*	(praevenire)	- zuvorkomm.; vgl. *präventiv*
profess	profess-*um*	(profiteri)	- öff. erklären; vgl. *Professor*
prohibit	prohibit-*um*	(prohibere)	- verhindern; vgl. *Prohibition*
promise	promiss-*um*	(promittere)	- versprech.; vgl. *Kompromiss*
promote	promot-*um*	(promovere)	- befördern, *promovieren*
protect	protect-*um*	(protegere)	- schützen, *protegieren*
regulate	regulat-*um*	(regulare)	- ausrichten, *regulieren*
relate	relat-*um*	(referre)	- berichten, *referieren*
repress	repress-*um*	(reprimere)	- unterdrück.; vgl. *Repressalie*
request	requaesit-*um*	(requirere)	- verlangen, *requirieren*
respect	respect-*um*	(respicere)	- beachten, *respektieren*
simulate	simulat-*um*	(simulare)	- vortäuschen, *simulieren*
suggest	suggest-*um*	(suggerere)	- nahe legen, *suggerieren*
terminate	terminat-*um*	(terminare)	- beenden, *terminieren*
use	us-*um*	(uti)	- gebrauchen; vgl. *Usus*
violate	violat-*um*	(violare)	- verletzen; vgl. *violent*
vote	vot-*um*	(vovere)	- abstimmen, *votieren*

Später übernahm man viele Grundformen, bei denen man – wiederum dem Bedürfnis der Vereinfachung folgend – lediglich die Endungen ***-are***, ***-(e)re*** und ***-ire*** strich. Es handelt sich dabei wohl vornehmlich um kirchenlateinische Wörter, mit denen die Briten nach ihrer Christianisierung in zunehmendem Maße konfrontiert wurden, denn die römischen Besatzer hatten zu der Zeit längst die Insel verlassen. Die folgenden Seiten bieten Ihnen eine Auflistung der wichtigsten Entlehnungen von lateinischen Infinitiven, die zum Grundwortschatz der englischen Sprache beitrugen.

Tätigkeitswörter aus verkürzten lateinischen Grundformen

Englisch	*lat. Grundform*		*dt. Bedeutung / Fremdwort*
absorb	absorb-*ere*		- aufsaugen, *absorbieren*
add	add-*ere*		- hinzufügen, *addieren*
admit	admitt-*ere*		- zulassen
adopt	adopt-*are*		- annehmen, *adoptieren*
adore	ador-*are*		- anbeten; vgl. *Ora et labora*
appear	appar-*ere*		- erscheinen
applaud	applaud-*ere*		- klatschen, *applaudieren*
argue	argue-*re*		- erörtern, *argumentieren*
attend	attend-*ere*	(-tentum)	- beiwohnen; vgl. *Attention*
claim	clam-*are*		- beanspruchen; vgl. *Klamauk*
compute	comput-*are*		- berechnen; vgl. *Computer*
conceal	concel-*are*		- verbergen; vgl. *Zelle, Keller*
conclude	conclud-*ere*		- folgern, *konkludieren*
confide	confide-*re*		- vertrauen; vgl. *konfident*
confirm	confirm-*are*		- bekräftigen; vgl. *Konfirmation*
connect	connect-*ere*	(-nexum)	- verbinden; vgl. *Konnex*
consent	consent-*ire*	(-sensum)	- übereinstimmen; vgl. *Konsens*
consider	consider-*are*		- berücksichtigen, überlegen
consume	consume-*re*		- verbrauchen, *konsumieren*
contain	contin-*ere*		- ent-, zus.halten; vgl. *Kontinent*
continue	continue-*re*		- fortfahren; vgl. *kontinuierlich*
convert	convert-*ere*		- umändern, *konvertieren*
convince	convince-*re*	(-victum)	- überzeugen; vgl. *Konvikt*
curve	curv-*are*	(curvum)	- krümmen; vgl. *Kurve*
defend	defend-*ere*	(-fensum)	- verteidigen; vgl. *defensiv*
depend	depend-*ere*		- abhängen; vgl. *Dependance*
deport	deport-*are*		- wegschaffen, *deportieren*

descend	descend-*ere*		- hinabsteigen, *deszendieren*
determine	determin-*are*		- abgrenzen; vgl. *Determinante*
discern	discern-*ere*		- unterscheiden, trennen
disturb	disturb-*are*		- stören; vgl. *Turbulenz*
divide	divide-*re*	(-visum)	- teilen, *dividieren*; vgl. *Division*
emit	emitt-*ere*		- von sich geben; vgl. *Emission*
exceed	exced-*ere*	(-cessum)	- überschreiten; vgl. *Exzess*
excel	excell-*ere*		- hervorragen; vgl. *exzellent*
exclaim	exclam-*are*		- ausrufen; vgl. *Ex-, Akklamation*
exclude	exclud-*ere*	(exclusum)	- ausschließen; vgl. *exklusiv*
exist	exist-*ere*		- bestehen, *existieren*
expect	exspect-*are*		- erwarten; vgl. *Exspektant*
explain	explan-*are*		- erklären, eigentl.: einebnen
extend	extend-*ere*	(-tentum)	- ausdehnen; vgl. *extensiv*
found	fund-*are*		- gründen; vgl. *Fundament*
frequent	frequent-*are*		- oft besuchen, *frequentieren*
honour	honor-*are*		- ehren, *honorieren*
import	import-*are*		- einführen, *importieren*
include	includ-*ere*	(inclusum)	- einschließen; vgl. *inklusiv*
induce	induc-*ere*	(inductum)	- verleiten, *induzieren*
inflame	inflamm-*are*		- anzünden; vgl. *Flamme*
inform	inform-*are*		- mitteilen, *informieren*
insist	insist-*ere*		- bestehen auf, *insistieren*
insult	insult-*are*		- beleidigen, *insultieren*
intend	intend-*ere*	(-tentum)	- beabsichtigen; vgl. *intentional*
interpret	interpret-*are*		- auslegen, *interpretieren*
introduce	introduc-*ere*		- einführen, vorstellen
invade	invade-*re*	(-vasum)	- eindringen; vgl. *Invasion*
labour	labor-*are*		- arbeiten, *laborieren*
limit	limit-*are*		- begrenzen, *limitieren*
manifest	manifest-*are*		- an d. Tag legen, *manifestieren*
move	move-*re*	(motum)	- bewegen; vgl. *Motor*
occur	occurr-*ere*		- sich ereignen
offend	offend-*ere*	(-fensum)	- angreifen; vgl. *offensiv*
omit	omitt-*ere*		- weglassen
permit	permitt-*ere*		- erlauben

persuade	persuade-*re*	- überreden, eigentl.: süß machen
plant	plant-*are*	- pflanzen; vgl. *Plantage*
prescribe	praescribe-*re*	- verordnen, *präskribieren*
present	praesent-*are*	- vorführen, *präsentieren*
pretend	praetend-*ere* (-tentum)	- vorgeben; vgl. *prätentiös*
proceed	proced-*ere* (-cessum)	- vorrücken; vgl. *Prozess, -zession*
produce	produce-*re* (-tum)	- erzeug., *produzieren;* vgl. *Produkt*
protest	protest-*ari*	- Einspruch erheb., *protestieren*
provide	provide-*re* (-visum)	- (vor)sorgen; vgl. *Provision*
purge	purg-*ere*	- reinigen; vgl. *pur*
rebel	rebell-*are*	- sich empören, *rebellieren*
reduce	reduce-*re* (-tum)	- herabsetzen, *reduzieren*
reflect	reflect-*ere*	- nachdenken, *reflektieren*
reign	regn-*are*	- herrschen, *regieren*
relax	relax-*are*	- sich entspannen; vgl. *lax*
remain	reman-*ere*	- bleiben, zurückbleiben
repeat	repet-*ere*	- wiederholen; vgl. *Repetition*
report	report-*are*	- berichten; vgl. *Reportage*
represent	repraesent-*are*	- vertreten, *repräsentieren*
resist	resist-*ere*	- widerstehen; vgl. *resistent*
respond	respond-*ere*	- antworten; vgl. *korrespondieren*
result	result-*are*	- sich ergeben, *resultieren*
retard	retard-*are*	- verzögern, *retardieren*
reveal	revel-*are*	- enthüllen, entschleiern
salute	salut-*are*	- grüßen, *salutieren*
sign	sign-*are*	- unterzeichnen, *signieren*
solve	solve-*re* (solutum)	- (los)lösen; vgl. *absolut*
submit	submitt-*ere*	- unterwerfen
succeed	succed-*ere* (-cessum)	- Erfolg haben; vgl. *sukzessive*
suffer	suffer-*re*	- erdulden, leiden
support	support-*are*	- unterstützen
transfer	transfer-*re*	- übertragen; vgl. *Transfer*
transform	transform-*are*	- umgestalten; vgl. *Transformator*
transmit	transmitt-*ere* (-missum)	- senden; vgl. *Transmission*
urge	urge-*re*	- drängen; vgl. *urgent*

*

b) Interessante Ableitungen aus dem Lateinischen

Auf den ersten Blick mag es verwundern, dass der Engländer keine Geschlechtsunterscheidung bei Haupt- und Eigenschaftswörtern kennt; *'a good friend'* ist halt sowohl ein gut***er*** Freund als auch ein***e*** gut***e*** Freund***in***. Auf den zweiten Blick ist das Phänomen der Ungeschlechtlichkeit in der englischen Sprache einleuchtend, da ja (fast) alle Endungen bei der Übernahme fremder Wörter gestrichen wurden. Romanische Nachfolgesprachen des Lateinischen haben diesen Nachteil der Wortverkürzung durch das Hinzufügen von unterschiedlichen Artikeln für das weibliche und männliche Geschlecht ausgeglichen (franz. *la/le,* ital. *la/il,* span. *la/el,* port. *a/o*). Im Englischen dagegen bezeichnet der Artikel *'the'* jedes beliebige Geschlecht; man kann sich im oben erwähnten Beispiel allenfalls dadurch helfen, dass man dem *'friend'* ein *'boy'* oder *'girl'* voranstellt und durch die Ausdrücke *'boy friend'* bzw. *'girl friend'* Klarheit schafft. Als weiteres Beispiel für eine solche Verlegenheitslösung ließe sich die Unterscheidung zwischen *Katze* und *Kater* (= *'she cat'* und *'tom cat'*) anführen. Selbst die Bezeichnungen für *Mann* und *Frau* differieren nicht in der Endung, sondern nur im Wortanfang (= *'man'*/*'**wo**man'* in der Einzahl und *'men'*/*'**wo**men'* in der Mehrzahl.

*

Recht lustig sind einige englische und deutsche Ableitungen von lateinischen Grundwörtern, z.B. von *puer* (= Junge) und *puella* (Mädchen):

In der Verkleinerungsform werden daraus

pup|*us* (kleiner Junge; vgl. *Pup, Bub*) bzw.
pup|*a* (kleines Mädchen; vgl. *Puppe*).

Eine nochmalige Verkleinerung ergibt

pupill|*us* (kleines Knäbchen) bzw.
pupill|*a* (kleines Mädelchen).

Es ist unschwer zu erkennen, dass beide lateinischen Formen zum „geschlechtslosen“ englischen Wort ***'pupil'*** führten, dessen Bedeutung sich zu *Schüler/in* wandelte, da elternlose Kinder wahrscheinlich dem Klerus anvertraut und in Klosterschulen erzogen wurden. *'Pupil'* heißt gleichzeitig aber auch jenes schwarze Sehloch inmitten des Auges (= *Pupille*), in dem sich unser eigenes Abbild stark verkleinert widerspiegelt; somit bedeutet *'pupil'* eigentlich in beiden Fällen das Gleiche – nämlich *das Menschlein.*

Kaum jemandem dürfte bewusst sein, dass sich hinter *'pencil'* das lateinische Wort *penis,* also das männliche Glied verbirgt, aus dessen Verkleinerungsform

penicill|um (Pinsel, Schwänzchen)

sich im Englischen jener Schreibstift (= *'pencil'*) ergab, der längst kein Blei mehr enthält, geschweige denn an einem Ende Borsten aufweist. Man ahnt, dass auch unser Wort *Pinsel* vom verkürzten lateinischen Wort *penicillum* stammt. Im Jahre 1928 fand der englische Bakteriologe *Sir Alexander Fleming* die Bakterien abtötende Wirkung des *Pinselschimmels* heraus, nach dessen wissenschaftlichem Namen (*Penicillium notatum*) er sein neues Medikament *Penicillin* nannte.

Das Wort *'pen'* ist übrigens keine Verkürzung des englischen Wortes *'pencil',* wie man zunächst annehmen könnte, sondern des lateinischen Wortes *penna* (= Feder), das auch in unserer Sprache seine Spuren hinterlassen hat (vgl. *Pennal* und *Pennäler;* das Wort *Penne* für *höhere Schule* ist dagegen wohl eher ein scherzhafter, aus der Gaunersprache entlehnter Ausdruck und bedeutet eigentlich *Schlafstelle;* vgl. *pennen*).

Auch das Wort *'porcelain'* lässt eine interessante Deutung zu. Die Herstellung des *Porzellans* wurde zwar in Ostasien erfunden, weswegen die Engländer besonders feinwandige Exemplare noch heute *'China'* nennen; sprachgeschichtlich stammt das Wort *'porcelain'* jedoch ebenfalls aus dem Lateinischen. Seit die edlen und begehrten Keramikwaren mit Marco Polo in Einzelstücken nach Europa gelangt waren, hatte man über Jahrhunderte vergeblich versucht, chinesisches Porzellan zu imitieren, indem man Schmelzversuche mit pulverisierten Muschelkalkschalen unternahm. Für die Benennung der nur mäßig gelungenen Nachahmungen musste die Muschel als traditionelles Sexualsymbol herhalten (Muschel = weibliches Geschlechtsteil = *Schweinerei*):

porc|*us* (der Eber) und
porc|*a* (die Sau)

ergeben (neben dem französischen *porc* und dem englischen *'pork'* für Schwein) in der weiblichen Verkleinerungsform

porcell|*a* (Schweinchen, kleine Schweinerei),

woraus sich unser Wort *Porzellan* und das englische *'porcelain'* herleiten. Übrigens gelang es erst im 18. Jahrhundert, weißes Hartporzellan chinesischer Qualität herzustellen, als endlich jener rätselhafte feintonige Rohstoff – das *Kaolin,* das ursprünglich nur in Südchina am Berg *Kauling* abgebaut wurde – auch bei uns, etwa im sächsischen Meißen, gefunden und gefördert wurde.

Schon früh dürften die Briten die lateinischen Wörter für *Volk* und *Individuum* von ihren römischen Herren übernommen haben. Das berühmte *SPQR* (*Senatus Populusque Romanus* = Senat und Volk von Rom) begegnete den unterworfenen Einheimischen schließlich auf Schritt und Tritt; es prangte nicht nur auf allen Legionsstandarten unterhalb des römischen Adlers, sondern auch an den öffentlichen Gebäuden und legitimierte alle offiziellen Bekanntmachungen als Anordnungen des Römischen Senats und Volkes. Das Wort

popul|*us* (das Volk)

entwickelte sich zu den englischen Sammelbezeichnungen *'population'* (= Bevölkerung) und *'people'* (= Leute), von denen wiederum eine Reihe weiterer Wörter abgeleitet wurden, z.B. *'popular'* (= volkstümlich), *'to populate'* (= bevölkern), *'public'* (= öffentlich; vgl. *'republic'*), *'to publish'* (= veröffentlichen) und *'pub'* (= öffentliche Kneipe). Dass die romanischen Sprachen das römische *populus* übernahmen, ist verständlich (ital. *popolo,* span. *pueblo,* franz. *peuple* und port. *povo*), aber auch das Deutsche kennt etliche Entlehnungen vom lateinischen Grundwort: *Popularität, populär, Publikum, Publikation, publik* und schließlich auch ein Wort, dem man seinen lateinischen Vorfahren nicht sofort ansieht: der *Pöbel* (= gemeines Volk).

Der später gebräuchliche Begriff *'nation'* geht ebenfalls auf ein lateinisches Ursprungswort zurück:

nasci, nat|*um* (geboren werden, geboren)

Damit bedeutet *'nation'* die Gesamtheit aller in einem Lande Geborenen und *'native'* eigentlich *Eingeborener* oder *eingeboren* (vgl. *'national', 'international', Renaissance* = *Wiedergeburt* der klassischen Antike, *Renate* = die *Wiedergeborene* sowie unsere Lehnwörter *Natur* und *naiv*).

Die Bezeichnung für ein Individuum beiderlei Geschlechts, das lateinische Kollektivum

person|*a*,

ist ebenfalls verkürzt ins Englische übernommen worden; sein Ursprung geht auf das klassische Theater zurück, in dem die Schauspieler mit starren, rollen-charakteristischen Masken auftraten, wobei die besondere Individualität der dargestellten Person vor allem aus den Worten zu erkennen war, die durch das Mundloch der Maske herausschallten (lat. *personare* = hindurchtönen). Englische Ableitungen finden sich in *'personality'* (= Persönlichkeit), *'personal'* (= persönlich) und *'personnel'* (= Personal). Die romanischen Sprachen übernahmen entweder die lateinische Bezeichnung für das Individuum (ital. und span. = *persona*) oder entlehnten es mit geringfügigen Veränderungen (franz. = *personne;* port. = *pessoa*).

Der englische Begriff *'corps'* in der Bedeutung *Leiche* verdankt seine Entstehung dem lateinischen Grundwort

corp|*us* (Körper)

ebenso wie die Wörter *'corporal'* (= körperlich), *'corporation'* (= Körperschaft) und *'corpulent'* (= massig). Zuweilen sprechen wir von *Hokuspokus,* wenn wir etwas für Zauberei halten, zumindest für ein Ereignis, das sich unserem Verstehen entzieht; erstaunlicherweise entstammt auch dieser Ausdruck dem lateinischen Wort für *Körper,* denn es handelt sich dabei um eine Verballhornung des liturgischen *Hoc est corpus ...* (= Das ist mein Leib ...), also um eine lautliche Wiedergabe dessen, was das einfache Kirchenvolk während der Wandlung in der lateinischen Messe zu hören glaubte.

Der militärische Rang eines *'corporal'* dagegen hat – wie man zunächst annehmen könnte – nichts mit dem römischen *corpus* zu tun, sondern wurde aus dem französischen Wort *caporal* gebildet, welches wiederum von dem lateinischen Ausdruck für *Haupt* abzuleiten ist:

caput, capit|*is*

Viele englische Wörter lassen sich auf diesen Grundbegriff zurückführen, z.B. *'cap'* (= Mütze), *'capital'* (= Hauptstadt, Haupt-, Geld), *'cape'* (= Vorgebirge), *'Capitol', 'capitulation'*

(= Vertrag über die Hauptbedingungen der Übergabe), *'to capsize'* (= kopfüber kentern), *'captain'* etc. Interessant ist auch die Fülle unserer eigenen Entlehnungen: *Kap, Kappe, Kapelle, Kapitän, Kapitel, Kapitell, Kaplan, Kapuze, Kappes, kaputt,* um nur einige Vertreter dieser umfangreichen Wortfamilie zu nennen. Das Adjektiv *kaputt* bürgerte sich übrigens während des Dreißigjährigen Krieges unter den viel beschäftigten Totengräbern ein, die die Köpfe der Gefallenen oder Getöteten zu zählen hatten.

Hinter *'mount', 'mountain'* und *'mountainous'* (= bergig) verbirgt sich das lateinische

mons, mont|*em* (Berg),

während *'plain'* und *'plane'* (= Ebene; eben, flach) dem gleichbedeutenden

plan|*us*

entspricht (vgl. *'Great Plains'* und die deutschen Lehnbildungen *planieren* und *Plane*). Die Verbform dieses Adjektivs (*explan|are*) führte im Englischen zu *'to explain'* (= erklären, eigentl.: eben machen) und zum entsprechenden Substantiv *'explanation'* (= Erklärung).

'Country', dem englischen Wort für *Land,* liegt überraschenderweise die lateinische Präposition

contra (gegen, gegenüber)

zu Grunde, was uns aber plausibel erscheint, sobald wir unseren Ausdruck *Gegend* richtig interpretieren, denn es handelt sich in beiden Fällen um ein Gebiet, das dem Betrachter *entgegen liegt,* sich also vor ihm ausbreitet, wohingegen das leicht zu verwechselnde *'county'* (= Grafschaft) nicht mit *'country'* verwandt ist. Allerdings stammt es gleichfalls aus dem Lateinischen, wobei die ursprüngliche Bedeutung

comes, comit|*em* (der Gefährte)

sich schließlich in *Landesherr* (*'count'* = Graf) und das von ihm beaufsichtigte Land in *'county'* (= lat. *comitatum*) wandelte (vgl. auch frz. *comte,* ital. *conte,* span./port. *conde* sowie frz. *comtesse,* ital. *contessa,* span. *condesa,* port. *condessa* und dt. *Komtess*).

Innerhalb der Grafschaften konnten Bauern von alters her Land zur eigenen Bewirtschaftung erhalten, die so genannte

terra firm|*a* (fest eingetragenes Land),

wenn sie willens und in der Lage waren, die festgesetzte jährliche Pacht an den Grundbesitzer zu entrichten. Im Laufe der Zeit entwickelte sich der lateinische Ausdruck zur englischen *'farm',* während bei einer Geschäftsgründung immer noch der ursprüngliche Begriff *'firm'* für *Firma* verwendet wird (vgl. *'to confirm'* = bekräftigen; ebenso *Firmung, Konfirmation*).

Bei geklärten und offiziell bestätigten Besitzverhältnissen war die sichtbare Abgrenzung des Grund und Bodens unverzichtbar. Die heutige Bezeichnung für die Umzäunung ihrer Höfe, Wiesen und Weiden entlehnten die britannischen Bauern ebenfalls von der römischen Besatzungsmacht;

de|fend|*ere, de*|fens|*um* (verteidigen, schützen)

entwickelte sich zu *'fence'* und *'defence',* also zu *Schutzzaun* bzw. zu *Verteidigung,* während das Verb *'to defend'* (= verteidigen) wieder einmal durch die bewährte Verkürzungsmethode entstanden ist (vgl. auch *Fender* = stoßdämpfender Puffer beim Anlegen eines Schiffes, aber auch in der modernen Bedeutung Autokotflügel; *Defensive* = Verteidigung).

Die römische Besatzungsmacht selbst benötigte weitaus stärkere Befestigungsanlagen. Wo natürliche Hindernisse – wie Berge und Flüsse (*rivus* zu *'river'*) – fehlten, hatte man das *Imperium* (engl. *'empire'*) mit soliden Grenzwällen und Mauern geschützt, von denen zumindest der im Süden unseres Landes gelegene *Limes* bekannt sein dürfte; aber es gab solche Verteidigungsanlagen gegen die unzivilisierten, nichtrömischen Völker, die wegen ihrer für römische Ohren wie Kauderwelsch klingenden Sprachen *Barbaren* genannt wurden (*Barbar* etwa in der Bedeutung unseres lautmalenden *Blabla*), auch in Arabien, Afrika (vgl. *Berber*) und an der Nordgrenze Britanniens, wo die römischen Kaiser *Hadrian* und *Antonius Pius* im 2. Jahrhundert n. Chr. die nach ihnen benannten Schutzwälle gegen die höchst aggressiven keltischen Stämme der *Pikten* und *Skoten* (= *Schotten*) errichten ließen.

Limes, limit|*em* (Grenzbefestigung)

wurde bald eine geläufige Bezeichnung für jede Art von äußerer *Begrenzung* und findet sich in verschiedenen Ableitungen noch heute im Englischen (vgl. *'limit'* = die Grenze, *'to limit'* = begrenzen, beschränken, *'limitation'* = die Einschränkung, *'off limits'* = verboten, verwehrt, *'limited'* = begrenzt, *'Ltd./ Limited'* = Gesellschaft mit beschränkter Haftung).

Unter der römischen Herrschaft wohnte man selten in der Stadt (lat. *urbs;* vgl. *'urban'* = städtisch), die ja aus dem Legionslager hervorgegangen war und hauptsächlich Römer beherbergte, sondern hauste als Händler oder kleiner Handwerker allenfalls im Außenbezirk, lateinisch

surburbs, suburb|*em* (Vorstadt)

– eine Bezeichnung, welche die Einheimischen in verkürzter Form als *'suburb'* übernahmen bzw. zu *'suburban'* (= vorstädtisch) wandelten. Die Bewohner einer Stadt, aber auch des ganzen Landes, wurden *'inhabitants'* genannt, nach dem lateinischen Verb

habit|*are* (wohnen),

von dem sich auch die Wörter *'habitation'* (= Wohnung) sowie *'habit'* (= Gewohnheit, Sitte) herleiten. Wer es zu bescheidenem Reichtum gebracht hatte, konnte es sich leisten, im eigenen Landhaus zu residieren, das nach dem lateinischen

mansio, mansion|*em* (eigentl.: Aufenthalt, Nachtlager)

zum englischen Wort *'mansion'* oder *'manor-house'* (= Herrenhaus) wurde (vgl. auch den kirchlichen Haussegen in Form eines an die Haustür geschriebenen *C+M+B = Christus Mansionem Benedicat,* was so viel heißt wie *Christus möge dieses Haus segnen und beschützen*). Daneben gab es außerhalb der Stadtmauern in zunehmendem Maße frei stehende, herrschaftliche Häuser, die

vill|*ae* (Landhäuser, Landhöfe)

genannt wurden und mit allem verfügbaren Komfort der römischen Zivilisation ausgestattet waren, wie Bädern, Fußbodenheizungen und großzügiger Beleuchtung (*candelabrum* zu *'candle-stick'* = Kerzenständer). Für das gehäufte Auftreten solcher *Villen* bürgerte sich schließlich die Bezeichnung *'village'* (= Dorf) ein.

Der Name für jede Art von Arbeit, die zur damaligen Zeit ungleich härter und aufreibender war als heute, wurde aus dem lateinischen

labor (Arbeit, Anstrengung, Mühsal)

praktisch unverändert übernommen (*'labour'* = Arbeit, Feldarbeit, *'to labour'* = hart arbeiten, anbauen, aber auch: Wehen haben; vgl. *'labourer'* = der Arbeiter, *'labour force'* = die

Arbeiterschaft, *'laboratory'*, kurz: *'lab'* = Forschungslabor, *'laborious'* = arbeitsam, *'to collaborate'* = zusammenarbeiten, kollaborieren, *'elaborate'* = ausgearbeitet, ausgefeilt; vgl. auch die klösterliche Mahnung *Ora et labora* = Bete und arbeite).

Mit Beginn der Christianisierung waren überall auf der Insel Klöster, also *'monasteries'* entstanden, die ihren Namen vom kirchenlateinischen *monasteri|um* erhalten hatten, ein Wort, das in *'minster'* (= Klosterkirche) – in unserer Sprache *Münster* – überleben sollte.

* * *

2

Sechs Jahrhunderte germanischer Prägung

Zu Beginn des 5. Jahrhunderts, als die westgotischen Heere *Alarichs* das bereits zum Untergang bestimmte römische Imperium bedrängten und im Jahre 410 vor den Toren Roms standen, wurden die Besatzungslegionen aus der fernen Provinz Britannia abgezogen. Aber nur eine einzige Generation der inzwischen kelto-romanischen Bevölkerung sollte sich im trügerischen Glauben an die endgültige Befreiung von der Fremdherrschaft wiegen dürfen.

Nach dem Abzug der Römer war ein gefährliches politisches Vakuum entstanden, das anderen Völkern verlockend erscheinen musste, zumal sie selbst durch feindliche Stämme aus ihren historischen Siedlungsräumen verdrängt wurden.

Schon 449 n. Chr. verließen kriegerische *Sachsen* aus dem Bereich der Elbmündung sowie Horden aus der Landschaft *Angeln* im heutigen Schleswig-Holstein und aus dem nördlich gelegenen *Jütland* in mehreren Invasionswellen ihre heimatlichen Küstengebiete, überquerten den Ärmelkanal, der für diese Seefahrervölker kein Hindernis darstellte, und eroberten die gesamte Osthälfte der britischen Insel. Ein beträchtlicher Teil der keltischen Landbevölkerung floh vor den Eindringlingen – wie schon zu Cäsars Zeiten – in den gebirgigen Westen und Norden ihrer Heimat, wo sie in Wales und Schottland bis heute ihre sprachliche Eigenständigkeit zum Teil bewahren konnte. Gruppen von *Briten* zogen es sogar vor, aufs Festland auszuweichen und ließen sich auf jener Halbinsel an der Atlantikküste nieder, die seitdem ihren Namen trägt: *Bretagne* (engl. *'Brittany'* oder *'Little Britain'*). Das eigenwillige Volk der *Bretonen* ist jedoch in ständigem Kontakt mit der keltischen Inselwelt geblieben und konnte sich über die Jahrhunderte hinweg sprachlich und kulturell in Gallien behaupten.

Britannien nach dem Einfall germanischer Stämme um 450 n. Chr.

Die eroberten Gebiete der britischen Hauptinsel wurden unter den neuen westgermanischen Herren aufgeteilt; die *Jüten* bekamen das Territorium im Südosten, das nach den dort ansässigen *Cantiaci* später den Namen *Kent* erhalten sollte (vgl. auch *Canterbury,* Hauptstadt der jütischen Könige); die *Angeln* erhielten die nordöstlichen Küstenlandschaften um die Bucht *The Wash,* wo sie sich in kleinere Herrschaften aufsplitterten (vgl. *Norfolk* = „Nordvolk" und *Suffolk* = „Südvolk" in der Landschaft *East-Anglia*), während die *Sachsen,* die die Hauptmasse der neuen Siedler stellten, sich beiderseits der Themse niederließen und drei voneinander getrennte Territorien schufen, an die noch heute die entsprechenden Grafschaftsnamen erinnern (*Wessex* = „West-Sachsen", *Sussex* = „Süd-Sachsen" und *Essex* = „Ost-Sachsen").

Obschon die drei Stämme sich schon während der Einwanderungszeit stark vermischten, vergingen noch eineinhalb Jahrhunderte, bis unter dem Einfluss der landesweiten Christianisierung aus sieben kleinen Reichsgebieten ein einheitliches Königreich entstand.

So gerieten die keltischen Bewohner nicht nur unversehens unter eine neue Fremdherrschaft, die wir gemeinhin als angelsächsisch bezeichnen, sondern auch unter den prägenden Einfluss einer neuen Sprache. Sechshundert Jahre lang sollte das Germanische die dominierende Sprache in England bleiben.

Leider werden an unseren Schulen Wörter germanischen Ursprungs für gewöhnlich als Wortschatz einer *Fremdsprache* vermittelt, anstatt den Schülern einige, in wenigen Minuten erlernbare Herleitungsregeln zu geben, mit deren Hilfe sie – sozusagen durch ein Aha-Erlebnis – auf einen Schlag Hunderte von unbekannten Vokabeln verstehen könnten; unfairerweise lassen wir sie also die Bedeutung und die meist verzwickte Rechtschreibung von Wörtern lernen, die sie eigentlich schon kennen – ohne es allerdings zu ahnen.

Möchten Sie sich in relativ kurzer Zeit einen Grundwortschatz der englischen Sprache aneignen und in Zukunft die meisten Ihrer typischen Orthographiefehler vermeiden? Dann sollten Sie sich mit der Handvoll simpler Tricks auf den folgenden Seiten vertraut machen. Sie werden erleben, dass Sie viele Wörter, die Sie noch nie gesehen haben, sofort verstehen (zumindest erraten) und sich ihre Schreibung leicht einprägen können.

Vor allem an den Konsonanten (Mitlauten) und Konsonantenverbindungen lassen sich germanische Wörter eindeutig erkennen[1]. Ungewöhnliche Buchstabenkombinationen wie *'gh'* und *'ght'* oder das für die englische Sprache so typische *'th'* sollten ihren Schrecken verlieren und das Vokabellernen eher erleichtern als erschweren. Auch Wörter, die ein *'d', 'k', 'p', 'sh', 't', 'w'* oder *'y'* enthalten und meist aus dem Deutschen stammen, sind nach einem Austausch der entsprechenden Buchstaben unmittelbar zu verstehen. Darüber hinaus dürfte ihre korrekte Schreibung (z.B. die richtige Buchstabenfolge) künftig keine Schwierigkeiten mehr bereiten.

Lassen Sie sich auf den nächsten Seiten überraschen, wie einfach es sein kann, neue Vokabeln zu lernen, indem Sie ohne Büffeln ihre Bedeutung erkennen und ihre Orthographie behalten, ja in manchen Fällen sogar ein fehlendes englisches Wort aus einem deutschen ableiten. Ganz sicher aber wird es unterhaltsam sein, den bisher erworbenen Wortschatz zum ersten Mal richtig zu begreifen und auf diese Weise zu vertiefen.

---

[1] Es soll an dieser Stelle nicht näher auf die beiden großen Lautverschiebungen eingegangen werden, deren letzte das Englische – im Gegensatz zum Deutschen – nicht mitgemacht hat; also ist Englisch die ursprünglichere der beiden Sprachen. Während sich das gesprochene Englisch im Laufe der Zeit weiterentwickelte, ist das Schriftenglisch, das 1477 auf der Basis der Londoner Mundart endgültig fixiert wurde, bis heute praktisch unverändert geblieben.

a) Einige verblüffend einfache Ableitungstricks

Trick 1:	**gh(t) ⇨ ch(t)**

Betrachten Sie einmal das kleingeschriebene deutsche Wort

licht.

Stellen Sie sich nun den Buchstaben „**c**“ um einen Bogen nach unten verlängert vor, entsteht automatisch das richtig geschriebene englische Wort

light.

Wenn Sie diesen einfachen Trick kennen, der übrigens für alle Wörter mit *‘**gh**’* und *‘**ght**’* gilt, werden Sie in Zukunft wohl nie wieder diese „schwierige“ Buchstabenfolge durcheinander bringen.

Die Gleichung *‘**gh(t)**’* = „**ch(t)**“ hat einen noch entscheidenderen Vorteil: Begegnet Ihnen in einem englischen Text ein unbekanntes Wort mit dieser Buchstabenkombination, können Sie sicher sein, dass es aus Ihrer *eigenen* Sprache stammt und Sie seine Bedeutung leicht erschließen können. (Die Vokale sind in beiden Sprachen allerdings oft nicht identisch!) Versuchen Sie es doch einmal – die Lösungen stehen auf der nächsten Seite:

flight	=	?
freight	=	?
knight	=	?
plight	=	?
sight	=	?
slight	=	?
wight	=	?

Lösungen:

flight	=	Flucht
freight	=	Fracht
knight	=	Ritter (Knecht)
plight	=	Verpflichtung, (lästige) Pflicht
sight	=	(An-)Sicht, Sehenswürdigkeit
slight	=	schlicht, leicht
wight	=	Wicht, Zwerg, Geschöpf

Eine Reihe weiterer Wörter mit *'gh(t)'* finden Sie erst im Anschluss an die Vorstellung des zweiten Tricks, da nicht selten beide in einem Wort anzutreffen sind.

*

Trick 2: **th ⇨ d**

Wie bei den Vokabeln, die ein *'gh(t)'* enthalten, können Sie verblüffend einfach die Bedeutung von Wörtern mit dem englischen Lispellaut *'th'* entschlüsseln, der fast immer dem deutschen „**d**" entspricht. (Einige solcher Begriffe stammen allerdings aus dem Griechischen, sie sind aber als theologische oder wissenschaftliche Fachausdrücke leicht zu identifizieren.)

Hier einige Beispiele, die Sie überzeugen dürften:

bath	=	?
hearth	=	?
north	=	?
thick	=	?
thing	=	?
thistle	=	?
thorn	=	?
though	=	?

Lösungen:

bath	=	Bad (baden)
hearth	=	Herd, Feuerstelle
north	=	Nord, Norden
thick	=	dick
thing	=	Ding
thistle	=	Distel
thorn	=	Dorn
though	=	doch, jedoch

*

Wenn Sie neugierig geworden sind und Ordnung in Ihren englischen Wortschatz bringen wollen, haben Sie die Möglichkeit, in der folgenden Vokabelliste Wörter zu lernen oder aufzufrischen, bei denen sich die ersten beiden Tricks anwenden lassen. Für die Aussprache der im Deutschen bisweilen veränderten Selbstlaute (*Vokale:* **a**, **e**, **i**, **o**, **u**) benötigen Sie ein wenig Phantasie, während es bei den Doppellauten (*Diphthongen:* **au**, **ea**, **ei**, **eo**, **ie**, **oa**, **ou**, **ue**) hilfreich sein kann, das jeweilige Wort mit nur einem der beiden Vokale zu sprechen (z.B. also beim Adverb *'though'* nicht *„douch"*, sondern probeweise *„duch"* bzw. *„doch"*). Im Übrigen klingen ja auch die englischen Doppelvokale in der Regel wie Einzelvokale (z.B. *'people'* = [pi:pl] oder *'receive'* = [resi:v]). Bei allen Tätigkeitswörtern ist zu berücksichtigen, dass die Angelsachsen prinzipiell die deutsche Verb-Endung „**-en**" gestrichen haben (z.B. *'thank'* = *dank*-**en**).

In den nachfolgenden Listen sind hinter dem englischen Wort jeweils die Entschlüsselungshilfen *(in Kursivschrift)* sowie hinter den deutschen Bedeutungen bisweilen muttersprachliche Begriffe derselben Wortfamilie *(in Kleinschrift)* beigefügt. Beides ist als Lernassoziation gedacht und wird dazu beitragen, die Wörter in Bedeutung und Rechtschreibung leichter im Gedächtnis zu behalten.

*Wörter mit der Kombination **'gh'** / **'ght'** (= **ch** / **cht**)*

Englisch	*Trick*	*Bedeutung* *(Assoziation)*
bough [au]	*'bouch'*	- Bug (des Schiffes), (Tier-)Schulter
bright [ai]	*'bricht'*	- leuchtend (vgl. *der Tag bricht an*)
brought [ɔ:]	*'broucht*(-e)*'*	- brachte;
	'(ge-)*broucht'*	gebracht
cough [ɔ:]	*'kouch*(-en)*'*	- husten, keuchen
eight [ei]	*'eicht'*	- acht
enough [ə-a]	'(g-)*enouch'*	- genug
fight [ai]	'(ge-)*fecht'*	- Kampf, Gefecht;
	'fecht(-en)*'*	- kämpfen, fechten (vgl. *er ficht*)
flight [ai]	*'flicht'*	- Flucht
freight [ei]	*'freicht'*	- Fracht
freighter [ei]	*'freichter'*	- Frachter
fright [ai]	*'fricht'*	- Furcht
high [ai]	*'hich'*	- hoch
knight [ai]	*'knecht'*	- Ritter (vgl. *Landsknecht*)
laugh [ɑ:]	*'lauch*(-en)*'*	- lachen
laughter [ɑ:]	'(ge-)*lauchter'*	- Gelächter
lough [ɔ]	*'louch'*	- Fjord, Tümpel (vgl. *Loch*)
might [ai]	*'möcht*(-e)*'*	- möchte, könnte
neighbour [ei]	*'neichbour'*	- Nachbar
nought [ɔ:]	*'noucht'*	- nichts
ought [ɔ:]	*'oucht*(-en)*'*	- sollte eigentlich (vgl. *Achtung*)
plight [ai]	*'pflicht'*	- Verpflichtung, Last (vgl. *in die Pflicht nehmen*)
plough [au]	*'pflouch'*	- Pflug
right [ai]	*'richt'*	- richtig, recht(s)
sight [ai]	'(an-)*sicht'*	- Sehenswürdigkeit (vgl. *Ansichtskarte*)
	'sicht(-en)*'*	- erblicken
slaughter [ɔ:]	*'schlauchte-*(n)*'*	- Gemetzel, Schlacht, (Ab-)Schlachten

slaughterer [ɔ:]	*'schlauchterer'*	- Schlachter, Metzger
slight [ai]	*'schlicht'*	- leicht, schwach (vgl. *schlichten*)
straight [ei]	*'straicht'*	- gerade(wegs), direkt (vgl. *strikt, Strich, auf einen Streich*)
sought [ɔ:]	*'soucht*(-e)*'*	- suchte (*Past* von *'seek'*)
tough [ʌ]	*'zouch'*	- zäh
though [ou]	*'douch'*	- (je)doch
thought [ɔ:]	*'doucht*(-e)*'*	- dachte;
	'(ge-)*doucht'*	gedacht
through [u:]	*'d(-)ou*(r)*ch'*	- durch
weight [ei]	'(ge-)*weicht'*	- Gewicht
wight [ai]	*'wicht'*	- Geschöpf, Zwerg, Wicht

*

Wörter mit der Kombination 'th' (= d)

Englisch	*Trick*	*Bedeutung* *(Assoziation)*
bath [ɑ:]	*'bad'*	- Bad;
	'bad(-en)*'*	- baden
brother [ʌ]	*'broder'*	- Bruder
cloth(es) [ou]	*'klod'*	- Tuch, Kleidung (vgl. *Kleid*)
death [e]	*'tead'*	- Tod
earth [ə:]	*'eard'*	- Erde
either [ai-ə]	'(j-)*eider'*	- jeder (von zweien), beide
fathom [æ]	*'fadom'*	- Faden (Längenmaß)
father [ɑ:]	*'fader'*	- Vater
feather [e]	*'feader'*	- Feder
hearth [ɑ:]	*'heard'*	- Herd, Feuerstelle
heath [i:]	*'head'*	- Heide, Heidekraut
heathen [i:]	*'headen'*	- Heiden, Ungläubige
leather [e]	*'leader'*	- Leder
length [e]	*'lengd*(-e)*'*	- Länge
loath [ou]	*'load'*	- abgeneigt (vgl. *etwas leid sein*)
mother [ʌ]	*'moder'*	- Mutter

nether [e]	*'neder'*	- nieder (vgl. *'Netherlands'*)
north [ɔ:]	*'nord'*	- Nord(en)
oath [ou]	*'oad'*	- Eid
other [ʌ]	*'o(n)der'*	- ander(er, -e, -es)
path [ɑ:]	*'pfad'*	- Pfad
seethe [i:]	*'seede*(-n)*'*	- sieden, kochen
smith [i]	*'schmid'*	- Schmied
south [au]	*'soud'*	- Süd(en)
strength [e]	*'strengd*(-e)*'*	- Stärke (vgl. *Strenge*)
than [æ]	*'dan*(-n)*'*	- denn, als (vgl. *mehr denn je*)
thank [æ]	*'dank'*	- Dank;
	'dank(-en)*'*	- danken
that [æ]	*'dasz'*	- das, jenes (vgl. *„dat"*)
thatch [æ]	*'da(t)ch'*	- Dachstroh, Dach (vgl. *'thatcher'* = Dachdecker)
thaw [ɔ:]	*'dau*(-en)*'*	- auftauen, tauen (vgl. *verdauen, Verdauung*)
the [ə]	*'de'*	- der, die, das
there [ɛə]	*'dere'*	- da, dar
these [i:]	*'dese'*	- diese
thick [i]	*'dick'*	- dick
thief, -ves [i:]	*'dieb'*	- Dieb, Diebe
thing [i]	*'ding'*	- Ding
think [i]	*'dink*(-en)*'*	- denken
third [ə:]	*'dirt = drit'*	- dritt(er, -e, -es)
thirst [ə:]	*'dirst'*	- Durst;
	'dirst(-en)*'*	- dürsten
this [i]	*'dis'*	- dies(er, -e, -es)
thistle [i]	*'distle'*	- Distel
thole [ou]	*'dol(l)e'*	- Dolle, Ruderpflock
thorn [ɔ:]	*'dorn'*	- Dorn
thorp [ɔ:]	*'dorpf'*	- Dorf
thou (†) [au]	*'dou'*	- du (veraltet)
though [ou]	*'douch'*	- doch, jedoch
thought [ɔ:]	*'doucht*(-e)*'*	- dachte;
	'(ge-)*doucht'*	- gedacht
thread [e]	'(ge-)*dreat'*	- Faden, Zwirn (vgl. *gedreht, Draht*)

threat [e]	*'dreasz'*	- Drohung (vgl. *„Driet", „Drieß"*)
threaten [e]	*'dreaszen'*	- drohen (vgl. *„verdrieten", verdrießen*)
thin [i]	*'dün'*	- dünn
three [i:]	*'dree'*	- drei
thresh [e]	*'dresch*(-en)*'*	- dreschen
thrill [i]	*'drill'*	- durchdringendes Gefühl (vgl. *Drill;* s. *Thriller*)
	'drill(-en)*'*	- bohren (vgl. *drillen, Drillbohrer*)
throat [ou]	*'droasz'*	- Gurgel, Kehle (vgl. *Drossel*)
throng [ɔ]	*'drong'*	- Gedränge (vgl. *Drang*);
	'drong(-en)*'*	- (sich) drängen
throstle [ɔ]	*'drostle'*	- (Sing-)Drossel
throttle [ɔ]	*'droszle'*	- Kehle, Luftröhre (vgl. *erdrosseln, Drosselventil*)
throw [ou]	*'drou*(-en)*'*	- werfen (vgl. *drehen*)
thumb [ʌ]	*'dumb'*	- Daumen
thump [ʌ]	*'dumpf'*	- Schlag, Bums (vgl. *dumpf*)
thunder [ʌ]	*'dunder'*	- Donner (vgl. auch niederl. *donderdag, donderen = donnern*);
	'dunder(-n)*'*	- donnern
thwart [ɔ:]	*'dwarz'*	- quer, schräg (vgl. mar. *dwars*)

*

Der aufmerksame Leser wird bemerkt haben, dass in den oben aufgeführten Wörtern neben *'gh(t)'* und *'th'* einige weitere Buchstaben durch andere deutsche Laute ersetzt wurden, nämlich das englische ***'t'***, das ***'d'***, das ***'f'***, das ***'p'***, das ***'s'*** und das ***'w'***. Die entsprechenden Tricks zur Dekodierung der Wörter, die diese Buchstaben enthalten, sollen auf den folgenden Seiten behandelt werden.

Wenden wir uns zunächst den Buchstaben ***'t'*** und ***'d'*** zu; während sich das ***'t'*** normalerweise zum deutschen „**z**" / „**tz**" oder bisweilen auch zum „**sz**" (= ß) wandelte, ist das englische ***'d'*** durch Lautverschiebung oft zum deutschen „**t**" geworden, besonders am Wortanfang und -ende.

Trick 3: t ⇨ z (sz)

Überzeugende Beispiele für die Gleichung *'t'* = „z" sind die folgenden beiden Wörter:

'two'	=	**zwo**
'town'	=	**zoun**

Im Gegensatz zur größeren, befestigten *'city'* bedeutete *'town'* also eigentlich *Zaun,* d.h. eine Ansiedlung, die nur provisorisch gegen das Eindringen von Feinden und wilden Tieren gesichert war. Vermutlich können Sie auch die nachstehenden Wörter entschlüsseln (bedenken Sie wiederum, dass Endungen, z.B. das deutsche Infinitivsuffix „-en", weggefallen sind:

felt	=	?
grunt	=	?
heart	=	?
malt	=	?
milt	=	?
pelt	=	?
shirt	=	?
smut	=	?
sweat	=	?
tack	=	?
tame	=	?
tap	=	?
tear	=	?
tin	=	?
tip	=	?
tit	=	?
top	=	?
twig	=	?
wit	=	?

Lösungen:

felt	=	Filz
grunt	=	grunzen
heart	=	Herz
malt	=	Malz
milt	=	Milz
pelt	=	Pelz
shirt	=	(Schürze), Hemd
smut	=	Schmutz(fleck)
sweat	=	Schweiß
tack	=	(Zack!), Heftzwecke
tame	=	zahm, zähmen
tap	=	zapfen, Zapfhahn
tear	=	zerren, zehren
tin	=	Zinn, Blechdose
tip	=	(Zipfel), Trinkgeld, Ratschlag
tit	=	Zitze
top	=	(Zopf), oberster Teil, Gipfel
twig	=	Zweig
wit	=	Witz, Mutterwitz

*

Wörter mit dem Konsonanten ***'t'*** *(=* ***z*** */* ***sz****)*

Englisch	*Trick*	*Bedeutung* *(Assoziation)*
between [i]	*'(be)zween'*	- zwischen zweien
better [e]	*'beszer'*	- besser
bite [ai]	*'bisze*(-n)*'*	- beißen
boot [u:]	*'boosz'*	- Nutzen, Vorteil (vgl. *Buße* = rechtliche Genugtuung)
cat [æ]	*'kaz'*	- Katze
cleat [i:]	*'kleaz'*	- Keil, Klotz
coat [ou]	*'koaz'*	- Mantel (vgl. *'cotton', Kutte, „Kotze"*)
eat [i:]	*'easz*(-en)*'*	- essen
felt [e]	*'felz'*	- Filz

fleet [i:]	*'fleesz'*	- Flotte (vgl. *Fleet Street*);
	'fleesz(-en)*'*	- fließen (vgl. *flitzen*)
foot [u]	*'foosz'*	- Fuß
gate [ei]	*'gasze'*	- Durchgang (vgl. *Gasse, Kattegat*)
glitter [i]	*'glizzer'*	- Glanz; Glitzer
	'glizzer(-n)*'*	- glitzern, schimmern
gloat [ou]	*'gloaz'*	- (Schaden-)Freude
	'gloaz(-en)*'*	- sich hämisch freuen (*glotzen*)
great [ei]	*'greasz'*	- groß
greet [i:]	*'greesz*(-en)*'*	- grüßen
grunt [ʌ]	*'grunz*(-en)*'*	- grunzen
hate [ei]	*'hasze*(-n)*'*	- hassen
heat [i:]	*'heaz'*	- Hitze;
	'heaz(-en)*'*	- heizen
hot [ɔ]	*'hosz'*	- heiß
kettle [e]	*'keszle'*	- Kessel
kite [ai]	*'kize'*	- Windvogel (vgl. *Kauz*)
little [i]	*'lüzle'*	- klein (vgl. *„lütt", Lützelbg.* = Luxemburg)
let [e]	*'lesz*(-en)*'*	- lassen
malt [ɔ:]	*'malz'*	- Malz
meat [i:]	*'meaz'*	- Fleisch (vgl. *Metzger* und *Mett*)
melt [e]	'(sch)*melz*(-en)*'*	- schmelzen
mint [i]	*'münz'*	- Münzanstalt;
	'münz(-en)*'*	- münzen
net [e]	*'nez'*	- Netz
nettle [e]	*'neszle'*	- Nessel
nut [ʌ]	*'nusz'*	- Nuss
pelt [e]	*'pelz'*	- Pelz, Fell
pit [i]	*'pfüz'*	- Grube, Brunnen (vgl. *Pfütze*)
plant [ɑ:]	*'pflanz'*	- Pflanze;
	'pflanz(-en)*'*	- (an)pflanzen
rattle [æ]	*'raszle*(-n)*'*	- rasseln, rappeln
salt [ɔ:]	*'salz'*	- Salz
seat [i:]	*'seaz'*	- Sitz(platz)
set [e]	*'sez'*	- Satz, Paar;
	'sez(-en)*'*	- setzen

shirt [ə:]	'*schürz*'	- Hemd (vgl. *Schürze*)
shut [ʌ]	'*schuz*(-en)'	- schließen (vgl. *schützen*)
silt [i]	'*sülz*'	- Schlamm, Treibsand (vgl. *Sülze*)
sit [i]	'*siz*'	- Sitz
	'*siz*(-en)'	- sitzen
slit [i]	'*schliz*(-en)'	- (auf)schlitzen
smart [ɑ:]	'*schmarz*'	- scharf, gewandt (vgl. *schmerzhaft*)
smite [ai]	'*schmisze*(-n)'	- werfen, schmeißen
smut [ʌ]	'*schmuz*'	- Ruß, Schmutz(fleck);
	'*schmuz*(-en)'	- (be)schmutzen
smutty [a]	'*schmuzig*'	- schmutzig, dreckig
spit [i]	'*spiz*'	- Spitze;
	'*spiz*(-en)'	- speien, spucken (vgl. *'Spitfire'*)
sprout [au]	'*sprousz*'	- Spross, Sprössling (vgl. *'Brussels sprouts'*);
	'*sprousz*(-en)'	- sprießen, keimen
stilt [i]	'*stelz*'	- Stelze;
	'*stelz*(-en)'	- auf Stelzen gehen, stelzen
stilted [i]	'(ge-)*stelz(-)t*'	- gestelzt
strut [ʌ]	'*struz*'	- Stütze;
	'*struz*(-en)'	- sich brüsten, stolzieren (vgl. *strotzen*)
swart [ɔ:]	'*schwarz*'	- Schwärze (vgl. *schwarz*)
sweat [e]	'*schweasz*'	- Schweiß
sweet [i:]	'*sueesz*'	- süß, Süßigkeit (lat. *suavis* = süß)
tack [æ]	'*zack*'	- Nagel, Zwecke, Stift (vgl. *Zick-Zack, Zacken, zackig*)
tale [ei]	'*zale*'	- Erzählung (vgl. *erzählen*)
tame [ei]	'*zame*'	- zahm;
	'*zame*(-n)'	- zähmen
tap [æ]	'*zapf*'	- Zapf-, Wasserhahn;
	'*zapf*(-en)'	- (Bier) zapfen
teach [i:]	'*zeach*(-en)'	- lehren (vgl. *Zeichen, zeigen*)
tear [i:]	'*zear*'	- Träne, Zähre
tear [ɛə]	'*zear*(-en)'	- zehren, zerren
tell [e]	'*zell*(-en)'	- (er)zählen
ten [e]	'*zen*'	- zehn

tide [ai]	*'zite'*	- Zeitspanne, Gezeiten (vgl. *Tidenhub*)
tidy [ai]	*'zitig'*	- ordentlich, sauber (vgl. *zeitig*)
tie [ai]	*'zie'*	- Band, Knoten;
	'zie(-en)*'*	- binden, knoten (vgl. *ziehen*)
till [i]	*'zill'*	- bis (vgl. *Ziel*)
till [i]	*'zill*(-en)*'*	- beackern, pflügen (vgl. *zielen*)
tilt [i]	*'zelt'*	- (Zelt-)Plane (vgl. *Zelt*)
	'zelt(-en)*'*	- neigen
timber [i]	*'zimber'*	- Bauholz (vgl. *Zimmer, Zimmermann*)
time [ai]	*'zime'*	- Zeit (vgl. *sich ziemen*)
timely [ai]	*'zimelig'*	- rechtzeitig (vgl. *ziemlich*)
tin [i]	*'zin'*	- (Konserven-)Dose (vgl. *Zinn*)
tinder [i]	*'zünder'*	- Zunder (vgl. *Zünder*)
tinker [i]	*'zinker'*	- Kesselflicker, Verzinker
tinned [i]	'(ver-)*zinn(-)t'*	- verzinnt; eingeweckt
tinny [i]	*'zinnig'*	- blechern, zinnhaltig
tip [i]	*'zipf'*	- Spitze, Zipfel, Tipp, (zusätzliches) Trinkgeld (vgl. *tippeln* = auf Zehenspitzen gehen)
tit [i]	*'ziz'*	- Zitze
to [ə]	*'zo'*	- hin, zu
today [ei]	*'zutag'*	- heute (vgl. *heutzutage*)
toddle [ɔ]	*'zottle*(-n)*'*	- watscheln (vgl. *„zotteln"*)
toddler [ɔ]	*'zottler'*	- Kleinkind (das gerade das Laufen lernt)
toe [ou]	*'zoe'*	- Zeh(e)
token [ou]	*'zochen'*	- Beweis, Andenken (vgl. *Zeichen*)
toll [ou]	*'zoll'*	- (Wege-)Zoll, Mautgebühr
tongs [ɔ]	*'zongs'*	- Zange
tongue [ʌ]	*'zongue'*	- Zunge
too [u:]	'(all-)*zoo'*	- hinzu, auch, allzu
top [ɔ]	*'zopf'*	- oberster Teil, Gipfel
torn *(pp.)*	*'zorn'*	- zerrissen (vgl. *Zorn, zornig*)
tough [tʌf]	*'zouch'*	- zäh
tousle [au]	*'zousle*(-n)*'*	- zerzausen, unordentlich machen

towards [- ə:]	*'zowarts'*	- hinzu, gegen
town [au]	*'zoun'*	- kleine Stadt (vgl. *Zaun*)
tub [ʌ]	*'zub'*	- Fass, Bottich, Zuber
tuck [ʌ]	*'zuck*(-en)*'*	- klemmen, zusammenziehen (vgl. *zucken*)
tug [ʌ]	*'zug'*	- Zug, Ruck
twelve [e]	*'zwelve'*	- zwölf
twenty [e]	*'zwenzig'*	- zwanzig
twice [ai]	*'zwice'*	- zweimal
twig [i]	*'zwig'*	- Zweig
twilight [ai-ai]	*'zwilicht'*	- Zwielicht
twin [i]	*'zwin'*	- Zwilling
twinge [i]	*'zwinge*(-n)*'*	- kneifen (vgl. *Schraubzwinge*)
twinkle [i]	*'zwinkle*(-n)*'*	- blinzeln, blitzen (vgl. *zwinkern*)
twirl [ə:]	*'zwirl*(-en)*'*	- herumwirbeln, drehen (vgl. *zwirbeln*)
twist [i]	*'zwist'*	- aus zwei Fäden gedrehtes Garn (vgl. *zwei, Twist, Zwist, Zwistigkeit*)
twitter [i]	'(ge-)*zwizzer'*	- Gezwitscher;
	'zwizzer(-n)*'*	- zwitschern
two [u:]	*'zwo'*	- zwei
utter [ʌ]	*'uszer*(-n)*'*	- äußern, ausdrücken
welter [e]	*'welzer'*	- Rollen, Branden; schwere Person (vgl. *Weltergewicht, Walze*);
	'welze(-n)*'*	- rollen, kullern (vgl. *wälzen*)
wet [e]	*'wesz'*	- nass (vgl. *Wasser*)
wheat [i:]	*'weaz'*	- Weizen
whet [e]	*'w(-)ez*(-en)*'*	- wetzen, schärfen, reizen
white [ai]	*'w(-)isz'*	- weiß
wit [i]	*'wiz'*	- Witz, Mutterwitz
wort [ə:]	*'worz'*	- Kraut, Würze (vgl. *Bärwurz, Wurzel*)
write [ai]	*'(w)rize*(-n)*'*	- schreiben (vgl. *einritzen, Reissbrett*)

*

Trick 4: d ⇨ t

Das englische *'d'* ist zwar nicht immer dem deutschen „t" gleichzusetzen; wie aber die entsprechende Wortliste zeigt, lohnt sich ein Versuch auf jeden Fall:

*Wörter mit dem Konsonanten **'d'** (= t)*

Englisch	*Trick*	*Bedeutung* *(Assoziation)*
beard [i:]	*'beart'*	- Bart
bed [e]	*'bet'*	- Bett, Beet
behind [ai]	*'(be)hint'*	- hinter, hinten; Hintern
bid [i]	*'bit(-en)'*	- (ge)bieten, bitten
blade [ei]	*'blat(e)'*	- Blatt, Blättchen
bleed [i:]	*'bleet(-en)'*	- bluten (vgl. *'blood', 'bloody'*)
blood [ʌ]	*'bloot'*	- Blut
bloody [ʌ]	*'blootig'*	- blutig
body [ɔ]	*'botig'*	- Körper (vgl. *Bottich, 'bottle'*)
brandy [æ]	*'brantig'*	- Branntwein
bread [e]	*'breat'*	- Brot
bride [ai]	*'brite'*	- Braut
broad [ɔ:]	*'broat'*	- breit
brood [u:]	*'broot'*	- Nachkommenschaft (vgl. *brüten*)
card [ɑ:]	*'kart'*	- (Post-)Karte
cold [ou]	*'kolt'*	- kalt
dale/dell [ei/e]	*'tale/tell'*	- Tal, Loch (vgl. *Delle*)
dapper [æ]	*'tapfer'*	- nett, flink (vgl. *tapfer*)
daughter [ɔ:]	*'tauchter'*	- Tochter
day [ei]	*'tag'*	- Tag
dead [e]	*'teat'*	- tot
deaf [e]	*'teab'*	- taub (vgl. *doof*)
deal [i:]	*'teal'*	- (An-)Teil, Geschäft;
	'teal(-en)'	- teilen, austeilen

dear [i:]	*'tear'*	- teuer, lieb
death [e]	*'tead'*	- Tod
deed [i:]	*'teet'*	- Tat
deep [i:]	*'tee(-)f'*	- tief
deer [i:]	*'teer'*	- Rotwild, Tier
dew [dju:]	*'teu'*	- Tau, Frische
dish [i]	*'tisch'*	- Schüssel, Gericht (vgl. *auftischen)*
ditch [i]	*'ti(-)ch'*	- Graben, Teich
do [u:]	*'to*(-en)*'*	- tun
dollar [ɔ]	*'tollar'*	- Taler
door [ɔ:]	*'toor'*	- Tür, Tor
dough [dou]	*'touch'*	- (Brot-)Teig
dove [ʌ]	*'tobe'*	- Taube
drag [æ]	*'trag*(-en)*'*	- ziehen, tragen
draw [ɔ:]	*'trau*(-gen)*'*	- ziehen (tragen)
duck [ʌ]	*'tuch*(-er)*'*	- Ente (vgl. *Taucher*);
	'tuch(-en)*'*	- tauchen (vgl. *ducken, 'Donald Duck'*)
dull [ʌ]	*'tull'*	- dumm, träge, stumpf (vgl. *toll*)
dream [i:]	*'tream'*	- Traum;
	'tream(-en)*'*	- träumen
dreary [i:]	*'trearig'*	- traurig
drink [i]	'(ge-)*trink'*	- Getränk;
	'trink(-en)*'*	- trinken
drive [ai]	*'tribe*(-n)*'*	- fahren, (an)treiben
drop [ɔ]	*'tropf'*	- Tropfen
drum [ʌ]	*'trum'*	- Trommel
feed [i:]	*'feet*(-ern)*'*	- füttern
fodder [ɔ]	*'fotter'*	- (Vieh-)Futter, Fütterung;
	'fotter(-n)*'*	- füttern
fold [ou]	*'folt'*	- Falte;
	'folt(-en)*'*	- falten, zusammenfalten
food [u:]	*'foot'*	- Futter, Nahrung
ford [ɔ:]	*'fort'*	- Furt (vgl. *Oxford* = Ochsenfurt)
garden [ɑ:]	*'garten'*	- Garten
gird [ə:]	*'gürt*(-en)*'*	- (um)gürten
girdle [ə:]	*'gürtle'*	- Gürtel, Gurt

glad [æ]	*'glat'*	- fröhlich, glänzend (vgl. *glatt*)
glide [ai]	*'glite*(-n)*'*	- (dahin)gleiten
god [ɔ]	*'got'*	- Gott
good [u]	*'goot'*	- gut
hard [ɑ:]	*'hart'*	- hart, schwer
hoard [ɔ:]	*'hoart'*	- Schatz, Vorrat, Menge;
		- sammeln, hamstern (vgl. *sicherer Hort, horten*)
hold [ou]	*'holt*(-en)*'*	- halten
hood [u:]	*'hoot'*	- Kappe, Kapuze;
		- bedecken (vgl. *Hut, hüten*)
idle [ai]	*'itle'*	- müßig, wertlos (vgl. *eitel*)
instead [e]	*'insteat'*	- anstatt
kid [i]	*'kit'*	- Ziege, Geiß, Kind (vgl. *Kitz*)
knead [ni:d]	*'kneat*(-en)*'*	- kneten
ladder [æ]	*'latter'*	- Leiter
lead [e]	*'leat'*	- Blei (vgl. *Lot*)
lead [i:]	*'leat*(-en)*'*	- leiten, führen
loud [au]	*'lout'*	- laut
mead [i:]	*'meat'*	- Honigwein, Met
meed [i:]	*'meet'*	- Lohn, verdienter Teil (*Miete*)
mid [i]	*'mit'*	- Mitte, Mit-
middle [i]	*'mittle'*	- Mitte
mood [u:]	*'moot'*	- Stimmung (vgl. *zu Mute sein*)
need [i:]	*'neet'*	- Not, Bedürftigkeit;
		- benötigen (vgl. *Not, nötig*)
old [ou]	*'olt'*	- alt
read [i:]	*'reat*(-en)*'*	- lesen, ursprüngl.: (er)raten
reed [i:]	*'reet'*	- Riet, Schilfrohr
ride [ai]	*'rite*(-n)*'*	- reiten
rod [ɔ]	*'rot'*	- (Angel-)Rute, Bündel
rood [u:]	*'root'*	- Rute (Längenmaß)
saddle [æ]	*'sattle'*	- Sattel;
	'sattle(-n)*'*	- satteln
seed [i:]	*'seet'*	- Saat
seldom [e-ə]	*'seltom'*	- selten
shade [ei]	*'schate'*	- Schatten

shepherd [e-ə:]	*'sche(-)fhert'*	- Schafhirt
shoulder [ou]	*'schoulter'*	- Schulter
side [ai]	*'site'*	- Seite
sled [e]	*'schlet'*	- Schlitten (vgl. *Schlittschuh*)
slide [ai]	*'schlite*(-rn)*'*	- gleiten; Diapositiv (vgl. *schlittern*)
speed [i:]	*'speet'*	- Geschwindigkeit (vgl. *sich sputen*)
spread [e]	*'spreat*(-en)*'*	- verbreiten, ausbreiten (von griech. *σπείρειν* = zerstreuen; vgl. *spreizen, spritzen, Spray, Diaspora*)
steed [i:]	*'steet'*	- Ross, Reittier (vgl. *Stute*)
sward [swɔ:d]	*'schwart'*	- Rasen(decke) (vgl. *Schwarte*)
sword [sɔ:d]	*'schwort'*	- Schwert
tide [ai]	*'zit(e)'*	- Zeitspanne, Gezeiten
toddle [ɔ]	*'zottle*(-n)*'*	- watscheln (vgl. *„zotteln"*)
toddler [ɔ]	*'zottler'*	- Kleinkind (das gerade das Laufen lernt)
tread [e]	*'treat*(-en)*'*	- (auf)treten, schreiten
under [ʌ]	*'unter'*	- unter(halb)
wade [ei]	*'wate*(-n)*'*	- (durchs Wasser) waten
ward [ɔ:]	*'wart'*	- (Krankenhaus-)Station Abteilung, Bezirk (vgl. *Vogelwarte*);
	'wart(-en)*'*	- bewahren, schützen (vgl. *Wartung, warten*)
warder/-en [ɔ:]	*'warter'*	- Aufseher, Wärter
wide [ai]	*'wite'*	- weit, ausgedehnt
widen [ai]	*'witen'*	- (er)weitern, weiten
word [ə:]	*'wort'*	- Wort
world [ə:]	*'wo(-)lt'*	- Welt
yesterday [e]	*'gestertag'*	- gestern

*

Trick 5: f / ve ⇨ b

Eine Reihe von Überraschungen erwartet Sie, wenn Sie sich die nächste Wortliste ansehen und den Konsonanten *'f'* in unbekannten (und bekannten!) Wörtern jeweils durch das deutsche „**b**" ersetzen.

Anstatt des *'f'* erscheint innerhalb eines Wortes allerdings recht häufig die Kombination *'ve'*, bei Verben gewöhnlich auch am Wortende (im Gegensatz zum *'f'* bei den Hauptwortsuffixen), zum Beispiel:

Hauptwortform		Verbform	
belief	*(der Glaube)*	to believe	*(glauben)*
cleft	*(der Spalt)*	to cleave	*(spalten)*
gift	*(die Gabe)*	to give	*(geben)*
heft	*(das Heben)*	to heave	*(heben)*
life	*(das Leben)*	to live	*(leben)*
safe	*(der Geldschrank)*	to save	*(sparen)*
strife	*(der Kampf)*	to strive	*(streben, kämpfen)*

Das Gleiche gilt in der Regel für die Mehrzahl von Hauptwörtern *(Nomina),* die auf *'f'* enden, zum Beispiel:

Nomen (Einzahl)		Nomen (Mehrzahl)	
calf	*(das Kalb)*	calves	*(die Kälber)*
half	*(die Hälfte)*	halves	*(die Hälften)*
life	*(das Leben)*	lives	*(die Leben)*
wife	*(die Ehefrau)*	wives	*(die Ehefrauen)*
wolf	*(der Wolf)*	wolves	*(die Wölfe)*
yourself	*(dich selbst)*	yourselves	*(euch selbst)*

*

Wörter mit 'f' oder 've' (= b / außer am Wortanfang)

Englisch	*Trick*	*Bedeutung* *(Assoziation)*
beaver [i:]	*'beaber'*	- Biber
behave [ei]	*'behabe*(-n)*'*	- sich benehmen (vgl. *behäbig, Gehabe*)
bereave [i:]	*'bereabe*(-n)*'*	- berauben
calf [ɑ:]	*'kalb'*	- Kalb
calve [ɑ:]	*'kalbe*(-n)*'*	- kalben
carve [ɑ:]	*'karbe*(-n)*'*	- kerben, einkerben
cleave [i:]	*'kleabe*(-n)*'*	- spalten, entzwei hauen (vgl. *Kloben, aufklauben, 'clover'* = Klee)
cleft [e]	*'klebt'*	- Spalt (vgl. *kleben, Kluft, klaffen*)
cloven [ou]	*'kloben'*	- gespalten, Spalt- (vgl. *„Kloblauch"* = Knoblauch)
clover [ou]	*'klober'*	- Klee (Kleeblatt = geteiltes Blatt)
deaf [e]	*'teab'*	- taub
dove [ʌ]	*'tobe'*	- Taube
drive [ai]	*'tribe*(-n)*'*	- treiben, antreiben
even [i:]	*'eben'*	- eben, glatt, sogar
evening [i:]	*'ebening'*	- Abend
every [e]	*'eberig'*	- jeder (der *Übrigen*)
evil [i:]	*'ebil'*	- übel
fever [i:]	*'feber'*	- Fieber
give [i]	*'gebe*(-n)*'*	- geben
grave [ei]	*'grabe'*	- Grab (vgl. *graben, gravieren*)
groove [u:]	*'groobe'*	- Rinne, Furche (vgl. *Grube*);
	'groobe(-n)*'*	- auskehlen, aushöhlen (vgl. *graben*)
gruff [ʌ]	*'grub'*	- mürrisch, grob
half [ɑ:]	*'halb'*	- halb; halbe(r, -s)
harvest [ɑ:]	*'harbest'*	- Ernte(zeit) (vgl. *Herbst*)
have [æ]	*'habe*(-n)*'*	- haben
heave [i:]	*'heabe*(-n)*'*	- (hoch)heben
heavy [e]	*'heabig'*	- schwer (zu heben)

knave [ei]	*'knabe'*	- Knappe, Knabe
leaf, -ves [i:]	*'leab'*	- Blatt, Blätter (vgl. *Laub*)
life [ai]	*'lebe'*	- Leib, Leben
live [i]	*'lebe*(-n)*'*	- leben
loaf [ou]	*'loab'*	- (Brot-)Laib (vgl. *Lebkuchen*)
love [ʌ]	*'lobe*(-n)*'*	- lieben (vgl. *loben, glauben*)
navel [ei]	*'nabel'*	- Nabel, Mitte, Zentrum
of [ə]	*'ob'*	- ab, von, von her
off [ɔ]	*'ob(b)'*	- weg von, ab-
over [ou]	*'ober'*	- über, oberhalb
raven [ei]	*'raben'*	- Rabe
rover [ou]	*'rober'*	- (See-)Räuber, Herumstreicher
salve [æ]	*'salbe'*	- Salbe
seven [e]	*'seben'*	- sieben (Zahlwort)
self [e]	*'selb'*	- selbst, selber
shave [ei]	*'schabe*(-n)*'*	- rasieren, schaben
shiver [i]	*'schiber'*	- Splitter, Scheibe, Schiefer (vgl. *schieben, Geschiebe*)
shove [ʌ]	*'schobe*(-n)*'*	- schieben
sieve [i:]	*'sieb(e)'*	- Sieb;
	'siebe(-n)*'*	- sieben
silver [i]	*'silber'*	- Silber
sniff [i]	*'schnib*(-en)*'*	- schnauben, schnüffeln (vgl. *„schnieben"*)
snuff [ʌ]	*'schnub'*	- Schnupftabak
staff [ɑ:]	*'stab'*	- Stab
starve [ɑ:]	*'starbe*(-n)*'*	- sterben, vor Hunger umkommen
stove [ou]	*'stobe'*	- (Heiz-)Ofen (vgl. *Stube* = beheizbarer Raum; *„Stövchen"*)
strive [ai]	*'strebe*(-n)*'*	- streben, streiten
wave [ei]	*'wabe'*	- Welle, Woge;
	'wabe(-rn)*'*	- wogen, winken (vgl. *„wabern"*)
weave [i:]	*'weabe*(-n)*'*	- weben
wife [ai]	*'wib(e)'*	- verheiratete Frau (vgl. *Weib*)

*

Trick 6: **p ⇨ pf / f**

Manches Wort, das mit einem *'p'* beginnt, stammt aus der lateinischen Sprache (wobei sich das *'p'* nicht verändert hat, z.B. *'pen'* = die *Schreibfeder* aus dem gleichbedeutenden lateinischen Wort *pen|na*). Mit hoher Wahrscheinlichkeit ist eine Vokabel, die ein *'p'* enthält, jedoch germanischen Ursprungs. Sie sollten daher auf jeden Fall ausprobieren, ob sich die Bedeutung eines solchen Wortes nicht erschließen lässt, indem Sie das *'p'* durch ein „**pf**" oder ein einfaches „**f**" ersetzen.

Dass Sie mit Hilfe dieses Tricks tatsächlich in der Lage sind, unbekannte Wörter zu verstehen, beweist Ihnen sicherlich die nachfolgende Auswahl:

carp	= ?
cramp	= ?
damp	= ?
gape	= ?
gripe	= ?
path	= ?
pillar	= ?
pluck	= ?
plum	= ?
stamp	= ?
stump	= ?

Sollten Sie die Wörter *'gape'*, *'gripe'*, *'pluck'* und *'stamp'* nicht identifizieren können, haben Sie möglicherweise nicht bedacht, dass es sich um Verben handeln könnte und Sie die deutsche Endung „**-en**" wieder anhängen müssen! Versuchen Sie es noch einmal – die Lösungen stehen wie immer auf der nächsten Seite.

Lösungen:

carp	=	Karpfen
cramp	=	Krampf
damp	=	Dampf; feucht
gape	=	gaffen, staunen
gripe	=	greifen, fassen
path	=	Pfad
pillar	=	Pfeiler, Säule
pluck	=	pflücken
plum	=	Pflaume
stamp	=	stampfen
stump	=	Stumpf

*

Eine Vielzahl weiterer Wörter, bei denen nicht nur das ***'p'*** auszutauschen ist, sondern auch etliche der früher erklärten Tricks anzuwenden sind, bietet Ihnen die folgende Tabelle:

Wörter mit dem Konsonanten ***'p'*** *(=* ***pf*** *oder* ***f****)*

Englisch	*Trick*	*Bedeutung* *(Assoziation)*
apple [æ]	*'a(-)pfle'*	- Apfel
bishop [i]	*'bischo(-)f'*	- Bischof
carp [ɑ:]	*'karpf'*	- Karpfen
cheap [i:]	*'chea(-)f'*	- billig (vgl. *kaufen, käuflich*)
copper [ɔ]	*'ko(-)pfer'*	- Kupfer (vgl. *David Copperfield*)
cramp [æ]	*'krampf'*	- Krampf;
		- Krampe, Schraubzwinge;
	'krampf(-en)*'*	- verkrampfen, klammern, einengen
crop [ɔ]	*'kropf'*	- (Tier-)Kropf; Getreide(ernte)
cup [ʌ]	*'kupf'*	- (Ober-)Tasse (vgl. *Kopf* im Gegensatz zur Untertasse)

damp [æ]	*'dampf'*	- Dampf; feucht
dapper [æ]	*'tapfer'*	- nett, flink (vgl. *tapfer*)
deep [i:]	*'tee(-)f'*	- tief
drip [i]	*'tröpf*(-eln)'	- tropfen, tröpfeln
drop [ɔ]	*'tropf'*	- Tropfen
gape [ei]	*'ga(-)fe*(-n)'	- gaffen, starren
grip [i]	*'gri(-)f'*	- Griff, Halt
gripe [ai]	*'gri(-)f*(-en)'	- (er)greifen, packen
harp [ɑ:]	*'har(-)f'*	- Harfe
heap [i:]	*'hea(-)f'*	- Haufen;
	'hea(-)f(-en)'	- (an)häufen, überhäufen
help [e]	*'hel(-)f'*	- Hilfe;
	'hel(-)f(-en)'	- helfen
hip [i]	*'hü(-)f'*	- Hüfte, Lende
hop [ɔ]	*'hopf'*	- Hopfen
hop [ɔ]	*'hopf*(-en)'	- hüpfen, hopsen
hope [ou]	*'ho(-)f'*	- Hoffnung;
	'ho(-)f(-en)'	- hoffen
knop [nɔp]	*'knopf'*	- Knauf, Knopf, Knospe
leap [i:]	*'lea(-)f*(-en)'	- springen, hüpfen (vgl. *laufen*)
limp [i]	'(g-)*limpf'*	- weich, schwach (vgl. *glimpflich*);
	'(g-)*limpf*(-en)'	- humpeln, hinken, lahmen
pan [æ]	*'pfan'*	- Pfanne
path [ɑ:]	*'pfad'*	- Pfad
pea(-cock) [i:]	*'pfea'*	- Pfau
penny [e]	*'pfennig'*	- Pfennig
pepper [e]	*'pfe(-)fer'*	- Pfeffer
pile [ai]	*'pfile'*	- spitzer Pfahl, Pfeiler; Haufen
pillar [i]	*'pfillar'*	- Säule (vgl. *Pilaster* = Wandpfeiler)
pipe [ai]	*'pfi(-)fe'*	- Pfeife;
	'pfi(-)fe(-n)'	- pfeifen
pit [i]	*'pfüz'*	- Brunnen(schacht), Zeche, Loch (vgl. *„Pütt", Pfütze*)
plant [ɑ:]	*'pflanz'*	- Pflanze;
	'pflanz(-en)'	- (an)pflanzen

plaster [ɑ:]	*‘pflaster’*	- Pflaster, Mörtel, Verputz
plight [ai]	*‘pflicht’*	- Verpflichtung, Last
plough [au]	*‘pflouch’*	- Pflug
pluck [ʌ]	*‘pfluck*(-en)*’*	- pflücken, abreißen
plug [ʌ]	*‘pflug’*	- Pflock, Stöpsel, elektrischer Stecker
plum [ʌ]	*‘pflum’*	- Pflaume
pole [ou]	*‘pfole’*	- Pfahl
pool [u:]	*‘pfool’*	- Teich, Tümpel, Pfuhl
port [ɔ:]	*‘pfort’*	- Hafenstadt, Pforte (lat. *‘porta’* = das Tor; vgl. *Porta Nigra*)
post [ou]	*‘pfost’*	- Pfosten
pray [ei]	*‘(-)frag*(-en)*’*	- beten (vgl. *fragen*)
prop [ɔ]	*‘pfropf’*	- Stützpfahl, Stütze (vgl. *pfropfen*);
	‘pfropf(-en)*’*	- (unter)stützen
push [u]	*‘pfusch*(-en)*’*	- stoßen, drängen (vgl. *„futsch“* und *pfuschen* = übereilt arbeiten)
ripe [ai]	*‘ri(-)fe’*	- reif
rope [ou]	*‘ro(-)fe’*	- Seil, Kreis (vgl. *Reif, Reifen*)
rump [ʌ]	*‘rumpf’*	- Rumpf, Hinterteil, Steiß (vgl. *‘rump steak’*)
sap [æ]	*‘sa(-)f’*	- Saft, Lebenskraft
shape [ei]	*‘scha(-)fe’*	- Gestalt, Form (vgl. *schaffen, Geschöpf*);
	‘scha(-)fe(-n)*’*	- formen, bilden, gestalten
sharp [ɑ:]	*‘schar(-)f’*	- scharf
shepherd [e-]	*‘sche(-)fhert’*	- Schafhirt
ship [i]	*‘schi(-)f’*	- Schiff
sleep [i:]	*‘schlee(-)f’*	- Schlaf;
	‘schlee(-)f(-en)*’*	- schlafen
slip [i]	*‘schlüpf*(-en)*’*	- schlüpfen, gleiten
soap [ou]	*‘soa(-)f’*	- Seife
stamp [æ]	*‘stampf’*	- Stempel;
	‘stampf(-en)*’*	- stampfen, stempeln
step [e]	*‘stepf’*	- Schritt (vgl. *Steppschritt, Quickstepp*);
	‘stepf(-en)*’*	- schreiten (vgl. *steppen, stapfen*)
step- [e]	*‘ste(-)f-’*	- Stief-(Vater etc.)

steep [i:]	*'stee(-)f'*	- steil, felsig (vgl. *Hohenstaufen, Staufer, steif*)
stop [ɔ]	*'stopf(-en)'*	- anhalten (vgl. *stopfen*)
stripe [ai]	*'stri(-)fe'*	- Streifen
stump [ʌ]	*'stumpf'*	- Stumpf, Stummel
sup [a]	*'su(-)f(-en)'*	- in kleinen Mengen essen und trinken (vgl. *saufen, 'supper'*)
swamp [ɔ]	*'suampf'*	- Sumpf
sweep [i:]	*'schweef(-en)'*	- fegen (vgl. *schweifen, „schwofen"*)
tap [æ]	*'zapf''*	- Zapf-, Wasserhahn;
	'zapf(-en)'	- zapfen (z.B. Bier)
tip [i:]	*'zipf'*	- Spitze, Zipfel (vgl. *„tippeln"*)
top [ɔ]	*'zopf'*	- oberster Teil, Gipfel (vgl. *Zopf*)
up [ʌ]	*'u(-)f'*	- auf, hinauf
weapon [e]	*'wea(-)fon'*	- Waffe
whip [i]	*'w(-)ipf'*	- Peitsche (vgl. *Wipfel*); - peitschen, schlagen

*

Trick 7: **y ⇨ g / j**

Die Ersetzung des Buchstaben *'y'* durch ein „**g**" kann zu verblüffenden Erkenntnissen verhelfen, was eigentlich nahe liegt, wenn man bedenkt, dass beide Konsonanten – zumindest in der Schreibschrift – eine große Ähnlichkeit aufweisen. Dass dieser Trick funktioniert, soll an folgenden Beispielen nachgewiesen werden:

may = ?
say = ?
slay = ?
yarn = ?
yearn = ?

Lösungen:

may	=	mag
say	=	sagen
slay	=	(er)schlagen
yarn	=	Garn, Lügengeschichte
yearn	=	gern haben wollen

*

Wörter mit dem Buchstaben 'y' (= g)

Englisch	*Trick*	*Bedeutung* *(Assoziation)*
away [ei]	*'(-)wag'*	- weg
belly [e]	*'bellg'*	- Balg, Bauch (vgl. sich *balgen*)
day [ei]	*'tag'*	- Tag
eye [ai]	*'ege'*	- Auge
felly [e]	*'fellg'*	- (Rad-)Felge
fey (†) [ei]	*'feg'*	- dem Tode ergeben, bange (vgl. *feige*)
fly [ai]	*'flig'*	- Fliege;
	'flig(-en)*'*	- fliegen
holy [ou]	*'holig'*	- heilig
honey [ʌ]	*'honeg'*	- Honig
lay [ei]	*'lag'*	- lag (*Past* von *'to lie'*);
	'lag(-en)*'*	- legen
lie [ai]	*'lie*(-gen)*'*	- liegen
pay [ei]	*'pag'*	- (be)zahlen (vgl. ital. *pagare*)
play [ei]	*'pflag*(-en)*'*	- spielen, etwas pflegen (z.B. die Musik, ein Instrument etc.)
pray [ei]	*'(-)frag*(-en)*'*	- beten (vgl. *fragen*)
silly [i]	*'se(-)lig'*	- selig, einfältig, albern
slay [ei]	*'schlag*(-en)*'*	- (er)schlagen
stay [ei]	*'stag'*	- Stag, Stütztau, Stütze
way [ei]	*'wag'*	- Weg (vgl. *Wagen*)

worry [ʌ]	*'wor(-)g*(-en)	- besorgt sein (vgl. *würgen*)
yard [ɑ:]	*'gart'*	- umfriedeter Hof (vgl. *Garten*)
yard [ɑ:]	*'gart'*	- Elle (Längenmaß: 91,4 cm) (vgl. *Gerte*)
yarn [ɑ:]	*'garn'*	- Garn, Lügengeschichte (vgl. *Seemannsgarn*)
yare [ɛə]	*'gar(-)'*	- fertig, gar
yarrow [æ]	*'garrou*(-be)*'*	- (Getreide-)Garbe
yawn [ɔ:]	*'gaun*(-en)*'*	- gähnen
yearn [ə:]	*'gearn*(-en)*'*	- sich sehnen nach, gern haben wollen
yeast [i:]	*'geast'*	- Hefe, Schaum (vgl. *Gischt*)
yell [e]	*'gell*(-en)*'*	- gellend schreien
yellow [e]	*'gellou*(-b)*'*	- gelb
yesterday [e]	*'gestertag'*	- gestern
yield [i:]	*'gelt*(-en)*'*	- einen Ertrag liefern, zugestehen (vgl. *gelten, Entgelt*)

*

Führt die Gleichsetzung *'y'* = „**g**" nicht zum gewünschten Ergebnis, könnte ein Versuch mit dem deutschen „**j**" weiterhelfen, obschon es nicht immer so gut klappen wird, wie bei den nachstehenden Wörtern.

Wörter mit dem Buchstaben 'y' (= j)

Englisch	*Trick*	*Bedeutung* *(Assoziation)*
yacht [jɔt]	*'jacht'*	- Jacht, Segelboot
yager [ɑ:]	*'jager'*	- Jäger
yawl [ɔ:]	*'jaul*(-en)*'*	- jaulen;
	'jaul'	- Jolle
yap [æ]	*'jap*(-sen)*'*	- kläffen, bellen (vgl. *„japsen"*)
yea [ei]	*'jea'*	- jawohl, ja
year [iə]	*'jear'*	- Jahr
yodel [ou]	*'jodel*(-n)*'*	- jodeln

yoke [ou]	*'joche'*	- Ochsengeschirr, Tragholz (vgl. *Joch*)
yonder [ɔ]	*'jon(-)er*	- jener dort, dort drüben
young [ʌ]	*'joung'*	- jung
yourt [uə]	*'jourt'*	- Jurte, Zelt der Mongolen
youth [u:]	*'jou*(gen)*d'*	- Jugend
yowl [au]	*'joul*(-en)*'*	- heulen (vgl. *johlen, jaulen*)
Yugoslav [u]	*'Jugoslav'*	- Jugoslawe (= Südslawe)

*

Trick 8: w ⇨ u

Das Geheimnis des nächsten Tricks haben Sie eigentlich schon gelüftet, wenn Sie das *'w'* – wie im englischen Alphabet – *'double-**u**'* [ˈdʌblju:] aussprechen, und tatsächlich ist es ja aus zwei spitz zulaufenden **U** (⇨ **vv**) entstanden. Setzen Sie für den Konsonanten *'w'* (außer am Wortanfang!) den Vokal „**u**" ein, ergibt sich gleich ein doppelter Vorteil: Sie werden in den meisten Fällen das entsprechende Wort augenblicklich verstehen und leichter im Gedächtnis behalten, zudem können Sie sich seine korrekte Aussprache mühelos einprägen. Allerdings dürfen Sie ein vorausgehendes *'e'* nicht mit dem *'w'* (= **u**) zu einem Diphthong verbinden, sondern Sie müssen die beiden Laute einzeln sprechen, also

*'-**ew**'* nicht „eu", sondern „**e-u**" (vgl. *'new'*).

Ein wenig anders sieht es aus, wenn vor dem *'w'* ein *'o'* steht; die Aussprache ist dann entweder

*'-**ow**'* = „**ou**" (vgl. *'blow'*) oder „**-au**" (vgl. *'brow'*).

Die Kombination *'-**aw**'* dagegen führt in der Regel zu einem *offen* gesprochenen, langen „**o**" [ɔ:] (vgl. *'saw'* und *'raw'*).

Wörter mit dem Buchstaben 'w' (= u)

Englisch	*Trick*	*Bedeutung* *(Assoziation)*
bestrew [u:]	*'bestreu*(-en)*'*	- bestreuen
brew [u:]	*'breu*(-en)*'*	- (Bier) brauen
brow [au]	*'brou'*	- (Augen-)Braue
brown [au]	*'broun'*	- braun
callow [æ]	*'kallou'*	- kahl, ungefiedert; unerfahren
claw [ɔ:]	*'klau'*	- Klaue, Kralle
cow [au]	*'kou'*	- Kuh
crow [ou]	*'krou'*	- Krähe;
	'krou(-en)*'*	- krähen
cower [au]	*'kouer*(-n)*'*	- kauern, sich ducken
crown [au]	*'kroun'*	- Krone;
	'kroun(-en)*'*	- krönen
dew [u:]	*'teu'*	- Tau(tropfen)
fallow [ou]	*'fallou'*	- fahl, brach; Brache
fowl [au]	*'fou*(g)*l'*	- Geflügel (vgl. *Vogel*)
glow [ou]	*'glou*(-en)*'*	- glühen
hew [ju:]	*'heu*(-en)*'*	- hauen, hacken, fällen
low [ou]	*'lou'*	- niedrig (vgl. *auf der Lauer liegen*)
lower [ou]	*'louer*(-n)*'*	- (sich) herablassen, (den Blick) senken (vgl. *lauern*)
mow [ou]	*'mou*(-en)*'*	- mähen
new [u:]	*'neu'*	- neu
owl [au]	*'oul'*	- Eule
raw [ɔ:]	*'rau'*	- roh, rau (vgl. *'raw materials'*)
shawl [ɔ:]	*'schaul'*	- Schal
sinew ['sinju:]	*'seneu'*	- Sehne
show [ou]	*'schou'*	- Schau(spiel), Ausstellung;
	'schou(-en)*'*	- zeigen, zur Schau stellen
shower [au]	*'schouer'*	- (Regen-)Schauer, Dusche
snow [ou]	*'schnou'*	- Schnee;
	'schnou(-en)*'*	- schneien

sow [au]	*'sou'*	- Sau, Mutterschwein
spew [u:]	*'speu*(-en)*'*	- speien, sich erbrechen
straw [ɔ:]	*'strau'*	- Stroh(halm)
strew [u:]	*'streu*(-en)*'*	- (aus)streuen
swamp [ɔ]	*'suampf'*	- Sumpf
sweet [i:]	*'sueesz'*	- süß, Süßigkeit (von lat. *suavis* = süß; vgl. *'persuasive'* = überredend, süß)
window [ou]	*'windou'*	- Fenster (eigentlich: Windauge)

*

Trick 9: **k ⇨ ch**

Das Vorkommen des Konsonanten ***'k'*** in einem englischen Wort ist nicht unbedingt ein Anzeichen dafür, dass es aus dem Germanischen stammt (recht oft entspricht es nämlich dem 'c' in lateinischen Wörtern), trotzdem erhellt sich in einem englischsprachigen Text der Sinn vieler Begriffe, sobald man das ***'k'*** durch ein „**ch**" ersetzt. Machen Sie doch einmal die Probe aufs Exempel und verstehen Sie eine Handvoll „neuer" Vokabeln, die Sie eigentlich ohne Lernaufwand in Ihren Wortschatz übernehmen können, da sie ja aus Ihrer *eigenen* Sprache stammen:

beaker	= ?
bleak	= ?
drake	= ?
elk	= ?
lark	= ?
monk	= ?
oak	= ?
sickle	= ?
weak	= ?

Lösungen:

beaker	=	Becher, Humpen
bleak	=	bleich, traurig
drake	=	Drache
elk	=	Elch
lark	=	Lerche
monk	=	Mönch
oak	=	Eiche
sickle	=	Sichel
weak	=	weich, schwach

*

*Wörter mit dem Konsonanten **'k'** (**= ch**)*

Englisch	*Trick*	*Bedeutung* *(Assoziation)*
ask [ɑ:]	'(h-)*asch*(-en)'	- fragen, dringend fordern, (er)heischen (vgl. *haschen*)
(a)wake [ei]	*'(-)wache'*	- wach; aufwachen (vgl. *erwachen* und *'watch'* = aufmerksam beobachten)
beaker [i:]	*'beacher'*	- Humpen, Becher
beck [e]	*'bech'*	- Bach, Bächlein (vgl. *Becke*)
bleak [i:]	*'bleach'*	- kahl, traurig, fahl (vgl. *bleich*)
book [u]	*'booch'*	- Buch
break [ei]	*'breach*(-en)'	- brechen
broke [ou]	*'brouch'*	- brach (Vergangenheit)
brook [u:]	*'brooch'*	- Bach (vgl. *Bruch* = feuchtes Uferland)
brook [u:]	*'brooch*(-en)'	- genießen, brauchen
cake [ei]	*'kache'*	- Kuchen
cook [u]	*'kooch'*	- Koch (vgl. *Kuchen*);
	'kooch(-en)'	- kochen
creak [i:]	*'kreach*(-en)'	- knarren (vgl. *krachen*)
dike [ai]	*'diche'*	- Deich
drake [ei]	*'drache'*	- Drache
duck [ʌ]	*'tuch'*	- (Segel-)Tuch

duck [ʌ]	*'tuch*(-en)'	- (unter)tauchen
elk [e]	*'elch'*	- Elch
flake [ei]	*'flache'*	- (Hafer-, Schnee-)Flocke (vgl. *flach, Cornflakes* = Maisflocken)
fluke [u:]	*'fluche'*	- Plattfisch, Flunder, Schwanzflosse (vgl. *flach*)
freak [i:]	*'freach'*	- komischer Kauz (vgl. *frech*)
Greek [i:]	*'Greech'*	- Grieche
hark [ɑ:]	*'harch*(-en)'	- horchen, zuhören
hawk [ɔ:]	*'hauch'*	- Habicht (vgl. *hoch*)
lake [ei]	*'lache'*	- (Binnen-)See (vgl. *Wasserlache*)
lark [ɑ:]	*'larch'*	- Lerche
leak [i:]	*'leach'*	- Loch (vgl. *Leck*)
leek [i:]	*'leech'*	- Lauch, Porree
like [ai]	'(g-)*liche'*	- gleich, ähnlich; - gern haben mögen (vgl. *Gleich und Gleich gesellt sich gern*)
make [ei]	*'mache*(-n)'	- machen, anfertigen
milk [i]	*'milch'*	- Milch
monk [ɔ]	*'monch'*	- Mönch (griech. *μοναχός* = allein lebend)
oak [ou]	*'oach'*	- Eiche
park [ɑ:]	*'pfarch'*	- öffentliche Anlage (vgl. *Pferch*)
poke [ou]	*'poche*(-n)'	- stoßen, knuffen (vgl. *pochen*)
rake [ei]	*'rache'*	- Rechen, Harke
reek [i:]	*'reech*(-en)'	- rauchen, riechen
sake [ei]	*'sache'*	- Sache, Interesse (vgl. *'I for my sake'* = was mich betrifft)
seek [i:]	*'seech*(-en)'	- suchen
sick [i]	*'sich'*	- krank, siech (vgl. *dahinsiechen*)
sickle [i]	*'sichle'*	- Sichel
skipper [i]	*'schi(-)fer'*	- Schiffseigner
skirt [ə:]	*'schürz'*	- Rock (vgl. *Schürze*)
smoke [ou]	*'schmoche*(-n)'	- rauchen, schmauchen
speak [i:]	*'sp*(r)*each*(-en)'	- sprechen, reden
spike [ai]	*'spiche'*	- Nagel, Stift (vgl. *Speiche, Spikes*)
spoke [ou]	*'spoche'*	- (Rad-)Speiche (vgl. *'spike'*)
stick [i]	*'steck*(-en)'	- stechen, stecken

strike [ai]	*'strich*(-en)'	- streichen, schlagen, streiken (vgl. *Backenstreich*)
token [ou]	*'zochen'*	- Zeichen, Mitbringsel
weak [i:]	*'weach'*	- weich, schwach
week [i:]	*'weech'*	- Woche
wreak [ri:k]	*'(-)reach'*	- Rache;
	'(-)reach(-en)'	- rächen, Wut auslassen
yoke [ou]	*'joche'*	- Joch

*

Trick 10: **sh / s** (vor **l, m, n, w**) ⇨ **sch**

Im Englischen gibt es – außer in einigen Germanismen wie *'schnap(p)s'* oder *'schnauzer'* – kein echtes „**sch**“, auch wenn es bei einigen Wörtern durchaus den Anschein hat; *'school'* oder *'scheme'* werden schließlich mit *'sch'* geschrieben, könnten Sie einwenden. In diesem Fall handelt es sich jedoch in Wirklichkeit um zwei getrennte Laute, nämlich um ein *'s'* und ein *'ch'* (das, wie in *'Christmas',* als „k“ auszusprechen ist).

Dem typisch deutschen Zischlaut „**sch**“ entsprechen vielmehr zwei englische Varianten, von denen die erste (= ***'sh'***) leicht nachvollziehbar ist; die zweite ist ein einfaches ***'s'***, hinter dem sich allerdings nur bei den Anlauten ***'sl'***, ***'sm'***, ***'sn'*** und ***'sw'*** ein deutsches „**sch**“ verbirgt, zum Beispiel:

slaver	= ?
slot	= ?
smart	= ?
smite	= ?
snap	= ?
snorkel	= ?
swallow	= ?
swell	= ?

Lösungen:

slaver	=	schlabbern, geifern
slot	=	(Schloss), Schlitz, Kerbe
smart	=	schmerzen; schneidig
smite	=	schmeißen, werfen
snap	=	(schnappen), ergreifen
snorkel	=	Schnorchel
swallow	=	Schwalbe
swell	=	schwellen

*

*Wörter mit dem Zischlaut **'sh'** (= **sch**)*

Englisch	*Trick*	*Bedeutung* *(Assoziation)*
ash [æ]	*'asch'*	- Asche
bush [u]	*'busch'*	- Busch
fish [i]	*'fisch'*	- Fisch
flesh [e]	*'flesch'*	- (lebendes) Fleisch
fresh [e]	*'fresch'*	- frisch
marsh [ɑ:]	*'marsch'*	- Marsch, feuchte Niederung
push [u]	*'pfusch*(-en)*'*	- schieben, stoßen, drängen (vgl. auch *„puschen", „futsch!"*)
rash [æ]	*'rasch'*	- rasch, hastig, übereilt
shabby [æ]	*'schab(-)ig'*	- schäbig, armselig
shade [ei]	*'schate'*	- Schatten, Schattierung
shadow [æ]	*'schatou'*	- Schatten
shaft [ɑ:]	*'schaft'*	- Schaft, Stange, Stiel
shame [ei]	*'schame'*	- Scham, Schande
shank [æ]	*'schank'*	- (Unter-)Schenkel, Schienbein (vgl. auch *Schinken*)
shape [ei]	'(ge-)*schapfe'*	- Form (vgl. *Geschöpf*)
shard [ɑ:]	*'schart'*	- Scharte, Scherbe
share [ɛə]	*'schare'*	- Pflugschar, Trupp, Schar

share [ɛə]	*'schare'*	- (An-)Teil, Aktie;
		- teilen, aufteilen (vgl. *bescheren*)
sharp [ɑ:]	*'schar(-)f'*	- scharf
shave [ei]	*'schabe*(-n)*'*	- rasieren, schaben
shawl [ɔ:]	*'schaul'*	- Schal
shear [i:ə]	*'schear*(-en)*'*	- (Schafe) scheren (vgl. *Schere*)
shears *(pl.)* [i:ə]	*'schears'*	- (große) Schere
sheath [i:]	*'schead'*	- (Schwert-)Scheide
sheave [i:]	*'scheabe'*	- (techn.) Scheibe, Rolle
shed [e]	*'schet*(-en)*'*	- (ver)gießen, ausschütten;
	'schet'	- Scheitel, Wasserscheide
sheen [i:]	*'scheen'*	- Glanz, Schein
sheep [i:]	*'schee(-)f'*	- Schaf
sheer [i:ə]	*'scheer'*	- unvermischt, völlig (vgl. *schier*)
sheer (off) [i:ə]	*'scheer*(-en)*'*	- abweichen, ausscheren
shelf [e]	*'schelf'*	- Regal, Sandbank (vgl. *Schelfmeer*)
shell [e]	*'schell'*	- (Muschel-)Schale
shepherd [e-]	*'sche(-)fhert'*	- Schafhirt
shide [ai]	*'schite'*	- (Holz-)Scheit
shield [i:]	*'schield'*	- Schild
shimmer [i]	*'schimmer*(-n)*'*	- schimmern, flimmern
shin [i]	*'schin'*	- Schienbein, Schiene
shine [ai]	*'schine*(-n)*'*	- scheinen, glänzen
ship [i]	*'schi(-)f'*	- Schiff
shire [ai/iə]	*'schire'*	- Schar, Bezirk (= abgetrenntes Land) (vgl. *Sheriff, Hampshire* etc.)
shirt [ə:]	*'schürz'*	- Hemd (vgl. *Schürze, schürzen*)
shit [i]	*'schisz'*	- Scheiß, Scheiße;
	'schisz(-en)*'*	- scheißen
shiver [i]	*'schiber'*	- Splitter, Bruchstück;
	'schiber(-n)*'*	- zersplittern, flattern, zittern
shoe [u:]	*'schoe'*	- Schuh
shoot [u:]	*'schoosz*(-en)*'*	- schießen (vgl. *Geschoss*)
shop [ɔ]	*'schop(-)'*	- Schuppen, Laden, kleines Geschäft
short [ɔ:]	*'schorz'*	- kurz (vgl. *Lendenschurz, schürzen*)

shot [ɔ]	*'schosz'*	- Schuss; schoss (Vergghn.)
shoulder [ou]	*'schoulter'*	- Schulter
shout [au]	*'schousz*(-en)*'*	- laut rufen, herausplatzen (vgl. auch *Schuss*)
shove [ʌ]	*'schobe*(-n)*'*	- schieben, drängen (vgl. *er schob, Schublade*)
show [ou]	*'schou'*	- Schau(spiel), Erscheinung Aufzeigen (vgl. *Schauspiel*);
	'schou(-en)*'*	- zeigen (vgl. *schauen*)
shower [au]	*'schouer'*	- Schauer, Dusche
shred [e]	*'schret'*	- Fetzen, Teilchen (vgl. *Schrot*)
shredded [e]	'(ge-)*schrettet'*	- in Stücke zerrissen, geschrotet
shrill [i]	*'schrill'*	- schrill, durchdringend
shrimp [i]	*'schrimpf'*	- Garnele, kleiner Kerl (vgl. *schrumpfen*)
shrine [ai]	*'schrine'*	- (Reliquien-)Schrein (vgl. auch *Schreiner*)
shrub [ʌ]	*'schrub'*	- Busch, Strauch (vgl. *Schrubber*)
shudder [ʌ]	*'schutter*(-n)*'*	- schaudern, zittern (vgl. *erschüttern*)
shut [ʌ]	*'schuz*(-en)*'*	- schließen (vgl. *schützen*)
shy [ai]	*'schy'*	- scheu
wash [ɔ]	*'wasch*(-en)*'*	- waschen

*

*Wörter mit dem Anlaut **'sl', 'sm', 'sn', 'sw' (= sch)***

Englisch	*Trick*	*Bedeutung* *(Assoziation)*
slab [æ]	*'schlab'*	- Schlamm, Schlick; klebrig (vgl. *„schlabbrig"*)
slobber [ɔ]	*'schlobber'*	- Geifer, Speichel, Sabber;
	'schlobber(-n)*'*	- geifern (vgl. *„schlabbern"*)
slack [æ]	*'schlack'*	- (Kohlen-)Schlacke;
		- schlaff, locker; träge, langsam (vgl. *„schlackrig"*);

slack [æ]	*'schlack*(-en)	- lockern, erschlaffen (vgl. *„schlackern"*)
slant [æ]	*'schlanz'*	- Abhang (vgl. *„schlenzen"* = erschlaffen, *Schlendrian* = Schlamperei); abschüssig, schräg (vgl. *„schlunzig"*)
slap [æ]	*'schlap(-)'*	- Klaps, Schlag (vgl. *Schlappe*);
	'schlap(-)(-en)*'*	- schlagen, klopfen (vgl. *eine Schlappe beibringen*)
slaughter [ɔ:]	*'schlachter'*	- Schlachten, Gemetzel
slaver [æ]	*'schlaber*(-n)*'*	- geifern, sabbern (vgl. *schlabbern*)
slay [ei]	*'schlag*(-en)*'*	- (er)schlagen
sleek [i:]	*'schlech'*	- glatt, geschmeidig (vgl. *Schlick*)
sleep [i:]	*'schle(-)f'*	- Schlaf;
	'schle(-)f(-en)*'*	- schlafen
sleet [i:]	*'schlesz'*	- Graupel, Hagel (vgl. *Schloße* = Schneeregen)
sleeve [i:]	*'schleebe'*	- Ärmel (vgl. *Schleppe, Schlippe* = Hemdzipfel, *Schlips* = herunterhängender Zipfel)
sleigh [ei]	*'schleich'*	- Schlitten (vgl. *schleichen*)
slender [e]	*'schlender'*	- dünn, schlank, schwächlich (vgl. *schlendern*)
slew [u:]	*'schleu*(-en)*'*	- herumwerfen (vgl. *schleudern*)
slice [ai]	*'schlize'*	- Schnitte, Scheibe (vgl. *schleißen, schlitzen*)
slight [ai]	*'schlicht'*	- leicht, schwach, unbedeutend (vgl. *schlicht, schlecht*)
slim [i]	*'schlim'*	- schmächtig, unzulänglich (vgl. *schlimm*)
slime [ai]	*'schlime'*	- Schleim, Schmutz
slimy [ai]	*'schlimig'*	- schleimig
sling [i]	*'schling'*	- Schleuder, Schlinge;
	'schling(-en)*'*	- schlingen, hochheben
slink [i]	*'schlenke*(-en)*'*	- schleichen, sich davonstehlen (vgl. *schlenkern*)
slip [i]	*'schlipf'*	- Rutsch, (Erd-)Schlipf;
	'schlüpf(-en)*'*	- gleiten, rutschen (vgl. *schlüpfen*)
slippery [i]	*'schlüpferig'*	- glitschig, schlüpfrig

slit [i]	*'schliz*(-en)'	- aufschneiden, spalten (vgl. *aufschlitzen, schleißen*)
slither [i]	*'schlider*(-n)'	- rutschen, gleiten (vgl. *„schliddern", schlittern*)
sloe [ou]	*'schloe'*	- Schlehe
slog [ɔ]	*'schlog'*	- wuchtiger Schlag;
	'schlog(-en)'	- heftig schlagen
slope [ou]	*'schlopf'*	- Abhang, Böschung, Neige (vgl. *Schlupf, schlüpfen*)
slot [ɔ]	*'schlosz'*	- Kerbe, Nut, schmale Öffnung (vgl. *Schloss, Schlüssel*)
slough [slʌf]	*'schlouch'*	- abgeworfene Haut, Hülle (vgl. *Schlauch*);
	'schloch(-en)'	- sich häuten
slow [ou]	*'schlou'*	- langsam (vgl. *schlau* = zurückhaltend)
sluice [u:]	*'schluize'*	- Schleuse, Siel
slumber [ʌ]	*'schlum-er'*	- leichter Schlaf (vgl. *Schlummer*);
	'schlum-er(-n)'	- schlummern
slump [ʌ]	*'schlumpf*(-en)'	- plötzlich sinken, stürzen (vgl. *Schlumpf*)
slur [ə:]	*'schlur*(-en)'	- undeutlich sprechen (vgl. *schlurren, schlurfen, „schlören"*)
smack [æ]	'(ge-)*schmack'*	- (Bei-)Geschmack, Anflug
small [ɔ:]	*'schmal'*	- klein (an Umfang)
smalt [ɔ:]	*'schmalz'*	- Schmalte, Schmelz
smart [ɑ:]	*'schmarz'*	- Schmerz, Kummer;
		- gerissen, schlau, rührig;
	'schmarz(-en)'	- schmerzen, wehtun
smatter [æ]	*'schmaze-*(-n)'	- herumpfuschen (vgl. *schmatzen*)
smear [iə]	*'schmear'*	- Fett-, Schmutzfleck (vgl. *Schmier*);
	'schmear(-en)'	- beschmutzen, einfetten (vgl. *beschmieren*)
smell [e]	*'schmell*(-en)'	- riechen, duften (vgl. *„schmüllen"*)
smelt [e]	*'schmelz*(-en)'	- schmelzen
smile [ai]	*'schmile*(-en)'	- lächeln (vgl. *schmeicheln*)
smirk [ə:]	*'schmirch*(-en)'	- süßlich lächeln (vgl. *schmierig grinsen*)
smite [ai]	*'schmisze*(-n)'	- schlagen, werfen (vgl. *schmeißen*)

smith [i]	*'schmid'*	- Schmied
smoke [ou]	*'schmoche'*	- Rauch (vgl. *„Schmöker"* = altes Buch, dessen Blätter als Fidibus dienten);
	'schmoche(-n)*'*	- rauchen (vgl. *schmauchen*)
smother [ʌ]	*'schmo-ern*(-n)*'*	- ersticken, dämpfen (vgl. *schmoren*)
smug [ʌ]	*'schmug'*	- geschniegelt, glatt (vgl. *schmuck*)
smuggle [ʌ]	*'schmuggle'*	- Schmuggel;
	'schmuggle(-n)*'*	- (ein)schmuggeln
smut [ʌ]	*'schmuz'*	- Schmutz-, Rußfleck
snake [ei]	*'schnache'*	- Schlange (vgl. die langsame Fortbewegung der *Schnecke* und der *Schnake*)
snap [æ]	*'schnap(-)*(-en)*'*	- schnappen, (er)greifen
snappish [æ]	*'schnappisch'*	- bissig, auffahrend (vgl. *schnippisch*)
snarl [ɑ:]	*'schnar-*(-en)*'*	- knurren (vgl. *schnarren*)
sneak [i:]	*'schneach'*	- Angeber, Kriecher (vgl. *„schnieke"*)
sniff [i]	*'schni(-)f*(-en)*'*	- schnüffeln, schnuppern (vgl. *schniefen, schnüffeln*)
snip [i]	*'schnip(-)*(-en)*'*	- schneiden, zerkleinern (vgl. *schnippeln, „schnipp-schnapp"*)
snipe [ai]	*'schnepfe'*	- Schnepfe
snivel [i]	*'schnibe-*(-n)*'*	- laut schnüffeln, heulen (vgl. *schnauben, schniefen*)
snoop [u:]	*'schnoopf*(-en)*'*	- neugierig sein, herumschnüffeln (vgl. *schnupfen, schnuppern*)
snore [ɔ:]	*'schnore*(-n)*'*	- schnarchen
snorkel [ɔ:]	*'schnorchel'*	- Schnorchel
snout [au]	*'schnouz'*	- Schnauze, Rüssel
snow [ou]	*'schnou'*	- Schnee;
	'schnou(-en)*'*	- schneien
snuff [ʌ]	*'schnupf'*	- Schnupftabak;
snuffle [ʌ]	*'schnufle*(-en)*'*	- schnupfen, (be)schnüffeln
snug [ʌ]	*'schnug'*	- behaglich (vgl. *„schnuckelig"*)
swallow [ɔ]	*'schwallou'*	- Schwalbe
swallow [ɔ]	*'schwall-*(-gen)*'*	- verschlucken, verschlingen (vgl. *schwelgen*)
swam [æ]	*'schwam'*	- schwamm (Vergangenheit)

swan [ɔ]	‘*schwan*’	- Schwan
swank [æ]	‘*schwank*’	- Prahlerei, Aufschneiderei (vgl. *Schwank*)
sward [ɔ:]	‘*schwart*’	- (Schweine-)Schwarte
swarm [ɔ:]	‘*schwarm*’	- Schwarm, Bienenschwarm;
	‘*schwarm*(-en)’	- schwärmen, sich drängen
swart [ɔ:]	‘*schwarz*’	- Schwärze
swear [ɛə]	‘*schwear*(-en)’	- schwören, beteuern
sweat [e]	‘*schweasz*’	- Schweiß;
	‘*schweaz*(-en)’	- schwitzen
Swede [i:]	‘*Schwede*’	- Schwede, Schwedin
Sweden [i:]	‘*Schweden*’	- Schweden
sweep [i:]	‘*schweepf*(-en)’	- fegen (vgl. *schweifen*)
swell [e]	‘*schwell* ‘	- Schwellung, Wölbung;
	‘*schwell*(-en)’	- anschwellen, sich weiten
swim [i]	‘*schwimm*(-en)’	- schwimmen
swindle [i]	‘*schwindle*(-n)’	- (er)schwindeln, betrügen
swine [ai]	‘*schwine*’	- Schwein, Schweinehund
swing [i]	‘*schwing*’	- Schwingen, schnellende Bewegung;
	‘*schwing*(-en)’	- schwingen
swirl [ə:]	‘*schwir(-)*(-en)’	- wirbeln, sausen (vgl. *schwirren*)
swollen [ou]	‘(ge-)*schwollen*’	- geschwollen
sword [sɔ:d]	‘*schwort*’	- Schwert
swore [ɔ:]	‘*schwor(-)*’	- (er / sie) schwor
sworn [ɔ:]	‘(ge-)*schworn*’	- geschworen
swum [ʌ]	‘(ge-)*schwom*’	- geschwommen
swung [ʌ]	‘(ge-)*schwung*’	- geschwungen (Part. Perf. von schwingen)

*

Trick 11: i ⇨ ü / ö

Die Briten kennen in ihrer Sprache keine Umlaute (= **ä**, **ö** und **ü**), und sie müssen sich mit einem *'oe'* oder *'ue'* behelfen, wenn sie einem Herrn M**ü**ller oder M**ö**ller einen mit der Maschine geschriebenen Brief senden wollen oder seinen Namen zu buchstabieren haben; es gibt nicht einmal eine eigene Vokabel für den Begriff *Umlaut,* sodass man sich im Notfall des deutschen Wortes bedient (z.B. *'u / umlaut'*).

Im Allgemeinen benutzt der Engländer den Vokal *'e'* für das deutsche „**ä**" (vgl. die Vorsilbe *'pre-'* für *prä-*). Die Umlaute „**ö**" und „**ü**" werden nicht selten durch den Vokal *'i'* wiedergegeben (schließlich wurde ja auch aus dem Namen M**ü**ller im Englischen ein *'Miller'*!). Wie häufig die Gleichung *'i'* = „**ö**" oder „**ü**" aufgeht, finden Sie in der nachfolgenden Tabelle bestätigt.

Wörter mit dem Vokal 'i' (oft = ü oder ö)

Englisch	*Trick*	*Bedeutung (Assoziation)*
birth [ə:]	*'bürd'*	- Geburt (vgl. *Bürde*)
brisk [i]	*'brüsk'*	- brüsk, (vor)schnell, flink (vgl. *brüskieren*)
chicken [i]	*'kü(-)ken'*	- Hähnchen, Kü(c)ken
cling [i]	*'klüng*(-en)*'*	- hängen an, haften, sich klammern (vgl. *Klüngel*)
dimple [i]	*'tümp(-)le'*	- Grube, Grübchen (vgl. *Tümpel*)
dizzy [i]	*'döszig'*	- dösig, benommen
drip [i]	*'tröpf*(-eln)*'*	- tröpfeln, tropfen
fill [i]	*'füll*(-en)*'*	- füllen
filly [i]	*'füllig'*	- Füllen, Fohlen (vgl. *füllig*)
fir [ə:]	*'för'*	- Föhre, Tanne, Fichte

fire [ai]	*'füre'*	- Feuer (vgl. mundartl.: *Füer*)
first [ə:]	*'fürst'*	- Erster (vgl. *Fürst, Dachfirst;* mit Metathese: *Frist* = eigentl.: das Bevorstehende)
gird [ə:]	*'gürt*(-en)*'*	- (sich) umgürten, bereitmachen
girl [ə:]	*'görl'*	- Mädchen (vgl. *Göre*)
girdle [ə:]	*'gürtle'*	- Gürtel, Gurt
hide [ai]	*'hüte*(-n)*'*	- verbergen, verstecken (vgl. *behüten, hüten, Haut*)
hill [i]	*'hü*(ge)l*'*	- Hügel
hip [i]	*'hü(-)f'*	- Hüfte, Lende
hire [ai]	*'hüre*(-n)*'*	- (an)heuern (vgl. mundartl.: *hüren*)
kiss [i]	*'küss*(-en)*'*	- küssen
kitchen [i]	*'kü(-)chen'*	- Küche
lie [ai]	*'lü*(-gen)*'*	- lügen
lift [i]	*'lüft*(-en)*'*	- (an)heben, lüften
midge [i]	*'mü(-)ge'*	- Mücke
mill [i]	*'müll'*	- Mühle
miller [i]	*'müller'*	- Müller
minster [i]	*'münster'*	- Münster, Stiftskirche
mint [i]	*'münz'*	- Münze, Prägeanstalt;
	'münz(-en)*'*	- prägen, münzen
might [i]	*'möcht'*	- möchte, könnte
pickle [i]	*'pö(-)kle'*	- Pökel, Salzlake (vgl. *'mixed pickles'*)
pillow [i]	*'pfül(-)'*	- Kopfkissen, Pfühl
pit [i]	*'pfüz'*	- Brunnen(schacht), Zeche, Loch (vgl. *Pütt, Pfütze*)
shirt [ə:]	*'schürz'*	- Hemd (vgl. *Schürze*)
silt [i]	*'sülz'*	- Schlamm, Treibsand (vgl. *Sülze*)
sin [i]	*'sün'*	- Sünde
slip [i]	*'schlüpf'*	- Schlüpfer;
	'schlüpf(-en)*'*	- schlüpfen, gleiten
stir [ə:]	*'stör*(-en)*'*	- bewegen, rühren (vgl. *stören*)
vixen [i]	*'vüchsen'*	- Füchsin
wish [i]	*'wü(-)sch*(-en)*'*	- wünschen

*

Trick 12: i ⇨ (oft) e

Als Abrundung der etymologischen Tricks zum Verständnis (oder leichten Erraten) germanischer Wörter sei noch eine Eigenart der englischen Sprache genannt, nämlich die Bewahrung des Vokals *'i'*, der sich im Deutschen oft zu einem „e" gewandelt hat, wie die folgenden Beispiele zeigen.

Wörter mit dem Vokal 'i' (oft = e)

Englisch	*Trick*	*Bedeutung* *(Assoziation)*
ding [i]	'*teng*(-en)'	- ertönen, erklingen, vorpredigen (vgl. *dengeln, tingeln*)
field [i:]	'*feld*'	- Feld
fight [ai]	'(ge-)*fecht*'	- Gefecht, Kampf;
	'*fecht*(-en)'	- fechten, kämpfen
give [i]	'*gebe*(-n)'	- geben
knight [ai]	'*knecht*'	- Ritter (vgl. *Landsknecht*)
lick [i]	'*leck*(-en)'	- lecken
live [i]	'*lebe*(-n)'	- leben
lime [ai]	'*leme*'	- Lehm, Leim, Kalk(stein)
link [i]	'(ge-)*lenk*'	- Gelenk;
	'(ge-)*lenk*(-en)'	- mit einem Gelenk verbinden
liver [i]	'*leber*'	- Leber
milk [i]	'*melk*(-en)'	- melken
quick [i]	'*queck*'	- schnell, keck (vgl. *Quecksilber*)
right [ai]	'*recht*'	- Recht, Anspruch
silly [i]	'*se(-)lig*'	- selig, einfältig
sinew [i]	'*sene(-)*'	- Sehne
singe [i]	'*senge*(-n)'	- sengen, (an)brennen
sink [i]	'*senk*(-en)'	- (ver)senken
six [i]	'*sex*'	- sechs
slight [i]	'*schlecht*'	- schlecht, schlicht

snipe [ai]	*'schnepfe'*	- Schnepfe
stick [i]	*'steck'*	- Stecken, Stock;
	'steck(-en)*'*	- stecken, stechen
stilt [i]	*'stelz'*	- Stelze, Krücke
strive [ai]	*'strebe*(-n)*'*	- streben, sich bemühen
tilt [i]	*'zelt'*	- (Zelt-)Plane (vgl. *Zelt*);
	'zelt(-en)*'*	- neigen
yield [i:]	*'gelt*(-en)*'*	- einen Ertrag liefern, zugestehen (vgl. *gelten, Entgelt*)

*

Wenn alle der bisher genannten Tricks bei der Herleitung eines englischen Wortes versagen, gibt es in der Regel drei mögliche Ursachen:

- es ist aus dem modernen Hochdeutsch verschwunden (z.B. *'tear' = Zähre* / Träne) und wird allenfalls noch mundartlich verwendet (z.B. *'devil' = Dübel* / Teufel),

- das entsprechende Wort ist romanischer Herkunft (siehe Ableitungen aus dem Lateinischen und Französischen),

- es stammt weder aus einer germanischen noch romanischen Sprache (siehe Entlehnungen aus dem Griechischen, Arabischen etc.).

Es könnte aber auch sein, dass Ihnen ein letzter Trick weiterhilft, den Ursprung des Wortes zu erkennen sowie seine Bedeutung und Rechtschreibung im Gedächtnis zu behalten: In einigen (seltenen) Fällen steht im Hochdeutschen ein „**l**" oder „**n**", während die entsprechenden englischen Wörter ohne jene Konsonanten gebildet werden, weswegen die Herkunft und die Grundbedeutung dieser Wörter nicht spontan auszumachen sind.

Trick 13: **n / l** ⇨ können im Engl. fehlen!

*Wörter ohne den Konsonanten '**n**'*

Englisch	*Trick*	*Bedeutung* *(Assoziation)*
a [ə]	*'a**n**'*	- ein (*'an'* nur vor Vokalen!)
dust [ʌ]	*'du**n**st'*	- Staub (vgl. *Dunst*)
fifty [i]	*'fü**n**fzig'*	- fünfzig (vgl. mundartl.: *fuffzig*)
five [ai]	*'fü**n**ve'*	- fünf
geese [i:]	*'gee**n**se'*	- Gänse
goose [u:]	*'goo**n**s(-)'*	- Gans
lithe [ai]	*'li**n**d(-)'*	- lind, geschmeidig, biegsam
mouth [au]	*'mou**n**d'*	- Mund, Mündung
my [ai]	*'mi**n**'*	- mein
other [ʌ]	*'o**n**der'*	- anderer, andere, anderes
soft [ɔ]	*'so**n**ft'*	- sanft, sacht, weich
teeth [i:]	*'zee**n**d'*	- Zähne (vgl. *-dent*)
tooth [u:]	*'zoo**n**d'*	- Zahn (vgl. *-dont*)
uncouth [-u:]	*'uncou**n**d'*	- unkundig, ungehobelt
us [ʌ]	*'u**n**s'*	- uns
wish [i]	*'wi**n**sch'*	- Wunsch;
	*'wü**n**sch*(-en)*'*	- wünschen

*

*Wörter ohne den Konsonanten '**l**'*

Englisch	*Trick*	*Bedeutung* *(Assoziation)*
each [i:]	*'ea**l**ch'*	- jeder (vgl. niederl. *elk, elke*)
such [ʌ]	*'su**l**ch'*	- solch
which [i]	*'we**l**ch'*	- welcher, welche, welches
wood [u]	*'woo**l**t'*	- Wald, Holz (vgl. ahd. *witu, widu* = Wald; *Widukind* = Waldkind)

b) Unerwartete Wortverwandtschaften

Nach der Überlieferung waren *Hengist* und *Horsa* die Anführer der ersten Angelsachsen, die sich im Südosten Britanniens festsetzten, das bald *'Engla land'*, das Land der Angeln genannt wurde. *Hengist* bedeutet im Altenglischen *Hengst,* während sich der Name des zweiten sagenhaften Eroberers von jenem Reittier herleitet, das bereits im Angelsächsischen *'hors'* hieß; das englische Wort

horse (Pferd)

wandelte sich durch Umstellung des „**r**" über *'(h)ros'* im Laufe der Zeit zu unserem hochdeutschen *Ross*.

Eine solche Umstellung (Metathesis) des „**r**" ist nicht selten bei englischen Wörtern und ihren deutschen Entsprechungen zu beobachten, wie die folgenden Beispiele belegen:

'board' [ɔ:]	und	*Brett*
'bristle' [i]	und	*Borste* (vgl. *Bürste*)
'brothel' [ɔ]	und	*Bordell*
'burn' [ə:]	und	*brennen*
'curl' [ə:]	und	*Krüll* (= Locke, Krause)
'dirt' [ə:]	und	*Driet* (= Dreck, Schmutz)
'fright' [ai]	und	*Furcht*
'third' [ə:]	und	*dritter*
'through' [u:]	und	*durch*
'tree' [i:]	und	*-der* (vgl. Hollun*der*)

Eine Fülle von angelsächsischen Landschaftsbezeichnungen hat sich in der englischen Sprache erhalten. So werden die Kreidefelsen der Insel bei den einfallenden Germanenstämmen einen ähnlich starken Eindruck hinterlassen haben wie bei den modernen Touristen, die sich der englischen Küste nähern;

chalk (Kreide)

bedeutet demnach nichts anderes als *Kalk,* in dem sich wegen seiner Wasserlöslichkeit leicht *Höhlen,* also

holes (*Hohlräume,* Löcher)

bilden. Die englische Landschaft besteht selbst im recht flachen Südosten, in dem sich die Angeln, Sachsen und Jüten niederließen, aus sanft geschwungenen Hügeln, den

downs (*Dünen*),

welche die Eindringlinge an das sandige Küstenland ihrer heimischen Siedlungsgebiete um die Nordsee erinnert haben mögen (vgl. den Ortsnamen *Duhnen* bei Cuxhaven); das Adverb *'down'* (altengl. *'adown'*) bedeutet demnach „den Hügel hinab". Ansonsten hieß ein kleiner Berg

hill (Anhöhe, *Hügel*),

ein Wortbestandteil, der auch bei uns noch in alten Ortsnamen vorkommt (vgl. *Kirchhellen* = Kirchhügel, was – wenn man es wörtlich übersetzt – dem Namen *Churchill* entspricht).

Auch das Wort für Wald, der den Germanen heilig war, wurde aus ihrer Sprache übernommen;

wood (*Wald,* Holz)

hieß ursprünglich *witu* und *widu* (vgl. den Namen des Sachsenherzogs *Widukind* = Waldkind). Wie Tacitus in seiner Germania berichtet, kerbten die Germanen magische Zeichen (= *Runen;* vgl. *raunen*) in Holzstäbe, die im *raunenden* Wald ausgeworfen wurden, und deren zufällige Anordnung ein Zauberer in einem Orakelspruch, dem so genannten Stabreim, deutete. Die Runenhölzer waren wahrscheinlich Buchenstäbe, von denen sich unsere Bezeichnung *Buchstaben* herleitet. Die Runen wurden nicht mit dem Pinsel oder Rohr aufgezeichnet, sondern mit dem Messer ins Holz geritzt, wie das englische Verb

to write (w|*rizen* = schreiben)

belegt[1]. Natürlich waren die frühen Germanen noch nicht des Lesens kundig, sondern auf die Auslegung der Runenzeichen durch Magier angewiesen. Das englische Wort

to read (lesen)

bedeutet daher ursprünglich eigentlich *raten* und *Rat geben*! Der heidnische Götterglaube, der auch mit der Christianisierung nicht völlig überwunden war, spiegelt sich also noch immer in der englischen Sprache. So ist

to spell (buchstabieren)

vom germanischen *spel(l)* (= Zauberspruch, Zauberformel) abgeleitet, das in *'gospel'* (d.h. *'good spell'* = gute Botschaft, Evangelium) wiederkehrt. Auch in unseren Substantiven *Kirchspiel* (= Bezirk, innerhalb dessen das Wort einer bestimmten Kirche gilt) und *Beispiel* (= lehrhafte Erzählung, Gleichnis) spiegelt sich dieser alte Wortsinn.

---

[1] Beispiel eines Runenverses mit Stabreim:

*Ru*nen sollst du lernen und *rät*liche *Stä*be
*Stä*be gar *stark,*
*Zei*chen *zaub*erkräftig,
wie sie *zog* der *Zaub*erherr,
wie sie *wirk*ten *Weih*götter,
wie sie *ritz*te der *Rat*efürst.

[Aus: Döbler, Die Germanen, Bd. 2, S. 494, a.a.O.]

In ähnlichem Zusammenhang ist auch

to guess (raten, vermuten)

zu sehen, das mit dem deutschen ver*gessen* (engl. *'to forget'*) verwandt ist. Dieses wiederum stammt, wie das Verb

to get (bekommen, erhalten),

vom germanischen *gëtan* (= erlangen, finden), das in unserem er*götzen* (= Unangenehmes loswerden, ver*gessen* machen) überlebt hat.

Fast alle englischen Ausdrücke des täglichen Lebens stammen aus der Sprache der einfachen germanischen Landbevölkerung, deren Hauptsorgen dem Anbau und der Viehhaltung, den Klimabedingungen und Wetterabläufen, den körperlichen Bedürfnissen und der Gesundheit, dem Handel zu Wasser und zu Lande, dem ständigen Kampf gegen Eindringlinge (vor allem die dänischen und norwegischen Wikinger, die zwischen dem 8. und 11. Jahrhundert immer wieder die englischen Küstenstriche heimsuchten) und dem schicksalhaften Wechselspiel von Geburt und Tod, aber auch ihrer rechtlichen, wirtschaftlichen und gesellschaftlichen Stellung galten. Schon der germanische Landarbeiter nannte seinen Herrn „Brötchengeber", im Angelsächsischen *hlaf-weard* (von *hlaf* ⇒ *'loaf'* = Brot*laib,* und *weard* ⇒ *'ward'* = Wächter, Verteiler), was schließlich über *hláford* zum Adelstitel

lord (Herr, *Brotwart*)

wurde. Die gleiche realistische Einschätzung des eigenen niedrigen Standes offenbart sich in der ehrerbietigen Anrede

lady (*hlœfdige* = Herrin, *Brotverteilerin*)

für die Frau des Grundbesitzers oder die adelige Dame.

Wie bei allen germanischen Stämmen war die Gesellschaft in drei Stände mit unterschiedlichen Rechten aufgeteilt. Ein Angehöriger des Adels, ein

earl (altengl. *eorl*),

hatte genügend Landbesitz und Muße, um sich ganz auf die Jagd und den Krieg zu konzentrieren. Die harte Feldarbeit war Sache des frei geborenen Bauern (altengl. *ceorl;* vgl. *Kerl* und *Karl*), der das Recht des Waffentragens besaß, keine Abgaben zu leisten hatte und dessen Stimme bei der Landversammlung volles Gewicht hatte. Dem Adjektiv

free (*frei*)

liegt die Bedeutung *lieb, freundlich* zu Grunde, die noch im englischen Substantiv *'friend'* (eigentlich *Blutsverwandter, zu den Lieben Gehöriger*) und in den deutschen Wörtern *Friede* (= Zustand der Liebe) und *freien* (= lieben, um eine Braut werben) anklingt; *'freedom'* umfasste damit alle Mitglieder der eigenen Sippe (altengl. *gecynde*), wobei das *Gesinde* zum größten Teil aus den eigenen *Kindern* bestand. So wird auch die Doppelbedeutung des englischen Wortes *'kind'* (*Art, Geschlecht* und *lieb, freundlich*) verständlich![1]

Weit unter den Bauern standen die Sklaven oder Knechte (vgl. *'knights'*) und die Halbfreien (ehemalige Sklaven), deren soziale Stellung sich durch die Freilassung kaum verbesserte. Beide – der Sklave nur mit dem Rechtsstatus einer Sache – gehörten zum Gesinde eines Freien oder bekamen als Kleinpächter Land überlassen, das sie gegen Abgaben wie Brotgetreide, Vieh und Wolle bewirtschaften durften.

---

[1] Auch unser Wort *Frau* ist aus *frei* (= lieb) abgeleitet (vgl. *Frija* = nord. Liebesgöttin, Gemahlin Wodans). Die Bezeichnung für den Herrn (ahd. *fro,* altengl. *frëa*) hat nur in Ausdrücken wie *Fron*dienst oder *Fürst* und *'first'* (= der Erste, also der Herr) überlebt.

Unfreier war man durch Geburt, man konnte aber auch wegen hoher Verschuldung zur Knechtschaft gezwungen werden oder sich selbst in die Sklaverei verkaufen und als Freier leben, bis die Kaufsumme aufgebraucht war. Reichten dennoch die Arbeitskräfte nicht für die Feldarbeit aus, mussten Sklaven durch Kriegszüge oder Handel mit den unliebsamen Wikingern erworben werden. Diese waren bei ihren Beutezügen bis tief nach Osteuropa vorgestoßen und hatten viele der dort ansässigen heidnischen Slawen gefangen genommen, die ihnen von den Angelsachsen bereitwillig abgekauft wurden, denen es die Kirche untersagte, Christen in die Knechtschaft zu zwingen. Das englische Wort für Sklave

slave (*'Slav'* = *Slawe*)

erinnert – noch eindeutiger als das deutsche – an diese unrühmliche Praxis der Arbeitskräftebeschaffung.

In jener Zeit vor der ersten Jahrtausendwende durfte man sich nur im Schutz der eigenen Sippe, also der Blutsverwandten und Hausgenossen, sowie in der überschaubaren Wohngemeinschaft mit anderen Sippen sicher fühlen. Das gleichberechtigte Zusammenleben in dörflichen Siedlungen spiegelt sich in etlichen englischen Wörtern:

like (*gleich* wie, ähnlich / gern haben)

wurde über *geliche* (wörtlich: dieselbe *Leiche,* also denselben Körper, dieselbe Gestalt habend) zum hochdeutschen Adjektiv *gleich;* und es verwundert nicht, dass *'like'* (ähnlich wie das Eigenschaftswort *'free'*) in der Verbform die Bedeutung *mögen, lieben* hat (vgl. unser Sprichwort *Gleich und Gleich gesellt sich gern*). Auch das englische Adjektiv und Adverbsuffix *'-ly'* ist (wie die deutsche Endung *-lich*) mit *'like'* verwandt und drückt somit die Ähnlichkeit oder Gleichheit aus (vgl. *'friendly'* = freund*lich,* eigentlich also: freund*gleich; 'kindly'* = liebenswürdig, eigentlich: verwandten*gleich*).

Einen recht ähnlichen Bedeutungsgehalt haben die Adjektive

same (der- / die- / dasselbe),
some (= einige derselben Art)

sowie die Endung *'-some'* (vgl. *'twosome'* = zwei*sam*), der in unseren Wörtern *sammeln* oder *gesamt* ebenso enthalten ist wie im Ausdruck *samt und sonders* (= alle und jeder Einzelne) und in *gleichsam* oder *gemeinsam* sogar doppelt zu finden ist. Letzteres wäre das englische Eigenschaftswort

mean,

dessen Bedeutung sich von ursprünglich *allgemein* über *mittelmäßig* zu *gemein* (= niedrig) verschlechtert hat.

Die starke Identifikation mit der Sippe sowie dem eigenen Stand drückt sich auch in der Präposition

among (mitten unter vielen)

aus (vgl. *Gemenge, vermengen* und den norddeutschen Ausdruck *mittenmang*); eng verwandt damit ist das in *mancher* und *mannigfaltig* verborgene Eigenschaftswort

many (viele).

Zusammenhalt und Schutz der Sippe waren angesichts einer fehlenden Rechtsordnung notwendig für das Überleben aller Mitglieder der Wohn- und Lebensgemeinschaft, die Meinungsverschiedenheiten friedlich zu lösen suchten und niemals die Hand gegeneinander erhoben hätten. Schon damals scheint das *'Keepsmiling'* erfunden worden zu sein, denn

smile

heißt zwar *lächeln,* stammt aber vom germanischen Verbum

schmollen ab; war man unwillig, lächelte man also und schwieg!

Wie die übrigen Germanenstämme hatten die Angelsachsen eine besonders innige Beziehung zum Dorf, vor allem aber zu den eigenen vier Wänden; im Gegensatz zu fast allen anderen Völkern, denen lediglich die Feuerstelle heilig war, kannten sie neben dem Wort *'house'* die Bezeichnung

home (*Heim*),

in das zurückzukehren (*'to come home'*) man sich stets sehnte. Noch heute kennen die Engländer Redewendungen wie *'Home sweet home'* und *'My home is my castle'*. Mit *'home'* meinte man aber auch die kleine Dorfgemeinschaft, die entsprechend

hamlet (eigentl.: kleine *Heimat*)

oder auch *'ham'* hieß (vgl. z.B. Bucking*ham* = Buchen*heim*). Als Tagelöhner ohne Landbesitz wohnte man in einer einfachen *Kate,* im Englischen *'cote',* die uns als

cottage

geläufiger ist (vgl. auch *Kotten*). Der freie Bauer lebte mit seinen Hausgenossen im soliden Fachwerkhaus, das zwei verschiedene Arten von Räumen enthielt. Die normalen, ungeheizten *Zimmer* waren aus Holz errichtet – vgl. das englische Wort

timber (Bauholz; *zimmern;* vgl. *Zimmermann*)

sowie die Bezeichnung *'timbered house'* (= Fachwerkhaus), bei dem die Fächer innerhalb des Balkengerüstes mit einem lehmverschmierten Gitter von ineinander ge*wundenen* Weidenruten ausgefüllt wurden (vgl. *'wand'* = die Rute, der Stab, *'to wind'* = winden, drehen, aber auch unser Wort *Wand*) –

wohingegen die gemauerten Bade- und Back*stuben* (und später auch die Wohn*stuben*) beheizbar waren, also

stoves (Öfen, Kohlenbecken)

besaßen (vgl. *Stube* = warmer Raum und *Stövchen* = Warmhaltegerät). Zur Beleuchtung diente die Öllampe oder der Kienspan, der

spoon (Span),

dessen Bedeutung sich zum *Holzlöffel* wandelte; an die unausbleibliche Schwärzung der Decken und Wände durch den rußenden (= *blak*enden) Docht oder die Fackel erinnert noch heute das Eigenschaftswort

black (schwarz).

Die Kleinviehzucht und der Ackerbau auf den wohl kaum über drei Hektar großen Anbauflächen – mehr Land war mit dem einfachen Holzpflug und der Sichel von einer einzelnen bäuerlichen Familie nicht zu bestellen bzw. abzuernten – reichte mehr schlecht als recht zur Ernährung der Sippe, wie eine Gruppe von Wörtern, die das Essen betreffen, verrät. Das englische Substantiv

meal

bezeichnet nicht nur allgemein das Essen – eigentlich die festgesetzte Essenszeit (Mahl = *Mal,* Zeitpunkt; vgl. Mahlzeit, Brotzeit etc.) –, sondern lässt möglicherweise auch eine etymologische Verbindung zu *Mehl,* und damit zum wichtigsten Grundnahrungsmittel, erkennen.

Besonders das Abendessen dürfte eher kärglich ausgefallen sein und lediglich aus Brot und einer Suppe bestanden haben, schließlich geht die Bildung des entsprechenden Wortes –

'supper' (= Abendessen) – auf das germanische Verb *'sup'* (= *saufen;* vgl. mundartlich *supen*) zurück. Besonders wird man sich also auf das Frühstück, bis heute eine der wichtigsten englischen Mahlzeiten des Tages, gefreut haben, denn

breakfast (Frühstück)

bedeutet ja nichts anderes als *Fastenbrechen*! Neben dem holzgeschnitzten *'spoon'* war das

knife (Messer)

unentbehrlich als Essgerät und Werkzeug. *'Knife'* ist mit dem deutschen Wort *kneifen* (vgl. *Kniff* = die durch *Kneifen* entstandene messerscharfe Falte sowie mundartlich *Kniffte* für eine Schnitte Brot) verwandt. Das Korn dagegen wurde von den Frauen in mühseliger Arbeit mit der

sickle (*Sichel*)

geschnitten, während das Umbrechen des Ackers mit dem Holzpflug, dem

plough,

wohl eher Männersache war, wobei die Tätigkeit des Furchenpflügens bezeichnenderweise durch das Verb

to till (pflügen = *zielen*)

beschrieben wird. Dass man durch den Tausch oder Verkauf überschüssigen Getreides seine wirtschaftliche Lage zu verbessern suchte, beweist das Tätigkeitswort

to earn (verdienen),

dessen eigentliche Bedeutung ursprünglich wohl *ernten* war.

Auch die folgenden Begriffe aus dem Bereich des Feldbaus entstammen dem Germanischen:

acre	(Morgen Land, 0.4 ha; vgl. *Acker*)
corn	(*Korn,* vor allem Mais)
wheat	(*Weizen*)
rye	(altengl. *'ryge'* = *Roggen*)
ear	(*Ähre;* vgl. *Ohr*)
harvest	(Ernte, ernten; vgl. *Herbst*)
reap	(ernten, schneiden; vgl. *reifen*)
straw	(*Stroh, Strohhalm*)
sheaf	(Garbe; vgl. *Schopf, Schober*)
crop	(Ertrag, Kornberg; vgl. *Kropf* = Rundung)
thresh	(*dreschen*)

Eines der nützlichsten Haustiere war jener vierbeinige Wächter und Gefährte, der im Englischen

dog (Hund; vgl. *Dogge*)

genannt wird und dessen Name sich von unserem Verb *taugen* (angelsächsisch: *dugan*) herleitet.

Den Hof pflegte eine Schar *'hens'* (= Hühner, *Hennen*) zu bevölkern, deren *'eggs'* (= Eier; vgl. althochdeutsch: *eigir*) man ebenso zu schätzen wusste wie ihr Fleisch als

chicken

(= Hühnchen; vgl. *Küken* oder *Kücken*). Das Großvieh war der wertvollste Besitz des Bauern und daher von alters her auch Zahlungsmittel. Das englische Wort

fee

(= Honorar, Gebühr; vgl. *Vieh*) erinnert noch heute an diese Grundbedeutung! Entsprechend war der Bestand an *'cows', 'calves', 'bulls', 'oxen', 'goats'* (= Ziegen) und *'sheep'* (immer ohne Mehrzahl-*s*!) – also der gesamte

live-stock (Lebendvieh) –,

das Grundkapital des Bauern, sozusagen der *Grundstock* für seinen Wohlstand (*'stock'* = Vorrat; vgl. *Stück* Vieh).

Wer handwerkliche Geschicklichkeit besaß, stellte die benötigten Gebrauchsgegenstände natürlich selbst her, normalerweise in einer eigens zu diesem Zweck zusammengezimmerten, an das Wohnhaus angelehnten Hütte, für die sich die Bezeichnung

shop (*Schuppen*)

einbürgerte (vgl. auch *'work-shop'* = Werkstatt). Dieser überaus simple Anbau war also der Vorläufer unseres modernen *'shop'* in der Bedeutung *Laden, Geschäft*!

*

Seit keltischen Zeiten hatten die Bewohner der Insel Gold-, Kupfer-, Zinn- und Eisenerze abgebaut, an denen vor allem das Römische Reich interessiert war. Vermutlich ist das Wort für Erz,

ore (metallhaltiges Gestein, Erz),

sowohl mit unserer Bestimmungsvorsilbe *Erz-* (= Erst-, Haupt-, Ober-) und dem entsprechenden englischen *'arch-'* (aus griechisch: *ἀρχή* = Anfang, Herrschaft; vgl. *archaisch*), als auch mit dem deutschen Präfix *Ur-* (= von alters her) verwandt, wie ein Vergleich der folgenden Wörter bzw. Vorsilben nahe legt, die allesamt lautliche Ähnlichkeiten aufweisen und die *Herkunft* bzw. den *Vorrang* bezeichnen:

arch-	(vgl. *'archbishop', 'archangel'*)
Erz-	(vgl. *Erzbischof, Erzengel, Eisenerz*)
ehern	(= eisern, *erzen;* vgl. *'iron'* = Eisen)
eher	(= früher, bevor)
Ur-	(= anfänglich, *uralt*)
ore	(engl. = *Erz,* z.B. *'iron ore'*)

War das Erz aus der *Mine* (keltisch: *mein* = die Erzader; vgl. auch *Mine* im Kugelschreiber) über den *'pit'* (= Schacht; vgl. mundartl. *Pütt*) ans Tageslicht befördert (*'to lift'* = in die *Luft* heben; vgl. *lüften*), besaß man zum Weitertransport der Bodenschätze niedrige Lastwagen – *'lorries'* (vgl. *Lore*) – oder von Ochsen gezogene Karren (*'carts'* und *'cars'*), auf die das englische Verb

to carry (tragen, transportieren)

zurückgeht. Der Warenaustausch, der *'trade'* (vgl. *treten, Trott*), fand auf den gut ausgebauten Überlandstraßen, den

roads,

statt – ein Wort, das die gleiche Wurzel wie das englische *'to ride'* (reiten) oder *'to rise'* (sich erheben, reisen) besitzt, aber auch in den deutschen Substantiven *Rad* und *Reede* wiederzuerkennen ist.

Besondere Bedeutung hatte natürlich stets der Seehandel für die Britischen Inseln; das englische Hauptwort

island

wird übrigens trotz des irrtümlich eingefügten *'s'* wie unser *Eiland* ausgesprochen, was *'island'* ja eigentlich auch heißt: *Auenland* (= feuchtes Wiesenland inmitten des Wassers). Als echtes Seefahrervolk waren die Briten von jeher mit der Witterung und dem Meer, mit dem Schiffsbau und der Navigation vertraut.

Wer das englische Klima kennt und folglich einen Briten automatisch mit einem Regenschirm assoziiert, wird nachvollziehen können, dass die von den Wikingern stammende Bezeichnung

sky (Himmel)

eigentlich *Bewölkung* und *Schatten* bedeutet (vgl. *Skye* = westlich von Schottland gelegene, größte Insel der Inneren Hebriden, die im 9. Jahrhundert von norwegischen Eroberern besiedelt wurde). Das Wort

cloud (Wolke)

meint dagegen das einzelne Gewölk am Himmel (*'cloud'* eigentlich = Hügel, Haufen; vgl. *Klotz*).[1] Wegen der unsicheren Witterungsverhältnisse zog es der angelsächsische

skipper (Schiffseigner und Kapitän; vgl. auch *'to equip'* = ausrüsten; eigentlich: ein *skip* bemannen)

vor, in Sichtweite der Küste zu segeln (auch im Zeitalter der Dampfer noch *'to sail'*), um jederzeit einen schützenden

harbour (Hafen)

anlaufen zu können; schließlich bedeutet *'harbour'* nichts anderes als *Herberge* (vgl. *'to harbour'* = be*herber*gen!). Die Küstenlinie, von See her betrachtet, ist die

shore,

eigentlich der *Rand* des Landes (vgl. unseren *Schor*nstein = Randstein des offenen Kamins, der den gemauerten Rauchabzug trägt).

---

1 Das deutsche Wort *Wolke* ist verwandt mit *welk,* ursprünglich in der Bedeutung *nass, feucht*.

An Bord des germanischen Schiffes, dessen Rumpf im Englischen *'hull'* (*Hülle*) heißt, war das Steuerruder stets auf der rechten Seite (*'starboard'* = *Steuerbord*) zu finden, das heißt, der Steuermann stand mit dem Rücken zur linken Schiffsseite, die in der Seemannssprache folgerichtig *Backbord* genannt wird (*'back'* = Hinter*backe*, Rücken, zurück; vgl. *'bacon'* = Schinken, verwandt mit *Bache* = Wildsau und *Back*fisch = der zum Verzehr noch zu junge Fisch, der ins Wasser zurückgeworfen wurde). *Backbord* heißt im Englischen allerdings *'port'* (eigentl.: *Hafenstadt,* von lat. *portus*), da man in der Regel mit der linken Schiffsseite im *Hafenbecken* anlegte.

Das (Schiffs-)*Wrack*, aber auch das Strandgut, das nach Schiffsunglücken ans Land gespült wurde, nannten schon die Germanen

wreck.

Wie fast alle Wörter, die die Kombination *'**wr**'* oder *'**w-r**'* enthalten, hat es eine negative Qualität. Dazu zählen natürlich im Besonderen die Ausdrücke, die mit dem Kämpfen zu tun haben;

war (Krieg)

kommt im Deutschen lediglich noch in *Wirrwarr* und *Wirren* (= Durcheinander) *des Krieges* vor. Zur gleichen Kategorie jedoch gehören folgende Wörter, die meist die negative Bedeutung *(ver)drehen, umkehren* und *verändern* – oft zum Schlechteren – in sich tragen (in der Regel ist das **w** im Deutschen weggefallen):

wrack	=	Untergang, Verderbnis, Ruin
wrangle	=	heftig streiten (vgl. *rangeln)*
wrath	=	Zorn, Wut
wrap	=	eindrehen, einpacken (vgl. *Rupfen*)
wreak	=	*rächen, Rache* nehmen an

wrench	=	*Verrenkung;* Schraubenschlüssel
wrest	=	entreißen, entwinden, verdrehen
wrestle	=	ringen, schwer kämpfen
wretch	=	armer Teufel; Blödmann
wrick	=	*verrenken,* verdrehen
wriggle	=	sich *ringeln,* sich winden
wring	=	ausquetschen, (aus)*wringen*
wrinkle	=	Falte, Runzel (vgl. *Runkelrübe*)
wrinkle	=	die Augen verdrehen, die Nase rümpfen
wrist	=	Handgelenk, Drehgelenk
write	=	*einritzen,* einkerben, schreiben
writhe	=	sich krümmen
wrong	=	falsch, verkehrt, verdreht
wrought	=	geschmiedet (*'~ iron'* = Schmiedeeisen)
wry	=	verdreht, verbogen
wryneck	=	Wendehals

wards	=	*-wärts,* hingewendet (vgl. *'homewards'*)
whirl	=	sich im Kreise drehen, *herumwirbeln*
whirlpool	=	*Wirbel,* Strudel
whirlwind	=	*Wirbelwind*
whore	=	Ehebruch begehen; *Hure*
wire	=	Draht (vgl. *Gewirr* und *verdreht*)
work	=	Arbeit, *Werk* (vgl. *wirken* und *'wrought'*)
worm	=	*Wurm*
worry	=	ärgern (an der Kehle packen; vgl. *würgen*)
worse	=	schlechter, *verwirrter*
worst	=	am schlechtesten (vgl. *wursteln*)

Die übliche germanische Kriegswaffe war die

bill (Axt; vgl. *Beil*)[1]

---

[1] *'Bill'* in der Bedeutung *Rechnung, Gesetzesvorlage* ist dagegen vom lateinischen *bulla* (= das gesiegelte Dokument) abgeleitet.

oder die fast ebenso furchterregende knorrige Holzkeule, die

club (vgl. *Kloben, Kolben*),

die in *'club'* (= Golfschläger) sprachlich überleben sollte und sogar auf die geschlossene Gesellschaft passionierter Golfsportler abgefärbt hat.

Der Feind wurde also erschlagen (= *'slain',* Part. Perf. von *'to slay';* vgl. *Schlag*) und im günstigsten Falle endgültig geschlagen (= *'beaten',* Part. Perf. von *'to beat';* vgl. *boss*eln und Am*boss*); man war *'keen'* (scharf; vgl. *kühn*) auf den Kampf und trotzte mutig der Furcht, also der

fear,

die aus der Ge*fahr* für Leib und Leben erwuchs (vgl. *Fährnis*). Gab es eigene Opfer zu beweinen, wurden diese unter lautem Wehklagen (*'woeful cries';* vgl. *wehe*) bestattet, was die Germanen mit dem Verb

to bury (begraben)

ausdrückten; *'bury'* bedeutet in Wirklichkeit nichts anderes als ver*berg*en (vgl. *Berg* und *Burg*).

*

Auch die Körperteile (*'eye', 'nose', 'mouth', 'lip', 'ear', 'neck', 'arm', 'finger', 'foot', 'toe'* etc.) und das physische und psychische Befinden werden in der Hauptsache durch germanische Wörter und Ausdrücke beschrieben. Der

body (Körper),

der im Hochdeutschen mit *Leib* (= *Leben;* vgl. *'life'*) gleichgesetzt oder schlicht nach dem lateinischen *corpus* (= Körper) benannt ist, wird im Angelsächsischen mit einem Fass verglichen (*'body'* = *Botti*ch), auf dem der

belly (Bauch)

hervorragt, der – vielleicht wegen seiner Aufblähung – in der deutschen Umgangssprache auch *Balg* heißt (vgl. *'bellows'* = Blase*balg*!). Die Verwandtschaft des englischen Wortes

head

mit *Haupt* ist erst auf den zweiten Blick ersichtlich (angels. *hëafod* zu *'head'* = *Hau*p*t*). Das englische Wort für Haut,

skin,

klingt noch in *schinden* (= enthäuten, die Haut abziehen) sowie in *Schinder* und *Schund* (= unbrauchbarer Abfall beim Häuten) an. Das Knochengerüst – das *Gebein* – hat seine Entsprechung im englischen

bone (Knochen, vgl. *Bein*),

das noch in *Elfenbein* (= Elefantenknochen) erhalten ist. Für das Gelenk wird im modernen Englisch *'joint'* (aus lat. *jungere* = verbinden) benutzt, während das entsprechende Wort germanischen Ursprungs, das

link (*Gelenk*),

bei dem die deutsche Vorsilbe *Ge-* fehlt, nur noch in den Bedeutungen *Verbindung* und *Kettenglied* verwendet wird.

Auch bei der Bezeichnung für das körperliche Wohlbefinden durch das Adjektiv

sound (unversehrt, *gesund*)

ist das Präfix *ge-* entfallen; die gleiche positive Qualität, jedoch mit abgewandelter Bedeutung, hat das Allerweltswort

well (*wohl*),

das zwar in der Wendung *'to feel well'* sinngleich zu verwenden ist, als Adverb aber eher *richtig, tüchtig* und *günstig* bedeutet oder als Ausruf sogar dem *Nun!* entspricht (vgl. unser mundartliches *Woll!*).

Das als Substantiv und Verb gleichermaßen zu benutzende

care (Sorge, Kummer)

ist in unserem Eigenschaftswort *karg* (= traurig, knapp, spärlich) sowie in *Karwoche* und *Karfreitag* wiederzufinden. Wie der deutsche Ausdruck *dahinsiech*en ist das englische

sick (krank; vgl. *siech*)

(außer im Amerikanischen) heute kaum noch in Gebrauch; es wurde mehr oder weniger ersetzt durch

ill (krank, schlecht),

das wahrscheinlich aus dem gleichbedeutenden altnorwegischen *illr* stammt und möglicherweise mit dem mittelenglischen Adverb *'ev**illy**'* (= *übel;* vgl. *'evil'*) verwandt ist;

to be angry (wütend sein)

schließlich bezeichnet jenen Gemütszustand, den wir meinen, wenn uns heiliger Zorn oder hilflose Wut die Kehle zuschnürt (vgl. *eng*!), was in germanischen Zeiten aber auch bedeuten konnte, dass den Menschen vor der ungewissen Zukunft – mit Recht – *ang*st und b*ang*e war.

* * *

3

Der tausendjährige französische Einfluss

Als Datum für die normannische Eroberung Britanniens – und damit die dritte große (Sprach-)Invasion – wird oft das Jahr 1066 *(Battle of Hastings)* zitiert. In Wahrheit hatten normannische Seeräuber aus Dänemark und Norwegen seit dem ausgehenden 8. Jahrhundert n. Chr. die britischen Küsten und Inseln in fast jährlich sich wiederholenden Beutezügen heimgesucht. Große Verbände von norwegischen Wikingern ließen sich in Schottland, Irland und auf der Isle of Man nieder, während die Angriffslust der dänischen Wikinger sich mehr gegen den Osten und Süden der britischen Hauptinsel richtete, bis sie sich nach Verhandlungen mit den angelsächsischen Königen und ihrer Hinwendung zum Christentum 866 n. Chr. im so genannten *Danelag* im Nordosten Englands ansiedeln durften. Etwa zur gleichen Zeit setzten sich dänische Normannen in jenem Südengland gegenüberliegenden Küstengebiet des Frankenreiches fest, das noch heute den Namen *Normandie* trägt.[1] Zwei Jahrhunderte lang befehdeten sich die dänischen und norwegischen Eindringlinge einerseits und die eingesessenen Angelsachsen andrerseits unter- und gegeneinander, zeitweilig waren alle Bevölkerungsteile aber auch unter dänischer Königsherrschaft vereint.

---

[1] Schwedische Waräger begründeten im selben Jahrhundert um Nowgorod ihre Herrschaft über die Ostslawen, welche diese blonden Wikinger die *Rus* – also die *Rothaarigen* – nannten (daher der Name *Russland*). 150 Jahre später landete der Normanne Leif Erikson an der Küste Nordamerikas; er nannte das Gebiet nördlich der heutigen Stadt Boston *Vinland hit Góda,* „das gute Weinland“, da er die dort wachsenden Preiselbeeren wohl für Weintrauben hielt.

Beutezüge und Siedlungsgebiete norwegischer und dänischer Normannen ab 793

Natürlich haben die skandinavischen Wikinger – ebenso wie die Angeln und Sachsen – einen nachhaltigen Einfluss auf die Entwicklung des Englischen genommen (insbesondere die zahlreichen Ortsnamen mit der Endung *-by* verweisen auf die ehemals dänischen Siedlungsgebiete), sie alle sprachen aber noch germanisch. Erst die *französischen* Normannen, die die

Sprache ihrer Wahlheimat angenommen hatten, sollten für die starke romanische Prägung des Mittel- und Neuenglischen verantwortlich werden.

a) Die Koexistenz französischer und germanischer Wörter

Etwa drei Generationen lang gab es in England die gleiche Zweisprachigkeit, wie wir sie noch heute in Belgien finden, wo Flämisch und Französisch mehr oder weniger gleichberechtigt nebeneinander stehen. Französisch, die Muttersprache der normannischen Eroberer Englands, blieb bis ins 12. Jahrhundert die Sprache des Adels, der meist noch Güter in Frankreich besaß und daher in der Regel mehr Zeit auf dem Kontinent verbrachte als auf seinem eroberten Besitz in England, während die einfache Landbevölkerung – der einheimische Adel war bei den Kämpfen mit den Normannen fast völlig ausgelöscht worden – weiterhin Englisch sprach.[1]

Aus der politischen und sozialen Trennung dieser beiden Schichten erklärt sich die Übernahme oft unveränderter französischer Wörter, aber auch die Tatsache, dass man im modernen Englisch sehr häufig die Wahl zwischen einer Vokabel germanischer oder französischer Herkunft hat, wenn es bisweilen auch geringfügige Bedeutungsunterschiede gibt.

Der große Wortreichtum der englischen Sprache hat sowohl Nachteile als auch Vorzüge. Einerseits kann eine englischsprachige Unterhaltung mit einem Italiener, Spanier oder Franzosen sehr frustrierend sein (obschon beide Seiten über gute

---

[1] Als zwangsläufige Folge schlichen sich in der Sprache dieser unteren Schichten Vereinfachungen ein, die noch heute das Englische kennzeichnen, wie der fast völlige Wegfall von Wortendungen und der Verlust des grammatischen Geschlechts (die Artikel ***der***, ***die*** und ***das*** wurden durch das universelle *'**the**'* ersetzt).

Englischkenntnisse verfügen), denn ein Bewohner romanischer Länder wird in der fremden Sprache wohl immer Wörter französischer Quelle bevorzugen, während einem Deutschen oft nur ein germanisch geprägtes Vokabular zur Verfügung steht. So könnte etwa die Frage eines Italieners *'When will the performance commence?'* bei Ihnen das gleiche verständnislose Kopfschütteln hervorrufen wie Ihre gleichbedeutende Frage *'When will the show begin?'* bei einem Italiener.

Andrerseits lässt sich die Verfügbarkeit vieler Vokabeln doppelt absichern, wenn man beide Versionen eines Wortes kennt, und Sie müssen nicht sprachlos bleiben, wenn Ihnen eine bestimmte Vokabel entfallen ist. Sie sollten sich daher – auch wenn Sie die französische Sprache nicht beherrschen – die folgende Auswahl der wichtigsten romanisch/germanischen Synonyme (= Wörter gleicher oder ähnlicher Bedeutung) aneignen. Zudem gewinnen Sie auf diese Weise die Möglichkeit, Ihren Ausdruck in der Fremdsprache zu variieren und somit Wortwiederholungen zu vermeiden.

*

Synonyme Hauptwörter

roman. Urspr.	*französisch*	*germ. Ursprung*	*Bedeutung (Assoziation)*
accident [æ]	*l'accident*	**crash**	- Unfall
action [æ]	*l'action*	**deed**	- Tat
aid [ei]	*l'aide*	**help**	- Hilfe(leistung)
amity [æ]	*l'amitié*	**friendship**	- Freundschaft (vgl. *Amigo*)
animal [æ]	*l'animal*	**beast**	- Tier, Biest (vgl. *animalisch*)
apartment [ɑ:]	*l'appartement*	**flat**	- Wohnung
arm [ɑ:]	*l'arme*	**weapon**	- Waffe (vgl. *armieren*)
arrival [ai]	*l'arrivée*	**coming**	- Ankunft
article [ɑ:]	*l'article*	**good**	- Ware, Gut

aspect [æ]	*l'aspect*	**outlook**	- Gesichtspunkt
aurum [ɔ:]	*l'or*	**gold**	- Gold (vgl. *Aureole* = Heiligenschein; *Öre* / *Gulden*)
basin [ei]	*le bassin*	**pool**	- (Hafen-)Becken
battle [æ]	*la bataille*	**fight**	- Schlacht (vgl. *Bataillon* / *Gefecht*)
beauty [ju:]	*la beauté*	**loveliness**	- Schönheit (vgl. *Beau* = Schönling / *Lieblichkeit*)
bottle [ɔ]	*la bouteille*	**flask**	- Flasche (vgl. *Buddel*)
bureau [ju]	*le bureau*	**desk**	- Schreibtisch (vgl. *Büro* / *Tisch*)
button [ʌ]	*le bouton*	**knob**	- Knopf
camp [æ]	*le champ*	**field**	- Feld(lager) (vgl. *Camping*)
cane [ei]	*la canne*	**stick**	- Stock, Rohr (vgl. *Kanal*)
carbon [ɑ:]	*le charbon*	**coal**	- Kohle (vgl. *Karbonat*)
cascade [ei]	*la cascade*	**waterfall**	- Wasserfall (vgl. *Kaskadeur* = waghalsiger Springer)
cemetery [e-]	*le cimetière*	**churchyard**	- Friedhof (vgl. *Kirchhof*)
centre [e]	*le centre*	**middle**	- Mitte (vgl. *Zentrum* / *Mittel*)
chamber [ei]	*la chambre*	**room**	- Raum (vgl. *Kammer*)
chant [ɑ:]	*le chant*	**song**	- Gesang (vgl. *Kantate*)
charge [ɑ:]	*la charge*	**fee**	- Gebühr (vgl. *Vieh* = altes Tauschzahlungsmittel)
chemise [-i:]	*la chemise*	**shirt**	- Hemd (vgl. *Chemisett* = Hemdchen / *Schürze*)
choice [ɔi]	*le choix*	**pick**	- (Aus-)Wahl (vgl. *'to choose'* / *picken*)
cinder [i]	*la cendre*	**ash**	- Asche (vgl. *Cinderella* = Aschenputtel)
circle [ə:]	*le cercle*	**ring**	- Ring, Kreis (vgl. *Zirkel, Zirkus*)
coast [ou]	*la côte*	**shore**	- Küste (vgl. *Schornstein* = herausragender Stein)
confidence [ɔ]	*la confiance*	**trust**	- Vertrauen (vgl. *fidel* = treu, gut gelaunt / *Trost*)
cord [ɔ:]	*la corde*	**line**	- Seil (vgl. *Kordel* / *Leine*)
cork [ɔ:]	*l'écorce*	**bark**	- Rinde (vgl. *Korken;* aus der Rinde der *Korkeiche* / *Borke*)
corpse [ɔ:]	*le corps*	**body**	- Leiche, Körper (vgl. *Korpus* / *Bottich*)

courage [ʌ]	*le courage*	**boldness**	- Mut (vgl. *bald* = schnell; früher: kühn)
court [ɔ:]	*la cour*	**yard**	- Hof (vgl. *Kohorte,* lat. *cohors* = Exerzierplatz / *Garten*)
crayon [ei]	*la craie*	**chalk**	- Kreide (vgl. *Kreta* = lat. Kalkinsel)
cry [ai]	*le cri*	**roar**	- Schrei (vgl. *Dernier Cri* = letzter Schrei / *röhren*)
current [ʌ]	*le courant*	**stream**	- Strom, Strömung (vgl. *Konkurrent* = Mitläufer, Mitbewerber)
curve [ə:]	*la courbe*	**bend**	- Krümmung, Kurve (vgl. *Binde, Gebinde*)
cushion [u]	*le coussin*	**pillow**	- Kissen (vgl. *kuschen, kuscheln* / *Pfühl*)
damage [æ-]	*le dommage*	**harm**	- Schaden (vgl. *harmlos*)
departure [ɑ:]	*le départ*	**start**	- Abfahrt, Start
desert [e-]	*le désert*	**wilderness**	- Wüste, verlassene Gegend (vgl. *desertieren*)
design [ai]	*le dessin*	**layout**	- Zeichnung, Entwurf
desire [ai]	*le désir*	**longing**	- Sehnsucht (vgl. *Desirée*)
dinner [i]	*le dîner*	**meal**	- (Haupt-)Mahlzeit
disaster [ɑ:]	*le désastre*	**evil**	- Unheil (vgl. *Desaster* / *Übel*)
distance [i]	*la distance*	**length**	- Länge, Entfernung
encounter [au]	*la rencontre*	**meeting**	- Begegnung (vgl. *kontra, 'country'* = Gegend, Land)
enemy [e]	*l'ennemi*	**fiend** [i:]	- Feind
enterprise [e]	*l'entreprise*	**undertaking**	- Unternehmen
envy [e]	*l'envie*	**ill-will**	- Neid, Missgunst
error [e]	*l'erreur*	**mistake**	- Irrtum, Missgriff
exercise [e-]	*l'exercise*	**drill**	- Übung (vgl. *Exerzitien*)
existence [i]	*l'existence*	**life**	- Existenz, Leben
exposition [i]	*l'exposition*	**show**	- Ausstellung, Schau (vgl. *Exponat*)
famine [æ]	*la faim*	**hunger**	- Hunger(snot)
fault [ɔ:]	*la faute*	**failing**	- Fehler (vgl. *faule Ausrede*)
finish [i]	*la fin*	**end**	- Schluss (vgl. *Finale*)
flower [au]	*la fleur*	**bloom**	- Blume, Blüte (vgl. *Flora, Florida, Floristin*)
foil [ɔi]	*la feuille*	**leaf**	- Blatt (vgl. *Folie* / *Laub*)

force [ɔ:]	*la force*	**strength**	- Stärke, Kraft (vgl. *'Air Force'* / *Strenge*)
forest [ɔ]	*la forêt*	**wood**	- Wald (vgl. *Förster*)
fountain [au]	*la fontaine*	**well**	- Brunnen (vgl. *Fontäne* / *Quelle*)
fume [ju:]	*la fumée*	**smoke**	- Rauch (vgl. *Parfüm* / *schmauchen*)
furnace [ə:]	*la fournaise*	**oven**	- Ofen, Feuerstelle (vgl. span. *California* = heißer *Ofen; Lasagne al forno*)
gorge [ɔ:]	*la gorge*	**throat**	- Kehle (vgl. *Gurgel* / *Drossel*)
grain [ei]	*la graine*	**seed**	- Same, Samenkorn (vgl. *Granulat* / *Saat*)
grease [i:]	*la graisse*	**fat**	- Fett (vgl. *krass*)
hotel [e]	*l'hôtel*	**inn**	- Gasthof, Hotel
humour [hju:-]	*l'humeur*	**mood**	- Laune (vgl. *Humor* / *guten Muts*)
joy [ɔi]	*la joie*	**gladness**	- Freude (vgl. *Gaudi* / *glatt;* früher: froh)
juice [u:]	*le jus*	**sap**	- Saft
language [æ]	*la langue*	**tongue**	- Sprache (vgl. *Linguistik* = Sprachwissenschaft / *Zunge*)
liberty [i]	*la liberté*	**freedom**	- Freiheit (vgl. *liberal*)
magazine [æ]	*le magasin*	**warehouse**	- Warenlager, -haus (vgl. *Magazin*)
manner [æ]	*la manière*	**kind**	- Art und Weise (vgl. *Manier* / *Kind* = Abkömmling der gleichen Art)
mansion [æ]	*la maison*	**house**	- Haus
mariner [æ]	*le marin*	**seaman**	- Seemann (vgl. *Marine*)
memory [e]	*la mémoire*	**mind**	- Erinnerung (vgl. *Minne* = Gedächtnis, Liebe)
miracle [i]	*le miracle*	**wonder**	- Wunder (vgl. *Mirakel*)
mirror [i]	*le miroir*	**looking-glass**	- Spiegel (vgl. *'to admire'* = bewundern)
moustache [ʌ]	*la moustache*	**beard**	- Bart
object [ɔ]	*l'objet*	**thing**	- Gegenstand
odour [ou-]	*l'odeur*	**smell**	- Geruch (vgl. *Deodorant*)
order [ɔ:]	*l'ordre*	**bidding**	- Befehl (vgl. *Gebieter*)
origin [ɔ]	*l'origine*	**beginning**	- Ursprung (vgl. *Original*)
people [i:]	*le peuple*	**folk**	- Volk (vgl. *Pöbel* / *Folklore*)

personnel [-e]	*le personnel*	**staff**	- Belegschaft, Stab
pigeon [i]	*le pigeon*	**dove**	- Taube
pincers [i]	*les pinces*	**tongs**	- Zange (vgl. *Pinzette*)
place [ei]	*la place*	**ground**	- Platz, Ort
plank [æ]	*la planche*	**board**	- Brett (vgl. *Planke / Bord*)
pleasure [e]	*le plaisir*	**delight**	- Vergnügen, Freude (vgl. *Pläsier / Licht*)
plumb [plʌm]	*le plomb*	**lead**	- Blei (vgl. *'plumber', Plombe / Lot, lotrecht*)
plume [u:]	*la plume*	**feather**	- Feder (vgl. *Plumeau* = Federbett)
point [ɔi]	*le point*	**dot**	- Punkt (vgl. *Pointe* / rhein. *i-Dötzchen*)
port [ɔ:]	*le port*	**harbour**	- Hafen (vgl. *Portal* = Tor / *Herberge* = sicherer Ort)
power [au]	*le pouvoir*	**might**	- Macht
present [e]	*le présent*	**gift**	- Gabe, Geschenk
price [ai]	*le prix*	**cost**	- Preis, Kosten
property [ɔ]	*la propriété*	**belongings**	- Eigentum (vgl. *proper* = gehörig / *Belang*)
proprietor [ai]	*le propriétaire*	**owner**	- Besitzer, Eigner
pullet [u]	*le poulet*	**chicken**	- Hähnchen (vgl. *Poularde / Küken*)
race [ei]	*la race*	**breed**	- Rasse, Zucht (vgl. *Brut*)
rage [ei]	*la rage*	**anger**	- Wut (vgl. *Enge*)
ray [ei]	*le rayon*	**beam**	- Strahl (vgl. *Radius / Baum*)
realm [e]	*le royaume*	**kingdom**	- Königreich (vgl. *'royal'* / norweg. *kong* = König)
rent [e]	*la rente*	**hire**	- Miete (vgl. *Rente / Heuer*)
result [ʌ]	*le résultat*	**outcome**	- Ergebnis (vgl. *Resultat*)
rheum [ru:m]	*le rhume*	**cold**	- Schnupfen, Erkältg. (vgl. *Rheuma / Kälte*)
rock [ɔ]	*le rocher*	**stone**	- Fels, Stein (vgl. *Rocky Mountains / Stein*)
route [u:]	*la route*	**road**	- Straße (vgl. *Reede, Reitweg*)
sanity [æ]	*la santé*	**health**	- (geist.) Gesundheit (vgl. *Sanitäter / Heil*)
scissors [i]	*les ciseaux*	**sheers**	- Schere (vgl. *Zäsur*)
sign [ai]	*le signe*	**token**	- Zeichen (vgl. *Signal*)

silence [ai]	*le silence*	**stillness**	- Stille, Ruhe (vgl. *Silentium*)
source [ɔ:]	*la source*	**spring**	- Quelle (vgl. *Ressource / Ursprung*)
space [ei]	*l'espace*	**room**	- Raum, Freiraum (vgl. *spazieren gehen*)
spine [ai]	*l'épine*	**backbone**	- Rückgrat (vgl. *spinale Kinderlähmung*)
story [ɔ:]	*l'histoire*	**tale**	- Geschichte (vgl. *Historie / Erzählung*)
summit [ʌ]	*le sommet*	**top**	- Gipfel, Spitze (vgl. *Summe;* früher: Addition von unten nach oben! / *Zopf*)
supper [ʌ]	*le souper*	**evening meal**	- Abendessen (vgl. *Suppe / Abendmahl*)
suspicion [i]	*le soupçon*	**mistrust**	- Verdacht (vgl. *suspekt / Misstrauen*)
task [ɑ:]	*la tâche*	**work**	- Aufgabe, Arbeit (vgl. *taxieren* = den Wert einer Arbeit einschätzen)
terror [e]	*la terreur*	**fright**	- Furcht, Schrecken
treatment [i:]	*le traîtement*	**handling**	- Behandlung (vgl. *Traktat, traktieren*)
trench [e]	*la trenchée*	**ditch**	- Graben (vgl. *Trenchcoat* = militärischer Schützengrabenmantel / *Teich*)
trunk [ʌ]	*le tronc*	**stem**	- (Baum-)Stamm (vgl. *Strunk*)
vacation [ei]	*les vacances*	**holidays**	- Ferien (vgl. *Vakuum / heilig*)
valley [æ]	*la vallée*	**dale**	- Tal
value [æ]	*la valeur*	**worth**	- Wert (vgl. *Valuta* / Kurswert)
vendor [e]	*le vendeur*	**seller**	- Verkäufer
verity [e]	*la vérité*	**truth**	- Wahrheit (vgl. lat. *In vino veritas* = im Wein liegt Wahrheit / *trautes Heim*)
view [vju:]	*la vue*	**sight**	- Sicht (vgl. *Interview*)
village [i]	*le village*	**thorp**	- Dorf (vgl. *Villa*)
voyage [ɔi]	*le voyage*	**trip**	- Reise (vgl. lat. *via* = der Weg / *trippeln*)
zeal [i:]	*le zèle*	**keenness**	- Eifer (vgl. *Zelot* = relig. Eiferer, *'jealousy'* = Eifersucht)

*

Synonyme Eigenschaftswörter

roman. Urspr.	*französ.*	*germ. Ursprung*	*Bedeutung* *(Assoziation)*
absent [æ]	*absent*	**away**	- abwesend, weg
acid [æ]	*acide*	**sour** ['sauə]	- sauer (vgl. *Essig*)
admirable [ai]	*admirable*	**wonderful**	- wunderbar (vgl. *Mirakel*)
agreeable [i:]	*agréable*	**delightful**	- erfreulich (vgl. *'agreement'*)
ambiguous [æ]	*ambigu*	**unclear**	- doppelsinnig (vgl. *ambivalent* = doppelwertig)
amiable [ei-]	*aimable*	**friendly**	- freundlich, liebenswert (vgl. *Amor, Amigo*)
amusing [ju:]	*amusant*	**lively**	- unterhaltend (vgl. *amüsant*)
ancient [ei]	*ancien*	**very old**	- alt, antik (vgl. lat. *ante* = vor)
annual [æ]	*annuel*	**yearly**	- jährlich
beautiful [ju:]	*beau*	**good-looking**	- schön (vgl. *Beau* = Schönling)
capable [ei-]	*capable*	**gifted**	- fähig (vgl. *Kapazität* / *Gift* = Gabe; *Mitgift*)
clear [iə]	*clair*	**bright**	- hell (vgl. *klar* / *prächtig*)
comfortable [ʌ]	*confortable*	**cosy**	- bequem, gemütlich (vgl. *kosen, liebkosen*)
comical [ɔ]	*comique*	**droll**	- komisch (vgl. *drollig*)
commercial [ə:]	*commercial*	**business ~**	- geschäftlich (vgl. *kommerziell, Kommerz*)
common [ɔ]	*commun*	**shared**	- gemeinsam (vgl. *Kommune* / *Schar*)
complete [i:]	*complet*	**whole**	- vollständig (*komplett* / *heil*)
content [e]	*content*	**snug**	- zufrieden, behaglich (vgl. *„schnuckelig"*)
convenient [i:]	*convenable*	**handy**	- bequem, passend (vgl. *Konvention* = Übereinkunft / *handlich*)
correct [e]	*correct*	**right**	- richtig (vgl. *korrigieren* / *recht, rechtens*)
covered [ʌ]	*couvert*	**hidden**	- verdeckt, bedeckt (vgl. *Briefkuvert* / *behüten*)
crude [u:]	*cru*	**raw**	- roh (vgl. *rüde* / *rau*)
curious [ju]	*curieux*	**nosy**	- neugierig (vgl. *Kuriosität* / *die Nase in fremde Angelegenheiten stecken*)

dangerous [ei]	*dangereux*	**risky**	- gefährlich (vgl. *riskant*)
different [i]	*différent*	**unlike**	- verschieden (vgl. *Differenz* / Gegent. von *gleich*)
difficult [i]	*difficile*	**hard**	- schwierig (vgl. *diffizil* / *hart*)
distinct [-i]	*distinct*	**clear**	- deutlich, klar (vgl. *distinguiert* = vornehm, von der Masse klar zu unterscheiden)
double [ʌ]	*double*	**twofold**	- doppelt (vgl. *Filmdouble*)
doubtful [au]	*douteux*	**unclear**	- zweifelhaft (vgl. *dubios* / *unklar*)
enormous [ɔ:]	*énorme*	**great**	- ungeheuer, gewaltig
entire [aiə]	*entier*	**whole**	- ganz (vgl. *integer* = unversehrt)
extreme [i:]	*extrême*	**highest**	- äußerster, äußerste
false [ɔ:]	*faux*	**wrong**	- falsch (vgl. *gewrungen*)
feeble [i:]	*faible*	**weak**	- schwach (vgl. *Faible* / *weich*)
firm [ə:]	*ferme*	**steady**	- fest, beständig (vgl. *Firmung, Firma* / *stetig*)
foolish [u:]	*fou*	**silly**	- töricht, dumm (vgl. *selig*)
frank [æ]	*franc*	**free**	- frei, offen (vgl. *frankieren*)
future [ju:]	*futur*	**coming**	- zukünftig (vgl. *Futur*)
gay [ei]	*gai*	**happy**	- fröhlich (vgl. *Happy End*)
gentle [e]	*gentil*	**soft**	- zärtlich (vgl *Gentleman* / *sanft*)
grand [æ]	*grand*	**great**	- groß, bedeutend (vgl. *grandios*)
grave [ei]	*grave*	**weighty**	- schwer wiegend (vgl. *gravierend* / *gewichtig*)
honest [ɔ]	*honnête*	**truthful**	- ehrlich (vgl. *honorig* = ehrenhaft / *traut, treu; 'true'*)
humble [ʌ]	*humble*	**lowly**	- demütig (vgl. *Humus* = Erde, Erdboden / *lauernd*)
humid [ju:]	*humide*	**wet**	- feucht, nass (vgl. *humide* / *wässrig*)
important [ɔ:]	*important*	**meaningful**	- wichtig (vgl. *Meinung*)
impossible [ɔ]	*impossible*	**unworkable**	- unmöglich
incredible [e]	*incroyable*	**unbelievable**	- unglaublich (vgl. Gegent: *Kredit* / *Belieben*)
inferior [iə]	*inférieur*	**lower**	- unter(legen) (vgl. *lauern*)
just [ʌ]	*juste*	**rightful**	- gerecht (vgl. *Justiz* / *Recht*)
large [ɑ:]	*large*	**wide**	- geräumig (vgl. *Largo* / *weit*)

married [æ]	*marié*	**wedded**	- verheiratet (vgl. *wetten* = ein Pfand geben)
mute [ju:]	*muet*	**dumb**	- stumm (vgl. *dumm, tumb* = einfältig)
necessary [e-]	*nécessaire*	**needed**	- nötig (vgl. *Reise-Necessaire*)
nude [ju:]	*nu*	**naked**	- nackt (vgl. *Nudist*)
obscure [juə]	*obscur*	**dark**	- dunkel (vgl. *obskur*)
obstinate [ɔ]	*obstiné*	**headstrong**	- hartnäckig (vgl. *obstinat*)
occupied [ɔ]	*occupé*	**busy**	- beschäftigt, besetzt (vgl. *Okkupation*)
ordinary [ɔ:]	*ordinaire*	**mean**	- (all)gemein (vgl. *ordinär / gemein*)
pale [ei]	*pâle*	**ashen**	- bleich (vgl. *fahl / aschfarben*)
past [ɑ:]	*passé*	**gone by**	- vergangen (vgl. *passiert*)
perfect [ə:-]	*parfait*	**thorough**	- vollendet, gründlich (vgl. *durch und durch*)
petty [e]	*petit*	**little**	- klein, kleinlich (vgl. *Petticoat* / mundartl.: *lütt*)
pointed [ɔi]	*pointu*	**sharp**	- spitz (vgl. *Pointe / scharf*)
polite [ai]	*poli*	**well-behaved**	- höflich (vgl. *Politik / Gehabe*)
poor [puə]	*pauvre*	**penniless**	- arm, mittellos
possible [ɔ]	*possible*	**thinkable**	- möglich, denkbar
present [e]	*présent*	**modern**	- gegenwärtig (vgl. *Präsens, präsent*)
probable [ɔ]	*probable*	**likely**	- wahrscheinlich (vgl. *probat* = erprobt, bewährt)
profound [au]	*profond*	**deep**	- tief (vgl. *profund*)
proper [ɔ]	*propre*	**clean**	- sauber (vgl. *proper / klein*)
public [ʌ]	*public*	**open**	- öffentlich (vgl. *Publikum*)
pure [pjuə]	*pur*	**clean**	- rein (vgl. *pur / klein*)
reasonable [i:]	*raisonnable*	**thoughtful**	- vernünftig (vgl. *zur Räson bringen*)
recent [i:-]	*récent*	**new**	- neu (vgl. *rezent* = frisch)
responsible [ɔ]	*responsable*	**answerable**	- verantwortlich (vgl. *korrespondieren* = auf Briefe antworten / *schwören*)
ridiculous [i]	*ridicule*	**laughable**	- lächerlich
satisfied [æ]	*satisfait*	**delighted**	- befriedigt, erfreut
savage [æ]	*sauvage*	**wild**	- wild (vgl. lat. *silva* = Wald)
secret [i:]	*secret*	**hidden**	- geheim, verborgen (vgl. *Sekretär / behütet*)

serious [iə]	*sérieux*	**earnest**	- ernsthaft (vgl. *seriös / ernst, ernsthaft*)
severe [iə]	*sévère*	**earnest**	- ernst, ernsthaft (vgl. die Namen *Severin / Ernst*)
sincere [iə]	*sincère*	**true**	- aufrichtig (vgl. *'Yours sincerely' / treu*)
sober [ou]	*sobre*	**cool-headed**	- nüchtern (vgl. *sauber / mit kühlem Kopf*)
strange [ei]	*étranger*	**outlandish**	- fremd (vgl. *extern / ausländisch*)
stupid [ju:]	*stupide*	**dumb**	- dumm (vgl. *stupide*)
sudden [ʌ]	*soudain*	**swift**	- plötzlich (vgl. ital. *subito* = sofort)
superior [iə]	*supérieur*	**higher**	- höher (vgl. *Pater Superior*)
supreme [i:]	*suprême*	**highest**	- höchst (vgl. *super*)
sure [uə]	*sûr*	**trustworthy**	- sicher, zuverlässig (vgl. *Sekurit* = Sicherheitsglas)
tender [e-]	*tendre*	**soft**	- zart, sanft (vgl. *tendieren* = sich hinneigen / *sanft*)
terrible [e]	*terrible*	**awful**	- schrecklich (vgl. *Terror*)
tranquil [æ]	*tranquille*	**calm**	- ruhig, still (vgl. *Tranquilizer / Kalmen*)
violent [ai]	*violent*	**rough**	- gewalttätig (vgl. *rau*)

*

Synonyme Tätigkeitswörter

roman. Urspr.	*französ.*	*germ. Urspr.*	*Bedeutung (Assoziation)*
abandon [-æ]	*abandonner*	**drop**	- aufgeben, fallen lassen (vgl. *tröpfeln*)
accompany [ʌ]	*accompagner*	**go with**	- begleiten (vgl. *Kompanie*)
admire [ai]	*admirer*	**look up to**	- bewundern (vgl. *Mirakel*)
adore [ɔ:]	*adorer*	**love**	- anbeten, lieben (vgl. lat. *orare* = beten / *glauben, geloben*)
advance [ɑ:]	*avancer*	**go forward**	- fortschreiten (vgl. *avancieren* = befördert werden)
aid [eid]	*aider*	**help**	- helfen (vgl. *'First Aid'*)
appeal [i:]	*appeler*	**beseech**	- ersuchen, anrufen (vgl. *Appell / Gesuch*)

appear [i:]	*apparaître*	**come**	- erscheinen
approach [ou]	*s'approcher*	**near**	- sich nähern (vgl. *'proximity'* = *Nähe*)
arrive [ai]	*arriver*	**come**	- ankommen, kommen (vgl. *'arrival'* = Ankunft)
avoid [ɔi]	*éviter*	**shirk**	- vermeiden (vgl. *Schurke*)
caress [æ]	*caresser*	**stroke**	- streicheln, liebkosen (vgl. *Caritas* / *streichen*)
cause [ɔ:]	*causer*	**give rise to**	- verursachen (vgl. *kausal*)
cease [i:]	*cesser de*	**stop**	- aufhören (vgl. gegenteilig: *Prozess* / *stopfen*)
chase [ei]	*chasser*	**hunt**	- jagen (vgl. *„schassen"* = wegjagen / *Jagdhund*)
choose [u:]	*choisir*	**pick**	- wählen, auswählen (vgl. *kosten* = probieren / *picken* = pflücken)
commence [e]	*commencer*	**begin**	- anfangen, beginnen (ital. *cominiciare* = anfangen)
compare [æ]	*comparer*	**liken**	- vergleichen (vgl. *Komparativ* = Steigerungsform / *gleichen*)
comprehend [-e]	*comprendre*	**understand**	- verstehen, begreifen
conduct [ʌ]	*se conduire*	**behave**	- sich benehmen (vgl. *Gehabe*)
conquer [ɔ]	*conquérir*	**take in**	- erobern (vgl. *Konquistador* / *einnehmen*)
contain [ei]	*contenir*	**hold**	- enthalten (vgl. *Container* / *halten*)
continue [i]	*continuer*	**go ahead**	- fortfahren (vgl. *Kontinuität*)
cover [ʌ]	*couvrir*	**hood**	- verdecken (vgl. *Kuvert* / *Hut*)
cry [ai]	*crier*	**scream**	- schreien (vgl. *Dernier Cri*)
decide [ai]	*se décider*	**settle**	- entscheiden (vgl. *dezidiert* / *setzen*)
deliver [i]	*délivrer*	**free**	- befreien (vgl. *liberalisieren*)
demand [ɑ:]	*demander*	**ask for**	- verlangen, fordern (vgl. *Mandat* = Wahlauftrag / *heischen* = dringend fordern)
descend [-e]	*descendre*	**go down**	- herabsteigen
decline [ai]	*décliner*	**sink**	- sinken, abnehmen (vgl. *deklinieren* = beugen)
describe [ai]	*décrire*	**outline**	- beschreiben (vgl. *deskriptiv*)
design [ai]	*dessiner*	**draw**	- entwerfen, zeichnen (vgl. *designieren, Designer* / *tragen* = ziehen)

desire [ai]	*désirer*	**long for**	- begehren, ersehnen (vgl. *desiderabel* = wünschenswert / *verlangen*)
destroy [ɔi]	*détruire*	**overthrow**	- zerstören (vgl. *destruktiv*)
enter [e]	*entrer*	**go in**	- eintreten (vgl. *entern*)
develop [-e-]	*se développer*	**grow**	- wachsen, s. entfalten (vgl. Ggt. *'to envelop'* = umhüllen, *'envelope'* = Briefumschlag)
discover [ʌ]	*découvrir*	**find (out)**	- entdecken (vgl. Raumschiff *'Discovery'* / *finden*)
distribute [-i-]	*distribuer*	**share out**	- verteilen (vgl. *Tribut* / *Schere, Schar*)
encounter [au]	*rencontrer*	**meet**	- begegnen (vgl. *kontra* / *sich messen*)
exaggerate [æ]	*exagérer*	**blow up**	- übertreiben (vgl. *blähen*)
exclude [u:]	*exclure*	**keep out**	- ausschließen (vgl. *exklusiv*)
extend [-e]	*s'étendre*	**lengthen**	- ausdehnen (*extensiv* / *Länge*)
faint [ei]	*feindre*	**weaken**	- schwach werden (vgl. *erweichen*)
finish [i]	*finir*	**end**	- beenden (vgl. *Finale* / *Ende*)
fix [i]	*fixer*	**fasten**	- befestigen (vgl. *fixieren, Kruzifix* / *fest*)
found [au]	*fonder*	**set up**	- gründen (vgl. *fundieren, Fundament* / *setzen*)
fume [ju:]	*fumer*	**smoke**	- rauchen (vgl. *Parfüm* / *schmauchen*)
gain [ei]	*gagner*	**win**	- gewinnen
guard [ɑ:]	*garder*	**watch**	- bewachen (*Garde* / *wachen*)
guide [ai]	*guider*	**lead**	- leiten (vgl. *'Tourist Guide'*)
hesitate [e]	*hésiter*	**waver**	- zögern (vgl. *wabern*)
injure [i]	*injurier*	**harm**	- verletzen (*Injurie* / *harmlos*)
invite [ai]	*inviter*	**ask**	- einladen (vgl. *erheischen*)
march [ɑ:]	*marcher*	**step out**	- marschieren (vgl. *stapfen*)
mention [e]	*mentionner*	**name**	- erwähnen
mount [au]	*monter*	**climb**	- besteigen (vgl. *'mountain', Mount Everest* / *klimmen*)
nourish [ʌ]	*nourrir*	**feed**	- ernähren (vgl. *füttern*)
obey [ei]	*obéir*	**follow**	- gehorchen, folgen
observe [ə:]	*observer*	**watch**	- beobachten (vgl. *observieren* / *wachen*)
obtain [ei]	*obtenir*	**get**	- erhalten (vgl. Ggt: *vergessen*)

omit [i]	*omettre*	**leave out**	- weglassen
part [ɑ:]	*partir*	**leave**	- abreisen, weggehen (vgl. *'departure'* = Abreise)
pay [ei]	*payer*	**settle**	- bezahlen (vgl. ital. *pagare / setzen*)
permit [i]	*permettre*	**allow**	- erlauben
plunge [ʌ]	*plonger*	**dive**	- (ein)tauchen (vgl. *Tiefe, taufen*)
possess [e]	*posséder*	**own**	- besitzen (*possessiv / eignen*)
precede [-i:]	*précéder*	**lead**	- vorangehen, führen (vgl. *Präzedenzfall / leiten*)
predict [-i]	*prédire*	**foretell**	- vorhersagen (vgl. *pre-digen / erzählen*)
prepare [æ]	*préparer*	**get ready**	- (sich) vorbereiten (vgl. *präparieren / Gerät, beraten*)
protect [e]	*protéger*	**shelter**	- beschützen (vgl. *Protektion / Schild*)
push [u]	*pousser*	**shove**	- stoßen (vgl. *schieben*)
question [e]	*questionner*	**ask**	- fragen (vgl. *Quästur / heischen, erheischen*)
receive [i:]	*recevoir*	**get**	- erhalten, bekommen (vgl. *Rezept / vergessen*)
regard [ɑ:]	*regarder*	**look upon**	- betrachten
regret [-e]	*regretter*	**rue**	- bedauern (*Regress / bereuen*)
reprimand [ɑ:]	*réprimander*	**blame**	- tadeln (vgl. *blamieren*)
resemble [-e]	*ressembler à*	**match**	- gleichen (*'similar' / gemach*)
respond [ɔ]	*répondre*	**answer**	- antworten (*korrespondieren / schwören*)
rest [e]	*rester*	**lie down**	- ausruhen (vgl. *Restaurant / liegen*)
return [ə:]	*retourner*	**go back**	- zurückkehren (vgl. *'retour' / Hinterbacke*)
save [ei]	*sauver*	**free**	- retten, befreien (vgl. *SOS = 'Save Our Souls'*)
serve [ə:]	*servir*	**wait**	- bedienen (vgl. *servieren / warten, aufwarten*)
sound [au]	*sonner*	**ring**	- klingen, tönen (vgl. *sonor*)
study [ʌ]	*étudier*	**learn**	- studieren, lernen
survey [ei]	*surveiller*	**overlook**	- überblicken (*'view' / lugen*)
treat [i:]	*traiter*	**handle**	- behandeln (vgl. *traktieren*)
tremble [e]	*trembler*	**shiver**	- zittern (vgl. *Tremolo / „schubbig" kalt*)

turn [ə:]	*tourner*	**twist**	- drehen (vgl. *Turnier / Zwist*)
visit [i]	*visiter*	**call upon**	- besuchen (vgl. *Visite*)

*

b) Die Mischung beider Sprachanteile

Die Übernahme französischer Wörter geschah zunächst recht zögerlich, da es wenig Kontakt zwischen dem normannischen Adel und den niederen Schichten gab. Eine wahre Flut von Entlehnungen setzte eigentlich erst in der Mitte des 13. Jahrhunderts ein. Dafür waren politische, wirtschaftliche und soziale Gründe ausschlaggebend.

Durch den Verlust der Normandie (1204) und damit der alten Erbgüter auf dem Kontinent waren die franko-normannischen Grafen notgedrungen zu *Engländern* geworden, die von nun an ihr ganzes Leben auf der britischen Insel verbrachten und folglich ein größeres Interesse an England und seiner einheimischen Bevölkerung nahmen. Schon bald fehlte ihrem Französisch die Kontrolle durch die kontinentale Hochsprache (deren allmähliche Veränderung man in England nicht nachvollzog), und in zunehmendem Maße wurde ihre Muttersprache mit englischen Wörtern durchsetzt. Hinzu kamen im 14. und 15. Jahrhundert die kriegerischen Auseinandersetzungen mit Frankreich, die logischerweise zu einer noch größeren Identifikation mit England sowie der englischen Sprache führten.

Aber auch die Pest sollte ihren Anteil an der Entstehung einer gemeinsamen, romanisch-germanischen Mischsprache – also des Mittelenglischen – haben. Als in den Jahren 1349/50 etwa 30 Prozent der Bevölkerung dem *Schwarzen Tod ('The Black Death')* zum Opfer gefallen waren – in der Mehrzahl natürlich Angehörige der untersten Schichten, die sich im Gegensatz zu den Reichen nicht auf eine Burg oder ein isoliert stehendes

Herrenhaus zurückziehen konnten – hatte der plötzliche Arbeitskräftemangel einen enormen Anstieg der Löhne und den Beginn eines allgemeinen bescheidenen Wohlstands zur Folge. Viele Menschen zogen in die Städte, in denen Handwerk und Handel blühten, eigene Steuern erhoben wurden und unabhängige Gerichtshöfe bestanden. Mit der wirtschaftlichen und sozialen Aufwertung dieser neuen Schicht zwischen Landarbeitern und Erbadel wuchs auch die Bedeutung der von ihr gesprochenen Sprache, und mehr und mehr vermischten die vornehmen Grundbesitzer ihr altertümliches Französisch mit englischen Wörtern. Gleichzeitig versuchte die einheimische Bevölkerung, den Lebensstil der Aristokraten zu imitieren, und passte eine Vielzahl französischer Ausdrücke – besonders aus den Bereichen Literatur und Kunst, Medizin und Bildungswesen, Architektur und Mode, Küche und Wohnungseinrichtung – ihrer englischen Muttersprache an.

Tausende französischer Wörter wurden ab 1250 anglisiert oder mit germanischen kombiniert und eine Unmenge englischer Wörter mit romanischen Vor- und Endsilben versehen. Wo aber die altenglischen Begriffe, Adjektive und Verben neben den französischen überlebten, handelte es sich entweder um verschiedene Wortarten oder aber einen gewissen Bedeutungsunterschied.

*

Wie bereits erwähnt, hat die anglo-normannische Sprache der Eroberer Englands viele Eigenarten des Altfranzösischen bewahrt, unter anderem die aus dem Lateinischen stammenden Konsonantenverbindungen *'sc'*, *'sp'* und *'st'*. Seit dem 11. Jahrhundert wurde das *'s'* (besonders vor ***c, p*** und ***t***) auf dem Kontinent nicht mehr ausgesprochen und verschwand im Laufe der Zeit auch aus dem Schriftfranzösisch; das weggefallene *'s'* wurde statt dessen – sozusagen als liegendes *'s'* – durch einen Zirkumflex (^) auf dem unmittelbar vorausgehenden Vokal angedeutet (selten allerdings auf anlautendem *'e'*); so wurde im Neufranzösischen zum Beispiel aus

hostel ⇨ hôtel.

An einer Auswahl von französischen Wörtern und ihren englischen Entsprechungen soll gezeigt werden, wie nützlich die Kenntnis dieser Regel sein kann; sie macht nicht nur die romanische Herkunft englischer Wörter durchschaubarer, sondern mag darüber hinaus dem Französischlernenden Rechtschreibfehler vermeiden helfen, ja sogar die Bedeutung bisher unbekannter Vokabeln schlagartig erhellen; versuchen Sie es selbst:

apôtre	= ?
bâtard	= ?
bête	= ?
château	= ?
châtaigne	= ?
cloître	= ?
côte	= ?
école	= ?
épice	= ?
éponge	= ?
étampe	= ?
état	= ?
étoffe	= ?
étrange	= ?
fête	= ?
forêt	= ?
honnête	= ?
hôpital	= ?
hôte	= ?
intérêt	= ?
maître	= ?

Lösungen:

französisch		*englisch*	*deutsch*
apôtre	=	*apostle*	Apostel
bâtard	=	*bastard*	uneheliches Kind
bête	=	*beast*	wildes Tier (vgl. *Bestie*)
château	=	*castle*	Kastell, Burg
châtaigne	=	*chestnut*	Kastanie
cloître	=	*cloister*	Kloster, Kreuzgang
côte	=	*coast*	Küste
école	=	*school*	Schule
épice	=	*spice*	Gewürz (vgl. *Spezereien*)
éponge	=	*sponge*	Schwamm
étampe	=	*stamp*	Stempel, Briefmarke
état	=	*state*	Staat
étoffe	=	*stuff*	Stoff
étrange	=	*strange*	fremd
fête	=	*feast*	Fest
forêt	=	*forest*	Forst, Wald
honnête	=	*honest*	ehrlich, anständig
hôpital	=	*hospital*	Hospiz, Krankenhaus
hôte	=	*host*	Gastgeber, Wirt
intérêt	=	*interest*	Interesse
maître	=	*master*	Meister

*

Beibehaltung des ***'s'*** *im Englischen (bes. vor* ***c, p*** *und* ***t****)*

neufranzösisch	*englisch*	*Bedeutung* *(Assoziation)*
albâtre	*alabaster* [-bɑ:-]	- Alabaster
ancêtres	*ancestors* [æ]	- Vorfahren
août	*August* [ɔ:]	- (Monat) August
apôtre	*apostle* [ɔ]	- Apostel

arrêter	*to arrest* [e]	- anhalten, ergreifen
baptême	*baptism* [i]	- Taufe (vgl. *Baptisten*)
bâtard	*bastard* [bɑ:-]	- uneheliches Kind
bête	*beast* [i:]	- wildes Tier (vgl. *Bestie*)
châtaigne	*chestnut* [e]	- Kastanie, Marone
château	*castle* [ɑ:]	- Burg (vgl. *Kastell, Kassel*)
cloître	*cloister* [ɔi]	- Kloster, Kreuzgang
côte	*coast* [ou]	- Küste (vgl. *Côte d'Azur*)
coût	*cost(s)* [ɔ]	- Kosten
coûter	*to cost* [ɔ]	- kosten
crête	*crest* [e]	- Kamm, Grat, Gipfel
croûte	*crust* [ʌ]	- Kruste, Rinde
dégoût	*disgust* [ʌ]	- Ekel
écarlate	*scarlet* [ɑ:]	- scharlachrot
écluse	*sluice* [u:]	- Schleuse
école	*school* [u:]	- Schule
écran	*screen* [i:]	- Schirm, Leinwand, Schutz (vgl. *Schrank*)
écriture	*scripture* [i]	- Schrift (*Skript* = Drehbuch)
écrou	*screw* [u:]	- Schraube
écume	*scum* [ʌ]	- Schaum
épice	*spice* [ai]	- Gewürz (vgl. *Spezerei*)
épier	*spy* [ai]	- spähen (vgl. *spionieren*)
épine	*spine* [ai]	- Dorn, Rückgrat (vgl. *spinale Kinderlähmung*)
éponge	*sponge* [ʌ]	- Schwamm
épouse	*spouse* [au]	- Gattin (vgl. *Ehegespons*)
établissement	*establishment* [æ]	- Niederlassung, Einrichtung (*Etablissement*)
étable	*stable* [ei]	- Stall (vgl. *stabil*)
établir	*establish* [æ]	- einrichten, gründen
étampe	*stamp* [æ]	- Stempel, Briefmarke
état	*state* [ei]	- Staat, Zustand
étendard	*standard* [æ]	- Standarte, Wimpel
étoffe	*stuff* [ʌ]	- Stoff
étrange	*strange* [ei]	- fremd, sonderbar (vgl. *'stranger'*)

étrangler	*strangle* [æ]	- erwürgen (vgl. *Strang*)
étude	*study* [ʌ]	- Studium
étudier	*to study* [ʌ]	- studieren
fête	*feast* [i:]	- Fest
forêt	*forest* [ɔ]	- Forst, Wald
goût	*gusto* [ʌ]	- Geschmack (vgl. *Ragoût*)
guêpe	*wasp* [ɔ]	- Wespe
hâte	*haste* [ei]	- Hast, Eile
honnête	*honest* [ɔ]	- ehrlich, anständig (vgl. *honorig*)
hôpital	*hospital* [ɔ]	- Krankenhaus (vgl. *Hospiz*)
hôte	*host* [ou]	- Gastgeber, Wirt
hôtesse	*hostess* [ou]	- Gastgeberin, Wirtin
huître	*oyster* [ɔi]	- Auster
île	*isle* [ail]	- Insel (vgl. *'British Isles'*)
intérêt	*interest* [i]	- Interesse
maître	*master* [ɑ:]	- Dienstherr (vgl. *Meister*)
maîtrise	*mastery* [ɑ:]	- Meisterschaft, Beherrschung
mât	*mast* [ɑ:]	- Mast, Mastbaum
paître	*to pasture* [ɑ:]	- weiden (vgl. *Pastor* = Hirte)
pâte	*paste* [ei]	- Teig, Paste
pâté	*pastry* [ei]	- Pastete
pâteux	*pasty* [ei]	- teigig (vgl. *pastos, pastös*)
prêtre	*priest* [i:]	- Priester, Geistlicher
râpe	*rasp* [ɑ:]	- Reibe, Feile (vgl. *Raspel*)
râper	*to rasp* [ɑ:]	- reiben, feilen (vgl. *raspeln*)
reconnaître	*to recognise* [e]	- wiedererkennen (vgl. *rekognoszieren* = erkunden)
rôti	*roast* [ou]	- Röst-, Braten (vgl. *Rostbraten, Roastbeef*)
rôtir	*roast* [ou]	- braten, rösten
tempête	*tempest* [e-]	- Sturm, Unwetter
tête	*test* [e]	- Prüfung (eigentl.: *Kopf, Schädeldecke;* später: *Tonschale* zum Prüfen von geschmolzenem Metall)

*

Die folgende Liste enthält eine Auswahl von Wörtern, die die Engländer im 13., 14. und 15. Jahrhundert – bisweilen (fast) wörtlich, meist jedoch assimiliert – aus dem Französischen übernommen haben. Dass sie diese schon bald nicht mehr als Fremdwörter empfanden, beweist die Zwanglosigkeit, mit der sie Wörter romanischen Ursprungs mit germanischen Prä- und Suffixen verbanden (z.B. *'peace**ful**'*, *'faith**less**'*, *'common**ly**'*, *'**un**gracious'*, *'**over**turn'*, *'**un**due'*), ja sogar viele alte, synonyme Wörter ihrer eigenen germanischen Sprache zu Gunsten neuer französischer Wörter einfach aussterben ließen (z.B. *'nobel'*/altengl. *æþele; 'guilty'/scyldig; 'army'/here; 'air'/lyft; 'poor'/earm; 'gracious'/hold; 'uncle'/eam* etc.).

Synonymlose Adoptionen aus dem Französischen
– Hauptwörter –

englisch	*französisch*	*Bedeutung* (*Assoziation*)
actor [æ]	*l'acteur*	- Schauspieler (vgl. *Akt*)
age [ei]	*l'âge*	- Alter
ambassador [æ]	*l'ambassadeur*	- Botschafter
amusement [ju:]	*l'amusement*	- Vergnügen
assurance [uə]	*l'assurance*	- Versicherung (vgl. *'sure'*)
baggage [æ-]	*les bagages*	- Gepäck (vgl. *'hand-bag'*)
beak [i:]	*le bec*	- Schnabel
beef [i:]	*le bœuf*	- Rind(fleisch)
biscuit [i-]	*le biscuit*	- Keks
boot [u:]	*la botte*	- Stiefel
box [ɔ]	*la boîte*	- Schachtel
branch [ɑ:]	*la branche*	- Ast (vgl. *Branche*)
brick [i]	*la brique*	- Ziegelstein (vgl. *Brikett*)
butcher [u]	*le boucher*	- Metzger
cause [ɔ:]	*la cause*	- Ursache (vgl. *kausal*)
chain [ei]	*la chaine*	- Kette
change [ei]	*le change*	- Änderung (vgl. *changieren*)

cherry [e]	*la cerise*	- Kirsche
chimney [i]	*la cheminée*	- Schornstein, Kamin (vgl. *Kemenate* = heizbares Frauengemach einer Burg)
chisel [i]	*le ciseau*	- Meißel (vgl. *ziselieren*)
cock [ɔ]	*le coq*	- Hahn (vgl. *Cockpit* = eigentl.: Hahnenkampfarena)
collar [ɔ]	*le collier*	- Halskette, Kragen (vgl. *Kollier, Dekolleté*)
colour [ʌ]	*la couleur*	- Farbe (vgl. *Kolorit*)
contents [ɔ]	*le contenu*	- Inhalt (vgl. *Container*)
corner [ɔ:]	*le coin*	- Ecke
council [au]	*le conseil*	- Rat(sversammlung) (vgl. *Konzil*)
crime [ai]	*le crime*	- Verbrechen (vgl. *Kriminal-*)
custom [ʌ]	*la coutume*	- Sitte
cutlery [ʌ]	*la coutellerie*	- Schneidwaren, Messer (vgl. *Kutter* = Schiff mit scharfem Bug)
danger [ei]	*le danger*	- Gefahr
debt [det]	*la dette*	- Schuld (vgl. *Debet*)
defence [-e]	*la défense*	- Verteidigung (vgl. *Defensive*)
demand [ɑ:]	*la demande*	- Anfrage, Nachfrage
dignity [i-]	*la dignité*	- Würde, hoher Rang
divorce [ɔ:]	*le divorce*	- Scheidung (vgl. *divers*)
eagle [i:]	*l'aigle*	- Adler (lat. = *aquila*)
effort [e-]	*l'effort*	- Anstrengung, Bemühung (vgl. *'force', forcieren*)
embassy [e-]	*l'ambassade*	- Botschaft
engineer [iə]	*l'ingénieur*	- Ingenieur, Konstrukteur (vgl. *Genie*)
entry [e]	*l'entrée*	- Eingang
example [ɑ:]	*l'exemple*	- Beispiel
exchange [ei]	*l'échange*	- Austausch (vgl. *changieren*)
excuse [ju:]	*l'excuse*	- Entschuldigung (vgl. Gegenteil: *'accuse'* = Anklage)
face [ei]	*la face*	- Gesicht (vgl. *Fassade*)
fashion [æ]	*la façon*	- Form, Machart, Mode (vgl. österr. *fesch*)
fork [ɔ:]	*la fourchette*	- Gabel(ung) (vgl. *Mistforke*)
fruit [u:]	*le fruit*	- Frucht

honour [ɔ-]	*l'honneur*	- Ehre (vgl. *Dr. h.c.* = Dr. *honoris* causa = Ehrendoktorwürde)
horizon [ai]	*l'horizon*	- Horizont
image [i]	*l'image*	- Bild (vgl. *Imagination* = Einbildungskraft)
ink [i]	*l'encre*	- Tinte
judge [ʌ]	*le juge*	- Richter (vgl. *Judikative* = die richterliche Gewalt)
judgement [ʌ]	*le jugement*	- Urteil
lentil [e]	*la lentille*	- Linse *(botan.)*
lever [e-]	*le levier*	- Hebel (vgl. *Levante* = Morgenland, über dem die Sonne aufgeht)
lion [ai]	*le lion*	- Löwe (vgl. *Leo, Leopard*)
marble [ɑ:]	*le marbre*	- Marmor (vgl. *Marmarameer* = Meer mit *Marmor*-Inseln)
measure [e]	*la mesure*	- Maß (vgl. *messen*)
mountain [au]	*la montagne*	- Berg (vgl. *Montanunion* = europ. Gemeinschaft für Kohle und Stahl)
movement [u:]	*le mouvement*	- Bewegung (vgl. *'movie'* = Film mit bewegten Bildern)
mule [ju:]	*le mulet*	- Maultier (vgl. *Muli*)
musician [i]	*le musicien*	- Musiker
offer [ɔ]	*l'offre*	- Angebot (vgl. *Offerte*)
onion [ɔ-]	*l'oignon*	- Zwiebel
painter [ei]	*le peintre*	- Maler
painting [ei]	*la peinture*	- Malerei, Gemälde
parents [æ]	*les parents*	- Eltern
past [ɑ:]	*le passé*	- Vergangenheit (vgl. *passiert*)
pear [ɛə]	*la poire*	- Birne
pine [ai]	*le pin*	- Kiefer (vgl. *Pinie*)
plain [ei]	*la plaine*	- Ebene (vgl. *Plane*)
poverty [ɔ]	*la pauvreté*	- Armut (vgl. *Pauperismus* = Massenarmut)
prison [i]	*la prison*	- Gefängnis (vgl. *Prise* = gekapertes Schiff)
prow [au]	*la proue*	- (Schiffs-)Bug (vgl. lt. *pro* = vor)
punishment [ʌ]	*la punition*	- Strafe (vgl. *Pönitenz* = Buße)
reason [i:]	*la raison*	- Vernunft, Grund (vgl. *Staatsraison*)
refusal [ju:]	*le refus*	- Weigerung

regard [ɑ:]	*le regard*	- Achtung, Rücksicht (vgl. *Garde* = Wache)
salmon ['sæmən]	*le saumon*	- Lachs (vgl. *Salm*)
sausage [ɔ:]	*la saucisse*	- Wurst
science [ai]	*la science*	- Wissenschaft (vgl. *'Science-Fiction'*)
sole [ou]	*la sole*	- Seezunge (so genannt wegen der Schuhsohlenform)
sponge [ʌ]	*l'éponge*	- Schwamm
stable [ei]	*l'étable*	- Stall (vgl. *stabil*)
stomach [ʌ]	*l'estomac*	- Magen
suggestion [e]	*la suggestion*	- Vorschlag (vgl. *Autosuggestion, suggestiv*)
surprise [ai]	*la surprise*	- Überraschung
tailor [ei]	*le tailleur*	- Schneider (vgl. *Taille*)
temple [e]	*la tempe*	- Schläfe
touch [ʌ]	*l'attouchement*	- Berührung (vgl. *Tusche*)
tower [au]	*la tour*	- Turm
train [ei]	*le train*	- Schleppe, Gefolge, Zug
treaty [i:]	*le traité*	- Vertrag, Pakt (vgl. *NATO* = *North Atlantic Treaty Organisation*)
trout [au]	*la truite*	- Forelle
veal [i:]	*le veau*	- Kalb(fleisch)
victory [i]	*la victoire*	- Sieg (vgl. *Viktoria*)
vinegar [i]	*le vinaigre*	- Essig (vgl. *Weinessig*)
voice [ɔi]	*la voix*	- Stimme (vgl. *Vokal*)

Synonymlose Adoptionen aus dem Französischen – Tätigkeitswörter –

englisch	*französisch*	*Bedeutung* *(Assoziation)*
accuse [ju:]	*accuser*	- anklagen (vgl. *Akkusativ*)
adjust [ʌ]	*ajuster*	- anpassen (vgl. *justieren*)
advise [ai]	*aviser*	- raten, benachrichtigen (vgl. *avisieren* = ankündigen)
apply [ai]	*appliquer*	- anwenden (*applizieren, Applikation*)

announce [au]	*annoncer*	- ankündigen (vgl. *annoncieren*)
arm [ɑ:]	*armer*	- bewaffnen (vgl. *Alarm*)
assure [ùə]	*assurer*	- versichern, beteuern
attend [e]	*attendre*	- teilnehmen
blame [ei]	*blâmer*	- tadeln (vgl. *blamieren*)
carry [æ]	*charrier*	- (heran)tragen (vgl. *Karre*)
change [ei]	*changer*	- ändern, wechseln (*changieren*)
cite [ai]	*citer*	- anführen (vgl. *zitieren*)
complain [ei]	*se plaindre*	- klagen, sich beschweren
condemn [e]	*condamner*	- verdammen
consider [i]	*considérer*	- erwägen, betrachten
console [ou]	*consoler*	- trösten (vgl. *konsolidieren*)
contradict [i]	*contredire*	- widersprechen
convince [i]	*convaincre*	- überzeugen
declare [ɛə]	*déclarer*	- (öffentl.) erklären (*deklarieren*)
defend [-e]	*défendre*	- verteidigen (vgl. *defensiv*)
deny [ai]	*nier*	- leugnen
depend on [-e]	*dépendre de*	- abhängen von (vgl. *Dependance*)
determine [-ə:-]	*déterminer*	- bestimmen (vgl. *Determinante*)
detest [-e]	*détester*	- verachten
distinguish [-i-]	*distinguer*	- unterscheiden (vgl. *distinguiert*)
doubt [daut]	*douter*	- bezweifeln (vgl. *dubios*)
envy [e]	*envier*	- beneiden
excuse [ju:]	*s'excuser*	- (sich) entschuldigen
exploit [ɔi]	*exploiter*	- ausnutzen, ausbeuten
flatter [æ]	*flatter*	- schmeicheln
flourish [ɔ]	*fleurir*	- blühen (vgl. *florieren*)
force [ɔ:]	*forcer*	- (er)zwingen (vgl. *forcieren*)
furnish [ə:]	*fournir*	- möblieren (vgl. *Furnier*)
govern [ʌ]	*gouverner*	- regieren (vgl. *Gouverneur*)
infect [e]	*infecter*	- anstecken (vgl. *infizieren*)
insult [ʌ]	*insulter*	- beleidigen
invent [e]	*inventer*	- erfinden (vgl. *Inventur*)
judge [ʌ]	*juger*	- beurteilen (vgl. *judizieren*)
measure [e]	*mesurer*	- messen
neglect [-e]	*négliger*	- vernachlässigen (vgl. *Negligé*)

offend [e]	*offenser*	- beleidigen (vgl. *Offensive*)
offer [ɔ]	*offrir*	- anbieten (*Offerte*)
prefer [-ə:]	*préférer*	- vorziehen (vgl. *Präferenz*)
persecute [ə:-]	*persécuter*	- (rechtlich) verfolgen
pray [ei]	*prier*	- beten (vgl. ital. *prego* = bitte)
promise [ɔ]	*promettre*	- versprechen (vgl. *Kompromiss*)
pronounce [au]	*prononcer*	- aussprechen (vgl. *prononcieren*)
propose [ou]	*proposer*	- vorschlagen
publish [ʌ]	*publier*	- veröffentlichen (vgl. *publizieren*)
refuse [ju:]	*refuser*	- verweigern
reign [ei]	*régner*	- herrschen (vgl. *regieren*)
repair [ɛə]	*réparer*	- ausbessern (vgl. *reparieren*)
repeat [i:]	*répéter*	- wiederholen (vgl. *repetieren*)
sign [ai]	*signer*	- unterschreiben (vgl. *signieren*)
suffice [ai]	*suffir*	- genügen (vgl. engl. *'sufficient'*)
suffocate [ʌ]	*suffoquer*	- ersticken
surprise [ai]	*surprendre*	- überraschen
touch [ʌ]	*toucher*	- berühren (vgl. *retuschieren*)
vote [ou]	*voter*	- stimmen für (vgl. *Votum*)

*

Besonders bereitwillig nahmen die Engländer französische Eigenschaftswörter auf, da es ihrem germanisch geprägten Altenglisch an adjektivischen Unterscheidungsmöglichkeiten mangelte. So wird verständlich, dass bei einer ganzen Reihe von germanischen Hauptwörtern eine von zwei Adjektivformen französischer Herkunft ist. Bei der Aussprache ist – wie bei fast allen mittelenglischen Entlehnungen aus dem Französischen – zu beachten, dass die Betonung durchweg vom Wortende auf die erste Silbe des Wortstammes, wenn nicht gar auf das Präfix, verlegt wurde (z.B. *l'accid**e**nt* ⇨ *'**a**ccident'; le cimeti**è**re* ⇨ *'c**e**metery'; désavant**a**ge* ⇨ *'d**i**sadvantage'; l'exerc**i**se* ⇨ *'**e**xercise'; fourn**i**r* ⇨ *'f**u**rnish'; mentionn**e**r* ⇨ *'m**e**ntion'; prom**e**ttre* ⇨ *'pr**o**mise'; comm**u**n* ⇨ *'c**o**mmon'; couv**e**rt* ⇨ *'c**o**vered'; raisonn**a**ble* ⇨ *'r**ea**sonable'; séri**eu**x* ⇨ *'s**e**rious'*).

Germanisches Nomen – romanisches Adjektiv

Hauptwort	*germ. Adjektiv* ***rom. Adjektiv***	*Bedeutung* *(Assoziation)*
awe	*awful* [ɔ:]	ehrfurchtgebietend
(la terreur)	***terrible*** [e]	fürchterlich (vgl. *Terror; Enfant terrible*)
blood	*bloody* [ʌ]	blutig, blutrünstig
(le sang)	***sanguine*** [æ]	blutrot, heißblütig (vgl. *Sanguiniker* = lebhafter Mensch, Hitzkopf)
body	*bodily* [ɔ]	körperlich, leiblich
(le corps)	***corporal*** [ɔ:]	körperlich, stofflich (vgl. *Korpus*)
child	*childish* [ai]	kindisch
(le fils, la fille)	***filial*** [i-]	kindlich, Kindes- (vgl. *Filiale*)
church	*churchly* [ə:]	kirchlich, die Kirche betr.
(l'église)	***ecclesiastic*** [-æ-]	geistlich (vgl. lat. *ecclesia* = Kirche)
countryside	*country-like* [ʌ]	ländlich (einfach)
(~ rural)	***rural*** [u:]	ländlich, dörflich *(geogr.)* (vgl. *rustikal*)
depth	*deep* [i:]	tief, innig
(la profondeur)	***profound*** [au]	tiefgründig, vollkommen (vgl. *profunde Kenntnisse*)
end	*ending* [e]	endend
(la fin)	***final*** [ai]	endlich, endgültig (vgl. *Finale*)
father	*fatherly* [ɑ:]	väterlich, gütig
(le père)	***paternal*** [-ə:]	väterlicherseits (vgl. *Pater, Paternoster*)
fire	*burning* [ə:]	brennend
(l'ardeur)	***ardent*** [ɑ:]	feurig, hitzig (vgl. *Ardennen* = Vulkangebirge)
ghost	*ghostly* [ou]	geisterhaft
(l'esprit)	***spiritual*** [-i-]	geistig, geistvoll (vgl. *Spiritus, Sprit*)
god	*godly* [ɔ]	fromm, gottesfürchtig
(le dieu)	***divine*** [-ai]	göttlich, Gottes- (vgl. *Filmdiva*)

hand	*handy* [æ]	handlich, verfügbar
(la main)	***manual*** [æ-]	eigenhändig, Hand- (vgl. *manuell*)
head	*heady* [e]	ungestüm, übereilt
(~ capital)	***capital*** [æ]	hauptsächlich, Haupt- (vgl. *Kapitalverbrechen*)
hearing	*hearable* [iə]	hörbar
(l'oreille)	***aural*** [ɔ:]	das Gehör betreffend (vgl. *Ohr*)
heart	*hearty* [ɑ:]	herzhaft, kräftig
(le cœur)	***cordial*** [ɔ]	herzlich, aufrichtig (vgl. *kordial*)
home	*homely* [ou]	behaglich, anheimelnd
(le domicile)	***domestic*** [e]	häuslich, einheimisch (vgl. *Domestike* = Hausdiener)
king	*kingly* [i]	königlich, majestätisch
(le roi)	***royal*** [ɔi]	das Königshaus betreffend (vgl. *'Royal Air Force'*)
life	*lively* [ai]	lebhaft, munter, flott
(la vie)	***vital*** [ai]	lebensnotwendig, wesentl. (vgl. *vitales Interesse*)
light	*light (bright)* [ai]	licht, leuchtend hell
(l'éclairage)	***clear*** [iə]	durchsichtig, rein (vgl. frz. *clair* = klar, deutlich)
love	*lovely* [ʌ]	lieblich
(l'amour)	***amorous*** [æ]	verliebt (vgl. *amourös, Amor,* ital. *amore*)
man	*man-* [æ]	Menschen- (z.B. *'man-eater'*)
(l'homme)	***humane*** [hju:ˈmein]	menschlich, freundlich (vgl. *human*)
man	*manly* [æ]	mannhaft, männlich
(le mâle)	***male*** [ei]	männlich (Geschlecht) (vgl. frz. *mâle* aus *masle* = maskulin)
might	*mighty* [ai]	mächtig, gewaltig
(la violence)	***violent*** [ai]	gewalttätig, heftig (vgl. veralt. *violent*)
moon	*moony* [u:]	mondartig, träumerisch
(la lune)	***lunatic*** [u:]	wahnsinnig (= vom Mond beeinflusst; vgl. *Frau Luna*)
mother	*motherly* [ʌ]	mütterlich, bemutternd
(la mère)	***maternal*** [-ə:-]	mütterlicherseits (vgl. *Mater, Material, Matrize*)

need	*needy* [i:]	Not leidend, bedürftig
(la nécessité)	***necessary*** [e-]	notwendig (vgl. *Reise-Necessaire*)
nose	*nosy* [ou]	großnäsig, neugierig
(le nez)	***nasal*** [ei]	näselnd (vgl. *Nase, Nasallaut, nasaliert*)
right	*right* [ai]	richtig
(la justesse)	***just*** [ʌ]	gerecht, fair (vgl. *Justiz, just* = gerade, rechtzeitig)
sight	*sighted* [ai]	sehend, -sichtig
(la visibilité)	***visible*** [i-]	sichtbar (vgl. *Vision, Visage, Visum, visieren*)
strength	*strong* [ɔ]	stark, kräftig
(la restriction)	***strict*** [i]	streng, peinlich genau, eng (vgl. *strikt, Strick*)
sun	*sunny* [ʌ]	sonnig, heiter
(le soleil)	***solar*** [ou]	die Sonne betreffend (vgl. *Solarenergie*)
time	*timely* [ai]	rechtzeitig, zeitgemäß
(le temps)	***temporal*** [e]	zeitlich, irdisch (vgl. *Tempo* = schnelles Zeitmaß)
war	*warlike* [ɔ:]	kriegerisch
(~ martial)	***martial*** [ɑ:]	Kriegs-, Militär- (vgl. *Mars* = röm Kriegsgott)
water	*watery (wet)* [ɔ]	wässerig, nass
(l'eau)	***aquatic*** [-æ-]	das Wasser betreffend (vgl. *Aquarium*)
wilderness	*wild* [ai]	wild, ungezähmt
(le désert)	***desert*** [e-]	verlassen, öde, wüst (vgl. *desertieren*)
will	*willing* [i]	bereitwillig, geneigt
(la volonté)	***voluntary*** [ɔ]	freiwillig (vgl. *Volontär* = freiwillig und ohne Vergütung Arbeitender)
woman	*womanish* [u]	weibisch, verweichlicht
(la femme)	***female*** [i:]	weiblich (Geschlecht) (vgl. *feminin*)
word	*wordy* [ə:]	wortreich, weitschweifend
(la lettre)	***literal*** [i]	wörtlich, buchstäblich (vgl. *Letter* = Buchstabe; *Literatur*)

*

Bis zum 15. Jahrhundert hatte sich die englische Sprache in allen Lebensbereichen durchgesetzt, und selbst die Adeligen, die noch fließend die Sprache ihrer normannischen Vorfahren beherrschten oder gar schreiben konnten, galten als außergewöhnlich gebildet. Mittelenglisch war die anerkannte Sprache aller gesellschaftlichen Schichten des Landes geworden, wenn auch immer noch die unterschiedliche Bedeutung germanischer Wörter und ihrer aus dem Französischen stammenden Synonyme die tiefe soziale Kluft zwischen den Feudalherren und der abgabenpflichtigen Landbevölkerung verriet. So überrascht es nicht, dass etwa die Wörter für Haustiere, deren Aufzucht natürlich Sache der untersten Schichten war, altenglisch sind, während die Ausdrücke für die entsprechenden Fleischarten, die bei Hofe als Braten aufgetragen wurden, aus dem Französischen stammen:

lebendes Tier	*(germanisch)*	*Fleisch*	*(romanisch)*
ox, cow	*(Ochse, Kuh)*	beef	*(le bœuf)*
sheep	*(Schaf)*	mutton	*(le mouton)*
swine, sow	*(Schwein, Sau)*	pork	*(le porc)*
calf	*(Kalb)*	veal	*(le veau)*

Generell kann man sagen, dass – trotz Tausender von hoch- und spätmittelalterlichen Entlehnungen aus der französischen Sprache – die Wörter des täglichen Lebens germanisch blieben; der Engländer *trank ('drank'), aß ('ate'), schlief ('slept')* und *werkte ('worked')* nach wie vor „auf gut englisch“, und das Haus *('house'),* in dem er wohnte *('lived'),* mit seinen *Türen ('doors'), Stufen ('steps'), Fenstern ('windows'),* und *Fluren ('floors')* erinnert ebenso an seine altgermanische Vergangenheit, wie die einfachen *Mahlzeiten ('meals'),* die er zu sich nahm *('bread', 'butter', 'milk', 'cheese'* und *'fish')* oder die Bezeichnungen für seine Körperteile *('body' = Bottich, 'head' = Haupt, 'shoulder', 'arms', 'hands', 'fingers', 'feet', 'eyes', 'ears', 'nose'* und *'mouth').*

*

c) Die neuzeitliche Flut französischer Sprachimporte

Ähnlich wie die normannische Eroberung Englands oder die verheerenden Folgen der Pest in der Mitte des 14. Jahrhunderts sollte die Erfindung der Buchdruckerkunst am Ende des Mittelalters entscheidenden Einfluss auf die englische Sprache nehmen. Die Möglichkeit, Schriften mit Hilfe beweglicher Metalllettern beliebig oft zu kopieren, förderte ihre weite Verbreitung ebenso wie die gewachsenen Bildungschancen der Mittelklasse zu Beginn der Neuzeit und der zunehmende Handel mit dem europäischen Festland. Die Publikation von Büchern und Reiseberichten, der schriftliche Austausch progressiver Ideen und wissenschaftlicher Erkenntnisse sowie die Neuauflage klassischer Texte erforderte einerseits eine Vereinheitlichung des englischen Ausdrucks und der bis dahin recht unterschiedlichen Rechtschreibung, öffnete andrerseits aber auch neuen Spracheinflüssen die Tore. Eine Flut lateinischer und moderner französischer Wörter, einschließlich ihrer typischen Vorsilben und Endungen, bescherte dem englischen Wortschatz einen gewaltigen Zuwachs und vollendete die Sprache zu dem, was wir heute unter modernem Englisch verstehen.

Es würde zu weit führen, die unzähligen Wörter französischen Ursprungs aufzulisten, die seit der Renaissance von den Engländern adoptiert oder adaptiert worden sind. Hilfreicher wird es sein, die wichtigsten lateinischen Prä- und Suffixe – einschließlich ihrer französischen Varianten – anhand einiger Wortbeispiele kennen zu lernen.

Da Vor- und Endsilben ohne weiteres erkennbar sind und ihre Bedeutung grundsätzlich konstant ist (Ausnahme: *'**in-**'* = *innerhalb* und *un-*), können sie mit dazu beitragen, den Sinngehalt eines Wortes sowohl zu erschließen als auch im Gedächtnis zu behalten und Rechtschreibfehler zu vermeiden. Durch zusätzliche Assoziationen (Vergleich mit *deutschen*

Fremdwörtern und Vokabeln des *englischen* Grundwortschatzes, aber auch mit den zu Grunde liegenden *französischen* Wörtern) wird die Aneignung der folgenden Vokabeln hoffentlich erleichtert.

Lateinisch-französische Präfixe im Englischen

(aus dem Französischen übernommene Präfixe sind *kursiv* gedruckt; Vorsilben können dem folgenden Konsonanten angeglichen sein / Assimilation)

ab-	= ***weg, von, zer-*** / *Gegenteil:* **ad-** *(hin, hinzu)*

abbreviation = Abkürzung (*„Weg-Kürzung“;* vgl. *Brief* / frz. *abréviation*)
abolish = abschaffen (*„zerstören“* / frz. *abolir*)
absence = Abwesenheit, Zerstreutheit (*„das Wegsein“* / frz. identisch)
absorb = aufsaugen, *absorbieren* (*„wegschlucken“* / frz. *absorber*)
abuse = missbrauchen (*„weg vom normalen Usus“* / frz. *abuser*)
abundance = Überfluss (*„das Wegwogen, Überschwappen“* / frz. *abondance*)

ad- (ac-/ag-)	= ***hin, hinzu, an*** / *Gegenteil:* **ab-/re-** *(weg, von)*

accede = beitreten (*„hingehen“;* Gegenteil: *'recede'* / frz. *accéder*)
accelerate = beschleunigen (*„Schnelligkeit hinzufügen“* / frz. *accélérer*)
accelerator = das Gaspedal (*„der Beschleuniger“* / frz. *accélérateur*)
accept = annehmen, *akzeptieren* (*„hinnehmen“* / frz. *accepter*)
access = Zugang, Eintritt (*„das Hingehen“;* vgl. *'accede'* / frz. *accès*)
accident = Zufall, Unfall (*„das Hinfallen“;* vgl. *dekadent* / frz. identisch)
accompany = begleiten (*„einen Begleiter hinzufügen“;* vgl. *Kompanie*)
accomplish = vollenden (*„hinzu füllen“;* vgl. *komplett* / frz. *accomplir*)
acquire = erwerben, *akquirieren* (*„hinzu suchen“* / frz. *acquérir*)
adapt = anpassen (*„anwendbar machen“;* vgl. *Adapter* / frz. *adapter*)
add = hinzufügen, *addieren* (*„hinzu geben“* / frz. *additionner*)
address = anreden, *adressieren* (*„sich richten an“* / frz. *adresser*)
adjective = Eigenschaftswort (*„das Hinzugefügte“* / frz. *adjectif*)
adjust = anpassen (*„nahe hinbringen“;* vgl. *justieren* / frz. *ajuster*)
admire = bewundern (*„sich hin wundern“;* vgl. *'mirror'* / frz. *admirer*)
admonish = ermahnen (*„hinweisen“;* vgl. *monieren* / frz. *admonester*)
adolescent = heranwachsend (*„zunehmend“* / frz. identisch)
adore = bewundern (*„anbeten“;* vgl. lat. *ora et labora* / frz. *adorer*)

adult = Erwachsener (*„Herangewachsener“;* vgl. *'adolescent'*)
advise = raten, benachrichtigen, *avisieren* (*„hinzielen“* / frz. *aviser*)
agglomerate = anhäufen (*„hinzu ballen“;* vgl. *Agglomeration* / frz. *agglomérer*)
aggravate = erschweren (*„Gewicht hinzufügen“;* vgl. *gravierend* / frz. *aggraver*)
aggregate = vereinigen (*„der Herde hinzufügen“;* vgl. *Gregor* = Hirte / frz. *agréger*)
aggression = Angriff (*„das Herangehen“* / frz. *agression*)

bi- [bai-] = *zweimal, zwei, Doppel-*

biceps = Oberarmmuskel, *Bizeps* (*„der Zweiköpfige“* / frz. identisch)
bicycle = Fahrrad (*„Doppelkreis“;* vgl. *Zyklus* / frz. *bicyclette*)
biennial = zweijährig (vgl. *Biennale, Annalen* / frz. *biennal*)
bigamy = Doppelehe, *Bigamie* (*„Zwei-Ehe“* / frz. *bigamie*)
bi*n*ocular = Fernglas (*„Doppelauge“;* vgl. *Okular* / frz. *binoculaire*)

con- (col-/com-) = *(zusammen) mit* / *Gegenteil:* **contra-** *(gegen)*

collaborate = zusammenarbeiten, *kollaborieren* (frz. *collaborer*)
collapse = zusammenbrechen; Zusammenbruch, *Kollaps*
colleague = Mitarbeiter, *Kollege* (*„Mit-Abgeordneter“* / frz. *collègue*)
collect = sammeln (*„zusammenlesen“;* vgl. *Kollekte* / frz. *collectionner*)
college = Höhere Schule, Uni (*„gelehrte Zusammenkunft“* / frz. *collège*)
collide = zusammenstoßen, *kollidieren* (*„sich zusammen verletzen“*)
collocate = ordnen (*„zusammenlegen, nebeneinander legen“*)
colloquial = umgangssprachlich (*„wie man mit anderen redet“*)
colloquy = Besprechung, *Kolloquium* (*„Mitrede“* / frz. *colloque*)
combat = Kampf (*„Zus.-Kampf“;* vgl. *Kombattant, 'battle'* / frz. identisch)
combine = verbinden, *kombinieren* (*„zwei zusammenfügen“* / frz. *combiner*)
commence = anfangen (*„zusammen beginnen“* / frz. *commencer*)
commerce = Handel (*„Warenaustausch“;* vgl. *kommerziell* / frz. identisch)
commotion = Aufruhr, Tumult (*„Zusammen-Bewegung“* / frz. identisch)
companion = Begleiter, Kamerad (*„jmd., mit dem man das Brot teilt“*)
compare = vergleichen (mit) (*„zusammen bereiten“* / frz. *comparer*)
compassion = Mitleid (*„das Mitleiden“;* vgl. *Passion* / frz. identisch)
compete = konkurrieren (mit) (*„zusammen streben, zus. eilen“;* vgl. *kompetent*)
compile = zusammentragen (*„zusammenhäufen“* / frz. *compiler*)
complain = sich beschweren (*„zusammen klagen“* / frz. *se plaindre*)
compose = zusammenfügen, *komponieren* (vgl. *Kompost* / frz. *composer*)
compress = zusammenpressen (vgl. *Kompresse* / frz. *comprimer*)
compute = berechnen (*„zusammenrechnen“;* vgl. *Computer* / frz. *compter*)

concede	= einräumen, *konzedieren* („*zusammen weichen*" / frz. *concéder*)
concise	= kurz, knapp („*zusammengeschnitten*"; vgl. auch *präzis* / frz. *concis*)
concrete	= Beton („*das Zusammengewachsene, die Verhärtung*"; vgl. *konkret*)
confirm	= bestätigen („*zusammen stärken*"; vgl. *Konfirmation* / frz. *confirmer*)
conform	= (sich) anpassen („*eine gemeinsame Form geben*" / frz. *conformer*)
congest	= anhäufen, verstopfen („*zusammentragen*" / frz. *congestionner*)
connect	= verbinden („*zusammenbinden*"; vgl. *Konnex* / frz. *connecter*)
conquer	= erobern („*zusammen erwerben*" / frz. *conquérir*)
conquest	= Eroberung („*Zusammensuchen*"; vgl. span. *conquista* / frz. *conquête*)
conscience	= Gewissen („*das Zusammen-Wissen*" / frz. identisch)
consent	= übereinstimmen („*zusammen fühlen*"; vgl. *Konsens* / frz. *consentir*)
consist	= bestehen aus („*zusammenstehen*"; vgl. *Konsistenz* / frz. *consister*)
contain	= beinhalten („*zusammenhalten*"; vgl. *Container* / frz. *contenir*)
contribute	= beitragen („*zusammen gewähren*"; vgl. *Tribut* / frz. *contribuer*)
convene	= sich versammeln („*zusammenkommen*" / frz. *convenir*)
convince	= überzeugen („*zusammen bewältigen, siegen*" / frz. *convaincre*)

contra- = ***(ent)gegen*** / *Gegenteil:* **con-** *(mit)*
counter- [au-]

contradict	= widersprechen („*dagegensprechen*" / frz. *contredire*)
contrary	= entgegengesetzt, *konträr* (frz. *contraire*)
contrast	= Gegensatz („*das Dagegenstehen*" / frz. *contraste*)
contravene	= zuwiderhandeln („*entgegenkommen*" / frz. *contrevenir*)
counteract	= vereiteln („*entgegenhandeln*" / frz. *contrarier*)
counterbalance	= Gegengewicht (vgl. *Balance, Bilanz* / ital. *bilancio*)
countercharge	= Gegenklage (frz. *contre-charge*)
countermarch	= Rückmarsch („*Gegenmarsch*")
counterpart	= Gegenstück („*Gegenteil*")
counterpoint	= Begleitmelodie, *Kontrapunkt* (frz. *contrepoint*)
countersign	= gegenzeichnen (frz. *contresigner*)
counterstroke	= Rückschlag („*Gegenstoß*"; vgl. *Streich*)
counterweight	= Gegengewicht
counterwork	= vereiteln („*entgegenarbeiten*")
country	= Land, Gegend („*das Entgegenliegende*" / frz. *contrée*)

de- = ***von, herab, von oben bis unten, weg***

debar	= (ver)hindern („*abhalten*"; vgl. *Barriere, Bar*)
debate	= erörtern, *debattieren* („*von oben herab kämpfen*"; vgl. *'battle'*)
decadent	= entartet, *dekadent* („*herabfallend*" / frz. *décadent*)

decay	= verfallen, verwesen („*herabfallen*" / frz. *déchoir*)
decease	= sterben, verscheiden („*wegscheiden*" / frz. *décès* = Ableben)
decelerate	= verlangsamen („*herunterbeschleunigen*"; Gegent. *'accelerate'*)
decide	= beschließen („*den Knoten durchschneiden*" / frz. *décider*)
declare	= öffentl. erklären („*von oben herab klarstellen*" / frz. *déclarer*)
decline	= sinken, senken, *deklinieren* („*herabbeugen*" / frz. *décliner*)
deduct	= abziehen (v. Preis) („*herabführen, wegnehmen*" / frz. *déduire*)
defeat	= vernichten („*heruntermachen*" / frz. *défaire*)
defect	= mangelhaft, *defekt* („*heruntergemacht*" / frz. *défectif*)
defend	= verteidigen („*abwehren*"; vgl. *defensiv, Fender* / frz. *défendre*)
define	= bestimmen, *definieren* („*abgrenzen*" / frz. *définir*)
deliver	= liefern; erlösen („*wegbefreien*"; vgl. *'liberty'* / frz. *délivrer*)
demand	= fordern („*weggeben, abgeben*"; vgl. *Mandat* / frz. *demander*)
demolish	= zerstören, *demolieren* („*abbauen*" / frz. *démolir*)
demonstrate	= demonstrieren („*von oben herab zeigen*" / frz. *démontrer*)
depart	= abreisen („*wegteilen*" / frz. *départir*)
department	= Abteilung (frz. *département*)
departure	= Abreise („*Trennung von*" / frz. *départ*)
depend	= abhängen („*herabhängen*"; vgl. *Pendel* / frz. *dépendre*)
depict	= zeichnen, darstellen („*abmalen*"; vgl. *'picture'*)
deport	= fortschaffen, *deportieren* („*wegtragen*" / frz. *déporter*)
depress	= niederdrücken („*hinabdrücken*" / frz. *déprimer*)
derive	= ableiten (vgl. *Derivat, 'river'* / frz. *dériver*)
descend	= herabsteigen (frz. *descendre*)
describe	= beschreiben („*herunterschreiben*"; vgl. *deskriptiv* / frz. *décrire*)
design	= entwerfen („*ganz zeichnen*"; vgl. *Dessin* / frz. *dessiner*)
desire	= ersehnen („*von den Sternen herabwünschen*" / frz. *désirer*)
despise	= verachten („*von oben auf jmd. herabschauen*")
destroy	= zerstören („*vom Haufen herabnehmen*" / frz. *détruire*)
determine	= entscheiden („*völlig bestimmen*" / frz. *déterminer*)

dis- (di-/dif-)	= ***ent-, weg, auseinander, nicht***

digest	= ordnen, verdauen („*auseinander tragen*"; vgl. *'Reader's Digest'*)
digress	= abschweifen („*auseinander gehen*"; vgl. *Kongress*)
differ	= sich unterscheiden, *differieren* („*auseinander halten*" / frz. *différer*)
difficult	= schwierig („*nicht leicht*"; vgl. *diffizil* / frz. *difficile*)
diffuse	= ver-, zerstreut, *diffus* („*auseinander gegossen*" / frz. *diffus*)
disabled	= verkrüppelt („*unfähig gemacht*"; vgl. Ggt.: *sich habilitieren, 'able'*)
disappear	= verschwinden („*wegerscheinen*"; vgl. *'appear'* / frz. *disparaître*)
disappoint	= enttäuschen („*nicht verabreden*"; vgl. *'appoint'* / frz. *désappointer*)
discern	= erkennen, unterscheiden („*auseinander trennen*" / frz. *discerner*)

discharge = entlasten (*„von einer Aufgabe entbinden"* / frz. *décharger*)
discord = Zwietracht (*„Nicht-Harmonie";* Gegent.: *'concord'* / frz. *discorde*)
discount = Rabatt (*„das Abziehen, Abzählen";* vgl. *Konto* / frz. *décompte*)
discover = entdecken (*„abdecken, enthüllen";* vgl. *Briefkuvert* / frz. *découvrir*)
discreet = besonnen, *diskret* (*„unterschieden";* vgl. *'discern'* / frz. *discret*)
discuss = erörtern (*„auseinander schütteln";* vgl. *diskutieren* / frz. *discuter*)
disease = Krankheit (*„das Unwohlsein";* vgl. *'to feel at ease', 'easy'*)
disgust = Ekel (*„der Nicht-Geschmack";* vgl. *Gusto* / frz. *dégoût*)
dismiss = entlassen (*„wegschicken";* vgl. *Mission* = Sendung, Auftrag)
dismount = absteigen; auseinander nehmen, *demontieren* (vgl. *'mountain'*)
dispatch = Eilabfertigung (*„Verhinderung";* vgl. *Depesche* / frz. *dépêche*)
disperse = zerstreuen (*„ausbreiten";* vgl. *Dispersionsfarbe* / frz. *disperser*)
display = zur Schau stellen (*„entfalten, ausbreiten"* / frz. *déployer*)
dispose = erledigen, anordnen, *disponieren* (*„weglegen"* / frz. *disposer*)
dispute = heftiger Streit, *Disput* (*„Meinungsunterschied"* / frz. identisch)
distant = fern (*„auseinander stehend";* vgl. *Distanz* / frz. identisch)
distinct = verschieden, ausgeprägt (*„getrennt"* / frz. identisch)
distinguish = unterscheiden (*„in Klassen trennen";* vgl. *distinguiert* / frz. *distinguer*)
distract = ablenken (*„auseinander ziehen";* vgl. *Traktor* / frz. *distraire*)
district = Bezirk, *Distrikt* (*„Abgeteiltes, nicht Angebundenes";* vgl. *Strick* / frz. id.)
disturb = stören (*„in Unordnung bringen";* vgl. *Turbulenz* / frz. *perturber*)
divide = teilen, *dividieren* (*„auseinander sehen";* vgl. *Division* / frz. *diviser*)
divorce = Scheidung (*„Abtrennung";* vgl. *divers* / frz. identisch)

ex- = ***aus, heraus*** / *Gegenteil:* **intra-** *(hinein)*
(e-/ec-/ef-)

eccentric = ungewöhnlich (*„heraus aus der Mitte"* / frz. *excentrique*)
edit = veröffentlichen (*„herausgeben";* vgl. *Edition* / frz. *éditer*)
educate = erziehen (*„herausbilden"* / frz. *éduquer*)
effect = bewirken (*„ausarbeiten";* vgl. *effektiv* / frz. *effectuer*)
effort = Anstrengung (*„herauskommende Stärke";* vgl. *'force'* / frz. ident.)
ejection = Ausstoßung (*„Hinauswurf"* / frz. *éjection*)
elaborate = ausarbeiten (*„herausgearbeitet"* / frz. *élaborer*)
elect = wählen (*„auslesen, auswählen";* vgl. *Elite* / frz. *élire*)
elegant = geschmackvoll (*„ausgewählt"* / frz. *élégant*)
elevate = erheben (*„herausheben";* vgl. *'elevator'* = Aufzug / frz. *élever*)
eloquent = sprachgewandt (*„aussprechend"* / frz. *éloquent*)
emerge = auftauchen (*„heraustauchen"* / frz. *émerger*)
emergency = Notfall (*„das plötzliche Auftauchen";* vgl. *'emergency exit'*)
emigrate = auswandern (*„herauswandern";* vgl. *Emigrant* / frz. *émigrer*)
eminent = erhaben (*„herausragend";* vgl. *Eminenz, 'mount'* / frz. *éminent*)
emotion = Rührung (*„die Bewegung von innen heraus"* / frz. *émotion*)

enormous	= gewaltig, *enorm* („*außerhalb der Norm*" / frz. *énorme*)
erect	= aufrichten („*ausrichten*" / frz. *ériger*)
eruption	= Ausbruch („*das Herausbrechen*" / frz. *éruption*)
especially	= besonders („*aus besonderer Art*"; vgl. *Spezies* / frz. *espèce* = Art)
establish	= einrichten, *etablieren* („*herausbefestigen*"; vgl. *stabil* / frz. *établir*)
evacuate	= leeren, *evakuieren* („*ausleeren*"; vgl. *Vakuum* / frz. *évacuer*)
evade	= ausweichen („*herausgehen*"; Gegent.: *'invade'* / frz. *évader*)
evaluate	= bewerten („*auswerten*"; vgl. *'value'* = Wert / frz. *évaluer*)
event	= Ereignis („*das Herauskommen*"; vgl. *eventuell* / frz. *événement*)
evident	= offenbar („*klar herausschauend*" / frz. *évident*)
exaggerate	= übertreiben („*heraussteigern, anhäufen*" / frz. *exagérer*)
examine	= prüfen, *examinieren* („*auswiegen*" / frz. *examiner*)
example	= Beispiel, *Exempel* („*das Herausgenommene*" / frz. *exemple*)
exceed	= überschreiten („*darüber hinausgehen*"; vgl. *Exzess* / frz. *excéder*)
except	= ausschließen („*herausnehmen*"; vgl. *'accept'* / frz. *exepter*)
exchange	= wechseln („*austauschen*"; vgl. *changieren* / frz. *échanger*)
excite	= erregen („*hervorrufen*"; vgl. *zitieren* / frz. *exiter*)
exclaim	= ausrufen (vgl. *'claim'* = beanspruchen / frz. *exclamer*)
exclude	= ausschließen (vgl. *exklusiv*; Gegent.: *'include'* / frz. *exclure*)
excuse	= entschuldigen („*die causa = Ursache herausnehmen*" / frz. *excuser*)
exhibit	= ausstellen („*heraushalten*"; vgl. *Exhibitionist* / frz. *exhiber*)
exist	= leben, *existieren* („*hervorgehen*" / frz. *exister*)
exit	= Ausgang (vgl. *Exitus* = Tod)
expand	= ausdehnen („*ausbreiten*"; vgl. *Expansion* / frz. *épandre*)
expulsion	= Vertreibung („*die Austreibung*"; vgl. *expulsiv* / frz. ident.)
expense	= Kosten („*Ausgabe*"; vgl. *'expensive'* = teuer)
experience	= Erfahrung („*Erfahrung aus der Gefahr heraus*" / frz. *expérience*)
expire	= verfallen, sterben („*aushauchen*"; vgl. *'inspire'* / frz. *expirer*)
explain	= erklären („*ausebnen, eben machen*")
explore	= erforschen („*aussuchen*"; vgl. *'explorer'* / frz. *explorer*)
export	= ausführen, *exportieren* („*heraustragen*" / frz. *exporter*)
expose	= enthüllen, *exponieren* („*ausstellen*"; vgl. *Position* / frz. *exposer*)
express	= ausdrücken („*auspressen*"; Gegent.: *'impress'* / frz. *exprimer*)
extend	= ausdehnen (vgl. *extensiv* / frz. *étendre*)
extinguish	= vernichten („*ausstreichen, auslöschen*" / frz. *éteindre*)
exult	= frohlocken („*herausspringen*" / frz. *exulter*)

extra- = ***außer(halb)*** / *Gegenteil:* **in-** *(innerhalb)*

extra	= besonders („*außerhalb des Normalen*" / frz. identisch)
extraneous	= fremd („*außerhalb liegend*"; vgl. *'strange'* / frz. *étrange*)
extraordinary	= ungewöhnlich („*außergewöhnlich*" / frz. *extraordinaire*)
extravagant	= ausschweifend („*außerhalb wandernd*" / frz. identisch)

in- (im-/em-/en-)	= ***in, (hin)ein-***	*/ Gegenteil:* **ex-** *(heraus)*

embark = sich einschiffen (*„in die Barke gehen"* / frz. *embarquer*)
embed = einbetten
embrace = umarmen (*„in die Arme nehmen";* vgl. *Brachialgewalt* / frz. *embrasser*)
enable = befähigen (*„in die Lage versetzen";* vgl. *'able'*)
enclose = einschließen (vgl. *Klausur, Klosett* / frz. *enclore*)
encounter = treffen (sozusagen *„in jmd. hineinlaufen";* vgl. *kontra* / frz. *rencontrer*)
encourage = ermutigen (*„Mut einflößen";* vgl. *Courage* / frz. *encourager*)
endanger = gefährden (*„in Gefahr bringen"* / frz. *mettre en danger*)
engage = verpflichten (*„in Lohn nehmen";* vgl. *Gage* / frz. *engager*)
engrave = einprägen, *eingravieren* (*„eingraben"*)
enjoy = genießen (*„Freude hineinbringen"* / vgl. frz. *joie* = Freude)
enrol = einschreiben (*„sich in die Rolle eintragen"* / frz. *enrôler*)
entitle = berechtigen (*„in ein Recht versetzen";* vgl. *Titel*)
entrust = anvertrauen (*„ins Vertrauen ziehen"*)
include = einschließen (vgl. *Klausur, Kloster, Klosett* / frz. *enclore*)
increase = wachsen (*„hineinwachsen";* vgl. *Crescendo* / vgl. frz. *croître*)
indent = eindrücken (*„zahnähnliche Eindrücke hinterlassen";* vgl. *Dentist*)
indicate = hinweisen (*„hineinkünden";* vgl. *Indikator, Indiz* / frz. *indiquer*)
induce = veranlassen (*„hineinführen";* vgl. *Induktion, 'duke'* / frz. *enduire*)
infect = anstecken, *infizieren* (*„hineintun"* / frz. *infecter*)
inflame = entflammen (*„in Flammen setzen"* / frz. *enflammer*)
influence = beeinflussen, Einfluss (vgl. *Influenza* = Grippe / frz. *influence*)
inquire = erfragen (*„Erkundigungen einholen";* vgl. *Inquisition* / frz. *enquérir*)
inspect = besichtigen (*„hineinsehen";* vgl. *Inspektor* / frz. *inspecter*)
inspire = veranlassen, *inspirieren* (*„eine Idee einhauchen"* / frz. *inspirer*)
install = einführen, *installieren* (*„in den Stall führen"* / frz. *installer*)
insult = beleidigen (*„hineinspringen";* vgl. *Salto* / frz. *insulter*)
intend = beabsichtigen (*„sich hinlehnen";* vgl. *tendieren* / frz. *entendre*)
intention = Absicht, *Intention* (frz. identisch)
invent = (er)finden (*„hineinkommen";* vgl. *Inventar* / frz. *inventer*)
involve = verwickeln, *involvieren* (*„hineindrehen"*)

in- (en-/im-)	= ***un-, nicht, dagegen***

enemy = Feind (*„Nicht-Freund";* vgl. Ggt.: frz. *ami*, ital. *amigo* / frz. *ennemi*)
entire = völlig (*„unberührt";* vgl. *integer* / frz. *entier*)
immediate = sofort (*„ohne Vermittler";* vgl. *Medium* / frz. *immédiat*)

immortal = unsterblich (vgl. *Salto mortale* / frz. *immortel*)
indifferent = gleichgültig („*ohne Unterschied*"; vgl. *Differenz* / frz. *indifférent*)
individual = persönlich, einzeln („*unteilbar*"; vgl. *dividieren* / frz. *individuel*)
infant = Kleinkind („*nicht sprechend*"; vgl. *infantil* / frz. *enfant*)
infinitive = Nenn-, Grundform („*die nicht definierte, unbegrenzte Form*")
injury = Verletzung („*das Unrecht*"; vgl. *Jura, Jurist* / frz. *injure*)
innocent = unschuldig („*unschädlich*"; vgl. *'noxious'* / frz. identisch)
insane = wahnsinnig, unsinnig („*nicht heil*"; vgl. *Sanatorium*)
intact = unversehrt („*unberührt*"; vgl. *Takt, Tangente* / frz. identisch)
invalid = gebrechlich („*nicht kräftig*"; vgl. *Invalide* / frz. *invalide*)

inter- = *zwischen, gegenseitig, in der Mitte*

intercept = abfangen („*mittendrin ergreifen*"; vgl. *kapern* / frz. *intercepter*)
interchange = gegenseitig austauschen (vgl. *'change'* = Wechselstube)
interest = Interesse („*das Dazwischensein*"; vgl. *Essenz* / frz. *intérêt*)
intermediate = dazwischenliegend („*in der Mitte dazwischen*"; vgl. *Intermezzo*)
international = zwischenstaatlich („*zwischen den Nationen*" / frz. identisch)
interrupt = unterbrechen („*mittendrin abbrechen*" / frz. *interrompre*)
interval = Zwischenzeit („*Zwischenmauer*" / frz. *intervalle*)
intervene = sich einmischen, *intervenieren* („*dazwischenkommen*")
interview = eine Unterredung haben („*sich gegenseitig sehen*" / frz. ident.)

ob- = *(ent)gegen, hin*
(oc-/of-/op-)

obedient = gehorsam („*entgegenhorchend*"; vgl. *Audienz* / frz. *obéissant*)
object = einwerfen („*entgegenwerfen*"; vgl. *objektiv* / frz. *objecter*)
oblige = sich verpflichten („*sich hinbinden*"; vgl. *obligatorisch* / frz. *obliger*)
observe = befolgen, *observieren* („*hindienen*" / frz. *observer*)
obstacle = Hindernis („*das im Weg Stehende*" / frz. identisch)
obvious = offensichtlich („*auf dem Weg begegnend*"; vgl. lat. *via, 'way'*)
occasion = günstige Gelegenheit („*Zufall*"; vgl. *'case'* / frz. identisch)
occupy = besetzen („*entgegengreifen*"; vgl. *Okkupation* / frz. *occuper*)
occur [-ə:] = vorfallen („*entgegenlaufen*"; vgl. *kursieren, Konkurrent*)
offend = verletzen, kränken („*dagegenstoßen*"; vgl. *offensiv* / frz. *offenser*)
offer = anbieten, *offerieren* („*entgegentragen*"; vgl. *Offerte* / frz. *offrir*)
opponent = Gegner, *Opponent* („*ein sich Widersetzender*")
oppose = bekämpfen („*entgegenstellen*"; vgl. *opponieren* / frz. *opposer*)
opposite = gegenüber („*gegenübergesetzt*"; vgl. *Opposition* / frz. identisch)
oppress = unterdrücken („*gegendrücken*"; vgl. *Repressalien* / frz. *oppresser*)

per- [pə:-] = ***durch, hindurch, völlig***

perceive = wahrnehmen (*„völlig aufnehmen"* / frz. *percevoir*)
perennial = beständig (*„das ganze Jahr hindurch"* / frz. *pérennant*)
perfect = vollendet (*„völlig gemacht"* / frz. *parfait*)
performance = Durchführung (*„das Durchformen"* / frz. identisch)
perish = zu Grunde gehen (*„hindurchgehen"* / frz. *périr*)
permit = erlauben (*„hindurchschicken"* / frz. *permettre*)
perspective = Ausblick, *Perspektive* (*„der Durchblick"* / frz. identisch)
persuade = überreden (*„etwas völlig versüßen"*; vgl. *'sweet'* / frz. *persuader*)
perverse = widernatürlich (*„völlig verdreht"*; vgl. *Version* / frz. *pervers*)

post- = ***nach, hinter*** *(zeitl.)* / *Gegenteil:* ***pre-*** *(vor)*

posthumous = nachgeboren (*„nach der Beerdigung des Vaters"*; vgl. *Humus*)
posterior = Gesäß (*„Hintern"* / frz. *postérieur*)
postpone = verschieben (*„nach hinten legen"*)
postscript = Nachschrift (frz. *postscriptum*)
postwar = Nachkriegs- (z.B. *'postwar Germany'*)

pre- [pri:-] = ***vor*** *(zeitl. und örtl.)* / *Gegenteil:* **post-** *(nach)*

precaution = Vorsicht(smaßnahme) (vgl. *Kaution* / frz. *précaution*)
precede = vorausgehen (vgl. *Präzedenzfall* / frz. *précéder*)
precise = genau, *präzis* (*„vorne abgeschnitten"* / frz. *précis*)
predestination = Vorherbestimmung (vgl. *'destination'* = Bestimmungsort)
preface ['prefis] = Vorwort (*„Vorrede"*; vgl. *Präfation* / frz. *préface*)
prefer = vorziehen (*„vorantragen"*; vgl. *Präferenz* / frz. *préférer*)
prefix = Vorsilbe, *Präfix* (*„vorne angeheftet"* / frz. *préfixe*)
pregnant ['pre-] = schwanger, *prägnant* (= inhaltsschwer, knapp; *„vorgeburtlich"*)
prejudice ['pre-] = Vorurteil (*„Vorverurteilung"*; vgl. *präjudizieren* / frz. *préjudice*)
premature = vorzeitig (*„vor der Reife"*; *Matura* = Reifeprüfung / frz. *prématuré*)
prepare = vorbereiten, *präparieren* (vgl. *parat* = bereit / frz. *préparer*)
preposterous = widernatürlich, albern (*„vor/nach"* = in beliebiger Reihenfolge)
present ['pre-] = anwesend (*„vorher da seiend"* / frz. *présent*)
present [-'zent] = schenken, *präsentieren* (*„vorzeigen"* / frz. *présenter*)
preserve = behüten (*„vorab schützen"*; vgl. *Präservativ* / frz. *préserver*)
preside = den Vorsitz haben, *präsidieren, Präsident* (frz. *présider*)
pretend = vortäuschen (*„sich vorstrecken"*; vgl. *prätentiös* / frz. *prétendre*)
prevent = verhindern (*„zuvorkommen"*; vgl. *präventiv* / frz. *prévenir*)

pro-	= ***für***	*/ Gegenteil:* **contra-** *(gegen)*
pro-	= ***vor(wärts)***	*/ Gegenteil:* **re-** *(zurück)*

proceed = weitergehen („*vorgehen*"; vgl. *Prozedur, Prozess* / frz. *procéder*)
proclaim = öffentlich verkünden („*ausrufen*" / frz. *proclamer*)
produce = herstellen, vgl. *produzieren* („*vorwärts führen*" / frz. *produire*)
progress = Fortschritt („*Vorwärtsschreiten*"; vgl. *Progression* / frz. *progrès*)
project = Plan, *Projekt* („*das Vorausgeworfene*" / frz. *projet*)
prominent = hervorragend (vgl. *Prominenz, eminent*)
promise = versprechen („*vorausschicken*"; vgl. *Kompromiss* / frz. *promettre*)
promote = (be)fördern („*vorwärts bewegen*"; vgl. *Promotion* / frz. *promouvoir*)
pronoun = Fürwort („*für ein Hauptwort*", z.B. „*er*" *für* „*Vater*" / frz. *pronom*)
propel = vorantreiben (vgl. *Propeller;* frz. *propulser*)
propose = vorschlagen („*vorlegen*" / frz. *proposer*)
prose = Alltägliches, *Prosa* („*das Direkte, Vorwärtsgerichtete*" / frz. ident.)
prosecute = verfolgen („*vorwärts verfolgen*"; vgl. *'prosecutor'* = Staatsanwalt)
prospect = Aussicht („*das Vorausschauen*"; vgl. *Prospekt* / frz. *prospectus*)
prostitute = sich prostituieren („*sich vor aller Augen hinstellen*" / frz. *prostituer*)
protect = schützen („*ein Vordach aufstellen*"; vgl. *protegieren* / frz. *protéger*)
protest = Einspruch erheben („*als Zeuge vortreten*"; vgl. *testieren / protester*)
provide = besorgen, liefern („*sich vorsehen, vorsorgen*"; vgl. *Provision*)
provoke = herausfordern, *provozieren* („*hervorrufen*" / frz. *provoquer*)

re- [ri-]	= ***zurück, entgegen***	*/ Gegenteil:* **pro-** *(vorwärts)*
re- [ˈri:-]	= ***wieder***	

react = reagieren („*zurückwirken*"; vgl. *Aktion* / frz. *réagir*)
rebel [ˈrebl] = Aufrührer, *Rebell* („*der Entgegen-Kämpfer*" / frz. *rebelle*)
recede = zurückweichen, -gehen (vgl. *Rezession;* Gegent.: *procede*)
receipt [riˈsi:t] = Empfangsbestätigung, *Rezept* (frz. *récépissé*)
reception = Empfang („*die Entgegennahme*" / frz. *réception*)
recipe [ˈresipi] = Rezept (lat.: „*Man nehme!*"; abgekürzt: *RP* / frz. *recette*)
reclaim = beanspruchen („*zurückfordern*"; vgl. *Reklame* / frz. *réclamer*)
recognise [ˈre] = erkennen („*wiedererkennen*"; vgl. *kognitiv* / frz. *reconnaître*)
recommend = empfehlen („*wiederum empfehlen*" / frz. *recommender*)
reconcile = versöhnen („*wieder zusammenbringen*"; vgl. *Konzil* / frz. *réconcilier*)
recover = sich erholen („*wiedergewinnen*" / frz. *recouvrer*)
recreation = Erfrischung („*Wiedererschaffung*"; vgl. *Kreatur* / frz. *récréation*)
reduce = verkleinern, *reduzieren* („*zurückbringen*" / frz. *réduire*)
refer (to) = sich beziehen auf, *referieren* („*zurücktragen*" / frz. *référer*)
reflect = spiegeln, *reflektieren* („*zurückbiegen*"; vgl. *Reflex* / frz. *refléter*)

refrigerator = Kühlschrank („*Wiederkühlmacher*"; vgl. *frigide* / frz. *réfrigérateur*)
refugee [re-] = Flüchtling („*der Zurückfliehende*"; vgl. *Refugium* / frz. *refugié*)
regard = beachten („*wieder auf der Hut sein*"; vgl. *Gardine* / frz. *regarder*)
regress = Rückgang, *Regression* („*das Zurückweichen*" / frz. *régression*)
regret = bedauern, beklagen („*zurückgrüßen, zurückrufen*" / frz. *regreter*)
relate = erzählen („*zurücktragen*" / frz. *relater*)
relax = sich entspannen („*wieder locker werden*"; vgl. *lax* / frz. *relaxer*)
release = entlassen („*wieder loslassen*" / frz. *laisser* = lassen)
reluctant = widerwillig („*gegen etwas ankämpfend*")
rely = sich verlassen auf („*sich rückverbinden mit*" / frz. *relier*)
remain = bleiben („*zurückbleiben*"; vgl. *Manier* = Gewohnheit)
remark = bemerken („*wieder kennzeichnen*"; vgl. *markieren* / frz. *remarquer*)
remember = sich erinnern („*wieder angliedern*"; vgl. *'member'* / frz. *se remémorer*)
remind = jmd. erinnern („*ins Gedächtnis z.rufen*"; vgl. *'mind'* / frz. *remémorer*)
remove = entfernen („*zurückbewegen*"; vgl. *mobil* / *frz. remouvoir*)
repeat = wiederholen, *repetieren* („*noch mal fordern*"; vgl. *Petition* / *répéter*)
repel [ri'pel] = zurücktreiben (Gegenteil: *'propel'*; vgl. *Propeller*)
reply = erwidern, entgegnen („*zurückrollen*"; vgl. *Replik* / *répliquer*)
report = berichten („*zurücktragen*"; vgl. *Reporter* / frz. *reporter*)
reproach = tadeln, vorwerfen („*wieder nahe bringen*" / frz. *reprocher*)
reputation = Ruf, Ansehen („*Wiederberechnung*"; vgl. *Computer*/ frz. ident.)
require = (er)fordern, *requirieren* („*wiederholt verlangen*" / frz. *requérir*)
rescue = retten („*wieder herausschütteln*")
research = Forschung („*wiederholtes Suchen*"; vgl. *Recherche* / frz. *recherche*)
resemble = ähneln („*widerscheinen*"; vgl. *'similar'* = ähnlich / frz. *ressembler*)
resign = aufgeben, *resignieren* („*die Unterschrift zurücknehmen*" / frz. *résigner*)
resist = sich widersetzen („*sich dagegenstellen*"; vgl. *resistent* / frz. *résister*)
respect = hochachten, *respektieren* („*zurückschauen*" / frz. *respecter*)
respond = erwidern („*wieder geloben, bürgen*"; vgl. *Sponsor* / frz. *répondre*)
responsible = verantwortlich (vgl. *'respond'* / frz. *responsable*)
result = Ergebnis („*das Zurückspringen*"; vgl. *Resultat* / frz. *résultat*)
retire = sich zurückziehen (nur berufl.), *retirieren* (vgl. *Tirade* / frz. *retirer*)
retreat = sich zurückziehen (vgl. *Traktor* / frz. *rétracter*)
return = zurückkehren („*sich umdrehen*" / frz. *retourner*)
reverse = Rückseite („*das Zurückgedrehte*"; vgl. *Revers der Jacke* / frz. *revers*)

sub- [səb-/'sʌb-] = ***unter, nahe bei*** / *Gegenteil:* **super-** *(über)*
(suc-/suf-/sup-/sus-)

subconscious = unterbewusst (vgl. *'science'* = Wissen, -schaft / frz. *subconscient*)
subdivide ['sʌb-] = unterteilen (vgl. *dividieren* / frz. *subdiviser*)
subject ['sʌb-] = Untertan, *Subjekt* („*der Unterworfene*" / frz. *sujet*)
submarine ['sʌb] = U-Boot („*Unterwasserfahrzeug*" / frz. *sous-marin*)

submerge = untertauchen (Gegent.: *'emerge'* = auftauchen / frz. *submerger*)
submit = unterbreiten, unterwerfen (frz. *soumettre*)
subordinate = unterordnen (vgl. *Subordination, Ordnung* / frz. *subordonner*)
subscribe = unterzeichnen, *subskribieren* (frz. *souscrire*)
substitute ['sʌb-] = ersetzen (*„darunter stellen"*; vgl. *Substitut* / frz. *substituer*)
subtle [sʌtl] = fein, zart (Weberei: *„unter die Kettfäden passend"* / frz. *subtil*)
subtract = abziehen, *subtrahieren* (vgl. *Traktor* / frz. *soustraire*)
suburban = vorstädtisch (*„unterstädtisch"*; vgl. *'urban'* / frz. *suburbain*)
succeed = nachfolgen (*„von unten folgen"*; vgl. *sukzessive* / frz. *succéder*)
success = Erfolg (*„das direkt Nachfolgende"* / frz. *succès*)
suffer ['sʌf-] = leiden (*„schwer darunter tragen"* / frz. *souffrir*)
sufficient = ausreichend (*„heruntermachend"*; vgl. *süffisant* = selbstgefällig)
suffix ['sʌf-] = Nachsilbe, *Suffix* (*„unten Angeheftetes"*; vgl. *Kruzifix* / frz. *suffixe*)
suffocate ['sʌf-] = erdrosseln (*„die Kehle abdrücken"*; vgl. *fauchen* / frz. *suffoquer*)
suffrage ['sʌf-] = Wahlrecht (*„Abstimmung"*; vgl. *Suffragette* = Frauenrechtlerin)
supply = ersetzen, *supplementieren* (*„darunter füllen"* / frz. *suppléer*)
support = unterstützen (*„von unten mittragen"* / frz. *supporter*)
suppose = vermuten (*„unterstellen"*; vgl. *Position* / frz. *supposer*)
suppress = unterdrücken (vgl. *pressen* / frz. *suppression*)
suspect = verdächtigen (*„darunter schauen"*; vgl. *suspekt* / frz. *suspecter*)
suspend = entlassen, *suspendieren* (*„herunterhängen"* / frz. *suspendre*)
sustain = erhalten (*„unterhalten"* / frz. *sustenter*)

super- [sju:-/su:-] = ***über, darüber*** / *Gegenteil:* **sub-** *(unter)*
sur- [sə:-]

superb = prächtig (*„überlegen"* / frz. *superbe*)
superficial = oberflächlich (vgl. *Fassade, 'face'* / frz. *superficiel*)
superfluous = überflüssig (*„überfließend"*; vgl. *Fluss* / frz. *superflu*)
superhuman = übermenschlich (vgl. *human, Humanismus* / frz. *surhumain*)
superior = überlegen, höher (vgl. *Pater Superior* / frz. *supérieur*)
supernatural = übernatürlich (vgl. *Natur* / frz. *surnaturel*)
superstition = Aberglaube (*„das Darüberstehen"*; vgl. *Station* / frz. ident.)
supervise = beaufsichtigen (*„überblicken"*; vgl. *Vision* / frz. *surveiller*)
surface ['sə:-] = Oberfläche (vgl. *Fassade, 'face', 'superficial'* / frz. identisch)
surmount = überwinden (*„übersteigen"*; vgl. *'mountain'* / frz. *surmonter*)
surname = Familienname (*„der Name darüber"* / frz. *surnom*)
surpass = übersteigen (*„darüber gehen"*; vgl. *Passage* / frz. *surpasser*)
surplus = Überschuss (*„das Mehr darüber hinaus"* / frz. identisch)
surprise = überraschen (*„darüber erwischen"* / frz. *surprendre*)
surrealism = Kunst des Unbewussten (*„Über-Realismus"* / frz. *surréalisme*)
surrender = aufgeben (*„übergeben"*; *Rendezvous* = Begebt euch nach / *rendre*)
surtax = Steuerzuschlag (*„Übersteuer"*; vgl. *Taxe* = Gebühr / frz. *surtaxe*)

***sur**veillance*	= Aufsicht („*Überwachung*"; vgl. *Vigil* = Wache / frz. identisch)
***sur**vey*	= besichtigen, prüfen („*überblicken*"; vgl. *'view'* / frz. *surveiller*)
***sur**vive*	= überleben (vgl. *Vivat!* = „*Er/sie soll leben!*" / frz. *survivre*)

trans-	= ***quer über, jenseits***

transact	= abwickeln („*hinüberhandeln*"; vgl. *Aktion* / frz. *transiger*)
transcend	= übersteigen (vgl. *transzendent* = jenseits aller Erfahrungen)
transfer	= übertragen („*hinübertragen*"; vgl. *Transfer* / frz. *transférer*)
transform	= umbilden („*überformen*"; *Transformator* / frz. *transformer*)
transgress	= überschreiten, -treten (vgl. *Progression* / frz. *transgresser*)
transit ['trænsit]	= Übergang, Durchgangsverkehr (frz. identisch)
translation	= Übersetzung („*Übertragung*"; vgl. *'translate'* / frz. identisch)
translucent	= durchscheinend (vgl. *Luzifer* = Lichtträger / frz. *translucide*)
transmit	= (über)senden (vgl. *Transmitter* / frz. *transmettre*)
transparent	= durchscheinend, durchsichtig (vgl. *'appear'* / frz. identisch)
transpire	= ausdünsten, *transpirieren* („*hinüberhauchen*" / frz. *transpirer*)
transplant	= verpflanzen, *transplantier.* („*hinüberpflanzen*" / frz. *transplanter*)
transport	= befördern, *transportieren* („*hinübertragen*" / frz. *transporter*)

*

Vorsilben und häufige lateinische Wortstämme

Wenn Sie die Liste mit den lateinischen und französischen Präfixen aufmerksam studiert haben, wird Ihnen sicher aufgefallen sein, dass wechselnden Vorsilben oft die gleichen Wortstämme folgen, deren Grundbedeutung zu kennen daher beim Lernen (= Verstehen *und* Behalten) vieler englischer Vokabeln äußerst hilfreich sein kann. So erscheint als Basis ganzer Wortfamilien immer wieder die erste, vor allem aber die dritte Stammform lateinischer Verben, von denen die wichtigsten im Folgenden vorgestellt werden sollen.

Da viele der lateinisch/französischen Wurzeln seit der Renaissance nicht nur ins moderne Englisch eingingen, sondern auch Bestandteil gebräuchlicher deutscher Fremdwörter wurden, dürfte ihre Aneignung sinnvoll sein und nicht übermäßig schwer fallen.

cedere* / **cess**um** = *gehen (weichen) / gegangen*

*	**ac**·ceed	*(„hinzu gehen“)*	= beitreten, einwilligen
	con·cede	*(„zusammen weichen“)*	= einräumen, *konzedieren*
	ex·ceed	*(„darüber hinausgehen“)*	= überschreiten
	pre·cede	*(„vorgehen“)*	= vorausgehen
	pro·ceed	*(„vorwärts gehen“)*	= weitergehen
	re·cede	*(„zurückgehen“)*	= zurückweichen
	se·cede	*(„weggehen“)*	= sich trennen
	suc·ceed	*(„von unten folgen“)*	= nachfolgen
**	**ac**·cess	*(„das Hingehen“)*	= Zugang, Eintritt
	ex·cess	*(„das Herausgehen“)*	= Ausschweifung, Übermaß
	pro·cess	*(„das Vorwärtsgehen“)*	= Fortgang, Verlauf
	re·cess	*(„das Zurückgehen“)*	= Schlupfwinkel, stiller Ort
	suc·cess	*(„das v. unten Folgende“)*	= Erfolg

Beachten (und *verstehen*) Sie auch die folgenden Ableitungen des gleichen Verbs: ⇨ *'precedent' (Präzedenzfall),* ⇨ *'procedure' (Verfahren, Prozedur);* ⇨ *'concession' (Zugeständnis, Konzession),* ⇨ *'precession' (Vorrücken),* ⇨ *'procession' (Umzug, Prozession),* ⇨ *'recession' (Rückgang, Rezession),* ⇨ *'secession' (Trennung, Abfall von),* ⇨ *'successful' (erfolgreich),* ⇨ *'succession' (Nachfolge),* ⇨ *'successive' (aufeinander folgend, sukzessive)*

(dicere) / **dict**um = *sagen / gesagt* (vgl. *'Dictionary'*)

ad·dict	*(„der Zuspruch“)*	= (Drogen-)Abhängiger
contra·dict	*(„dagegensprechen“)*	= widersprechen
e·dict	*(„das Ausgesagte“)*	= Verordnung, *Edikt*
in·dict	*(„hineinsprechen“)*	= anklagen
inter·dict	*(„dazwischensprechen“)*	= verbieten
pre·dict	*(„vorhersagen“)*	= prophezeien
ver·dict	*(„Wahrspruch“)*	= Urteilsspruch

Weitere Ableitungen: ⇨ *'addicted' (drogenabhängig),* ⇨ *'addiction' (Drogenabhängigkeit),* ⇨ *'benediction' (Dankgebet, Segnung),* ⇨ *'contradiction' (Widerspruch),* ⇨ *'indiction' (Ankündigung),* ⇨ *'interdiction' (Verbot, Untersagung),* ⇨ *'predictable' (vorhersagbar),* ⇨ *'prediction' (Prophezeiung),* ⇨ *'predictor' (Seher, Prophet)*

ducere* / **duct**um** = *führen / geführt* (vgl. *'duke'*)

*	**de**·duce	*(„ableiten")*	= folgern
	in·duce	*(„hinleiten")*	= veranlassen, überreden
	intro·duce	*(„einführen")*	= vorstellen, einführen
	pro·duce	*(„vorwärts führen")*	= herstellen, *produzieren*
	re·duce	*(„zurückführen")*	= zurückführen, *reduzieren*
	se·duce	*(„abseits führen")*	= verführen
**	**ab**·duct	*(„wegführen")*	= entführen
	con·duct	*(„zusammenführen")*	= leiten; (gute) Führung
	de·duct	*(„herunterführen")*	= abziehen (vom Preis)
	pro·duct	*(„das Hervorgebrachte")*	= Erzeugnis, *Produkt*

Weitere Ableitungen: ⇨ *'abduction' (Entführung),* ⇨ *'conductor' (Schaffner, Dirigent),* ⇨ *'deduction' (Abzug, Rabatt),* ⇨ *'induction' (Einsetzung, Anführung),* ⇨ *'introduction' (Vorstellung),* ⇨ *'production' (Herstellung),* ⇨ *'reduction' (Preisermäßigung),* ⇨ *'seduction' (Verführung)*

gradi / **gress**um = *schreiten / geschritten* (vgl. *Grad*)

ag·gress	*(„hinschreiten")*	= angreifen
con·gress	*(„das Zusammenschreiten")*	= Zusammentritt, *Kongress*
e·gress	*(„das Herausschreiten")*	= Austritt
pro·gress	*(„das Vorwärtsschreiten")*	= Fortschritt, *Progress*
re·gress	*(„das Zurückschreiten")*	= Rückschritt, *Regress*
trans·gress	*(„überschreiten")*	= übertreten

Weitere Ableitungen: ⇨ *'grade' (Schritt, Grad),* ⇨ *'gradual' (schrittweise),* ⇨ *'to graduate' (graduieren, einen akademischen Grad erwerben);* ⇨ *'aggression' (Angriff),* ⇨ *'aggressive' (angriffslustig),* ⇨ *'aggressor' (Angreifer),* ⇨ *'degression' (Absteigen, Sinken),* ⇨ *'progression' (Fortschreiten),* ⇨ *'progressive' (fortschreitend, zunehmend).*

ferre* / latum** = *tragen / getragen* (vgl. *Fähre*)

*	**con**·fer	*(„zusammentragen")*	= sich beraten, *konferieren*
	de·fer	*(„heruntertragen")*	= sich beugen, nachgeben
	in·fer	*(„hineintragen")*	= folgern, schließen
	of·fer	*(„entgegentragen")*	= anbieten, *offerieren*
	pre·fer	*(„vorantragen")*	= vorziehen
	re·fer	*(„zurücktragen")*	= sich beziehen auf, *referieren*
	suf·fer	*(„unter der Last leiden")*	= leiden
	trans·fer	*(„hinübertragen")*	= übertragen, *transferieren*
**	**e**·late	*(„heraustragen")*	= erheben, ermutigen
	de·late	*(„abträglich sprechen")*	= anzeigen, denunzieren
	pro·late	*(„vorwärts getragen")*	= gestreckt, weit verbreitet
	re·late	*(„zurücktragen")*	= erzählen
	trans·late	*(„übertragen")*	= übersetzen

Weitere Ableitungen: ⇨ *'conference' (Konferenz),* ⇨ *'conferment' (Verleihung),* ⇨ *'deference' (Nachgiebigkeit, Hochachtung),* ⇨ *'deferential' (ehrerbietig),* ⇨ *'preference' (Bevorzugung),* ⇨ *'sufferance' (Duldung, Einwilligung),* ⇨ *'suffering' (Leiden, Dulden),* ⇨ *'transference' (Übertragung);* ⇨ *'elated' (stolz, erhoben),* ⇨ *'elation' (freudige Stimmung, Begeisterung),* ⇨ *'delation' (Denunziation, Anzeige),* ⇨ *'relation' (Erzählung; logische Beziehung, Verhältnis; Verwandter),* ⇨ *'relative' (sich beziehend, relativ),* ⇨ *'relativity' (Bedingtheit, Relativität),* ⇨ *'relator' (Anzeiger, Denunziant),* ⇨ *'translator' (Übersetzer),* ⇨ *'translation' (Übersetzung, Übertragung)*

(-icere) / -**iect**um = *werfen / geworfen* (vgl. *Subjekt*)

ab·ject	*(„weggeworfen")*	= verworfen, elend
de·ject	*(„niederwerfen")*	= entmutigen, niederschmettern
e·ject	*(„hinauswerfen")*	= hinauswerfen, verstoßen
in·ject	*(„hineinwerfen")*	= einspritzen, *injizieren*
inter·ject	*(„dazwischenwerfen")*	= eine Bemerkung einwerfen
ob·ject	*(„dagegenwerfen")*	= einwerfen, einwenden
pro·ject	*(„nach vorne werfen")*	= entwerfen, planen, *projektieren*
re·ject	*(„zurückwerfen")*	= verwerfen, zurückweisen
sub·ject	*(„unterwerfen")*	= unterwerfen
tra·ject	*(„hinüberwerfen")*	= übertragen; Übergang

Weitere Ableitungen: ⇨ *'adjective' (Eigenschaftswort, Adjektiv),* ⇨ *'conjecture' (Mutmaßung, Zusammenreimen),* ⇨ *'dejection' (Niedergeschlagenheit),* ⇨ *'injection' (Spritze, Injektion),* ⇨ *'interjection' (Ausruf, Interjektion),* ⇨ *'projectile' (Geschoss, Projektil),* ⇨ *'projection' (Plan; Vorsprung),* ⇨ *'projective' (Projektions-),* ⇨ *'projector' (Projektionsapparat; Erfinder),* ⇨ *'rejection' (Ablehnung, Zurückweisung),* ⇨ *'subjection' (Unterwerfung),* ⇨ *'subjective' (persönlich, einseitig),* ⇨ *'subjectivity' (Subjektivität)*

legere* / **lect**um** = *sammeln (lesen) / gesammelt*

*	**col**·lege	*(„gelehrte Zusammenk.")*	= Kolleg, Uni, Seminar
**	**col**·lect	*(„zusammenlesen")*	= sammeln
	e·lect	*(„auslesen")*	= wählen (polit.)
	intel·lect	*(„Auswahl zwischen")*	= Verstand, Intellekt
	pre·lect	*(„vorlesen")*	= eine Vorlesung halten
	se·lect	*(„auslesen")*	= auswählen

Weitere Ableitungen: ⇨ *'colleague' (Kollege),* ⇨ *'collective' (zusammengefasst),* ⇨ *'collector' (Einsammler, Schaffner),* ⇨

'collegial' (das College betreffend), ⇨ 'elegant' (auserlesen), ⇨ 'intelligent' (denkfähig, klug); ⇨ 'election' (Wahl), ⇨ 'prelect' (einen Vortrag halten), ⇨ 'prelection' (Vorlesung), ⇨ 'selection' (Auswahl), ⇨ 'selective' (auswählend, selektiv), ⇨ 'selectness' (Auserlesenheit), ⇨ 'selector' (Auswähler, Wähler)

mittere* / **miss**um** = *schicken (werfen) / geschickt*

*	**ad**·mit	*(„in Bewegung bringen")*	= zugeben, gestatten
	com·mit	*(„sich schicken")*	= verpflichten, übergeben
	e·mit	*(„hinausschicken")*	= aussenden, *emittieren*
	inter·mit	*(„dazwischenwerfen")*	= unterbrechen
	intro·mit	*(„hineinschicken")*	= einführen, einfügen
	o·mit	*(„wegwerfen")*	= auslassen, übergehen
	per·mit	*(„hindurchschicken")*	= erlauben; Passierschein
	re·mit	*(„zurückschicken")*	= (Geld) überweisen; entlassen
	sub·mit	*(„unterwerfen")*	= unterwerfen; unterbreiten
	trans·mit	*(„hinüberschicken")*	= übertragen, senden
**	**dis**·miss	*(„wegschicken")*	= entlassen, verabschieden
	pro·mise	*(„vorwärts schicken")*	= versprechen; Versprechung
	re·mise	*(„das Zurückschicken")*	= Wagenschuppen, Remise
	sur·mise	*(„darüber werfen")*	= vermuten, sich einbilden

Weitere Ableitungen: *⇨ 'admittance' (Zulassung, Eintritt),⇨ 'commitment' (Verpflichtung), ⇨ 'remittance' (Geldübersendung), ⇨ 'remitter' (Geldsender), ⇨ 'transmitter' (Sender); ⇨ 'admission' (Eintritt, Aufnahme), ⇨ 'commissary' (Beauftragter, Kommissar), ⇨ 'commission' (Auftrag, Amt, Ausschuss), ⇨ 'dismissal' (Entlassung), ⇨ 'emissary' (Abgesandter), ⇨ 'emission' (Aussendung), ⇨ 'intermission' (Unterbrechung), ⇨ 'intromission' (Einführung, Zulassung), ⇨ 'omission' (Weglassung, Auslassung), ⇨ 'permissible' (erlaubt, zulässig), ⇨ 'permission' (Genehmigung), ⇨ 'submission' (Unterwerfung), ⇨ 'submissive' (unterwürfig), ⇨ 'transmission' (Übersendung, Weitergabe)*

movere* / **mot**um** = *bewegen / bewegt* (vgl. *Motor*)

*	move	*(„bewegen")*	= fortbewegen; rühren
	re·move	*(„zurückbewegen")*	= entfernen, wegräumen
**	**de**·mote	*(„herunterbewegen")*	= degradieren
	pro·mote	*(„vorwärts bewegen")*	= befördern, *promovieren*
	re·mote	*(„rückwärts bewegt")*	= entfernt

Weitere Ableitungen: ⇨ *'immovability' (Unbeweglichkeit),* ⇨ *'immovable' (unbeweglich),* ⇨ *'mob' (erregbare, bewegbare Masse),* ⇨ *'mobile' (leicht beweglich, mobil),* ⇨ *'mobility' (Beweglichkeit),* ⇨ *'movement' (Bewegung),* ⇨ *'movie' (Film, Kino),* ⇨ *'moving staircase' (Rolltreppe),* ⇨ *'commotion' (Aufruhr, Tumult),* ⇨ *'motion' (Bewegung, Gang),* ⇨ *'to motivate' (motivieren),* ⇨ *'motivation' (Begründung),* ⇨ *'motive' (Beweggrund),* ⇨ *'motor' (Bewegung erzeugende Maschine),* ⇨ *'motorist' (Autofahrer),* ⇨ *'remoteness' (Entfernung),* ⇨ *'removal' (Beseitigung),* ⇨ *'remover' (Möbelspediteur),* ⇨ *'emotion' (Gemütsbewegung),* ⇨ *'emotional' (gefühlsmäßig),* ⇨ *'promoter' (Förderer),* ⇨ *'promotion' (Förderung, Beförderung)*

pellere* / **puls**um** = *treiben / getrieben* (vgl. *Propeller*)

*	**com**·pel	*(„zusammentreiben")*	= zwingen, unterwerfen
	dis·pel	*(„auseinander treiben")*	= zerstreuen, verbannen
	ex·pel	*(„hinaustreiben")*	= ausstoßen, vertreiben
	im·pel	*(„hineintreiben")*	= antreiben, zwingen
	pro·pel	*(„vorantreiben")*	= vorwärts treiben, antreiben
	re·pel	*(„zurücktreiben")*	= zurückdrängen, abstoßen
**	pulse	*(„das Treiben")*	= Pulsschlag; *pulsieren*
	im·pulse	*(„das Hineintreiben")*	= Trieb, Antrieb, *Impuls*
	re·pulse	*(„zurücktreiben")*	= zurückschlagen, -treiben

Weitere Ableitungen: ⇨ *'to appeal' (sich wenden an, appellieren),* ⇨ *'appellant' (Bittsteller),* ⇨ *'impeller' (Antriebrad),*⇨ *'propeller' (Luft-, Schiffsschraube),* ⇨ *'repellent' (abstoßend);* ⇨ *'compulsion' (Zwang),* ⇨ *'compulsory' (zwingend, obligatorisch),* ⇨ *'expulsion' (Vertreibung, Ausweisung),* ⇨ *'impulsion' (Stoß, Anstoß, Anregung),* ⇨ *'impulsive' (triebhaft, impulsiv),* ⇨ *'propulsion' (Antrieb),* ⇨ *'propulsive' (vorwärts treibend),* ⇨ *'to pulsate' (pochen, pulsieren),* ⇨ *'pulsation' (Pochen, Pulsschlag),* ⇨ *'repulsion' (Widerwille, Abneigung), 'repulsive' (abstoßend, widerwärtig)*

(ponere) / **pos**itum = *stellen (legen) / gestellt* (vgl. *Position*)

pose	*(„sich hinstellen")*	= auftreten, *posieren*
com·pose	*(„zusammenstellen")*	= zusammensetzen, *komponier.*
de·pose	*(„abstellen")*	= absetzen, *deponieren*
dis·pose	*(„auseinander legen")*	= anordnen, *disponieren*
ex·pose	*(„herausstellen")*	= entblößen, *exponieren*
im·pose	*(„hineinlegen")*	= auferl.; täuschen, *imponieren*
op·pose	*(„entgegenstellen")*	= entgegentreten, *opponieren*
pro·pose	*(„vorstellen")*	= vorschlagen
re·pose	*(„zurücklegen")*	= niederlegen, sich erholen
sup·pose	*(„unterstellen")*	= vermuten, annehmen
super·pose	*(„darüber legen")*	= aufschichten, lagern
trans·pose	*(„hinüberstellen")*	= umstellen, *transponieren*
com·posite	*(„zusammengesetzt")*	= zusammengesetzt, gemischt
op·posite	*(„entgegengestellt")*	= gegenüberstehend

Weitere Ableitungen: ⇨ *'component' (Bestandteil, Teil),* ⇨ *'exponent' (Repräsentant, Exponent),* ⇨ *'opponent' (Gegner),* ⇨ *'apposition' (Beifügung),* ⇨ *'composition' (Zusammensetzung, Mischung, Komposition),* ⇨ *'deposit' (Unterpfand, Anzahlung),* ⇨ *'depot' (Lagerhaus, Depot),* ⇨ *'disposable' (verfügbar),* ⇨ *'disposal' (Erledigung, Beseitigung),* ⇨ *'disposition' (Anordnung),* ⇨ *'exposition' (Ausstellung),* ⇨ *'im-*

position' (Bürde; Täuschung), ⇨ 'impostor' (Betrüger), ⇨ 'opposition' (Widerstand), ⇨ 'position' (Lage, Stellung), ⇨ 'proposal' (Vorschlag), ⇨ 'supposition' (Voraussetzung, Annahme), ⇨ 'superposition' (Übereinanderlagerung), ⇨ 'transposition' (Umstellung)

portare / **port**atum = *tragen / getragen* (vgl. *Portal*)

port	*(„die Pforte")*	= Hafen(stadt)
com·port	*(„zusammentragen")*	= sich benehmen, verhalten
de·port	*(„hinuntertragen")*	= fortschaffen, *deportieren*
dis·port	*(„auseinander tragen")*	= sich vergnügen, zerstreuen
ex·port	*(„hinaustragen")*	= ausführen, *exportieren*
im·port	*(„hineintragen")*	= einführen, *importieren*
im·port	*(„das Hineingetragene")*	= Bedeutung, Tragweite
re·port	*(„zurücktragen")*	= Bericht erstatten; Bericht
sup·port	*(„von unten mittragen")*	= unterstützen, aufrechterhalten
trans·port	*(„hinübertragen")*	= befördern, *transportieren*

Weitere Ableitungen: *⇨ 'deportation' (Verbannung, Ausweisung), ⇨ 'deportee' (Verbannter), ⇨ 'exportation' (Ausfuhr), ⇨ 'importance' (Wichtigkeit, Wert), ⇨ 'important' (bedeutend, wichtig), ⇨ 'importation' (Einfuhr), ⇨ 'portable' (tragbar), ⇨ 'portage' (Transport, Frachtgeld), ⇨ 'porter' (Träger), ⇨ 'portion' (zugemessener Anteil, Portion), ⇨ 'proportion' (Maßstab, Verhältnis), ⇨ 'reporter' (Berichterstatter), ⇨ 'transportation' (Beförderung)*

(premere) / **press**um = *drücken / gedrückt* (vgl. *Presse*)

press	*(„das Gedrückte")*	= Hast, Druck; Presse
com·press	*(„zusammendrücken")*	= zusammenpress., *komprimieren*
de·press	*(„hinunterdrücken")*	= niederdrücken, *deprimieren*
ex·press	*(„herausdrücken")*	= ausdrücken, äußern
ex·press	*(„ausgedrückt")*	= ausdrücklich, Eil-

im·press	*(„hineindrücken")*	= beeindrucken
op·press	*(„dagegendrücken")*	= bedrücken, bedrängen
re·press	*(„zurückdrücken")*	= zurückdrängen, unterdrücken
sup·press	*(„unterdrücken")*	= unterdrücken, vertuschen

Weitere Ableitungen: ⇨ *'compression' (Verdichtung, Kompression),* ⇨ *'compressor' (Verdichter),* ⇨ *'depressed' (deprimiert),* ⇨ *'depression' (Niedergeschlagenheit),* ⇨ *'expression' (Ausdruck),* ⇨ *'expressive' (ausdrucksvoll),* ⇨ *'impression' (Eindruck),* ⇨ *'impressive' (eindrucksvoll),* ⇨ *'oppression' (Bedrängnis),* ⇨ *'oppressive' (bedrückend),* ⇨ *'pressure' (Druck),* ⇨ *'repressor' (Unterdrücker),* ⇨ *'repression' (Unterdrückung, Repressalie),* ⇨ *'repressive' (repressiv, unterdrückend),* ⇨ *'suppression' (Vertuschung)*

quaerere / (quaesitum) = *suchen (fragen) / gesucht*

con·quer	*(„zusammensuchen")*	= erobern
con·quest	*(„das Zus.gesuchte")*	= Eroberung
in·quest	*(„das Hineinsuchen")*	= Untersuchung
re·quest	*(„die Rückfrage")*	= Ersuchen, Nachfrage, Bitte

Weitere Ableitungen: ⇨ *'acquire' (erwerben, erlangen),* ⇨ *'acquisition' (Erwerbung),* ⇨ *'conqueror' (Eroberer),* ⇨ *'inquire' (erfragen),* ⇨ *'inquiry' (Anfrage, Gesuch),* ⇨ *'inquisitor' (Untersuchungsrichter),* ⇨ *'question' (Frage),* ⇨ *'require' (verlangen),* ⇨ *'requisition' (Forderung, Erfordernis)*

sistere* / **stat**um** = *stehen (stellen) / gestanden*

*	**as**·sist	*(„beistehen")*	= helfen, *assistieren*
	con·sist	*(„zusammenstehen")*	= bestehen aus, sich zus.setzen
	de·sist	*(„Abstand nehmen")*	= ablassen von
	ex·ist	*(„entstehen")*	= vorhanden sein, *existieren*
	in·sist	*(„sich hinstellen")*	= bestehen auf, *insistieren*

per·sist	*(„durchstehen“)*	= beharren
re·sist	*(„widerstehen“)*	= Widerstand leisten
sub·sist	*(„sich unterhalten“)*	= sich ernähren, sich erhalten

**	state	*(„Stand“)*	= Lage, Stadium; Staat
	state	*(„hinstellen“)*	= behaupten
	e·state	*(„das Herausragende“)*	= Stand, Besitztum
	pro·state	*(„das Vorstehende“)*	= Vorsteherdrüse, Prostata

Weitere Ableitungen: ⇨ *'assistance' (Beistand),* ⇨ *'assistant' (Gehilfe),* ⇨ *'consistence' (Dichte, Haltbarkeit),* ⇨ *'consistent' (vereinbar, übereinstimmend),* ⇨ *'existence' (Dasein, Leben, Existenz),* ⇨ *'existent' (vorhanden),* ⇨ *'insistence' (Beharren),* ⇨ *'insistent' (nachdrucksvoll),* ⇨ *'persistence' (Hartnäckigkeit),* ⇨ *'persistent' (hartnäckig),* ⇨ *'resistance' (Widerstand),* ⇨ *'resistant' (widerstrebend, widerstandsfähig),* ⇨ *'subsistence' (Lebensunterhalt);* ⇨ *'constancy' (Beständigkeit),* ⇨ *'constant' (standfest, beständig, dauernd),* ⇨ *'distance' (Abstand),* ⇨ *'distant' (entfernt, weit),* ⇨ *'instance' (Beispiel, besonderer Fall),* ⇨ *'instancy' (Dringlichkeit),* ⇨ *'instant' (dringend, sofortig),* ⇨ *'statement' (Feststellung, Behauptung),* ⇨ *'static' (feststehend, statisch),* ⇨ *'station' (Stand, Haltung; Bahnhof),* ⇨ *'statistics' (Statistik),* ⇨ *'substance' (Gegenstand, Stoff),* ⇨ *'substantive' (selbstständig; Hauptwort)*

(-spicere) / **spect**um = *sehen (schauen) / gesehen*

as·-pect	*(„der Hinblick“)*	= Anblick, Ansicht
ex·-pect	*(„ausschauen“)*	= erwarten
in·spect	*(„hineinschauen“)*	= besichtigen, *inspizieren*
intro·spect	*(„Innenschau halten“)*	= Umschau halten, forschen
pro·spect	*(„Vorschau“)*	= Aussicht
re·spect	*(„Rückschau“)*	= Bezug, Hinsicht; Achtung
re·spect	*(„zurückschauen“)*	= sich beziehen, *respektieren*
sus·-pect	*(„darunter schauen“)*	= argwöhnen, vermuten

Weitere Ableitungen: ⇨ *'conspicuous' (augenscheinlich, auffällig),* ⇨ *'perspicuous' (klar sichtbar),* ⇨ *'suspicion' (Argwohn, Verdacht),* ⇨ *'suspicious' (verdächtig, misstrauisch),* ⇨ *'conspectus' (allgem. Übersicht),* ⇨ *'expectance' (Warten),* ⇨ *'expectant' (erwartungsvoll),* ⇨ *'expectation' (Erwartung),* ⇨ *'inspection' (Untersuchung),* ⇨ *'inspector' (Untersucher),* ⇨ *'introspection' (Innenschau),* ⇨ *'perspective' (perspektivische Ansicht; Aussicht),* ⇨ *'prospectus' (Ankündigung, Vorausschau, Prospekt),* ⇨ *'respectability' (Achtbarkeit, Ansehen),* ⇨ *'respective' (betreffend),* ⇨ *'spectacle' (Schauspiel),* ⇨ *'spectacles' (Brille),* ⇨ *'spectator' (Zuschauer),* ⇨ *'spectrum' (Farbenbild, Spektrum)*

tendere* / **tent**um** = *dehnen (spannen) / gedehnt*

*	tend	*(„sich dehnen")*	= gerichtet sein, abzielen
	at·tend	*(„sich hinneigen")*	= beachten, anwesend sein
	con·tend	*(„sich zus. anspannen")*	= wetteifern
	dis·tend	*(„auseinander dehnen")*	= ausdehnen
	ex·tend	*(„ausdehnen")*	= ausstrecken, ausbauen
	in·tend	*(„hineinneigen")*	= beabsichtigen
	pre·tend	*(„hervorstrecken")*	= vorgeben, vortäuschen
**	tent	*(„das Aufgespannte")*	= Zelt
	ex·tent	*(„das Ausgedehnte")*	= Ausdehnung, Weite
	in·tent	*(„hineingerichtet")*	= gerichtet, gespannt

Weitere Ableitungen: ⇨ *'attendance' (Bedienung, Pflege),* ⇨ *'attendant' (Diener, Wärter),* ⇨ *'tendency' (Neigung),* ⇨ *'tender' (Wärter, Begleitwagen, -boot),* ⇨ *'tender' (geneigt, weichherzig),* ⇨ *'to tender' (anbieten, darbieten),* ⇨ *'attention' (Aufmerksamkeit),* ⇨ *'attentive' (aufmerksam),* ⇨ *'extensive' (ausgedehnt, geräumig),* ⇨ *'extensible' (dehnbar),* ⇨ *'extension' (Vergrößerung, Streckung),* ⇨ *'intensive' (lebhaft, eindringlich),* ⇨ *'intention' (Absicht),* ⇨ *'pretension' (Anmaßung),* ⇨ *'pretentious' (anmaßend)*

venire* / **ven**tum** = *kommen / gekommen* (vgl. *Wind*)

*	**con**·vene	*(„zusammenkommen")*	= sich versammeln
	super·vene	*(„noch dazukommen")*	= (plötzlich) hinzukommen
**	**ad**·vent	*(„das Ankommen")*	= Ankunft, *Advent*
	con·vent	*(„die Zusammenkunft")*	= Klostergebäude
	e·vent	*(„das Herauskommen")*	= Ereignis; Ausgang, Ergebnis
	in·vent	*(„hereinkommen")*	= erfinden, erdenken
	pre·vent	*(„zuvorkommen")*	= verhindern

Weitere Ableitungen: ⇨ *'convenience' (Bequemlichkeit, Komfort),* ⇨ *'convenient' (geeignet, bequem),* ⇨ *'prevenient' (vorhergehend),* ⇨ *'provenance' (Herkunft, Ursprung),* ⇨ *'revenue' (Einkünfte),* ⇨ *'adventure' (unerwartetes Ereignis, Abenteuer),* ⇨ *'adventurous' (abenteuerlich, kühn),* ⇨ *'convention' (Versammlung, Übereinkunft),* ⇨ *'eventual' (möglich, schließlich, eventuell),* ⇨ *'invention' (Erfindung),* ⇨ *'inventive' (erfinderisch, schöpferisch),* ⇨ *'inventor' (Erfinder),* ⇨ *'prevention' (Verhütung, Verhinderung), 'preventive' (vorbeugend, präventiv),* ⇨ *'subvention' (Unterstützung),* ⇨ *'supervention' (unvermutetes Hinzukommen),* ⇨ *'to ventilate' (lüften, ventilieren),* ⇨ *'ventilation' (Luftzufuhr)*

vertere* / **vers**um** = *wenden / gewendet* (vgl. *Version*)

*	**ad**·vert	*(„sich hinwenden")*	= hinweisen
	con·vert	*(„zus.wenden")*	= umwandeln
	di·vert	*(„auseinander wenden")*	= ablenken
	e·vert	*(„herauswenden")*	= nach außen drehen
	intro·vert	*(„hineinwenden")*	= nach innen richten
	in·vert	*(„umwenden")*	= umkehren
	per·vert	*(„völlig verdrehen")*	= verführen, entstellen
	re·vert	*(„sich zurückwenden")*	= zurückkehren
	sub·vert	*(„von unten wenden")*	= erschüttern, untergraben

**	verse	*(„Wendung")*	= Vers, Strophe
	ad·verse	*(„hingewendet")*	= feindlich, gegnerisch
	di·verse	*(„auseinander gewendet")*	= verschieden, ungleich
	in·verse	*(„umgewendet")*	= entgegengesetzt
	ob·verse	*(„entgegengewendet")*	= zugewandt; Vorderseite
	per·verse	*(„ganz gewendet")*	= widernatürlich, böse
	re·verse	*(„zurückgewendet")*	= umgekehrt
	trans·verse	*(„hinübergewendet")*	= quer, diagonal

Weitere Ableitungen: ⇨ *'advertise' (bekannt machen, inserieren),* ⇨ *'advertisement' (Inserat, Anzeige),* ⇨ *'advertising' (Reklame, Werbung),* ⇨ *'convertible' (umwandelbar),* ⇨ *'obversion' (Umkehrung),* ⇨ *'perverter' (Verführer),* ⇨ *'adversary' (Widersacher, Gegner),* ⇨ *'adversity' (Missgeschick, Unglück),* ⇨ *'conversable' (gesprächig),* ⇨ *'conversation' (Unterhaltung),* ⇨ *'conversion' (Bekehrung, Übertritt),* ⇨ *'diversion' (Ablenkung),* ⇨ *'diversity' (Verschiedenheit),* ⇨ *'eversion' (Umkehrung),* ⇨ *'introversive' (nach innen gerichtet),* ⇨ *'perversion' (Verdrehung, Perversion),* ⇨ *'reversible' (umkehrbar),* ⇨ *'reversion' (Rückkehr, Rückfall),* ⇨ *'subversion' (Umsturz, Vernichtung),* ⇨ *'subversive' (untergrabend, umstürzlerisch),* ⇨ *'transversal' (quer verlaufend)*

*

Lateinisch-französische Suffixe im Englischen

Von den zahlreichen romanischen Endsilben, die über das moderne Französisch in die englische Sprache Eingang fanden, sollen nur die wichtigsten behandelt werden. Wie die Vorsilben haben auch die Suffixe immer die gleichen Grundbedeutungen, sodass deren Kenntnis helfen kann, viele der komplizierteren englischen Hauptwörter, Verben und Adjektive zu verstehen, zumindest jedoch ihren Sinn zu erraten. So bezeichnet die Endsilbe *'-**ment**'* hinter lateinischen Verbstämmen entweder das *Mittel* oder das *Ergebnis* einer Handlung, z.B. *'fragment' (Bruchstück), 'government' (Regierung), 'management' (Verwaltung, Leitung), 'refreshment' (Erfrischung), 'statement' (Feststellung, Behauptung),* während das romanische Suffix *'-**ent**'* der Partizipendung *'-**ing**'* entspricht und die *Eigenschaft* von Dingen und Personen beschreibt, z.B. *'absent' (abwesend), 'ardent' (glühend), 'competent' (angemessen), 'confident' (zuversichtlich), 'current' (laufend), 'dependent' (abhängig), 'different' (sich unterscheidend), 'existent' (lebend), 'fluent' (fließend), 'patient' (leidend, geduldig), 'prominent' (hervorragend), 'silent' (schweigend).* Aus manchem dieser Partizipien ist im Laufe der Zeit sogar ein eigenständiges Hauptwort geworden, z.B. *'agent' (der Handelnde), 'content' (der Umfang;* Plur.: *der Inhalt), 'continent' („das Zusammenhaltende", der Kontinent), 'event' (das Vorkommende, das Ereignis), 'parent' (der Erzeuger, der Vater), 'parents' (die Eltern), 'president' (der Vorsitzende), 'resident' („der Zurückbleibende", der Ansässige), 'student' (der Studierende).* Die gleiche Bedeutung und Funktion hat die Endung *'-**ant**'* (vor allem nach Verben mit der lateinischen Endung *-are*), zum Beispiel *'abundant' (überfließend, reichlich), 'arrogant' (für sich beanspruchend, anmaßend), 'emigrant' (der Auswanderer), 'hesitant' (zögernd), 'ignorant' (unwissend), 'inhabitant' (der Bewohner), 'merchant' (der Händler), 'radiant' (strahlend), 'servant' (der Diener), 'tolerant' (ertragend).* Die Substantivformen dieser Suffixe sind fast immer *'-**ance**'* (oder *'-**ancy**'*) bzw. *'-**ence**'* (oder *'-**ency**'*); bitte beachten Sie, dass – im Gegensatz zu den französischen Herkunftswörtern – die Betonung im Englischen auf der ersten, allenfalls auf der zweiten Silbe liegt.

*Wörter auf **-ant** und **-ance/-ancy***

Partizip	*Hauptwort*	*deutsche Bedeutungen*	
abund**ant**	- abund**ance**	= überfließend	- Überfluss
appar***ent***	- appear***a*nce**	= erscheinend	- Erscheinung

assist**ant**	- assist**ance**	= Helfender	- Hilfe
brilli**ant**	- brilli**ance**	= glänzend	- Glanz
const**ant**	- const**ancy**	= beständig	- Beständigkeit
dist**ant**	- dist**ance**	= entfernt	- Entfernung
domin**ant**	- domin**ance**	= herrschend	- Herrschaft
eleg**ant**	- eleg**ance**	= fein, erlesen	- Feinheit
import**ant**	- import**ance**	= wichtig	- Wichtigkeit
inf**ant**	- inf**ancy**	= Kleinkind	- Kindheit
intoler**ant**	- intoler**ance**	= unduldsam	- Unduldsamkeit
milit**ant**	- milit**ancy**	= kämpferisch	- Kampfgeist
pregn**ant**	- pregn**ancy**	= schwanger	- Schwangerschaft
relev**ant**	- relev**ance**	= wichtig	- Wichtigkeit
resist**ant**	- resist**ance**	= widerstehend	- Widerstand
reson**ant**	- reson**ance**	= widerhallend	- Widerhall
signific**ant**	- signific**ance**	= bedeutend	- Bedeutsamkeit
vac**ant**	- vac**ancy**	= leer, frei	- Leere, Freizeit

*

*Wörter auf **-ent** und **-ence/-ency***

Partizip	*Hauptwort*	*deutsche Bedeutungen*	
afflu**ent**	- afflu**ence**	= reichlich	- Überfluss
compet**ent**	- compet**ence**	= zuständig	- Zuständigkeit
confid**ent**	- confid**ence**	= zuversichtlich	- Zuversicht
consist**ent**	- consist**ency**	= vereinbar	- Vereinbarkeit
conveni**ent**	- conveni**ence**	= bequem	- Bequemlichkeit
corpul**ent**	- corpul**ence**	= beleibt	- Beleibtheit
curr**ent**	- curr**ency**	= (um)laufend	- Währung
depend**ent**	- depend**ence**	= abhängig	- Abhängigkeit
effici**ent**	- effici**ency**	= tüchtig	- Tüchtigkeit
emin**ent**	- emin**ence**	= erhaben	- Erhabenheit
evid**ent**	- evid**ence**	= offenkundig	- Offenkundigkeit
exist**ent**	- exist**ence**	= lebend	- Leben
indiffer**ent**	- indiffer**ence**	= gleichgültig	- Gleichgültigkeit
intellig**ent**	- intellig**ence**	= denkfähig	- Denkfähigkeit

pati**ent**	- pati**ence**	= geduldig	- Geduld
pres**ent**	- pres**ence**	= gegenwärtig	- Gegenwart
presid**ent**	- presid**ency**	= Vorsitzender	- Vorsitz
promin**ent**	- promin**ence**	= hervorragend	- Hervorragen
sil**ent**	- sil**ence**	= still	- Stille

*

Englische Wörter mit den Suffixen *'-**que**'* und *'-**gue**'* sind leicht als Entlehnungen aus dem Französischen zu identifizieren. Viele der auf diese beiden Silben endenden Adjektive und Substantive haben wir als Fremdwörter übernommen, die in unserer Sprache allerdings auf ***-k*** bzw. ***-g*** enden – und genauso werden sie im Englischen ausgesprochen.

Das Suffix ***-que*** *(Aussprache: -k)*

englische Entlehnung	*dt. Fremdwort*	*Bedeutung*
anti**que**	*anti**k***	= altmodisch
brus**que**	*brüs**k***	= schroff
bouti**que**	*Buti**k**e*	= kleiner, exklusiver Laden
che**que**	*Chec**k***	= Scheck
criti**que**	*Kriti**k***	= kritischer Essay
discothe**que**	*Diskothe**k***	= Lokal mit Schallpl.-Musik
grotes**que**	*grotes**k***	= wunderlich, absurd
mas**que**	*Mas**k**e*	= Verkleidung, Maskenspiel
opa**que**	*opa**k***	= undurchsichtig
pi**que**	*Pi**k***	= heimlicher Groll
pictures**que**	*pittores**k***	= malerisch
pla**que**	*Pla**k**at*	= Schmuckplatte
techni**que**	*Techni**k***	= Verfahren, Methode

*

Das Suffix ***-gue*** *(Aussprache: -g)*

englische Entlehnung	*dt. Fremdwort*	*Bedeutung*
catalo**gue**	*Katalo**g***	= Verzeichnis
collea**gue**	*Kolle**ge***	= Mitarbeiter
dialo**gue**	*Dialo**g***	= Zwiegespräch
epilo**gue**	*Epilo**g***	= Nachwort, Schlusswort
intri**gue**	*Intri**ge***	= Ränkespiel
lea**gue**	*Li**ga***	= Wettkampfklasse, Bund
monolo**gue**	*Monolo**g***	= Selbstgespräch
pedago**gue**	*Pädago**ge***	= Erzieher, Lehrer
pla**gue**	*Pla**ge***	= Seuche, Pest
prolo**gue**	*Prolo**g***	= Vorwort
synago**gue**	*Synago**ge***	= jüdisches Gotteshaus
va**gue**	*va**ge***	= unbestimmt

*

Ähnlich leicht ist die Bedeutung der Endung *'**-ous**'* [-əs] zu verstehen (lateinisch: *-osus* / französisch: *-eux*); sie entspricht dem deutschen Suffix ***-ös*** (= *-lich, -isch, -haft, -reich*) und verwandelt ein Haupt- in ein Eigenschaftswort. Ein stummes *'**e-**'* vor der Endung entfällt in der Regel (s. *'adventure'* zu *'adventurous'*); die Betonung ist – im Gegensatz zur französischen Endbetonung – wiederum auf den Wortanfang verlagert.

Das Suffix ***-ous*** *(= -ös, -lich, -haft)*

englisches Adjektiv	*deutsche Bedeutung (Herkunft / Assoziationen)*
advantage**ous**	- vorteilhaft (aus *'advantage'* = Vorteil)
adventur**ous**	- abenteuerlich (aus *'adventure'* = Abenteuer)
ambigu**ous**	- zweideutig, doppelsinnig (aus *'ambiguity'* = Zweideutigkeit; vgl. *ambi-* = zwei)

ambiti**ous** - ehrgeizig, *ambitiös* (aus *'ambition'* = Ehrgeiz)

amor**ous** - verliebt, *amourös* (vgl. frz. *l'amour*)

anxi**ous** - besorgt, *ängstlich* (aus *'anxiety'* = Besorgnis)

capaci**ous** - geräumig (aus *'capacity'* = Fassungsvermögen)

caprici**ous** - launisch, *kapriziös* (aus *'caprice'* = Laune, Grille)

cauti**ous** - vorsichtig (aus *'caution'* = Vorsichtsmaßnahme)

consci**ous** - bewusst (aus *'conscience'* = Gewissen; vgl. *'science'*)

continu**ous** - ununterbrochen, *kontinuierlich* (aus *'continuity'* = Zusammenhang; vgl. *Kontinent*)

courage**ous** - mutig, *couragiert* (aus *'courage'* = Mut; vgl. frz. *le cœur*)

courte**ous** - höflich, höfisch (aus *'court'* = Königshof)

curi**ous** - neugierig, *kurios* (aus *'curiosity'*; vgl. *Kuriosität*)

danger**ous** - gefährlich (aus *'danger'* = Gefahr)

delici**ous** - köstlich, *deliziös* (aus *'delicacy'* = Köstlichkeit; vgl. *delikat*)

devi**ous** - abwegig (vgl. lat. *via* = *'way'*; *'obvious'* = offensichtlich)

disastr**ous** - katastrophal (aus *'disaster'* = Unglück; vgl. *Desaster*)

dubi**ous** - zweifelhaft, *dubios* (aus *'dubiety'* = Ungewissheit; vgl. *In dubio pro reo* = im Zweifelsfall für den Angeklagten)

enorm**ous** - ungeheuer, *enorm* (aus *'enormity'* = Ungeheuerlichkeit; vgl. *Norm, normal*)

envi**ous** - neidisch (aus *'envy'* = Neid)

fabul**ous** - sagenhaft, *fabelhaft* (aus *'fable'* = Fabel, Märchen)

fictiti**ous** - erfunden, *fiktiv* (aus *'fiction'* = Dichtung)

furi**ous** - wütend, *furios* (aus *'fury'* = Wut; vgl. *Furie*)

gener**ous** - großzügig, *generös* (aus *'generosity'* = Freimut)

glori**ous** - herrlich, *glorreich* (aus *'glory'* = Ruhm, Ehre)

graci**ous** - anmutig, *graziös* (aus *'grace'* = Anmut; vgl. *grazil*)

humor**ous** - launig, *humorig* (aus *'humour'* = Laune, Humor)

infecti**ous** - ansteckend, *infektiös* (aus *'infection'* = Ansteckung)

labori**ous** - mühsam (aus *'labour'* = Mühe, Arbeit; vgl. *Labor*)

luxuri**ous** - üppig, *luxuriös* (aus *'luxury'* = Luxus)

malici**ous** - boshaft, *maliziös* (aus *'malice'* = Bosheit)

monstr**ous** - ungeheuer, *monströs* (aus *'monstrosity'* = Ungeheuerlichkeit, Missbildung; vgl. *Monster*)

murder**ous** - blutig, *mörderisch* (aus *'murder'* = Mord)

mysteri**ous** - rätselhaft, *mysteriös* (aus *'mystery'* = Geheimnis)

nebul**ous** - nebelhaft, *nebulös* (aus *'nebulosity'* = Undeutlichkeit)

nerv**ous** - erregbar, *nervös* (aus *'nerve'* = Nerv)
notori**ous** - berüchtigt, *notorisch* (aus *'notoriety'* = Bekanntsein)
offici**ous** - übereifrig, *offiziös* (aus *'office'* = Dienst, Amt; Büro)
pi**ous** - fromm (aus *'piety'* = Frömmigkeit; vgl. *Pietät, Pieta*)
pite**ous** - kläglich (aus *'pity'* = Mitleid, Erbarmen)
popul**ous** - volkreich (aus *'people'* = Leute; Volk)
preci**ous** - wertvoll (vgl. *Preis, Pretiosen* = Kostbarkeiten)
previ**ous** - vorhergehend (vgl. lat. *via* = *'way'*)
prosper**ous** - blühend (aus *'prosperity'* = Gedeihen; vgl. *Prosperität*)
rebelli**ous** - aufrührerisch, *rebellisch* (aus *'rebellion'*)
religi**ous** - fromm, *religiös* (aus *'religion'*)
ridicul**ous** - lächerlich, absurd (aus *'ridicule'* = Absurdität)
rigor**ous** - streng, *rigoros* (aus *'rigour'* = Starrheit, Strenge)
ruin**ous** - verfallen, *ruinös* (aus *'ruin'* = Verfall; vgl. *Ruine*)
scandal**ous** - anstößig, *skandalös* (aus *'scandal'* = öffentl. Ärgernis)
scrupul**ous** - gewissenhaft, *skrupulös* (aus *'scruple'* = Bedenken)
seri**ous** - ernsthaft, *seriös* (vgl. *Seriosität*)
simultane**ous** - gleichzeitig, *simultan* (vgl. *Simultandolmetscher*)
spaci**ous** - geräumig (aus *'space'* = Ausdehnung; vgl. *spazieren*)
studi**ous** - fleißig (aus *'study'* = Lernen, Studium)
superflu**ous** - überflüssig (aus *'superfluity'* = Überfluss)
superstiti**ous** - abergläubisch (aus *'superstition'* = Aberglaube)
suspici**ous** - verdächtig, misstrauisch (aus *'suspicion'* = Verdacht; vgl. *suspekt*)
tremul**ous** - zitternd (aus *'tremor'* = Zittern; vgl. *Tremolo*)
vari**ous** - verschiedenartig, (aus *'variety'* = Vielfalt; vgl. *Varieté, Variante*)
vici**ous** - lasterhaft, böse (aus *'vice'* = Laster; vgl. *Circulus vitiosus* und *'vicious circle'* = Teufelskreis)
victori**ous** - siegreich (aus *'victory'* = Sieg; vgl. *Viktoria*)
virtu**ous** - tugendhaft, *virtuos* (aus *'virtue'* = Tugend)
volumin**ous** - umfangreich, *voluminös* (aus *'volume'* = Umfang)
zeal**ous** - eifrig (bedacht) (aus *'zeal'* = Eifer; vgl. *Zelot* = Glaubenseiferer)

*

Die Suffixe *'-fy'* und *'-fication'*, die auf die lateinische Verbendung *-ficare* zurückgehen, haben grundsätzlich die Bedeutung *machen* bzw. *-(mach)ung,* sodass sich der Wortsinn vieler englischer Tätigkeits- und Hauptwörter leicht an ihnen erkennen lässt (s. *'simplify'* = einfach machen, vereinfachen / *'simplification'* = Vereinfachung).

*Die Suffixe **-fy** und **-fication** (= -en/-ern bzw. -ung)*

Verb	*Hauptwort*	*deutsche Bedeutungen*	
ampli**fy**	- ampli**fication**	= erweitern	- Erweiterung
certi**fy**	- certi**fication**	= beglaubigen	- Beglaubigung
clari**fy**	- clari**fication**	= abklären	- Abklärung
classi**fy**	- classi**fication**	= einstufen	- Einstufung
cruci**fy**	- cruci**fication**	= kreuzigen	- Kreuzigung
dei**fy**	- dei**fication**	= vergöttern	- Vergötterung
diversi**fy**	- diversi**fication**	= verändern	- Veränderung
electri**fy**	- electri**fication**	= elektrifizieren	- Elektrifizierung
exempli**fy**	- exempli**fication**	= erläutern	- Erläuterung
falsi**fy**	- falsi**fication**	= fälschen	- Fälschung
forti**fy**	- forti**fication**	= verstärken	- Verstärkung
glori**fy**	- glori**fication**	= verherrlichen	- Verherrlichung
grati**fy**	- grati**fication**	= belohnen	- Belohnung
identi**fy**	- identi**fication**	= identifizieren	- Identifizierung
intensi**fy**	- intensi**fication**	= steigern	- Steigerung
justi**fy**	- justi**fication**	= rechtfertigen	- Rechtfertigung
magni**fy**	- magni**fication**	= vergrößern	- Vergrößerung
modi**fy**	- modi**fication**	= abändern	- Abänderung
molli**fy**	- molli**fication**	= besänftigen	- Besänftigung
mysti**fy**	- mysti**fication**	= verklären	- Verklärung
noti**fy**	- noti**fication**	= benachrichtig.	- Benachrichtigung
nulli**fy**	- nulli**fication**	= aufheben	- Aufhebung
paci**fy**	- paci**fication**	= befrieden	- Befriedung
personi**fy**	- personi**fication**	= verkörpern	- Verkörperung
puri**fy**	- puri**fication**	= reinigen	- Reinigung

quali**fy**	- quali**fication**	= (s.) befähigen	- Befähigung
rati**fy**	- rati**fication**	= bestätigen	- Bestätigung
recti**fy**	- recti**fication**	= berichtigen	- Berichtigung
simpli**fy**	- simpli**fication**	= vereinfachen	- Vereinfachung
speci**fy**	- speci**fication**	= einz. angeben	- Einzelangabe
testi**fy**	- testi**fication**	= bezeugen	- Zeugnis
uni**fy**	- uni**fication**	= vereinigen	- Vereinigung
veri**fy**	- veri**fication**	= nachweisen	- Nachweis
versi**fy**	- versi**fication**	= dichten	- Dichtkunst

*

Das englische Suffix *'-**able**'* (seltener *'-**ible**'*) drückt stets eine *Fähigkeit* oder *Möglichkeit* aus und entspricht dem deutschen *-bar, -lich* oder *-wert*. Damit sind Sie nicht nur in der Lage, die Bedeutung vieler englischer Wörter zu verstehen, sondern durch Anhängen der Endsilbe *'-**able**'* an ein beliebiges englisches Verb ein mit großer Wahrscheinlichkeit richtiges Eigenschaftswort zu bilden (*'eat'* zu *'eatable'* = essbar). Bei der Rechtschreibung ist lediglich zu beachten, dass ein stummes End-*'e'* vor dem Suffix *'-**able**'* in der Regel entfällt. Die Betonung liegt – wie immer – auf der ersten oder zweiten Wortsilbe, auf keinen Fall also auf der Endung *'-**able**'* [⇨ -əbl]. Das Gleiche gilt für Adjektive auf *'-**ible**',* die oft nicht von einem englischen Verb, sondern einem Hauptwort abgeleitet sind.

*Das Suffix -**able** (= -bar, -wert, -lich)*

Verb	*Adjektiv*	*deutsche Bedeutung*
accept	accept**able**	- annehmbar, *akzeptabel*
adjust	adjust**able**	- einstellbar (vgl. *justierbar*)
admir*e*	admir**able**	- bewundernswert
agree	agree**able**	- zustimmenswert, angenehm

avail	avail**able**	- verfügbar, nutzbar, vorhanden
bear	bear**able**	- tragbar, erträglich
comfort	comfort**able**	- behaglich, *komfortabel*
compar*e*	compar**able**	- vergleichbar (vgl. *Komparativ*)
consider	consider**able**	- betrachtenswert, beträchtlich
depend	depend**able**	- zuverlässig, verlässlich
desir*e*	desir**able**	- wünschenswert (vgl. VN *Desirée*)
*en*dur*e*	dur**able**	- dauerhaft, haltbar (vgl. *dauern*)
eat	eat**able**	- essbar
enjoy	enjoy**able**	- erfreulich
hate	hate**able**	- hassenswert
hear	hear**able**	- hörbar, vernehmbar
heat	heat**able**	- heizbar
honour	honour**able**	- ehrbar (vgl. *honorieren*)
laugh	laugh**able**	- lachhaft, lächerlich
lov*e*	lov**able**	- liebenswert, reizend
measur*e*	measur**able**	- messbar
mov*e*	mov**able**	- bewegbar, beweglich
not*e*	not**able**	- bemerkenswert (vgl. *notieren*)
pass	pass**able**	- passierbar, *passabel*
pay	pay**able**	- zahlbar
port	port**able**	- tragbar (vgl. *Portier*)
practi*se*	practic**able**	- durchführbar, *praktikabel*
prefer	prefer**able**	- vorziehbar, vorzuziehen
read	read**able**	- lesbar, leserlich
reason	reason**able**	- vernünftig, annehmbar
remark	remark**able**	- bemerkenswert
respect	respect**able**	- ehrbar, *respektabel*
tame	tame**able**	- bezähmbar
teach	teach**able**	- lehrbar
transfer	transfer**able**	- übertragbar
turn	turn**able**	- drehbar, wendbar
us*e*	us**able**	- brauchbar, verwertbar
valu*e*	valu**able**	- wertvoll
var*y*	vari**able**	- verstellbar, veränderlich, *variabel*
work	work**able**	- ausführbar, betriebsfertig

Das Suffix ***-ible*** *(= -bar, -wert, -lich)*

Adjektiv	*deutsche Bedeutung*
audible	- hörbar
compatible	- vereinbar
convertible	- umwandelbar
credible	- glaubwürdig, glaubhaft
divisible	- teilbar
edible	- essbar
flexible	- biegsam, biegbar
horrible	- furchtbar
legible	- lesbar, leserlich
permissible	- erlaubt, zulässig
responsible	- verantwortlich
sensible	- vernünftig
tangible	- greifbar, fühlbar
terrible	- schrecklich, furchtbar
visible	- sichtbar

*

Das Anhängsel *'-**let**'* (frz. *-ette*) hat im Englischen etwa die gleiche Wirkung wie unsere Verkleinerungssuffixe *-chen* und *-lein.* So bilden Sie mühelos aus einem *'book'* ein *'booklet',* also *Büchlein,* aus einer *'isle' (Insel)* ein *'islet',* also ein *Inselchen,* aus einem *'leaf' (Blatt)* ein *'leaflet',* also *Blättchen* oder *Flugblättchen,* und aus einer *'table' (Tafel)* ein *'tablet',* also ein *Täfelchen* oder eine *Tablette.* Versuchen Sie sich selbst einmal als Wortschöpfer, indem Sie einfache Begriffe wie *'cross', 'garden', 'house', 'ring'* etc. durch Anhängen der Diminutivsilbe verkleinern. Allerdings wird nicht immer die Sache selbst verniedlicht, sondern bisweilen kann die Endsilbe *'-**let**'* auch ein Kleidungs- oder Schmuckstück bezeichnen, das an entsprechenden Körperteilen getragen wird, wie z.B. *'armlet' (Armbändchen), 'necklet' (Halskettchen), 'singlet'* *(ärmelloses Hemdchen, Trikot)* oder *'wristlet' (Armbändchen, Pulswärmer)*. In der nachfolgenden Liste sollen nur die weniger leicht durchschaubaren oder unregelmäßigen Diminutivformen englischer Substantive aufgeführt werden.

Das Diminutivsuffix **-let** *(= -chen, -lein)*

Verniedlichung	*(Herkunftswort)*	*deutsche Bedeutung*
bal**let**	*(ball)*	- Ballett (eigtl.: *kleiner Ball*)
brace**let**	*(brace)*	- Armspange (eigtl.: *Riemchen*)
cut**let**	*(cut)*	- Schnitzel (eigtl.: *Schnittchen*)
fil**let**	*(fill)*	- Filet (eigtl.: *Streifchen*)
gob**let**	*(gob)*	- Becher (eigtl.: *kl. Hohlraum*)
gul**let**	*(gully)*	- Schlund (eigtl.: *kleine Rinne*)
ham**let**	*(ham)*	- Weiler (eigtl.: *Dörfchen*)
pel**let**	*(pill)*	- Kügelchen (eigtl.: *Pillchen*)
ring**let**	*(ring)*	- Löckchen (eigtl.: *Ringelchen*)
rivu**let**	*(river)*	- Bach (eigtl.: *Flüsschen*)
run**let**	*(run)*	- Bächlein (eigtl.: *Rinnsal*)
toi**let**	*(toil)*	- Toilette (eigtl.: *Tüchlein*)
vio**let**	*(viola)*	- Veilchen (eigtl.: *Violettchen*)

*

Wegen des weit gehenden Verzichts auf Endungen sind englische Wörter in der Regel Zwitterwesen, d.h. sie können sowohl männlich als auch weiblich sein (s. *'cook'* = Koch/Köchin, *'friend'* = Freund/Freundin, *'pupil'* = Schüler/Schülerin etc.). Wenn nötig, kann durch das Voranstellen von *'boy'* oder *'male' (= männlich)* bzw. *'girl'* oder *'female' (= weiblich)* sexuelle Klarheit geschaffen werden. Darüber hinaus gibt es aber auch eine echte (sprachliche) Geschlechtsumwandlung im Englischen, die ebenso schnell zu vollziehen wie auch wieder rückgängig zu machen ist, indem man das *männliche*

Wort um die *weibliche* Endung *'-ess'* erweitert bzw. kürzt. Zu beachten ist, dass dabei in einigen Fällen die *männliche* Endung *'-er'* oder *'-or'* zu einem *'-r'* verkürzt wird.

Das „weibliche" Suffix ***-ess*** *(= -in)*

männl. Form	*weibl. Variante*	*deutsche Bedeutung*
actor	actr**ess**	- Schauspielerin (vgl. *Akteur*)
adventurer	adventur**ess**	- Abenteurerin (vgl. *Advent* = Herannahen, unerwartetes Eintreten einer Situation)
ambassador	ambassadr**ess**	- Botschafterin (urverwandt mit *Amt*)
ancestor	ancestr**ess**	- Ahnin (lat. *antecedere* = vorhergehen)
baron	baron**ess**	- Baronin (Angehörige des höheren Adels)
count	count**ess**	- Gräfin, *Komtess*
director	directr**ess**	- Leiterin, Vorsteherin (vgl. *Direktrice*)
duke	duch**ess**	- Herzogin (vgl. *Dukaten* = im Herzogtum gültige Münzen)
emperor	empr**ess**	- Kaiserin (vgl. *'empire'* = Kaiserreich)
god	godd**ess**	- Göttin
governor	govern**ess**	- Erzieherin (*Gouvernante, Gouverneur*)
heir	heir**ess**	- Erbin
host	host**ess**	- Gastgeberin, Wirtin (vgl. *'youth hostel'* = Jugendherberge und frz. *l'hôtel*)
lion	lion**ess**	- Löwin (vgl. *Leo*)
Jew	Jew**ess**	- Jüdin
manager	manager**ess**	- Managerin (vgl. *'manual'*)
mister	mistr**ess**	- Herrin (vgl. *Meister, Magister*); Geliebte, *Mätresse*
murderer	murder**ess**	- Mörderin
negro	negr**ess**	- Negerin, Schwarze (vgl. *Porta Nigra*)
poet	poet**ess**	- Dichterin
prince	princ**ess**	- Prinzessin
steward	steward**ess**	- Aufwärterin, *Stewardess*
tiger	tigr**ess**	- Tigerin
viscount	viscount**ess**	- Vicomtesse (Adlige zw. Gräfin und Baronin)
waiter	waitr**ess**	- Kellnerin

Eine der häufigsten englischen Hauptwortendungen ist die aus dem lateinischen Suffix *-tas* abgeleitete Endsilbe *'-**ty**'*, die sich über das französische *-té* zum deutschen Fremdwortsuffix *-tät* wandelte. Die meisten der englischen Substantive auf *'-**ty**'* sind damit augenblicklich zu verstehen und leicht zu erinnern, z.B. *'activity' (Aktivität), 'capacity' (Kapazität), 'elasticity' (Elastizität), 'electricity' (Elektrizität), 'faculty' (Fakultät), 'humanity' (Humanität), 'identity' (Identität), 'majesty' (Majestät), 'perversity' (Perversität), 'rarity' (Rarität), 'stability' (Stabilität), 'universality' (Universalität), 'virtuosity' (Virtuosität), 'vitality' (Vitalität)* etc. Eine Reihe von englischen Hauptwörtern auf *'-**ty**'* hat jedoch keine deutsche Fremdwortentsprechung (oder die ehemaligen Fremdwörter sind nicht mehr gebräuchlich); daher sollen diese Substantive etymologisch oder anhand von Assoziationen erklärt werden.

*Das Hauptwortsuffix -**ty** (lat. -tas, frz. -té)*

engl. Hauptwort	*Bedeutung* *(Herkunft / Assoziationen)*
abili**ty**	- Fähigkeit (vgl. *Habilitation* = Lehrberechtigung an Hochschulen)
anxie**ty**	- Ängstlichkeit, Sorge (vgl. *Angst, Enge*)
audaci**ty**	- Kühnheit, Dreistigkeit (vgl. *'dare'* = wagen)
availabili**ty**	- Verfügbarkeit (*'valid'* = gültig; Ggt. *'invalid'* = hinfällig)
beau**ty**	- Schönheit (vgl. *Beau* = Stutzer, Dandy)
boun**ty**	- Spende, Prämie (vgl. *Bonus, Bon* = Gutschrift)
brevi**ty**	- Kürze (vgl. *Brevier* = Gebetbuch der katholischen Geistlichen; *Brief*)
capabili**ty**	- Fähigkeit (vgl. *kapieren* = begreifen)
cavi**ty**	- Höhle, Loch (vgl. *Kaverne* = Hohlraum)
certain**ty**	- Gewissheit (vgl. *Zertifikat* = Bescheinigung, Zeugnis)
chari**ty**	- Nächstenliebe (vgl. *Caritas*)
civili**ty**	- Höflichkeit (vgl. *zivilisiert*)
clari**ty**	- Klarheit, Reinheit (vgl. *Klarinette* = hell tönend. Holzinstrument)
complici**ty**	- Mitschuld (vgl. *Komplize* = Mittäter)
cordiali**ty**	- Herzlichkeit (vgl. *kordial* = herzlich; *Cordula, Sacré Cœur*)

cruel**ty**	- Grausamkeit (vgl. *krud* = roh, grausam)
cupidi**ty**	- Habgier (vgl. *Cupido* = röm. Gott der Liebe und Leidenschaft)
dei**ty**	- Gottheit (aus lat. *deus* / griech. *theós* = Gott)
densi**ty**	- Dichte (vgl. *Kondensation* = Verdichtung)
difficul**ty**	- Schwierigkeit (vgl. *diffizil* = schwierig)
enmi**ty**	- Feindschaft (aus lat. *inimicus* = in-amicus = Feind)
equali**ty**	- Gleichheit (vgl. *egal; Äquator* = Gleichmacher)
eterni**ty**	- Ewigkeit (vgl. *Eternit* = Asbestzement)
fideli**ty**	- Treue (vgl. *fidel* = dem Frohsinn treu, *Fidelio, Hi-Fi* = High Fidelity)
hones**ty**	- Ehrlichkeit (vgl. *Honorar* = Ehrensold)
hospitali**ty**	- Gastfreundschaft (*Hospital, hospitieren* = als Gast zuhören)
hostili**ty**	- Feindseligkeit (aus lat. *hostis* = Feind)
humili**ty**	- Demut, Unterwürfigkeit (vgl. *Humus* = Erdboden)
magnanimi**ty**	- Großmut (aus lat. *magnus* = groß; *animus* = Geist)
modes**ty**	- Bescheidenheit (vgl. *modest* = bescheiden)
necessi**ty**	- Notwendigkeit (vgl. *Necessaire* = Reisetasche für Toilettenartikel)
novel**ty**	- Neuheit (vgl. *Novelle* = Erzählung einer neuen Begebenheit)
partiali**ty**	- Parteilichkeit (vgl. *Partei, Partie, Party*)
peculiari**ty**	- Eigentümlichkeit (aus lat. *peculium* = Besitz an Vieh / Geld)
penal**ty**	- Strafe, Strafpunkt (vgl. *verpönt* = bei Strafe verboten)
possibili**ty**	- Möglichkeit (vgl. *'possible'* = möglich)
proper**ty**	- Eigentum (vgl. *proper* = eigen, sauber, ordentlich)
proximi**ty**	- Nähe (vgl. *'to approach'* = sich nähern)
reliabili**ty**	- Zuverlässigkeit (vgl. *Religion* = Bindung an Gott)
responsibili**ty**	- Verantwortung (vgl. *korrespondieren* = mit Briefen antworten)
safe**ty**	- Sicherheit (vgl. *Safe*)
severi**ty**	- Strenge, Ernst (vgl. VN *Severin*)
similari**ty**	- Ähnlichkeit (vgl. *Simulation; Faksimile* = Nachbildung)
sinceri**ty**	- Aufrichtigkeit (vgl. *'Yours sincerely'* = aufrichtig der/die Ihre ...)
uni**ty**	- Einheit (vgl. *Union, United States*)
usabili**ty**	- Brauchbarkeit (vgl. *Usus* = Brauch; *'to use'* = gebrauchen)
validi**ty**	- Gültigkeit (vgl. *Valuta* = Währungsgeld, Wert)
vani**ty**	- Eitelkeit (vgl. *'vain'* = leer, eitel)
vicini**ty**	- Nachbarschaft (lat. *vicus* = Siedlung; vgl. ON *-wik, -wijk, -wich*)
visibili**ty**	- Sichtbarkeit (vgl. *Visier* = Gesichtsschutz; *Vision* = Trugbild)

Das englische Hauptwortsuffix *'-er'* (oder *'-or'*) ist identisch mit unserer Endung für einen *Täter* oder *Verursacher* und braucht daher nicht eigens behandelt zu werden. Weniger bekannt ist dagegen die Endsilbe *'-ee'* für den *Empfänger* oder jemanden, *mit dem etwas geschieht*. Nachfolgend sind nur Substantive aufgeführt, von denen es entweder echte *Täter/ Opfer*-Wortpaare oder lediglich eine *Passiv*-Version gibt.

Das Passiv-Suffix ***-ee*** *(frz. -é)*

(Täter)	*Empfänger*		*deutsche*	*Bedeutungen*
	absentee	-		Abwesender (vgl. *Absenz*)
(addresser)	**addressee**	-	*(Absender)*	Empfänger (vgl. *Adresse*)
	committee	-		zusammengeruf. Ausschuss
(debtor)	**debtee**	-	*(Schuldner)*	Gläubiger (vgl. *Debet* = Soll)
	devotee	-		Frömmler
	divorcee	-		Geschiedener
(donor)	**donee**	-	*(Stifter)*	Beschenkter
	draftee	-		Gezogener, Wehrpflichtiger
(drawer)	**drawee**	-	*(Aussteller)*	Bezogener (Wechsel)
(employer)	**employee**	-	*(Arbeitgeber)*	Arbeitnehmer
	evacuee	-		Evakuierter (vgl. *Vakuum*)
(examiner)	**examinee**	-	*(Prüfer)*	Prüfling
(grantor)	**grantee**	-	*(Verleiher)*	Privilegierter
	internee	-		Gefangener
(jester)	**jestee**	-	*(Spötter)*	Zielscheibe des Spotts
(legator)	**legatee**	-	*(Erblasser)*	Erbe
(lover)	**lovee**	-	*(Liebhaber)*	Geliebter
(nominator)	**nominee**	-	*(Ernenner)*	Ernannter
(obligor)	**obligee**	-	*(Schuldner)*	Gläubiger
	patentee	-		Patentinhaber
(payer)	**payee**	-	*(Zahler)*	Empfänger einer Summe
	referee	-		Schiedsrichter
	refugee	-		Flüchtling
(trainer)	**trainee**	-	*(Sportlehrer)*	Sportschüler
	trustee	-		Beauftragter, Treuhänder

d) Unterhaltsames (und hilfreiches) Stöbern im Wortmuseum

Einige Wörter, die die Engländer nach der Eroberung Britanniens durch die Normannen aus dem Französischen übernommen haben und noch heute allgemein gebräuchlich sind, haben eine so interessante Einzelgeschichte, dass ihre Herkunft und Entwicklung näher beleuchtet werden soll.

Seit der normannischen Zeit bezeichnen die englischen Adeligen sich selbst als

gentry (Adel),

also als Angehörige derselben hochgeborenen *'Gens'* (lat. *gens, gentis* = Geschlecht, Sippe; vgl. *Generation, Genetik, Genese* etc.), bis im Laufe der Zeit sogar der einfache Mann – eine noble Gesinnung vorausgesetzt (*'gentle'* = gnädig, milde, sanft, nett; frz. *gentil*) –

gentleman

genannt wurde. Die altehrwürdige, ebenfalls aus dem Französischen stammende Bezeichnung

peer (frz. *le pair*)

für einen höheren Adligen (d.h. vom Baron bis zum Herzog) mit Anrecht auf einen Sitz im *House of Lords* hat eigentlich genau dieselbe Grundbedeutung, die im Übrigen schon in der lateinischen Redensart *primus inter pares* – Erster unter Gleichen – zum Ausdruck gebracht wurde (lat. *par, paris* = gleich, ebenbürtig; vgl. dt. *paarig* und *Paar*). Eine edle Dame war natürlich mit *Madam* anzureden, eine Wortzusammensetzung, die aus dem lateinischen *mea domina* (= meine Herrin; vgl. ital. *madonna*) abzuleiten ist und über die französische Version *madame* (vgl. *Dame*) ins Englische übernommen wurde. Ein wenig schwerer zu erkennen ist die Bedeutung der Wörter

reign und rule (Königsherrschaft),

die beide ihren Ursprung in *rex, regis* (lat. = König) haben; während *'reign'* auf *regnum* – das lateinische Wort für Königreich – zurückgeht (frz. *le règne;* vgl. *regieren, Regent, Regie*), wurde *'rule'* vom Substantiv *regula* abgeleitet (lat. = Richtschnur, Maßstab, *Regel;* vgl. *regulieren*), weshalb *'ruler'* noch heute sowohl *Herrscher* als auch *Lineal* bedeuten kann. Das auf dem lateinischen Adjektiv *regalis* basierende französische Eigenschaftswort

royal (königlich)

ist unverändert ins Englische übernommen worden (vgl. frz. *le roi* = der König) und erfährt in der üblichen Kombination *'royal rule'* (= *königliche Königs*herrschaft) eigentlich eine unnötige Wiederholung. Ein höfischer Edelmann wurde als

cavalier (Ritter, Reiter)

bezeichnet (frz. *le chevalier;* vgl. *Kavalier*), ein Wort, das im spanischen *caballero* und in unserer *Kavallerie* noch nachklingt. Im Übrigen war die englische Gesellschaft, also die

society (frz. *la société*),

streng in *soziale* Schichten eingeteilt (aus lat. *societas* = Gemeinschaft), deren Siedlungsbereiche in der Regel ebenso klar voneinander getrennt waren, wie sich ihre Lebensweisen unterschieden.

Die *Bürgerschaft* (frz. *la bourgeoisie;* vgl. frz. *le bourg,* engl. *'borough'* = Marktflecken) lebte – auch geographisch – im

Schatten des Adels innerhalb einer mit Mauer und Graben befestigten

city (Stadt)

(frz. *la cité,* aus lat. *civitas* = Bürgerschaft; vgl. *zivil* = bürgerlich), oft zusätzlich geschützt durch eine eigene Stadtburg, die *Zitadelle*. Ein in der Stadt wohnender Bürger, ein

citizen (frz. *le citoyen*),

hatte natürlich ungleich größere Rechte und Freiheiten als der auf dem Lande (frz. *le pays*) lebende Kleinbauer, der

peasant (frz. *le paysan*),

dessen Kapital der gepachtete Boden (engl. = *'soil',* frz. *le sol;* vgl. *solide*) sowie seine eigene Arbeitskraft war, und der dem adeligen Grundbesitzer nicht nur zu erheblichen Ernteabgaben verpflichtet war, sondern ihm an festgelegten Tagen des Jahres auch zu bestimmten Arbeitsleistungen, den so genannten Hand- und Spanndiensten, auf den herrschaftlichen Gütern zur Verfügung stehen musste. Ein sozialer Aufstieg in die nächsthöhere Klasse – oder gar den Adel – war nur in den seltensten Fällen möglich, gelang es doch höchstens der einen oder anderen gut aussehenden jungen Dame, ihr Schicksal durch eine

marriage (Heirat)

mit einem Höhergestellten zu verbessern (frz. *le mariage;* vgl. *'to marry'* = heiraten).

Die kleinste soziale Einheit, die ein Leben lang wirtschaftliche, rechtliche und emotionale Sicherheit bot, war die Großfamilie, in der neben den Eltern und Geschwistern auch die Verwandten mütter- und väterlicherseits ihren festen Platz hatten, wie die *'grandmother'* und der *'grandfather'* (frz. *la grand-mère* bzw. *le grand-père*), die *'aunt'* (= Tante, aus lat. *amita,* altfrz. *l'ante,* mod. *la tante*), der *'uncle'* (= Onkel, aus lat. *avunculus,* frz. *l'oncle*) und diverse Geschwisterkinder, also die *'nephews'* und *'nieces'* (frz. *le neveu* bzw. *la nièce,* aus lat. *nepos* bzw. *neptis;* vgl. *Nepotismus* = Vetternwirtschaft). Trotz der unbestrittenen patriarchalischen Hierarchie war so mancher

trouble (Unruhe)

innerhalb der Familie unausweichlich (frz. *le trouble,* aus lat. *turba;* vgl. *Trubel, Turbine, Turbulenz*), den die harten Lebensbedingungen ebenso mit sich brachten wie Generationskonflikte und Veränderungen in der Sippe bei Geburt und Tod, Eheschließung und Erbe, Klostereintritt und Kriegsdienst etc. Wenn die Familie nach außen auch zusammenhielt, kam es darum zwischen den einzelnen Mitgliedern bisweilen doch zu handfesten

quarrels (Streitigkeiten),

die ihre sprachliche Entsprechung in unserem Fremdwort *Querelen* haben (frz. *la querelle;* vgl. *Querulant* = Nörgler). Auf der anderen Seite hatte ein Schwacher oder Behinderter innerhalb der Familie einen selbstverständlichen Anspruch auf Toleranz und lebenslange Geborgenheit. In diesem Zusammenhang ist die Bedeutung des Wortes

lunatic (Irrer)

interessant; *'lunacy'* (Wahnsinn) geht auf *luna* (lat. = Mond, frz. *la lune;* vgl. *Frau Luna*) zurück und spiegelt die mittelalterliche Überzeugung, dass das Schicksal des Menschen vom Mond abhänge und die Stimmung eines Irren wechselhaft wie der Mond sei (vgl. *Laune,* frz. *lunatique* = launisch). Innerhalb der Hausgemeinschaft wohnte man in der Regel auf engstem Raum zusammen. Weder Kinder noch Gesinde hatten Anspruch auf ein eigenes Bett, geschweige denn ein Einzelzimmer; man teilte sich eine kleine

chamber (Kammer)

(frz. *la chambre,* aus lat. *camera* = Gewölbe; vgl. *Kamera* sowie *Kamerad* = Stubengenosse), für deren Beleuchtung neben Tran- und Petroleumlampen vor allem

candles (Kerzen)

verwendet wurden (lat. *candela* = Kerze, *candere* = weiß sein, glänzen, frz. *la chandelle;* vgl. *Kandelaber* = Kerzenleuchter, aber auch *Kandidat* = Weißgekleideter[1]). Bereitwillig übernahm man Neuerungen vom Kontinent samt ihren französischen Bezeichnungen wie die weiche, warme

blanket (Bettdecke)

aus ungefärbter Schafwolle (frz. *blanc* = weiß; vgl. *blank*), und den bequemen

chair (Stuhl),

der mit seiner oft prachtvoll gearbeiteten Rückenlehne bislang hochgestellten Persönlichkeiten vorbehalten war (frz. nur noch *la chaire* = Lehrstuhl an einer Universität; vgl. *'chairman'* = Vorsitzender). Viele andere Wörter für Einrichtungsgegenstände und architektonische Besonderheiten sind ebenfalls französischen Ursprungs; so ist das

picture (Bild)

dem Substantiv *la peinture* entlehnt (frz. = Malerei, aus lat. *pingere, pictum* = malen; vgl. *Piktogramm* = graphisches

---

[1] Im alten Rom trugen Amtsbewerber ein leuchtend weißes Gewand.

Symbol, *Pigment* und engl. *'to paint', 'painter', 'painting'* und *'depict'* = entwerfen). Die

toilet (Toilette)

hat eine recht lange und abwechslungsreiche Geschichte. Als Verkleinerungsform des französischen *la toile* (= Leinentuch) bedeutete der Begriff zunächst *Tüchlein* (frz. *la toilette*), das über einen kleinen Tisch gebreitet wurde, auf dem man Waschzeug und Gegenstände zur Haarpflege ablegte. Im Laufe der Zeit nannte man bald den Tisch, dann auch die Körper- und Haarpflege selbst und schließlich sogar – ohne das Kind beim Namen nennen zu müssen – jeden Waschraum mit Abort *Toilette*. Auch das Wort

closet

hatte ursprünglich nichts mit einem *WC* (= *'water closet'*) zu tun, sondern bezeichnete lediglich einen kleinen abgetrennten Raum, in dem Vorräte, Werkzeug oder auch Kleidung aufbewahrt wurden (vgl. *'to close', 'closed', Kloster, Klausur*). Erst als der Abtritt – meist ein frei stehendes Bretterhäuschen im Hinterhof – auf den Flur des Haupthauses verlegt wurde, bürgerte sich der verhüllende Ausdruck *'closet'* für das stille Örtchen ein, auf das man sich ungestört (und ohne längeren Anmarschweg) zurückziehen konnte. Ein wollener

curtain (Fenstervorhang)

(altfranz. *la cortine,* ital. *cortina*; vgl. *Cortina d'Ampezzo*[1]) diente neben der Verschönerung der Stuben und Kammern – vor allem in den Stadtwohnungen – dem Schutz der Privatsphäre; insbesondere wollte der Hausherr wohl verhindern, dass neugierige Nachbarn von gegenüberliegenden Fenstern aus seine Frau oder seine Töchter bei der Morgen- oder

---

1 *Cortina* ist ein italienischer Kurort in den Dolomiten.

Abendtoilette beobachteten; das gleiche Misstrauen offenbart sich in dem interessanten Bedeutungswandel des Wortes *Jalousie* (frz. = Rollladen) zum englischen Substantiv

jealousy (Eifersucht).

Andrerseits lenkte die wohlhabendere Stadtbevölkerung ganz bewusst die bewundernden, vor allem aber neidischen Blicke der Mitbürger und Passanten auf die bunten Fassadenmalereien, die als breites Band unterhalb der Fensterreihen die Geschosse markierten und in einer Bilderserie die Geschichte des Hausbaus und der Familie, aber auch Begebenheiten aus der jeweiligen Stadtgeschichte oder der Heiligen Schrift „erzählten". Die Verkürzung des Wortes *'history'* (lat. *historia* = Geschichte) zu

story oder storey

in der Doppelbedeutung *Erzählung* und *Stockwerk* macht so durchaus Sinn.

Es ist wenig verwunderlich, dass viele Ausdrücke, die das Essen und die Mode betreffen, ebenfalls aus dem Französischen stammen. Die warme Hauptmahlzeit des Tages, das

dinner (frz. *le dîner*),

das je nach Lebensumständen und -gewohnheiten mittags oder abends eingenommen wird, ist vom lateinischen Substantiv *disieiunium* (*dis* = weg, *ieiunium* = das Fasten; vgl. frz. *le déjeuner*) abzuleiten und entspricht damit eigentlich dem germanischen Wort *'breakfast'* für Frühstück, das gewöhnlich mit dem Verzehr von

cereals (frz. *les céréales*),

einer Art Müsli aus allerlei essbarem Korn, z.B. *'cornflakes'* und *'porridge'*, eingeleitet wird (lat. *cerealis* = Korn anbauend; vgl. *Ceres* = römische Göttin der Feldfrucht und des Wachstums). Die Herkunft des Wortes

beverage (Getränk)

vom lateinischen Verb *bibere, potum* ist recht offensichtlich (frz. *breuvage;* vgl. engl. *'beer',* dt. *Bier*), nicht dagegen seine Verwandtschaft mit *'poison'* (= Gift; frz. ebenfalls *poison,* aus lat. *potio, -nem* = Gifttrank). Engländer könnten sicherlich in tiefe Melancholie verfallen, wenn sie daran denken, auf gewisse französische Ess- und Trinkgewohnheiten verzichten zu müssen, die ihnen die normannische Eroberung beschert hat. *'Wine',* der seit jeher vom sonnigeren Kontinent eingeführt werden musste, da Weinreben (*'vines'*) im kühlen britischen Klima nicht so recht gedeihen, erfreut sich nicht nur als Getränk allgemeiner Beliebtheit. Ebenso begehrt sind frische

grapes (Weintrauben)

zur Abrundung eines Mahls (frz. *les grappes;* vgl. ital. *grappa* = Weinbrand). Das Wort

dessert (frz. *le dessert*)

bezeichnet eigentlich nicht die Nachspeise selbst, sondern vielmehr das Abtragen der Speisereste und des benutzten Geschirrs und Bestecks (vgl. frz. *desservir* = den Tisch abdecken, aus lat. *dis-* und *servire;* vgl. *abservieren*), eine Aufgabe, die von *'servants'* (= Hausdienern) erledigt wurde. Dem so typisch englischen

butler

oblag ursprünglich nur die Verwaltung des Weinkellers (vgl. *'bottle'* und frz. *la bouteille* = die Flasche), bevor er zum wohlerzogenen Haushofmeister in den Schlössern und Prachtbauten der Noblen und Reichen avancierte.

Zeitgemäße Kleiderordnung und Mode (*'fashion'*, frz. *façon* = Machart, aus lat. *facere* = machen; vgl. österr. *fesch*) wurden schon immer durch die *Haute Couture* diktiert. So sind vor allem die oberen Schichten der britischen Gesellschaft für den allgemeinen Modestandard, aber auch die französische Benennung mancher Kleidungsstücke verantwortlich, die in einem – häufig begehbaren – Kleiderschrank, der

wardrobe (frz. *la garde-robe*),

aufbewahrt wurden (aus *'ward'* = Schutz und *'robe'* = Kleid; vgl. *warten* = pflegen), bis man schließlich den Kleiderbestand selbst als *'wardrobe'* bezeichnete (vgl. auch unsere Doppelbedeutung der *Garderobe*!). Ein Kleidungsstück heißt im Englischen generell

garment,

was eigentlich so viel bedeutet wie Ausrüstung (frz. *garnir* = ausstatten; vgl. *garnieren, Garnitur*). Das Kleid mit individueller Note – aber der Mode entsprechend – wäre ein

dress,

dessen Grundbedeutung sich aus dem lateinischen Partizip *directus* (= ausgerichtet; vgl. *dirigieren*) ergibt. Früher trug die Dame beim Ausgehen über dem Kleid einen

cloak (Umhang)

– wegen seines weiten Zuschnitts so genannt (frz. *la cloche* = Glocke; vgl. *'clock'* = Uhr, Turmuhr) –, während der Herr der Schöpfung sich nach wie vor in einen

suit (Anzug)

aus Jacke und Hose des gleichen Stoffes gewandet (frz. *la suite* = Folge, Reihenfolge; vgl. *'pursuit'* = Verfolgung, *'to suit'* = passen; davon abgeleitet: *'set'* = Garnitur). Als langlebige und anscheinend unverzichtbare Attribute der Männermode seien nur zwei genannt: der umlegbare

collar (Kragen),

der sich aus der breiten Schulterpasse *(Koller)* des mittelalterlichen Wamses entwickelte (frz. *le collier* = Halsband, aus lat. *collum* = Nacken; vgl. *Dekolleté*), und die heute meist *'tie'* genannte

cravat (frz. *la cravate*),

die im 17. Jahrhundert aus dem typischen Leinenschal *kroatischer* Söldner in französischen Diensten entstand (frz. *le Croate* = Kroate; vgl. *Krawatte*).

Mit zunehmender Verstädterung und Landflucht infolge der Industrialisierung entstanden viele neue Berufszweige; aber auch alte Handwerksbetriebe und Kaufläden verlegten ihren Sitz in die aufstrebenden Städte, in denen sich eine zahlungskräftige Mittelschicht etabliert hatte. Für den Schneider, den

tailor (frz. *le tailleur*)

– von frz. *tailler* = schneiden (vgl. *Taille, Detail* und ital. *tagliatelle* = geschnittene Nudeln) – gab es ebenso volle Auftragsbücher wie für den

carpenter

(= Zimmermann; frz. *le charpentier;* aus lat. *carpentarius* = eigentl.: Karrenmacher; vgl. *'car', Karre*) und den

joiner,

also den Tischler (frz. *joindre* und engl. *'to join',* aus lat. *jungere* = verbinden; vgl. *'joint'* = Gelenk, *'joint venture'* = Gemeinschaftsunternehmen, *'junction'* = Verbindung, Knotenpunkt). In besonderem Maße profitierte der

retailer (Einzelhändler)

vom allgemein steigenden Wohlstand der städtischen Bevölkerung. Er bezog von Großhändlern Waren, die er stückweise oder in kleineren Mengen (s. frz. *tailler* = schneiden, zuschneiden; vgl. *'tailor'*) an seine Kunden weiterverkaufte. Interessanterweise bedeutet ja auch das germanische Wort *'deal'* praktisch *Teil* und *zuteilen* (vgl. *'to deal out cards'* = Karten austeilen). Bahnbrechende Neuheiten und modische Trends konnte man ohne jegliche Kaufverpflichtung auf der

fair,

dem regelmäßig abgehaltenen Jahrmarkt, bestaunen (frz. *la foire,* aus lat. *feria* = Feiertag; vgl. *Ferien* und *'trade fair'* = Handelsmesse), der mit seinem bunten Trubel gleichzeitig den Charakter eines Volksfestes hatte (vgl. *'fair'* = Kirmes).

Generell wird der Kauf und Verkauf von Waren im Englischen durch die Substantive *'trade'* (aus dt. *Tritt* = Schritt, Weg; vgl. *'trade wind'* = Passat, also Handelswind) oder

commerce (frz. *le commerce*)

beschrieben. Letzteres geht – wie das Adjektiv *'commercial'* (= kaufmännisch, *kommerziell*) – auf die lateinischen Wörter *merx, mercis* (= Ware) und *merces, mercedis* (= Lohn, Preis, Verdienst; vgl. *Mercedes*) zurück, von denen etliche englische Vokabeln abgeleitet sind, wie *'merchant'* (= Kaufmann, Großhändler), *'mercantile'* (= Handel treibend), *'merchandise'* (= Ware), *'mercer'* (= Textilkaufmann), *'mercenary'* (= Söldner), aber auch *'merit'* (= Verdienst, Wert; vgl. *Meriten* und *Pour le mérite* = preuß. Verdienstorden) und *'mercy'* (= Gnade, Mitleid; vgl. frz. *merci* = danke), der man, sozusagen unverdient, preisgegeben ist.

Der aufblühende Handel erforderte eine immer umfangreichere Verwaltung und ließ daher neue Berufszweige und Arbeitsplätze entstehen. Hatte ein

bureau

anfangs lediglich einen mit rotbraunem Wollstoff bezogenen Schreibtisch bezeichnet (frz. = *la bure,* aus lat. *burrus* = feuerrot), so bekam das Wort im 17. Jahrhundert zusätzlich die Bedeutung *Büro* – heute allerdings meist *'office'* genannt (frz. *l'office,* aus lat. *officium* = Dienst; vgl. *offiziell, Offizier*). Einen ähnlichen Doppelsinn – zumindest im Deutschen und Französischen – hat das Wort *Sekretär* (frz. *le secrétaire* = Schreibschrank mit Geheimfach / Schriftführer) bewahrt; im Mittelalter war ein englischer

secretary

ausschließlich der Vertraute, sozusagen der Geheimnisträger einer hochstehenden Persönlichkeit, für die er die Korrespondenz erledigte (aus lat. *secretus* = verschwiegen; vgl. *'secret'* = Geheimnis, *'secret service'*); in dem Ausdruck *'Secretary of State'* für einen englischen Minister ist diese Bedeutung in etwa erhalten geblieben. Heute meint man mit *'secretary'* im Allgemeinen jedoch eine Angestellte, die für ihren Chef neben Schreibarbeiten auch Organisationsaufgaben übernimmt (vgl. *Sekretärin, Sekretariat*). Für den Schreibschrank benutzt der Engländer im Übrigen das französische Fremdwort *secretaire,* in dessen Geheimfach er delikate Dokumente aufbewahren mag, sein Vermögen an Schmuck und Geld (= *'treasure'*) deponiert er natürlich im *Tresor* (frz. *le trésor* = Schatzkammer, aus lat. *thesaurus* = Schatz, Vorrat). Die für einen Büroangestellten übliche Berufsbezeichnung

clerk [ɑ:]

hat eine vergleichbare Entwicklung durchlaufen; sie basiert auf dem lateinischen Wort *clericus* (= Geistlicher, frz. *le clerc;*

vgl. *'clerical'* = geistlich, *'clergy'* = Geistlichkeit, *Klerus*, *'clergyman'* = Geistlicher), was dadurch verständlich wird, dass im Mittelalter allenfalls die Mönche des Lesens und Schreibens kundig waren, die das Monopol auf diese Fertigkeiten, die ja die Voraussetzung zur selbstständigen Lektüre und Auslegung der Heiligen Schrift sind, verständlicherweise nur ungern aus der Hand gaben.[1] Als seit Ende des 15. Jahrhunderts die Klosterschulen nicht mehr nur Novizen – also ihren eigenen Nachwuchs – ausbildeten, sondern ihre Pforten auch für die Söhne von Adeligen und besonders gut situierten Kaufleuten öffneten (was den scheinbaren Widerspruch aufklären mag, warum ausgerechnet teure Privatschulen noch heute *'public schools'* heißen), wurden die privilegierten Schulabgänger, die nicht Priester werden wollten, dennoch *'clerks'* genannt. Sie fanden im öffentlichen Dienst (vgl. *'town clerk'* = Stadtsekretär) oder in großen Unternehmen (vgl. *'chief clerk'* = Bürovorsteher, *'signing clerk'* = Prokurist) eine angesehene und gut bezahlte Anstellung.

Besonders großen Einfluss auf die englische Sprache hatten der rasante Aufbau der Industrie und der Fortschritt der Technik; das vorhandene Vokabular versagte bei der Benennung der zahlreichen Neuerungen und Erfindungen, sodass entweder künstliche Begriffe – in der Regel lateinischen oder französischen Ursprungs – geprägt werden mussten, oder aber überkommene Wörter einen neuen Sinngehalt erhielten. So bedeutete das Substantiv

industry

fortan nicht mehr Fleiß und Betriebsamkeit (frz. *l'industrie,* aus lat. *industria* = Fleiß, Energie; vgl. *'industrious'* = fleißig, emsig), sondern benannte vielmehr die Entwicklung und Produktion von Massengütern. Gleichermaßen ist mit dem alten

---

[1] Zumindest blieb die Schul-*Fibel* (= *Bibel*) lange Zeit das erste und einzige Lesebuch der Schüler!

Wort *'business'* (= Geschäftigkeit; vgl. *'to be busy'* = beschäftigt, fleißig sein) inzwischen jede Art von Geschäft gemeint. Im modernen Sprachgebrauch wird der Begriff

manufacture

für die Fertigung maschinell erzeugter Waren verwendet, obwohl dessen Grundbedeutung doch eigentlich *Handarbeit* ist (frz. *la manufacture,* aus lat. *manu facere* = mit der Hand herstellen; vgl. *Manufaktur, 'manual'* = manuell). Zur entsprechenden Benennung des Fertigungsortes erinnerte man sich an das alte lateinische Wort *factorium,* mit dem in Rom für gewöhnlich eine gewerbsmäßig betriebene Ölmühle bezeichnet wurde; also nannte man eine neu eröffnete Fabrik fortan *'manufactory'* oder kurz

factory

(vgl. *Faktorei* = Handelsniederlassung; s. *'to manufacture'*). Voraussetzung für die industrielle Produktion war die Erfindung von Maschinen, die Arbeitsvorgänge mechanisieren oder gar automatisieren und somit die Leistung vieler Handwerker ersetzen konnten, sowie die Nutzbarmachung der Antriebskraft des Dampfes, des Verbrennungsmotors und besonders der Elektrizität, die auch kleinen Gewerbetreibenden ihre Konkurrenzfähigkeit gegenüber den mächtigen Fabriken sicherte. Das Wort

engine (Maschine)

war ebenfalls schon seit Jahrhunderten in England gebräuchlich gewesen, anfänglich im Sinn von Findigkeit oder Kunstfertigkeit und später als Bezeichnung für alle möglichen mechanischen Vorrichtungen. Erst mit der Erfindung der *'steam engine'* (James Watt, 1765) zum Antrieb mechanischer Spinnmaschinen und Webstühle, die Britanniens wirtschaftliche Überlegenheit auf dem Weltmarkt begründeten, bekam das Wort seine heutige Bedeutung (frz. *l'engin,* aus lat. *ingenium* = Begabung, Scharfsinn; vgl. *Genie, genial* und *'engineer'* = *Ingenieur;* vgl. auch andere Wörter mit dem lateinischen Stamm *gen-* = Entstehung, z.B. *Genese, Generator, Genitiv, Generation* etc.).

Durch die bahnbrechenden Neuerungen auf dem Gebiete des Transportwesens und den zunehmenden Wohlstand infolge der Industrialisierung eröffneten sich auch für die breite Masse bislang ungeahnte Möglichkeiten der Mobilität. Vor allem die dampfgetriebene

locomotive

sollte den öffentlichen Verkehr im frühen 19. Jahrhundert revolutionieren (frz. *la locomotive,* aus lat. *loco motivus* = Ortswechsel; vgl. *'locomotion'* = Fortbewegung, *'motion'* = Bewegung, *'motive'* = Beweggrund, *'to move'* = bewegen, umziehen, *'movie'* = Film, d.h. „bewegte Bilder"). Zur Bezeichnung des Eisenbahnzuges bot sich das altbekannte Wort

train

an, das zuvor in der Bedeutung *Schleppe, Gefolge, Tross* benutzt worden war (frz. *le train;* aus lat. *trahere, tractum* = ziehen; vgl. *'to train'* = erziehen, aufziehen, *trainieren; Traktor* = Zugmaschine). Mit Schienen,

rails

(einer Doppelreihe hintereinander verlegter, mit Querbohlen stabilisierter Bretter; vgl. *'railroad'* und *'railway'*), hatte man bislang nicht selten die unbefestigten und verschlammten Stadtstraßen für Wagen und Karren leichter befahrbar gemacht; ursprünglich waren *'rails'* aber Gitterstäbe oder Lattenzäune, wie die Ausdrücke *'hand-rail'* (= Treppengeländer) und *'railing'* (= *Reling* eines Schiffes) noch heute bezeugen (frz. *le rail,* aus lat. *regula* = Messlatte, Lineal; vgl. *'rule', 'ruler'*). Im Übrigen: Können Eisenbahngleise – aus der Vogelperspektive betrachtet – nicht tatsächlich den Eindruck einer endlosen, umgelegten Reling erwecken?

'Trams' (eigentl.: auf Schienen laufende Förderwagen im Bergbau) und *'buses'* (frz. *le bus,* Kurzf. aus lat. *omnibus* = „für alle") erleichterten bald den innerstädtischen Verkehr, bis um die Jahrhundertwende mit dem *'motor car'* ein individuelles Fortbewegungsmittel zur Verfügung stand, das raffiniertes Erdöl, also

petrol (Benzin),

als Kraftstoff benötigte (frz. *le pétrole* = Erdöl, aus lat. *petra* = Fels, *oleum* = Öl; vgl. *'to petrify'* = versteinern, *Petroleum, Petrochemie; Petra* und *Peter* = Kurzf. von *Petrus*).

Die schnelleren Verkehrsmittel und der sich rasch ausweitende Welthandel – vor allem mit den britischen Kolonien – und die Fortschritte in der Kommunikationstechnik hatten die Entfernungen scheinbar schrumpfen lassen, und der höhere Bildungsstand, die verlängerte Freizeit sowie das gestiegene Einkommen hatten die Reiselust der breiten Masse geweckt. Das gebräuchlichste englische Wort für *Reise* ist

travel,

womit für gewöhnlich eine abenteuerliche Auslandsreise, zumindest eine längere Reise gemeint ist, die vor der Zeit des Pauschalurlaubs und Massentourismus sicherlich eine Strapaze gewesen sein muss, wie die Herkunft des Wortes *'travel'* vermuten lässt (frz. *le travail* = Arbeit, Qual, aus lat. *trepalium* = Folterinstrument, „Dreipfahl"). Das Wort

voyage

ist mehr oder weniger als Bezeichnung für eine Seereise reserviert (frz. *le voyage,* altfrz. *le vayage,* aus lat. *via* = Weg und *viaticum* = Reisegeld, Wegzehrung; vgl. *'way'*). Eine Tagesfahrt mit einem festen Ziel auf dem Lande ist eher eine

journey

(frz. *la journée* = Tageslauf, Tagelohn, aus lat. *diurnum* = Tagewerk; vgl. *'journeyman'* = Gehilfe, ursprüngl.: Tagelöhner; *Journal, Journalist*). Noch kürzer und unbeschwerter wäre eine

excursion

(= Ausflug, kleine Wanderung; frz. *l'excursion,* aus lat. *excursio, -nem* = das Hinausgehen; vgl. *Exkurs*), während mit einem *'trip'* gar nur eine Vergnügungstour oder ein Abstecher gemeint ist (vgl. dt. *trippeln*).

Die Körperertüchtigung ist eine der beliebtesten Freizeitbeschäftigungen der Briten, weswegen die meist englischen Bezeichnungen vieler Sportarten international gebräuchlich sind, z.B. *Tennis* (aus dem frz. Imperativ des Verbs *tenir* = halten, fangen; also: *Tenez!* = „Halte! Fange!"), *Soccer* oder *Socker* (= Fußball, von *'to sock'* = hauen, prügeln), *Rugby* oder *Rugger* (Slang = raues „Fußballspiel", bei dem auch das Werfen des Balls mit der Hand erlaubt ist; benannt nach der Schulstadt *Rugby*), *Kricket* (= Spiel mit einem Ball, einem Schläger und einem *Wicket* = dreistäbiges Tor; frz. *le cricket;* vgl. dt. *Krücke*), *Golf* (schott. = Schläger, dem das engl. *'club'* = Keule entspricht), *Hockey* (mögl. aus *'hooky'* = krumm, hakenförmig) und *Polo* (= orient. Reiterballspiel; ind. *polo* = Ball). Dass die Engländer vor allem Rasensportarten so kultiviert haben, hängt sicherlich nicht nur mit dem milden, feuchten Klima zusammen; die Ursache für die typisch englische Parklandschaft mit den nur selten von Baumgruppen unterbrochenen Grünflächen liegt wohl eher an der Insellage Englands, welche die seefahrenden Bewohner schon früh zur Rodung ihrer Wälder für den Schiffsbau verleitete, und an dem hohen frühindustriellen Holzbedarf für Hochöfen, Grubenstempel, Eisenbahnschwellen etc. Zudem glaubte Britannien, mit der Herrschaft über seine vielen, klimatisch günstiger gelegenen Kolonien auf eine eigene Landwirtschaft weit gehend verzichten zu können, sodass riesige Areale unbebaut blieben und für Rasensportarten – selbst solche mit großem Flächenbedarf – zur Verfügung standen.

* * *

4

Der Beitrag anderer Sprachen

Mit einer gewissen Selbstverständlichkeit werden Anglizismen – d.h. englische Wörter und Redewendungen – in fast allen Ländern der Welt benutzt, wenn auch die Aussprache sich zuweilen so verändert hat, dass die zu Grunde liegende englische Bedeutung nicht mehr unmittelbar erkennbar ist. Wer würde schon hinter dem in Ostasien und Westafrika gebräuchlichen *'Pidgin English'* das ursprünglich gemeinte *'Business English'* vermuten?

So international die englische Fachterminologie auf den Gebieten der Wissenschaft und der Hochtechnologie, der Literatur und des Films, des Handels und des Tourismus, der Musik und des Sports auch sein mag, so ist doch der englische Wortschatz selbst reich an Entlehnungen aus den unterschiedlichsten Sprachen, mit denen die Seefahrernation und Kolonialmacht Großbritannien im Laufe der letzten Jahrhunderte in Berührung kam. Darüber hinaus versagte die eigene Sprache häufig bei der Benennung neuzeitlicher Entdeckungen und Erfindungen in naturwissenschaftlichen Disziplinen wie der Chemie, Biologie und Medizin, für deren Bezeichnung in England – mehr noch als im übrigen Westeuropa – das Altgriechische zur unerschöpflichen Quelle wurde.

a) Die Übernahme griechischer Wörter und Präfixe

Zeitgleich mit der in der Reformation gipfelnden Auflehnung gegen die römisch-päpstliche Autorität hatte das Lateinische als Fachsprache des Wissenschaftlers im 16. Jahrhundert an Bedeutung verloren. Für neue, sozusagen synthetische Wortschöpfungen bevorzugte man nun das Vokabular der antiken

Philosophen, wobei allerdings weiterhin lateinische Schreibregeln Anwendung fanden (z.B. Ersatz des griechischen 'κ' durch das lateinische '**c**'). Solche Wortkonstruktionen aus der sprachlichen Retorte sind leicht aufgrund typischer Konsonantenverbindungen wie *'**ph**'* und *'**rh**'* zu identifizieren (Vorsicht: *'**th**'* und *'**y**'* könnten, wie wir gesehen haben, auch aus dem Germanischen bzw. Französischen stammen). Noch eindeutiger weisen bestimmte Wortpräfixe auf einen griechischen Ursprung hin, die zu verstehen äußerst hilfreich sein kann, zumal sie auch in unserer Sprache häufig anzutreffen sind. Selbst wenn eine Vokabel als solche unbekannt sein sollte, signalisiert eine vertraute Vorsilbe zumindest doch die *Bedeutungsrichtung* eines Wortes, das innerhalb des Satzzusammenhanges dann oftmals auf den ersten Blick erraten werden kann. Es erscheint daher lohnenswert, sich die folgenden Präfixe zu Eigen zu machen (und – wenn Sie mögen – nebenbei die griechische Schrift zu erlernen)!

Häufige griechische Vorsilben

(in Klammern: Herkunftshinweise und Assoziationen; englische Wörter in Schrägdruck und Anführungszeichen)

allo- *(ἀλλο-)*	= ***ander-, anders***	*('other', 'different')*

'all|egory' = „anderer Ausdruck", bildliche Darstellung eines abstrakten Begriffs, oft anhand einer Statue, *Allegorie* (aus *allo-* = anders + *agoreúein* = sprechen, reden; vgl. *'allegorical', Agorá* = Markt- und Versammlungsplatz in altgriechischen Städten, *Allotria* = andere, unsinnige Dinge; ↑ *'all|ergy'* und *'par|allel'*)

'all|ergy' = Überempfindlichkeit gegenüber bestimmten Stoffen, *Allergie* (aus *allo-* = anders + *érgon* = Werk, Tatkraft; vgl. *'allergic', 'allergen'* = eine *Allergie* hervorrufender Stoff, *Allergiker; 'energy'* = einem Körper innewohnende Kraft, Arbeit zu verrichten; ↑ *'all|egory', 'allo|pathy'* und *'par|allel'*)

'allo|pathy' = Heilverfahren, das Krankheiten mit entgegengesetzt wirkenden Mitteln zu heilen versucht, *Allopathie* (aus *allo-* = anders + *páthe* = Leid; vgl. *Pathos* = Leidenschaft, *pathetisch, 'patient'* = *Patient,* geduldig; ↑ *'anti|pathy', 'homœo|pathy', 'sym|pathy'* und *'tele|pathy'*)

an- *(ἀ-)*[1]	***= ohne, nicht***	*('without', 'not')*

'an|archy' = Herrschaftslosigkeit (aus *an-* = ohne + *arché* = Herrschaft, Anfang; vgl. *Archäologie, archaisch*; ↑*'aut|archy', 'mon|archy'* und *'tetr|archy'*)

'an|alpha|bet' = ein des Lesens und Schreibens Unkundiger (aus *an-* = ohne + *álpha, bêta* = die ersten beiden Buchstaben des griechischen *Alphabets*)

'an|ec|dote' = kurze, nicht herausgegebene Geschichte mit Pointe, *Anekdote* (aus *an-* = nicht + *ékdotos* = herausgegeben; ↑*'anti|dote'*)

'an|onymous' = ungenannt, *anonym* (aus *an-* ohne + *ónoma* = Name; vgl. *'anonymity'*; ↑*'hom|onym', 'pseud|onym'* und *'syn|onym'*)

ana- *(ἀνα-)*	***= zurück, wieder, auf-***	*('re-', 'back-')*

'ana|baptist' = Wiedertäufer (aus *ana-* = wieder + *báptisma* = Taufe; vgl. *Baptisten,* VN Johann *Baptist* = Johannes der Täufer)

'ana|chronism' = falsche zeitliche Einordnung, *Anachronismus* (aus *ana-* = zurück + *chrónos* = Zeit; vgl. *'chronic'* = *chronisch, 'chronology'* = *chronologische* Anordnung, *Chronologie, 'chronicle'* = Jahrbuch, *Chronik, 'chronicler'* = *Chronist, 'chronometer'* = genau gehende Uhr, Taktmesser, *Chronometer;* ↑*'syn|chronism'*)

'ana|logy' = Entsprechung, *Analogie* (aus *ana-* = wieder + *lógos* = Wort, Lehre; ↑*'apo|logy', 'cata|logue', 'deca|logue', 'dia|logue', 'epi|logue', 'eu|logy', 'mono|logue'* und *'tri|logy'*)

'ana|lysis' = Untersuchung, *Analyse* (aus *ana-* = auf + *lýsis* = Lösung; vgl. *analytisch, 'analyst'* = *Analytiker;* ↑*'cata|lysis', 'dia|lysis'* und *'para|lysis'*)

'ana|tomy' = Zergliederung, Lehre von Form und Körperbau der Lebewesen, *Anatomie* (aus *ana-* = ab + *tomé* = Abschnitt, Schnitt; vgl. *anatomisch*)

---

[1] Da es im Griechischen den Buchstaben ***'h'*** nicht gibt, bestimmt ein nach links oder rechts geöffnetes *Häkchen* über dem jeweiligen Vokal, ob er mit einem ***'h'*** angehaucht wird oder nicht

ἁ- = ***ha-***,
ἀ- = ***a-***.

Ein ***'r'*** am Wortanfang wird dagegen immer aspiriert, also *ῥ* = ***rh*** (vgl. die entsprechenden deutschen Fremdwörter aus dem Griechischen ***Rh**abarber,* ***Rh**apsodie,* ***Rh**euma,* ***Rh**etorik,* ***Rh**inozeros,* ***Rh**ododendron,* ***Rh**ombus,* ***Rh**ythmus*).

anti- *(ἀντι-)*	***= (ent)gegen, wider***	*('contra-', 'counter-')*

'Ant|arctic' = Südpolargebiet, *Antarktis* (aus *anti-* = gegen + *árktos* = Norden, Eisbär; vgl. *Arktis*)

'anti|dote' = Gegengift (aus *anti-* = gegen + *dotós* = gegeben; vgl. *dosieren, Dosis;* ↑*'an|ek|dote'*)

'anti|pathy' = Abneigung, Widerwille (aus *anti-* = gegen + *páthe* = Leid; vgl. *'patient'* = *Patient,* geduldig; ↑*'homœo|pathy', 'sym|pathy'* und *'tele|pathy'*)

'anti|septic' = keimtötend, *antiseptisch* (aus *anti-* = gegen + *sêpsis* = Verwesung, Verfaulung; vgl. *Sepsis* = Blutvergiftung)

'anti|thesis' = Gegenbehauptung, *Antithese* (aus *anti-* = gegen + *thésis* = Stellung, Satz; vgl. *'thesis'* = Leitsatz, *These;* ↑*'hypo|thesis', 'meta|thesis', 'par|en|thesis'* und *'syn|thesis'*)

apo- *(ἀπο-)*	***= weg, ab***	*('away', 'off-')*

'Apo|calypse' = Offenbarung des Johannes über das Weltende, *Apokalypse* (aus *apo-* = ab + *kalýptein* = decken)

'apo|logy' = Entschuldigung (aus *apo-* = weg + *lógos* = Wort, Rede; vgl. *'to apologise';* ↑*'ana|logy', 'cata|logue', 'deca|logue', 'dia|logue', 'epi|logue', 'eu|logy', 'mono|logue'* und *'tri|logy'*)

'apo|stle' = *Apostel* (aus *apo* = weg + *stéllein* = senden, schicken; vgl. *'epistle'* = Sendschreiben, *Apostelbrief* im Neuen Testament)

'apo|strophe' = Auslassungszeichen, *Apostroph* (aus *apo* = weg + *strophé* = Wendung, Drehung; vgl. *Strophe;* ↑*'cata|strophe'*)

'apo|thecary' = *Apotheker* (aus *apo* = weg + *théke* = Lade, Kasten, Aufbewahrungsort; vgl. *Apotheke, Hypothek, Theke*)

auto- *(αὐτο-)*	***= selbst, von selbst***	*('self-')*

'aut|archy' = wirtschaftliche Unabhängigkeit, *Autarkie* (aus *auto-* = selbst + *arché* = Herrschaft, Anfang; vgl. *autark, archaisch, Archäologie, Architekt;* ↑*'an|archy', 'mon|archy'* und *'tetr|archy'*)

'auto|genous' = selbsttätig, ursprünglich, *autogen* (aus *auto-* = selbst + *génesis* = Entstehung; vgl. *autogenes* Training, *Genesis, Genetik;* ↑ *'hetero|geneous'* und *'homo|geneous'*)

'auto|matic' = selbsttätig, *automatisch* (aus *auto-* = selbst + *mêtis* = Klugheit; vgl. *'automat', 'automation', 'automobile'; 'au**th**entic'* = echt, verbürgt, *authentisch, 'au**th**or'* = Verfasser, *Autor*)

'auto|nomy' = Eigengesetzlichkeit, *Autonomie* (aus *auto-* = selbst + *nómos* = Gesetz; vgl. *autonom;* ↑ *'auto|genous'* und *'iso|nomy'*)

'aut|opsy' = „eigenes Sehen", Leichenöffnung (aus *auto-* = selbst + *ópsis* = Anblick, Sicht; vgl. *'optics'* = *Optik, 'optician'* = *Optiker, 'optical'* = *optisch*)

'auto|gram' = eigenhändige Unterschrift einer bekannten Persönlichkeit, *Autogramm* (aus *auto-* = selbst + *grámma* = Schrift; ↑ *'dia|gram', 'epi|gram', 'mono|gram', 'tele|gram'* und *'tetra|gram'*)

cata- *(κατα-)*	= ***(hin)unter***	*('de-', 'down-')*

'cat|hedral' = bischöfliche oder erzbischöfliche Hauptkirche, *Kathedrale* (aus *kata-* = hinunter + *hédra* = Sitz; vgl. *Katheder* = Lehrpult, Lehrstuhl)

'cat|holic' = „alle betreffend", *katholisch* (aus *kata-* = hinunter + *hólos* = ganz; vgl. *'whole', 'holocaust'* = „Ganzverbrennung", *Holographie* = dreidimensionale Wiedergabe von Bildern)

'cata|logue' = Verzeichnis, *Katalog* (aus *kata-* = untereinander + *lógos* = Wort; ↑ *'ana|logy', 'apo|logy', 'deca|logue', 'dia|logue', 'epi|logue', 'eu|logy', 'mono|logue'* und *'tri|logy'*)

'cata|lysis' = Auflösung, *Katalyse* (aus *kata-* = herunter + *lýsis* = Lösung; vgl. *Katalysator;* ↑ *'ana|lysis', 'dia|lysis'* und *'para|lysis'*)

'cata|pult' = antike Wurfmaschine, *Katapult* (aus *kata-* = hinunter + *pállein* = schwingen; vgl. *katapultieren*)

'cata|ract' = Wasserfall, *Katarakt* (aus *kata-* = hinunter + *rháttein* = stoßen, stürzen)

'cata|rrh' = Schnupfen, *Katarrh* (aus *kata-* = hinunter + *rheîn* = fließen; vgl. *Kater* = Folge übermäßigen Alkoholgenusses, *Rhein* = Fluss; ↑ *'dia|rrhœa'*)

'cata|strophe' = Wendung zum Schlimmen, *Katastrophe* (aus *kata-* = hinunter + *strophé* = Wendung; vgl. *Strophe;* ↑ *'apo|strophe'*)

dia- [ai] *(δια-)*	= ***durch, hindurch***	*('per-', 'through-')*

'dia|gonal' = „durch die Ecken" laufend (aus *dia-* = durch + *góny* = Ecke, Knie; ↑ *'hepta|gon', 'hexa|gon', 'octo|gon', 'penta|gon'* und *'tetra|gon'*)

'dia|gnosis' = Krankheitserkennung durch bloßen Augenschein, *Diagnose* (aus *dia-* = durch + *gnôsis* = Erkenntnis; vgl. *Diagnostik*)

'dia|gram' = zeichnerische Darstellung von errechneten Werten, *Diagramm* (aus *dia-* = durch + *grámma* = Schrift, Zeichen; ↑ *'auto|gram', 'epi|gram', 'mono|gram', 'tele|gram'* und *'tetra|gram'*)

'dia|lect' = Mundart, Ausdrucksweise, *Dialekt* (aus *dia-* = durch + *léxis* = Redeweise; vgl. *Lexikon*)

'dia|logue' = Wechselrede, *Dialog* (aus *dia-* = durch + *lógos* = Wort, Rede; ↑*'ana|logy', 'apo|logy', 'cata|logue', 'deca|logue', 'epi|logue', 'eu|logy', 'mono|logue'* und *'tri|logy'*)

'dia|lysis' = chemische Trennung, Blutwäsche durch eine künstliche Niere, *Dialyse* (aus *dia-* = durch + *lýsis* = Lösung; ↑*'ana|lysis', 'cata|lysis', 'dia|lysis'* und *'para|lysis'*)

'dia|meter' = Durchmesser (aus *dia-* = durch + *métron* = Maß; vgl. *diametral* entgegengesetzt; ↑*'para|meter'* und *'sym|metry'*)

'dia|rrhœa' = Durchfall, *Diarrhö* (aus *dia-* = durch + *rheîn* = fließen; vgl. *Rhein* = Fluss, Strom; ↑*'cata|rrh'*)

'Dia|spora' = „zerstreute" Gebiete religiöser Minderheiten (aus *dia-* = hindurch + *speírein* = streuen; vgl. *'to spray'* = sprühen, *'hair spray', 'to spread'* = ausbreiten, *sporadisch* = verstreut, gelegentlich, *Sporen* = Samenzellen von Pflanzen)

epi- *(ἐπι-)*	= ***darüber, auf***	*('sur-', 'on-', 'over-')*

'epi|centre' = senkrecht über einem Erdbebenherd liegendes Gebiet auf der Erdoberfläche, *Epizentrum* (aus *epi-* = darüber + *kéntron* = Stachel, Mitte, lat. *centrum;* vgl. *zentral, Zentrum*)

'epi|demic' = Massenerkrankung, Volksseuche, *Epidemie* (aus *epi-* = über + *dêmos* = Volk; vgl. *epidemisch,* also „über das ganze Volk kommend")

'epi|logue' = Nachwort, *Epilog* (aus *epi-* = darauf + *lógos* = Wort, Rede; vgl. *'prologue'* = Vorwort; ↑*'ana|logy', 'apo|logy', 'cata|logue', 'deca|logue', 'dia|logue', 'epi|logue', 'eu|logy', 'mono|logue'* und *'tri|logy'*)

'epi|scopal' = bischöflich (aus *epi-* = auf + *skopós* = Späher, Seher; vgl. *Episkopat* = Gesamtheit der Bischöfe*, 'bishop'* = *Bischof,* „Aufseher", und gleichbedeutend lat. *inspector*)

eu- [ju] *(εὐ-)*[1]	= ***gut, wohl***	*('bene-', 'well-')*

'Eu|charist' = Abendmahl (aus *eu-* = gut + *cháris* = Gunst, Dank; vgl. *Eucharistie, Charisma*)

'ev|angelical' = evangelisch (aus *eu-* = gut + *ángelos* = der Bote, *Engel;* vgl. *Evangelium* = frohe Botschaft, *Los Angeles* und den VN *Angela*)

---

1 Im modernen Griechisch wird *'υ'* wie *'v'* gesprochen, also ***'eu'*** = ***'ev'***.

'eu|logy' = Lobrede (aus *eu-* = gut + *lógos* = Wort, Rede; ↑ *'ana|logy', 'apo|logy', 'cata|logue', 'deca|logue', 'dia|logue', 'epi|logue', 'mono|logue'* und *'tri|logy'*)

hemi- *(ἡμι-)*	= ***halb***	*('semi-', 'half-')*

'hemi|sphere' = (Erd-)Halbkugel, *Hemisphäre* (aus *hemi-* = halb + *sphaîra* = Kugel, Bereich; vgl. *Atmosphäre* = *Atem*-Raum)
'hemi|cycle' = Halbkreis (aus *hemi-* = halb + *kýklos* = Kreis; vgl. *'bicycle'*; ↑ *'tri|cycle'*)

hetero- *(ἑτερο-)*	= ***anders***	*('diverse', 'other')*

'hetero|geneous' = anders geartet, *heterogen* (aus *hetero-* = anders + *génos* = Geschlecht, Gattung; vgl. *Genese,* = Entstehung, *Genetik,* VN *Eugen* = Wohlgeborener; ↑ *'auto|genous', 'hetero|sexual'* und *'homo|geneous'*)
'hetero|sexual' = andersgeschlechtlich, *heterosexuell* (aus *hetero-* = anders + lat. *sexus* = Geschlecht; ↑ *'homo|sexual'*)

homo- *(ὁμο-)*	= ***gleich***	*('equal', 'same')*

'homœo|pathy' = Heilverfahren, bei dem Kranke mit stark verdünnten Mitteln behandelt werden, die unverdünnt bei Gesunden ähnliche Krankheitserscheinungen hervorrufen würden, *Homöopathie* (aus *homoîos* = gleich, ähnlich + *páthos* = Leid; vgl. *'patient'* = *Patient;* ↑ *'allo|pathy', 'anti|pathy', 'sym|pathy'* und *'tele|pathy'*)
'homo|geneous' = gleich geartet, einheitlich, *homogen* (aus *homo-* = gleich + *génos* = Geschlecht, Gattung; ↑ *'hetero|geneous'*)
'homo|sexual' = gleichgeschlechtlich, *homosexuell* (aus *homo-* = gleich + lat. *sexus* = Geschlecht; ↑ *'hetero|sexual'*)
'hom|onym' = Wort, das wie ein anderes geschrieben und gesprochen wird, aber nicht die gleiche Bedeutung hat, *Homonym* (aus *homo-* = gleich + *ónoma* = Name; ↑ *'an|onymous', 'pseud|onym'* und *'syn|onym'*)

hyper- [ai] *(ὑπερ-)*	= ***über, darüber***	*('super-', 'above')*

'hyper|bole' = Übertreibung, *Hyperbel* (aus *hyper-* = über + *bolé* = Wurf; vgl. *Böller, Ball, Ballistik* = Lehre von der Flugbahn der Geschosse, *parabol;* ↑ *'para|ble'* und *'sym|bol'*)

hypo- [ai] *(ὑπο-)*	= ***unter, darunter***	*('sub-', 'under-')*

'hypo|chondria' = eingebildetes Kranksein, *Hypochondrie* (aus *hypo-* = unter + *chóndros* = Brustknorpel, unterhalb dessen die „Krankheit" empfunden wird; vgl. *'hypo|chondriac'* = eingebildeter Kranker, *Hypochonder*)

'hypo|crite' = Heuchler (aus *hypo-* = unter + *krités* = Richter, *hypocrités* = Schauspieler; vgl. *'hypo|crisy'* = Heuchelei, *'hypo|critical'* = heuchlerisch, *'critic'* = *Kritiker, 'criticism'* = *Kritik*)

'hypo|thesis' = Vorentwurf für eine Theorie, Unterstellung, *Hypothese* (aus *hypo-* = unter + *thésis* = Stellung, Satz; ↑*'anti|thesis', 'meta|thesis', 'par|en|thesis'* und *'syn|thesis'*)

iso- *(ἰσο-)*	= ***gleich***	*('equal', 'same')*

'iso|bar' = Verbindungslinie zwischen Orten gleichen Luftdrucks, *Isobare* (aus *iso-* = gleich + *barýs* = schwer, drückend; vgl. *Barometer*)

'iso|therm' = Verbindungslinie zwischen Orten gleicher Temperatur, *Isotherme* (aus *iso-* = gleich + *thérme* = Wärme, Hitze; vgl. *Thermalbad, Thermometer, Thermosflasche*)

'iso|nomy' = Gleichheit vor dem Gesetz, *Isonomie* (aus *iso-* = gleich + *nómos* = Gesetz; vgl. *autonom, Autonomie;* ↑*'auto|nomy'*)

meta- *(μετα-)*	= ***herum, mit, nach***	*('after-', 'around')*

'meta|morphosis' = Umgestaltung, Verwandlung, *Metamorphose* (aus *meta-* = um + *morphé* = Gestalt; vgl. *'morphology'* = Formenlehre; *Morpheus* = altgriech. Gott der Träume, daher *'morphine'* = *Morphium;* ↑*'di|morphous'*)

'meta|phor' = übertragener bildlicher Ausdruck, sprachliches Bild, *Metapher* (aus *meta-* = um + *phérein* = tragen; vgl. *Amphore* = antikes zweihenkliges Gefäß, *Phosphor* = Lichtträger, Feuerträger; VN *Christopher* = Christusträger)

'meta|physics' = Lehre vom hinter der sinnlich erfahrbaren, natürlichen Welt Liegenden, *Metaphysik* (aus *meta-* = nach + *phýsis* = Natur; vgl. *'metaphysician'* = *Metaphysiker, 'physics'* = Naturlehre, *Physik, 'physical'* = naturwissenschaftlich, körperlich, *physikalisch, 'physician'* = Arzt, *'physicist'* = *Physiker*)

'meta|stasis' = „Umstellung", Veränderung, Tochtergeschwulst, *Metastase* (aus *meta-* = herum + *stásis* = Standort; vgl. VN *Anastasia* aus *ana|stasis* = Auferstehung)

'meta|thesis' = Lautumstellung innerhalb eines Wortes, z.B. „Born" statt „Bronn" (aus *meta-* = um + *thésis* = Stellung, Satz; ↑ *'anti|thesis', 'hypo|thesis'* und *'syn|thesis'*)

'met|eor' = Lufterscheinung, Feuerkugel, *Meteor* (aus *meta-* = herum + aér = Luft; vgl. *'air'*)

'met|hod' = planmäßiges Vorgehen, *Methode* (aus *meta-* = nach + *hodós* = Weg; vgl. *'methodical', 'Methodist'*; ↑ *'peri|od'*)

ortho- *(ὀρθο-)*	= ***richtig, recht-***	*('right', 'correct')*

'ortho|graphy' = Rechtschreibung, *Orthographie* (aus *ortho-* = richtig + *graphé* = Schrift, Schriftbild, Umriss; vgl. *'graphical'* = *graphisch, 'graphite'* = schwarzes Schreibmineral aus Kohlenstoff in Bleistiften, *Graphit;* ↑ *'para|graph'*)

'ortho|dox' = rechtgläubig, *orthodox* (aus *ortho-* = recht + *dóxa* = Meinung; vgl. *'orthodoxy'* = Rechtgläubigkeit, *Orthodoxie, orthodoxe* Kirche, *Dogma* = religiöser Glaubenssatz; ↑ *'para|dox'*)

'ortho|paedy' = Behandlung kranker Bewegungsorgane (aus *ortho-* = richtig + *pedân* = hüpfen, springen; vgl. *'orthopaedist'* = *Orthopäde*)

pan- *(παν-)*	= ***all(e), voll, ganz***	*('all-', 'full-')*

'pan|creas' = Bauchspeicheldrüse (aus *pan-* = ganz + *kréas* = Fleisch; vgl. auch lat. *creare* = erschaffen, *'to create', 'creation', 'creator' 'creature'*)

'pan|demonium' = „Reich der bösen Geister", Höllenlärm (aus *pan-* = alle + *daímon* = Geist; vgl. *Dämonen*)

'pan|oply' = vollständige Rüstung (aus *pan-* = ganz + *hóplon* = Rüstung; vgl. *Hopliten* = Schwerbewaffnete im alten Griechenland)

'pan|opticon' = Sammlung von Sehenswürdigkeiten oder Kuriositäten, *Panoptikum* (aus *pan-* = alle + *ópsis* = Ansicht, Wahrnehmung; vgl. *'optics'* = *Optik, 'optician'* = *Optiker*)

'pan|orama' = „Allschau", Rundblick, *Panorama* (aus *pan-* = ganz + *hórama* = Anblick; vgl. *'panoramic view'*)

'pan|theism' = „Allgottlehre", nach der Gott und die Welt identisch sind (aus *pan-* = alles + *theós* = Gott; vgl. *'theology', 'theological',* VN *Theodor, Dorothea* = Geschenk Gottes; ↑ *'mono|theism'*)

'panto|mime' = stummes Gebärdenspiel; Darsteller einer *Pantomime* (aus *panto-* = alles + *mímema* = Schauspiel bzw. *mimetés* = Nachahmer; vgl. *'mime'* = *Mime,* Possenreißer, *'to mimic'* = nachahmen, *mimen, 'mimicry'* = Nachäfferei; *Mimik* = Gebärdensprache, *Mimose* = „Gaukler-" oder „Affenblume")

para- *(παρα-)*[1]	= ***(da)neben, jenseits***	*('alongside')*

'para|ble' = lehrhafte Dichtung, Gleichnis, *Parabel,* eigentl.: „Abweichung" (aus *para-* = neben + *bolé* = Wurf; vgl. *Parabolspiegel, Parabolantenne;* ↑ *'hyper|bole', 'para|ble'* und *'sym|bol'*)

'para|dentosis' = Zahnfleischschwund, *Parodontose* (aus *para-* = neben + *odoús* = Zahn; vgl. *'tooth'; Dentist*)

'para|dox' = Widerspruch in sich, *Paradoxon* (aus *para-* = daneben, vorbei + *dóxa* = Meinung, Beschluss; vgl. *Dogma* = kirchliche Lehrmeinung; ↑ *'ortho|dox'*)

'para|graph' = §-Zeichen neben nummerierten Textabschnitten (aus *para-* = neben + *gráphein* = schreiben; ↑ *'ortho|graphy'*)

'par|allel' = in gleichem Abstand nebeneinander verlaufend, *parallel* (aus *para-* = neben + *allélon* = einander, von *állos* = anderer; vgl. *Parallele, Parallelogramm; Allotria* = „abwegige Dinge", Lärm, Tumult; ↑ *'all|egory'* und *'all|ergy'*)

'para|meter' = kennzeichnende veränderliche Größe in technischen und wirtschaftlichen Prozessen, *Parameter* (aus *para-* = neben + *métron* = Maß; vgl. *Meter;* ↑ *'dia|meter'* und *'sym|metry'*)

'para|lysis' = Lähmung (aus *para-* = jenseits von + *lýsis* = Lösung; vgl. *'to paralyse'* = lähmen, *'paralytic'* = gelähmt, Gelähmter; ↑ *'ana|lysis', 'cata|lysis'* und *'dia|lysis'*)

'para|noia' = Wahnsinn (aus *para-* = jenseits von + *nóos* = Verstand)

'para|phrase' = Umschreibung mit anderen Wörtern, *Paraphrase* (aus *para-* = neben + *phrázein* = anzeigen, meinen, ersinnen; vgl. *'phrase'* = Redewendung; *Fratze*)

'para|site' = Tischgenosse, Mitesser, Schmarotzer, *Parasit* (aus *para-* = neben + *sîtos* = Brot, Speise; vgl. *'parasitic'*)

'par|en|thesis' = Redeteil zwischen Gedankenstrichen, *Parenthese* (aus *para-* = neben + *en* = im + *thésis* = Satz, Stellung; vgl. *These;* ↑ *'anti|thesis', 'hypo|thesis', 'meta|thesis'* und *'syn|thesis'*)

'par|ish' = Pfarrgemeinde (aus *para-* = neben + *oîkos* = Haus, Wohnbereich; vgl. *'parishioner'* = Gemeindemitglied, *Pfarrer; Ökologie, Ökonomie;* ↑ *'di|ocese'*)

'par|ody' = komische Umbildung eines ernsten Werkes, *Parodie* (aus *para-* = neben + *odé* = Gesang, Gedicht; vgl. *Ode, 'rhapsody';* ↑ *'met|hod'*)

---

[1] Eine zweite Vorsilbe ***'para-'*** mit der Bedeutung ***gegen*** entstammt dem lateinischen Verb *parare* = abwehren, *parieren* (vgl. *'parachute'* = Fallschirm, *'parapluie'* = Regenschirm, *'parasol'* = Sonnenschirm und *'paravent'* = Windschirm).

peri- *(περι-)* = ***rundum, herum*** *('around', 'about')*

'peri|od' = Zeitabschnitt, *Periode* (aus *peri-* = herum + *hodós* = Weg, Reise; vgl. *'periodical'* = Zeitschrift, *periodisch;* ↑ *'met|hod'*)

'peri|phery' = Rand, Randgebiet, *Peripherie* (aus *peri-* = herum + *phérein* = tragen; vgl. *'peripheric'* = *peripher*)

'peri|scope' = ausfahrbares Sehrohr für U-Boote, mit dem man „um die Ecke sehen" kann, *Periskop* (aus *peri-* = herum + *skopeîn* = betrachten, spähen; vgl. *'microscope';* ↑ *'tele|scope'*)

poly- *(πολυ-)* = ***viel, viele*** *('much', 'many')*

'poly|chrome' = Vielfarbigkeit, bunte Bemalung, *Polychromie* (aus *poly-* = viel + *chrôma* = Farbe; vgl. *Chrom;* ↑ *'mono|chrome'*)

'poly|gamy' = Vielweiberei, *Polygamie* (aus *poly-* = viel + *gámos* = Heirat, Ehe; vgl. *'polygamous', polygam;* ↑ *'mono|gamy'*)

'poly|glot' = vielsprachig, *polyglott* (aus *poly-* = viel + *glôssa / glôtta* = Zunge; vgl. *Glossar* = Wörterverzeichnis mit Erklärungen)

'poly|technic' = mehrere Zweige der Technik umfassend, *polytechnisch* (aus *poly-* = viel + *téchne* = Kunst, Wissenschaft; vgl. *Polytechnikum* = technische Hochschule)

'poly|gon' = Vieleck, *Polygon* (aus *poly-* = viel + *góny* = Knie, Ecke; ↑ *'dia|gonal', 'hepta|gon', 'hexa|gon', 'octo|gon', 'penta|gon'* und *'tetra|gon'*)

'poly|pus' = Tintenfisch, Krake, *Polyp* (aus *poly-* = viel + *poús, podós* = Fuß; ↑ *'octo|pus'*)

'poly|theism' = Vielgötterei, *Polytheismus* (aus *poly-* = viel + *theós* = Gott; vgl. *'atheism'* = Gottesleugnung, *'theology';* ↑ *'mono|theism'* und *'pan|theism'*)

proto- *(πρωτο-)* = ***zuerst, vor*** *('first')*

'prot|agonist' = „erster Schauspieler", Hauptdarsteller, *Protagonist* (aus *proto-* = zuerst + *agonistés* = Wettkämpfer, Anwalt, Redner)

'proto|col' = schriftliche Zusammenfassung, förmliche Niederschrift, *Protokoll* (aus *proto-* = vor + *kólla* = Leim; *protókollon* = ursprünglich den Papyrusrollen „vorgeleimtes" Blatt mit Angaben über die Entstehung und den Verfasser des Textes; vgl. *Collage* = aus buntem Papier geklebtes Bild)

'proto|n' = positiv geladenes Teilchen im Atomkern, *Proton* (aus *prôton* = das Erste)

'proto|plasm' = Lebenssubstanz der Zellen, *Protoplasma* (aus *proto-* = zuerst + *plásma* = Gebilde; vgl. *Blutplasma*)

'proto|type' = Urbild, erste Ausführung, Muster, *Prototyp* (aus *proto-* = zuerst + *týpos* = Gestalt, Vorbild; vgl. *'type'* = *Typ, 'to type'* = „tippen", Maschine schreiben, *'typist'* = Stenotypistin)

pseudo- [sju] *(ψευδο-)*	= ***falsch, vorgetäuscht***	*('false')*

'pseud|onym' = „falscher Name", Künstlername, Deckname, *Pseudonym* (aus *pseudo-* = falsch + *ónoma* = Name; vgl. *'pseudonymity'* = Verwendung eines *Pseudonyms, 'pseudonymous'* = *pseudonym;* ↑ *'an|onymous'* und *'an|onymity'*)

'pseudo|scientific' = nur vorgeblich wissenschaftlich, *pseudowissenschaftlich* (aus *pseudo-* = vorgetäuscht + lat. *scientia* = Wissen; vgl. *'science'* = Wissenschaft)

'pseudo|religion' = Scheinreligion (aus *pseudo-* = vorgetäuscht + lat. *religio* = Verpflichtung, Bund zwischen Mensch und Gott, lat. *religare* = anbinden; vgl. *Liga* = Verbund)

sym-, syn- *(συμ-, συν-)*	= ***zusammen, mit***	*('com-', 'con-')*

'sym|bol' = Wahrzeichen, stellvertretendes Sinnbild für einen anderen, nicht wahrnehmbaren geistigen Sachverhalt, *Symbol* (aus *sym-* = zusammen + *bállein* = werfen; vgl. *'symbolic'* = *symbolisch, Ball, Ballistik;* ↑ *'para|ble'* und *'para|bole'*)

'sym|metry' = Gleichmaß, Ebenmaß (aus *sym-* = zusammen + *métron* = Maß; vgl. *'symmetrical'* = symmetrisch; ↑ *'dia|meter'* und *'para|-meter'*)

'sym|pathy' = „Mitgefühl", Sympathie (aus *sym* = mit + *páthos* = Gefühl; vgl. *'sympathetic'* = *sympathisch,* mitfühlend; ↑ *'allo|pathy', 'anti|pathy', 'homœo|pathy'* und *'tele|pathy'*)

'sym|phony' = „Zusammenklang", *Symphonie* (aus *sym-* = zusammen + *phoné* = Stimme, Klang; vgl. *'symphonic'* = *symphonisch, 'phonetic'* = lautlich, *Phon, Grammophon, Xylophon* = Schlaginstrument, bei dem Holzstäbchen mit zwei Klöppeln zum Klingen gebracht werden; ↑ *'tele|phone'*)

'sym|posium' = „Trinkgelage", Diskussionstagung von Wissenschaftlern (aus *sym-* = zusammen + *pósis* = Gelage, Trank; vgl. *'poison'* = Gifttrank)

'sym|ptom' = „Zusammenfall", Anzeichen, Vorbote, Warnzeichen, *Symptom* (aus *sym-* = zusammen + *ptôma* = Fall; vgl. *'symptomatic'* = *symptomatisch*)

'syn|agogue' = jüdisches Gotteshaus, *Synagoge* (aus *syn-* = zusammen + *agogé* = Führung; vgl. *'pedagogue'*, aus *paîs, paidós* = Kind, Knabe + *agogós* = Führer)

'syn|chronism' = Gleichzeitigkeit (aus *syn-* = zus. + *chrónos* = Zeit; vgl. *'synchronical', 'to synchronise' = synchronisieren, 'synchronisation', 'chronical', 'chronology', Chronik;* ↑ *'ana|chronism'*)

'syn|dicate' = Unternehmerverband, Verkaufskartell, *Syndikat* (aus *syn-* = zusammen + *díke* = Recht, Gewohnheit; vgl. *Syndikus*)

'syn|drome' = „Zusammenlaufen", Krankheitsbild mit unterschiedlichen Symptomen, *Syndrom* (aus *syn-* = zus. + *drómos* = Lauf; vgl. *'dromedary' = Dromedar, 'hippodrome'* = Pferderennbahn)

'syn|onym' = Wort mit ähnlicher oder gleicher Bedeutung (aus *syn-* = zusammen + *ónoma* = Name, Wort; ↑ *'an|onymous', 'pseud|onym'*)

'syn|opsis' = „Zusammenschau", vergleichende Übersicht, *Synopse* (aus *syn-* = zusammen + *ópsis* = Anblick, Sicht; vgl. *'optic' = optisch, 'optician' = Optiker;* ↑ *'aut|opsy'*)

'syn|tax' = Wortfügung, Satzgefüge, *Syntax* (aus *syn-* = zusammen + *táxis* = Ordnung; vgl. *'tax'* = Steuer, Gebühr, *'to tax' = taxieren, Taxe* = Gebührenordnung, *'taxi'*)

'syn|thesis' = Zusammenfügung, *Synthese* (aus *syn-* = zusammen + *thésis* = Stellung, Satz; vgl. *'synthetics'* = Kunststoffe; *synthetisch;* ↑ *'anti|thesis', 'hypo|thesis', 'meta|thesis'* und *'par|en|thesis'*)

tele- *(τηλε-)* = ***fern, weit weg*** *('far-', 'far off')*

'tele|phone' = Fernsprecher, *Telephon* (aus *tele-* = fern + *phoné* = Ton, Klang; vgl. *'telephonist', Phonetik* = Lautlehre; ↑ *'sym|phony'*)

'tele|gram' = *telegraphisch* übermittelte Nachricht, *Telegramm* (aus *tele-* = fern + *grámma* = Schrift; vgl. *'grammar' = Grammatik; Piktogramm* = Bildsymbol mit internat. festgelegter Bedeutung; ↑ *'auto|-gram', 'dia|gram', 'epi|gram', 'mono|gram'* und *'tetra|gram'*)

'tele|kinesis' = „Fernbewegung" von Gegenständen durch ein Medium, *Telekinese* (aus *tele-* = fern + *kínema* = Bewegung; vgl. *'cinema' = Kino*)

'tele|pathy' = „Fernfühlen", *Telepathie* (aus *tele-* = fern + *páthos* = Gefühl; vgl. *'pathetic'* = gefühlvoll, *pathetisch;* ↑ *'allo|pathy', 'anti|pathy', 'homœo|pathy'* und *'sym|pathy'*)

'tele|scope' = Fernrohr, *Teleskop* (aus *tele-* = fern + *skopeîn* = sehen; vgl. *'scope'* = Ziel, Gesichtskreis, geistiger Horizont, *'microscope';* ↑ *'peri|scope'*)

'tele|vision' = Fernsehen, *Television* (aus *tele-* = fern + lat. *visio* = Anblick; vgl. *'vision'* = Erscheinung, *Vision, 'visit'* = Besuch, *Visite*)

Ebenfalls erwähnenswert sind die griechischen Zahlwörter, die als Präfixe den künstlichen, neuzeitlichen Wortschöpfungen eine abgewandelte Bedeutung verleihen. Da sie in ähnlicher Form auch bei uns gebräuchlich sind, bieten die folgenden Beispiele viele Assoziationen zum erfolgreichen Lernen.

Griechische Zahlwörter als Präfixe

(in Klammern: Herkunftshinweise und Assoziationen; englische Wörter in Schrägdruck und Anführungszeichen)

(1) **mono-** *(μονο-)* = ***einzeln, allein*** *('alone', 'single')*

'mon|archy' = „Alleinherrschaft", *Monarchie* (aus *mono-* = allein + *arché* = Herrschaft, Anfang; vgl. *'monarch', 'monarchist', 'archæology'; ↑ 'an|archy', 'aut|archy'* und *'tetr|archy'*)

'mon|astery' = Kloster, lat. *monasterium* (aus *monázein* = allein leben: *mono-* = allein + *zoé* = Leben; vgl. *'monk' = Mönch; Zoologie, Zoo*)

'mono|chrome' = einfarbiges Gemälde (aus *mono-* = einzeln + *chrôma* = Farbe; vgl. *Chrom; ↑ 'poly|chrome'*)

'mon|ocle' = „Einglas", *Monokel* (aus *mono-* = allein + lat. *oculus* = Auge; vgl. *'binocular'* = Feldstecher, Operngias, *Okular* = Augenlinse eines optischen Gerätes)

'mono|culture' = Anbau nur einer Nutzpflanze, *Monokultur* (aus *mono-* = allein + lat. *cultura* = Anbau; vgl. *'agriculture'*)

'mono|gamy' = Einehe, *Monogamie* (aus *mono-* = einzeln + *gámos* = Heirat, Ehe; vgl. *monogam; ↑ 'poly|gamy'*)

'mono|gram' = „Einzelbuchstaben", künstlerisch gestaltete Anfangsbuchstaben des Vor- und Nachnamens, *Monogramm* (aus *mono-* = allein + *grámma* = Buchstabe, Schrift; vgl. *'monography'; ↑ 'auto|gram', 'dia|gram', 'epi|gram', 'tele|gram'* und *'tetra|gram'*)

'mono|lith' = Säule oder Denkmal aus einem einzeln stehenden Steinblock, *Monolith* (aus *mono-* = allein + *líthos* = Stein; vgl. *Lithographie* = Steindruck)

'mono|logue' = längeres Selbstgespräch, *Monolog* (aus *mono-* = allein + *lógos* = Wort, Rede; *↑ 'ana|logy', 'apo|logy', 'cata|logue', 'deca|logue', 'dia|logue', 'epi|logue', 'eu|logy'* und *'tri|logy'*)

'mono|poly' = alleiniger Anspruch auf Herstellung und Verkauf eines Produkts, *Monopol* (aus *mono-* = allein + *poleîn* = verkaufen; vgl. *Monopolist, monopolistisch* = auf Marktbeherrschung und Höchstgewinnerzielung ausgehend)

'mono|theism' = Eingottglaube, *Monotheismus* (aus *mono-* = einzeln + *theós* = Gott; vgl. die drei *monotheistischen Religionen:* Judentum, Christentum und Islam; ↑ *'poly|theism'*)
'mono|tone' = eintönige Wiederholung, Einerlei, *Monotonie* (aus *mono-* = allein + *tónos* = Ton, Spannung; vgl. *'monotonous'* = *monoton*)

(2) **di-** [ai/i] *(δι-)* = ***doppelt, zwei-*** *('bi-', 'double')*

'di|lemma' = Qual der Wahl zwischen zwei Dingen, *Dilemma* (aus *di-* = zwei + *lêmma* = Gewinn, Vorteil)
'di|ocese' = Amtsgebiet eines katholischen Bischofs, *Diözese* (aus *di-* = zwei + *oikeîn* = verwalten, bewohnen; ↑ *'par|ish'*)
'di|ploma' = „zweifach Gefaltetes", Urkunde über eine Auszeichnung oder eine abgelegte Prüfung, *Diplom* (aus *diploûs* = zweifach gefaltet; vgl. *'diplomacy' = Diplomatie, 'diplomat'* und *'diplomatic'*)
'di|morphous' = „zweigestaltig", in zwei Formen auftretend, *dimorph* (aus *di-* = zwei + *morphé* = Gestalt; vgl. *'morphology'* = Formenlehre; ↑ *'meta|morphosis'*)

(3) **tri-** [ai/i] *(τρι-)* = ***dreifach, drei-*** *('triple')*

'tri|cycle' = Dreirad (aus *tri-* = drei + *kýklos* = Kreis; vgl. *'bicycle'* = Zweirad, Fahrrad; ↑ *'hemi|cycle'*)
'tri|logy' = drei zusammengehörende Buchbände, *Trilogie* (aus *tri-* = drei + *lógos* = Wort, Rede; ↑ *'ana|logy', 'apo|logy', 'cata|logue', 'deca|logue', 'dia|logue', 'epi|logue', 'eu|logy'* und *'mono|logue'*)
'tri|pod' = dreifüßiges Gestell (aus *tri-* = drei + *poús, podós* = Fuß; vgl. *'antipodes'* = „Gegenfüßler", *Antipoden*: Menschen auf der gegenüberliegenden Seite der Erde; ↑ *'hexa|pod', 'octo|pus'* und *'poly|pus'*)

(4) **tetra-** *(τετρα-)* = ***vierfach, vier-*** *('fourfold', 'quadruple')*

'tetra|gon' = Viereck (aus *tetra-* = vier + *góny* = Ecke; ↑ *'dia|gonal', 'hepta|gon', 'hexa|gon', 'octo|gon', 'penta|gon', 'poly|gon'*)
'tetr|archy' = im Altertum Herrschaft über den vierten Teil eines Landes (aus *tetra-* = vier + *arché* = Herrschaft; vgl. *'tetrarch'*; ↑ *'an|-archy', 'aut|archy'* und *'mon|archy'*)
'tetra|gram' = Bezeichnung für die vier hebräischen Buchstaben des Gottesnamens „Jahwe": J-H-W-H (aus *tetra-* = vier + *grámma* = Buchstabe, Schrift; ↑ *'auto|gram', 'dia|gram', 'epi|gram', 'mono|-gram'* und *'tele|gram'*)

(5) **penta-** *(πεντα-)* = ***fünffach, fünf-*** *('fivefold', 'quintuple')*

'penta|gon' = (aus *penta-* = fünf + *góny* = Ecke; vgl. *Pentagon* = fünfeckiges Gebäude des Verteidigungsministeriums in Washington, *'pentagonal'* = fünfeckig; ↑*'dia|gonal', 'hepta|gon', 'hexa|gon', 'octo|gon', 'poly|gon'* und *'tetra|gon'*)
'pent|athlon' = Fünfkampf, *Pentathlon* (aus *penta-* = fünf + *âthlon* = Wettkampf, Kampfpreis; vgl. *'athletics'* = *Leichtathletik, 'athlete'* = *Athlet, 'athletic'* = *athletisch*)
'Penta|teuch' = „Fünf-Rollen-Buch" des Moses, die ersten fünf Bücher des Alten Testaments, *Pentateuch* (aus *penta-* = fünf + *teûchos* = Gerät, Gefäß, Rolle; vgl. *'Pentecost'* = Pfingsten, also ein Fest, das am 50. Tag nach Ostern gefeiert wird)

(6) **hexa-** *(ἑξα-)* = ***sechsfach, sechs-*** *('sixfold', 'sextuple')*

'hexa|gon' = Sechseck, *Hexagon* (aus *hexa-* = sechs + *góny* = Ecke, Knie; vgl. *'hexagonal';* ↑*'dia|gonal', 'hepta|gon', 'octo|gon', 'penta|-gon', 'poly|gon'* und *'tetra|gon'*)
'hexa|pod' = Sechsfüßer, *Hexapode* (aus *hexa-* = sechs + *poús, podós* = Fuß; ↑*'octo|pus', 'poly|pus', 'tetra|pod'* und *'tri|pod'*)

(7) **hepta-** *(ἑπτα-)* = ***siebenfach, sieben-*** *('sevenfold')*

'hepta|gon' = Siebeneck, *Heptagon* (aus *hepta-* = sieben + *góny* = Ecke, Knie; ↑*'dia|gonal', 'hexa|gon', 'octo|gon', 'penta|gon', 'poly|-gon'* und *'tetra|gon'*)

(8) **octo-** *(ὀκτο-)* = ***achtfach, acht-*** *('eightfold', 'octuple')*

'octa|gon' = Achteck, *Oktogon* (aus *okto-* = acht + *góny* = Ecke, Knie; ↑*'dia|gonal', 'hepta|gon', 'hexa|gon', 'penta|gon', 'poly|gon'* und *'tetra|gon'*)
'octo|pus' = Tintenfisch, *Oktopode* (aus *okto-* = acht + *poús, podós* = Fuß; vgl. *Ödipus* = Schwellfuß; ↑*'poly|pus', 'hexa|pod', 'tetra|pod'* und *'tri|pod'*)

(9) **ennea-** *(ἐννεα-)* = ***neunfach, neun-*** *('ninefold')*

'ennead' = Serie von neun Dingen oder Personen (aus *ennea-* = neun)

(10) **deca-** *(δεκα-)*	= ***zehnfach, zehn-***	*('tenfold')*

'deca|de' = Zehnergruppe, vor allem Jahrzehnt, *Dekade* (aus *dékatos* = der Zehnte; vgl. *dekadisch* = zehnteilig, *Dekagramm* = österr. für zehn Gramm)

'deca|logue' = die Zehn Gebote, *Dekalog* (aus *deka-* = zehn + *lógos* = Wort, Rede, Lehre; ↑ *'ana|logy', 'apo|logy', 'cata|logue', 'dia|logue', 'epi|logue', 'eu|logy', 'mono|logue'* und *'tri|logy'*)

*

Einige griechische Wortstämme – meist kombiniert mit einer der oben aufgeführten Vorsilben – kehren in englischen Vokabeln so häufig wieder, dass das Lernen ihrer Grundbedeutung dieser relativ kleinen Mühe wert sein sollte. Sie werden erleben, dass Sie ab sofort eine große Anzahl von Entlehnungen aus dem Griechischen (die der Engländer im Gegensatz zu uns nicht als Fremdwörter empfindet) problemlos verstehen und sogar leicht in Ihren aktiven Sprachschatz übernehmen können; machen Sie die Probe aufs Exempel beim Betrachten der folgenden Wortfamilien, von denen Sie Einzelbeispiele schon kennen gelernt haben:

*Wortstamm '**-arch(y)**'*

(aus griech. ἀρχή [arché] = Anfang, Erz-, Ur-, Herrschaft; ἄρχειν [árchein] = anfangen, herrschen), z.B.

'anarchy' = Herrschaftslosigkeit; *'archaic'* = archaisch, altertümlich, frühzeitlich; *'archangel'* = Erzengel; *'archæology'* = Altertumskunde (s. auch *'-log-'*); *'archbishop'* = Erzbischof; *'archetype'* = Urbild; *'architect'* = Urbaumeister; *'archives'* ['ɑ:kaivz] = Urkundensammlung; *'hierarchy'* = „heilige Herrschaft“, Rangordnung; *'monarch'* = Alleinherrscher (Kaiser / König); *'monarchy'* = Alleinherrschaft; *'oligarchy'* = Herrschaft einer kleinen Gruppe; *'tetrarchy'* = Herrschaft über den vierten Teil eines Landes

*Wortstamm '**bio-**'*

(aus griech. βίος [bios] = Leben), z.B.

'antibiotic' = Antibiotikum (biologischer Wirkstoff gegen „lebende" Krankheitserreger); *'biochemistry'* = Biochemie (Wissenschaft von den chemischen Vorgängen in Lebewesen); *'biography'* = Lebensbeschreibung, Lebensgeschichte (s. auch *'-graph-'*); *'biological'* = biologisch, naturbedingt; *'biology'* = Wissenschaft von der belebten Natur (s. auch *'-log-'*); *'biosphere'* = Biosphäre (Gesamtheit des von Lebewesen besiedelten Teils der Erde); *'biotope'* = Biotop (durch bestimmte Pflanzen oder Tiere gekennzeichneter Lebensraum); *'symbiosis'* = das Zusammenleben artfremder Lebewesen

*Wortstamm '**-cracy**' / '**-crat**'*

(aus griech. κράτος [krátos] = Kraft, Herrschaft), z.B.

'aristocracy' = Aristokratie, adelige Oberschicht (Herrschaft der „Besten"); *'aristocrat'* = Angehöriger des Adels; *'aristocratic'* = vornehm; *'autocracy'* = Autokratie (unumschränkte „Selbstherrschaft"); *'autocrat'* = diktatorischer Alleinherrscher (z.B. der Zar); *'bureaucracy'* = Bürokratie, Beamtenapparat („Beamtenherrschaft"); *'democracy'* = Demokratie („Volksherrschaft", s. auch *'-demo-'*); *'democrat'* = den Willen der Volksmehrheit respektierender Mensch; *'democratic'* = dem Volkswillen entsprechend

*Wortstamm '**-dem(o)-**'*

(aus griech. δῆμος [dêmos] = Volk, Gemeinde), z.B.

(*'democracy'*, *'democrat'* und *'democratic'* = s. *'-cracy'* bzw. *'-crat'*); *'demagogue'* = Demagoge, Volksverführer („Führer des Volkes"); *'democratism'* = übertriebene Anwendung demokratischer Prinzipien; *'demographic'* = die Bevölkerungswissenschaft betreffend (s. auch *'-graph-'*); *'demography'* = Demographie (Beschreibung der wirtschafts- und sozialpolitischen Bevölkerungsbewegung); *'endemic'* = endemisch, einheimisch (die „Bevölkerung" – z.B. Tiere oder Pflanzen – eines begrenzten Lebensraumes betreffend); *'epidemic'* = Epidemie, Seuche (eine das ganze Volk befallende Krankheit)

*Wortstamm '-**geo**-'*

(aus griech. γῆ [gê] = Erde), z.B.

'geodesy' = Geodäsie, Vermessungswesen, („Erdvermessung"); *'geographer'* = Geograph, Erdkundler („Erdbeschreiber", s. auch *'-graph-'*); *'geographical'* = geographisch, erdkundlich; *'geography'* = Geographie, Erdkunde („Erdbeschreibung"); *'geological'* = geologisch (die „Erdgeschichte" betreffend, s. auch *'-log-'*); *'geologist'* = Geologe (Wissenschaftler auf dem Gebiet der „Erdgeschichte"); *'geology'* = Geologie (Wissenschaft von der Entwicklungsgeschichte und dem Bau der Erde); *'geometry'* = Geometrie („Erdmaß", Zweig der Mathematik, der sich mit Gebilden der Ebene und des Raumes befasst); *'geophysics'* = Geophysik (Wissenschaft von den physikalischen Vorgängen und Erscheinungen auf, über und in der Erde)

*Wortstamm '-**gram(me)**'*

(aus griech. γράμμα [grámma] = Buchstabe, Schrift), z.B.

'diagram' = Diagramm (zeichnerische Darstellung von Größenverhältnissen); *'epigram'* = Spottgedicht („Aufschrift"); *'grammar'* = Grammatik (Struktur einer Sprache); *'grammatical'* = grammatisch, sprachrichtig; *'gramophone'* = Plattenspieler („geschriebener Ton", s. auch

'-phon-'); *'kilogram'* = 1.000 Gramm (griech. *χίλιοι* = tausend); *'monogram'* = künstlerisch gestaltete Anfangsbuchstaben eines Namens („Einzelbuchstabe"); *'program'* = vorgesehener Ablauf einer Unternehmung („schriftliche Bekanntmachung"); *'telegram'* = drahtlos übermittelte Nachricht („Fernschreiben")

*Wortstamm '-**graph**-'*

(aus griech. γράφειν [gráphein] = schreiben, malen), z.B.

'bibliography' = Bücherverzeichnis; *'biographical'* = biographisch (den Lebenslauf eines Menschen betreffend, s. auch *'bio-'*); *'biography'* = Biographie („Lebensbeschreibung"); *'geography'* = „Erdbeschreibung" (s. auch *'geo-'*); *'graphic'* = graphisch, zeichnerisch; *'graphite'* = weiches Schreibmineral aus Kohlenstoff; *'paragraph'* = fortlaufend nummerierter kleiner Abschnitt in wissenschaftlichen Schriften; *'photograph'* = Fotograf („Lichtschreiber"); *'photography'* = Foto („Lichtschrift", s. auch *'phos-'/ 'photo-'*); *'pornography'* = Schmutzliteratur („von Huren handelnde Schrift"); *'telegraph'* = „Fernschreiber"; *'topograph'* = Vermessungsingenieur; *'topography'* = Beschreibung und Darstellung von Orten in der Geographie

*Wortstamm '-(**h**)**od**-'*

(aus griech. ὁδός [hodós] = Weg, Reise), z.B.

'anode' = positive Elektrode („Aufweg", Eingang); *'cathode'* = negative Elektrode („Abstieg", Ausgang); *'diode'* = Zweipolröhre („Doppelweg"); *'electrode'* = Elektrode (elektrischer Leiter, der den Stromübergang in ein anderes Medium vermittelt); *'episode'* = kurze Begebenheit innerhalb eines Zeitabschnittes (Ereignis „auf dem Weg"); *'exodus'* = Auszug (z.B. der Juden aus Ägypten); *'method'* = planmäßiges Vorgehen (sozusagen „mit einem Reise-

ziel"); *'methodical'* = methodisch, durchdacht; *'period'* = Zeitraum („Rundweg"); *'periodical'* = wiederkehrend; *'synod'* = Versammlung von evangelischen Geistlichen oder katholischen Bischöfen („Zusammenkunft")

*Wortstamm '-**hydr(o)**-'*

(aus griech. ὕδωρ [hýdor] = Wasser), z.B.

'carbohydrate' = Kohlehydrat (organische Verbindung aus Kohlenstoff, Sauerstoff und Wasserstoff, z.B. Stärke oder Zucker); *'dehydrated'* = ausgetrocknet („entwässert"); *'hydrant'* = Zapfstelle an einem Wasserrohr; *'hydraulic'* = Lehre von der Bewegung der Flüssigkeiten (z.B. Hydraulikbremse des Autos); *'hydrocarbon'* = Kohlenwasserstoff; *'hydrofoil'* = Tragflügelboot ; *'hydrogen'* = Wasserstoff; *'hydrography'* = Gewässerkunde (s. auch *'-graph-'*); *'hydroplane'* = Wasserflugzeug; *'hydrostatic'* = Hydrostatik (Wissenschaft von den Gleichgewichtszuständen bei ruhenden Flüssigkeiten)

*Wortstamm '-**log**-'*

(aus griech. λόγος [lógos] = Wort, Rede, Lehre), z.B.

'analogy' = Entsprechung; *'apology'* = Entschuldigung, Verteidigungsrede; *'astrology'* = Sterndeutung; *'biology'* = Lehre von der belebten Natur (s. auch *'bio-'*); *'catalogue'* = Verzeichnis, Auflistung; *'chronology'* = Lehre von der Zeitmessung, zeitliche Abfolge; *'dialogue'* = Wechselrede, Zwiegespräch; *'ecology'* = Ökologie (Lehre von den Wechselbeziehungen zwischen Lebewesen und ihrer Umwelt); *'epilogue'* = Nachwort; *'gynæcology'* = Gynäkologie (Frauenheilkunde); *'ideology'* = Weltanschauung („Lehre von den Ideen"); *'logic'* = Lehre vom folgerichtigen Denken; *'meteorology'* = Wetterkunde; *'monologue'* = Selbstgespräch („Einzelrede"); *'pathology'* = Krankheitslehre

(„Lehre vom Leiden“, s. auch *‘-path’*); *‘philology’* = Sprach- und Literaturwissenschaft („Wissenschaftsliebe“); *‘physiology’* = Lehre von den Lebensvorgängen; *‘prologue’*= Vorwort; *‘psychology’* = „Seelenkunde“; *‘sociology’* = „Gesellschaftslehre“; *‘technology’* = Verfahrenskunde (Lehre von der Umwandlung von Rohstoffen in Fertigprodukte); *‘theology’* = Wissenschaft von den Glaubensvorstellungen einer Religion („Gotteslehre“, s. auch *‘theo-’*); *‘zoology’* = Tierkunde

*Wortstamm ‘**mikro-**’*

(aus griech. μικρός [mikrós] = klein, gering), z.B.

‘microbiology’ = Lehre von den kleinsten Lebewesen; *‘microcosm’* = „Welt im Kleinen“; *‘microfilm’* = Film mit mikroskopisch kleinen Textablichtungen; *‘micro-organism’* = kleinstes Lebewesen; *‘microphone’* = Schallumwandler („Schwachstimme“); *‘microscope’* = optisches Vergrößerungsgerät („Kleinsichtgerät“, s. auch *‘-scop-’*)

*Wortstamm ‘**-pat(h)-**’*

(aus griech. πάθος [páthos] = Leid, Leidenschaft, Unglück), z.B.

‘antipathy’ = Abneigung, Widerwille (vgl. „jmd. nicht leiden können“); *‘apathetic’* = teilnahmslos, apathisch („ohne Leidenschaft“); *‘apathy’* = Teilnahmslosigkeit; *‘impatience’* = Ungeduld; *‘impatient’* = ungeduldig; *‘pathetic’* = leidenschaftlich, pathetisch; *‘pathology’* = Krankheitslehre („Lehre vom Leiden“); *‘pathos’* = Leidenschaftlichkeit, Ergriffenheit; *‘patience’* = Geduld, Ausdauer; *‘patient’* = geduldig ertragend, nachsichtig, Patient; *‘sympathetic’* = mitleidend, wohlwollend; *‘sympathise’* = sein Beileid ausdrücken, mitfühlen, sympathisieren; *‘sympathy’* = Mitleid, Zuneigung; *‘telepathy’* = „Fernfühlen“ (s. auch *‘tele-’*)

*Wortstamm '**-phil-**'*

(aus griech. φίλος [philos] = freundlich; φιλία [philía] = Liebe, Freundschaft), z.B.

'bibliophile' = „Bücherfreund"; *'philologist'* = Philologe („Freund der Wissenschaften"); *'philology'* = Sprach- und Literaturwissenschaft („Wissenschaftsliebe"); *'philosopher'* = Philosoph („Freund der Weisheit"); *'philosophy'* = Philosophie („Weisheitsliebe", Streben nach Erkenntnis der Zusammenhänge in der Welt)

*Wortstamm '**-phon-**'*

(aus griech. φωνή [phoné] = Laut, Klang, Stimme, Sprache), z.B.

'gramophone' = Plattenspieler, Schallplattenapparat („geschriebener Ton", s. auch *'-gram-'*); *'headphone'* = Kopfhörer; *'microphone'* = Mikrophon („Schwachstimme"); *'phonetics'* = Lautlehre, Aussprache; *'symphony'* = Symphonie („Zusammenstimmen", „Einklang"); *'telephone'* = Fernsprecher; *'videophone'* = Bildtelephon; *'xylophone'* = hölzernes Schlaginstrument („Holzstimme")

*Wortstamm '**phos-**' / '**photo-**'*

(aus griech. φῶς, φωτός [phôs, photós] = Licht), z.B.

'phosphate' = Phosphat (Salz der Phosphorsäure; Dünger); *'phosphoresce'* = phosphoreszieren (im Dunkeln leuchten); *'phosphorus'* = Phosphor („Lichtträger"); *'photocopy'* = Fotokopie, Ablichtung; *'photograph'* = Lichtbild („Lichtschrift", s. auch *'-graph'*); *'photographer'* = Fotograf; *'photography'* = Fotografie, Lichtbildkunst; *'photosensitive'* = lichtempfindlich; *'photosynthesis'* = Photosynthese (Aufbau chemischer Verbindungen in Grünpflanzen durch Lichteinwirkung)

*Wortstamm '**psych-**'*

(aus griech. ψυχή [psyché] = Seele), z.B.

'psyche' ['saiki] = Seele, Geist; *'psychiatrist'* = Psychiater („Seelenarzt"); *'psychiatry'* = Lehre von den seelischen Störungen („Seelenheilkunde"); *'psychical'* = seelisch, psychisch; *'psychological'* = psychologisch (die Seele berücksichtigend); *'psychologist'* = Psychologe („Seelenwissenschaftler"); *'psychology'* = „Seelenkunde"; *'psychopath'* = Kranker mit von der Norm abweichendem geistig-seelischen Verhalten („Seelenkranker", s. auch *'-path'*)

*Wortstamm '**-scop-**'*

(aus griech. σκοπεῖν [skopeîn] = sehen, betrachten), z.B.

'episcopal' = bischöflich (Bischof = „Aufseher"); *'horoscope'* = Schicksalsdeutung aus Sternkonstellationen, Voraussage („Stundenseherei"); *'microscope'* = optisches Vergrößerungsgerät („Kleinsichtgerät", s. auch *'micro-'*); *'periscope'* = Seerohr für U-Boote; *'scope'* = geistiger Horizont; *'telescope'* = Fernrohr

*Wortstamm '**tele-**'*

(aus griech. τηλοῦ [teloû] = fern, weit), z.B.

'telegram' = „Fernschreiben" (s. auch *'-gram-'*); *'telekinesis'* = Telekinese („Fernbewegung": das Bewegtwerden von Gegenständen allein durch übersinnliche Kräfte; vgl. Kino); *'telepathy'* = „Fernfühlen" (das Wahrnehmen seelischer Vorgänge eines anderen Menschen ohne Vermittlung der Sinnesorgane, s. auch *'-path-'*); *'telephone'*= Fernsprecher („Fernklang", s. auch *'-phon-'*); *'telescope'* = Fernrohr; *'television'* = „Fernsehen"

*Wortstamm '**the(o)-**'*

(aus griech. ϑεός [theós] = Gott), z.B.

'atheism' = Gottesleugnung; *'monotheism'* = Glaube an einen einzigen Gott; *'pantheism'* = „Allgottlehre" (Lehre, in der Gott und die Welt identisch sind); *'polytheism'* = „Vielgötterei"; *'theology'* = „Gotteslehre" (Wissenschaft von den Glaubensvorstellungen einer Religion, s. auch *'-log-'*); *'theologian'* = Theologe („Gottesgelehrter"); *'theological'* = theologisch, die Theologie betreffend

*

Ausgefallene Anlehnungen an griechische Begriffe

Nicht alle englischen Vokabeln griechischer Herkunft sind so eindeutig wie die oben beschriebenen an ihren Vorsilben oder Wortstämmen zu erkennen; viele scheinbar original englische Begriffe (und auch vermeintlich deutsche Wörter!) gehen ebenfalls auf das Altgriechische zurück, von denen im Folgenden nur einige besonders interessante Beispiele erklärt werden sollen. Dem seit Jahrhunderten in allen Kultursprachen gebräuchlichen Wort

gas

liegt überraschenderweise das griechische *χάος* [cháos] zu Grunde, das bis zu den modernen Erkenntnissen der Wissenschaft über die chemische Zusammensetzung der Atmosphäre nur die ungeformte Leere des Weltraums bezeichnete, während das Substantiv

air

seine Urbedeutung behalten hat (griech. *ἀήρ* [aér] = Dunst, Luft). Die Milchstraße, im Volksmund *'Milky Way'* genannt, ist eine recht wörtliche Übersetzung des wissenschaftlich korrekten Begriffes

galaxy

(griech. *γάλα, γάλακτος* [gála, gálaktos] Milch). Auch unser Wort Klima und seine englische Entsprechung

climate

verdanken wir den alten Griechen (griech. *κλίμα* [klíma] = Zone, Himmelsgegend), die die Erde – entsprechend dem Einfallswinkel der Sonnenstrahlen – bereits in Klimazonen eingeteilt hatten (griech. *ζώνη* [zóne] = Gürtel) und die Tropenzone beiderseits des Äquators, also die

tropical zone

innerhalb der Wendekreise, *τροπή* [tropé] nannten (griech. = Wendung, Sonnenwende; *τροπικὸς κύκλος* [tropikòs kýklos] = Wendekreis), während die

arctic zone

ihre Bezeichnung vom polaren Sternbild des „Kleinen Bären" erhalten hat (griech. *ἄρκτος* [árktos] = Bär, Norden).

Auf die alttestamentarische Schöpfungsgeschichte im ersten Buch Moses, die

genesis

(griech. *γένεσις* [génesis] = Entstehung), geht gleich eine ganze Reihe von englischen Wörtern zurück, die Ihnen wegen ihrer Ähnlichkeit mit deutschen Begriffen entweder bekannt sind oder wegen ihrer Anlehnung an den Stamm *γεν-* (griech. *γένος* [génos] = Geschlecht, Gattung und *γενεά* [geneá] =

Stamm, Abkunft, Geburt) leicht zu verstehen und zu behalten sind, wie *'gender'* (= grammatisches Geschlecht), *'gene'* (= Erbfaktor), *'genealogy'* (= Stammbaum), *'generation'* (= Menschengeschlecht), *'to generate'* (= erzeugen, hervorbringen), *'generator'* (= Erzeuger, z.B. von elektrischem Strom), *'genetics'* (= Entstehungslehre, Erblehre), *'genitals'* (= Geschlechtsteile), *'genitive'* (= Wesfall in der Grammatik, die Herkunft bezeichnender Fall) etc. Weniger augenfällig ist die Abstammung vieler *'kin-'* Wörter von der griechischen Basis *gen-;* so bezeichnet der Ausdruck

next of kin

die Familie im engeren Sinne, also die Blutsverwandtschaft (griech. *γυνή* [gyné] = Weib, Frau, vgl. *'gynæcology'; γονή* [goné] = Geburt, *γόνος* [gónos] = Sohn; *γόνυ* [góny] = Knie[1]). Unser *König* und seine englische Entsprechung

king

(= edles Stammesoberhaupt) sind ebenso Abkömmlinge dieser Wortfamilie wie das deutsche *Kind* und das englische

kind

in den Bedeutungen „Art, Gattung" und „gütig, freundlich" (da zur selben Familie gehörend), mit dem überraschenderweise sogar unser *Kinn,* im Englischen

chin,

verwandt ist (griech. *γένειον* [géneion] = Kinn und *γένυς* [génys] = Kinnbacke, sozusagen „Auswuchs" oder „kleiner Ableger" des Gesichts; vgl. auch unsere Verkleinerungssuffixe „-chen" und „-ken"!).

---

1 Im Altertum gebar eine Frau normalerweise in kniender Haltung.

Den griechischstämmigen Wörtern, die das Entstehen neuen Lebens bezeichnen, stehen solche gegenüber, die die Vergänglichkeit des Körpers beinhalten. Das Substantiv

coffin (Sarg),

ein naher Verwandter unseres *Koffers* (= Kiste, Truhe), hat – wenn man von der gekappten Endsilbe absieht – seine ursprüngliche Form bis auf den heutigen Tag kaum verändert (griech. *κόφινος* [kóphinos] = großer Weidenkorb, Sarg[1]), und auch das

skeleton (Skelett)

ist unverkennbar griechischer Herkunft und beschreibt in realistischer Weise den Zustand des fleischlosen Knochengerüsts (*σκελετός* [skeletós] = trocken; Gerippe). Da uns aus fast allen Teilbereichen der Medizin griechische Fachausdrücke und Krankheitsbezeichnungen geläufig sind, fällt es uns leicht, ihre fast identischen englischen Entsprechungen zu verstehen (z.B. *'neuralgia'* = Nervenschmerzen, griech. *νεῦρον* [neûron] = Nerv und *ἄλγος* [álgos] = Schmerz; *'psychosomatic'* = die Wechselwirkung zwischen Seele und Körper betreffend, griech. *ψυχή* [psyché] = Seele und *σῶμα* [sôma] = Körper etc.). Aber hätten Sie vermutet, dass auch der

surgeon (Chirurg)

– über das verkürzte altfranzösische Wort *serurgien* – seine Benennung den Alten Griechen verdankt? Mit dem Titel *χει*-

---

1 Bei unserem Begriff *Sarg* handelt es sich um eine Kurzform von *Sarkophag* (griech. *σαρκοφὰγος λίθος* [sarkophàgos líthos] = Steinsarg). Das Wort bedeutet eigentlich „Fleisch fressender Stein“ (griech. *σάρξ* [sárx] = Fleisch und *φάγος* [phágos] = Fresser); der für die Herstellung antiker Totenschreine verwendete Kalkstein hatte nämlich die erstaunliche Fähigkeit, das Fleisch eines Leichnams innerhalb kurzer Zeit zu zerstören und ohne nennenswerte Geruchsbelästigung in Staub zu verwandeln.

ρουργός [cheirourgós] brachten sie ihre Hochachtung vor der handwerklichen Geschicklichkeit des Wundheilers zum Ausdruck (griech. *χείρ* [cheír] = Hand und *ἔργον*[1] [érgon] = Werk). Für den Schmerz kennt der Engländer neben *'pain'* das Wort

ache

(griech. *ἄχος* [áchos]), häufig kombiniert mit den schmerzenden Körperteilen oder Organen (z.B. *'headache', 'heartache', 'toothache'*), für deren Bezeichnung er ebenfalls griechische Entlehnungen verwendet. Die Milz, im Englischen

spleen

(griech. *σπλήν* [splén]), galt bei uns lange Zeit als Sitz der Melancholie und wird noch heute mit den vermeintlich durch sie verursachten Gemütsverstimmungen wie „Ärger", „üble Laune" und „Verschrobenheit" gleichgesetzt, für die der Hellene allerdings eher die Galle verantwortlich machte (s. *'melancholy';* griech. *μέλας* [mélas] = schwarz, düster und *χολή* [cholé] = Galle, Zorn; vgl. *'cholera'* = „Gallenbrechdurchfall", *'choleric'* = jähzornig sowie unseren Ausdruck *Gallenkolik*). Auch den

stomach (Magen)

haben eigentlich schon die Griechen so genannt (*στόμαχος* [stómachos] = Speiseröhre, Magenöffnung), wobei der Wortbestandteil *'stoma'* in der Fachsprache der Biologen und Anatomen – wie im griechischen Original – „Pflanzenspalt", „Öffnung" oder „Mund" bedeutet (griech. *στόμα* [stóma]; vgl. *Stomatitis* = Entzündung der Mundschleimhaut).

---

1 Hiervon abgeleitet ist übrigens der mehrdeutige Begriff *ὄργανον* [órganon] = Organ, Werkzeug, Stimme; vgl. auch *'organ'* = Orgel und *'organist'* = Orgelspieler).

Im Gegensatz zum deutschen Sprachgebrauch hat sich im Englischen die ursprüngliche Bedeutung des *'gymnasium'* oder kurz

gym (Turnhalle)

behaupten können; obschon zur geistigen Schulung auch Diskussionen auf dem Stundenplan standen, war das *Gymnasion* des klassischen Altertums in erster Linie eine Sportschule[1], in der junge Griechen mehr oder weniger nackt *'body building'* betrieben (griech. *γυμνάζειν* [gymnázein] = üben; *γυμνός* [gymnós] = nackt, leicht bekleidet; vgl. *'gymnastics'*), um als durchtrainierte *Athleten* an Wettkämpfen teilzunehmen (griechisch *ἆθλον* [âthlon] = Kampfpreis; vgl. *'athlete'*, *Triathlon* = Dreikampf).

Im Bereich der Zoologie kennt der Engländer das dem deutschen *Tier* ähnelnde, jedoch von griechisch *θήρ* [thér] (= wildes Tier) abzuleitende

deer (Rotwild);

damit wird auch die Bedeutung des Wortes *Panther* (griech. *πάνθερ* = „ganz wildes Tier") verständlich. Der englische

lion (Löwe)

sieht seinem antiken Stammvater *λέων* [léon] immer noch zum Verwechseln ähnlich, und auch das Flusspferd, dem die Griechen in Ägypten begegnet waren, hat seinen uralten Namen

hippopotamus

---

1 Die englische *'school'* geht ursprünglich auf griechisch *σχολή* [s|cholé] zurück, ein Wort, das „Muße, Ruhe" bedeutete und klarstellt, dass das Studieren in der Antike noch eine Form der Freizeitgestaltung war.

behalten (zusammengesetzt aus griech. *ἵππος* [híppos] = Pferd und *ποταμός* [potamós] = Fluss, Strom; vgl. *Philipp,* von *φίλιππος* [phílippos] = „Pferdefreund" und *Hippodrom* = Reitbahn; der letzte Teil dieses Wortes, eigentlich *δρόμος* [drómos], bedeutet – ebenso wie in *'dromedary'* = Dromedar, Kamel – „Lauf" oder „Rennbahn").

In der *Botanik* (griech. *βοτάνη* [botáne] = Gras, Pflanze; vgl. *'botany'* und *'botanic'*) finden sich ebenfalls etliche griechischstämmige Bezeichnungen, die inzwischen meist recht englisch wirken, wie

tree

(= Baum; griech. *δόρυ* [dóry] = Holz und *δρῦς* [drys] = Eiche; vgl. auch unsere „Baumendung" *-der,* z.B. in *Holunder* und *Wacholder*) und

petal

(= Blüten-, Blumenblatt; griech. *πέταλον* [pétalon] = Blatt, Platte), ferner der immer noch exotisch klingende

asparagus (Spargel)

(griech. *ἀσπάραγος* [aspáragos] = junger Trieb; vgl. den bei uns als Zierspargel oder Spargelgrün bekannten *Asparagus*) sowie der seit Menschengedenken beliebte

pepper

(griech. *πέπερι* [péperi] = Pfeffer; vgl. *Peperoni* und *Paprika*). Der Engländer ist sich der Vielzahl der Entlehnungen aus dem Griechischen offensichtlich nicht bewusst, schließlich ruft er – wenn ihm etwas „böhmisch" oder „spanisch" vorkommt – aus: *'That's Greek to me!'* Dabei gibt es selbst unter den Bezeichnungen für alltägliche Lebensmittel einige, die ihren Ursprung im klassischen Altertum haben; das auf den ersten Blick so germanisch anmutende

bread

ist – über unser deutsches *Brot* – ebenso von einem uralten griechischen Wort (*βρωτός* [brotós] = essbar) hergeleitet wie die dazugehörige *'butter'* (*βούτυρον* [boútyron] = Butter), während der Name für den im 19. Jahrhundert erfundenen, aus tierischen oder pflanzlichen Fetten hergestellten Butterersatz, also die *'margarine',* von den Chemikern gleich miterfunden wurde (griech. *μάργαρον* [márgaron] und *μαργαρίτης* [margarítes] = Perle, die wahrscheinlich wegen ihres schimmernden Glanzes mit der *Margarine* assoziiert wurde; vgl. *Margarete* oder *Margret* und *Margerite*). *'Marmalade'* (griech. *μελίμηλον* [melímelon], aus *μέλι* [méli] = Honig und *μῆλον* [mêlon] = Apfel; vgl. *'melon'* = *Melone* und *Melisse* = „Bienenkraut") hieß in England anfangs nur das mit Zucker eingekochte Fruchtmus der Quitte oder des Granatapfels[1], wohingegen *'marmalade'* heute hauptsächlich die typisch englische *Apfelsinenmarmelade* bezeichnet.

Die Anlage und Einrichtung seines Wohnhauses beschreibt der Engländer unwissentlich ebenfalls mit einer Anzahl griechischer Wörter. Mag er den offenen Kamin, dessen knisterndes Holzfeuer seit Menschengedenken Wärme und Behaglichkeit im *'sitting-room'* verbreitet, auch für eine ureigene britische Erfindung halten, so geht doch seine Benennung

chimney

auf eine antike Wortfamilie zurück *κάμινος* [káminos] = Ofen und *καμάρα* [kamára] = Gewölbe, Wohnraum; vgl. lat. *camera, 'chamber'* und unsere *Kammer;* damit besteht zwischen

---

[1] Der Granatapfel verdankt seinen Namen der großen Menge an Samenkernen; vgl. *Granate.*

'chimney' und *'chamber'* der gleiche Sinnzusammenhang wie bei der germanischen Entsprechung *'stove'* und *Stube*). Das Wort

climax

ist zwar seit langem mit „Höhepunkt" zu übersetzen, bedeutete bei den Alten Griechen jedoch „Leiter" oder „Treppe" (*κλῖμαξ* [klîmax]; vgl. *κλίμα* [klíma] = Neigung, Schräge). Die alten

tapestries (Wandteppiche)

in herrschaftlichen Häusern mögen uns daran erinnern, dass unsere *Tapeten* (griech. *τάπης* [tápes] = Teppich, Decke) eigentlich ein preiswerter Ersatz dieser kunstvoll geknüpften Wandbehänge sind, deren Funktion heutzutage Ölgemälde – oft nach ihrem Malgrund schlicht

canvas (Leinwand)

genannt – übernommen haben (griech. *κάνναβις* [kánnabis] = Hanf). Für die aus Flachs gewebte Wäsche und Kleidung benutzt man dagegen das Wort

linen,

das trotz seiner offensichtlichen Verwandtschaft mit unserem *Leinen* nicht aus dem Germanischen stammt (griech. *λίνον* [línon] = Flachs, Faden, Leinwand; vgl. *'line'* = *Leine,* aus Flachs gedrehtes Seil). Da traut man dem

sponge (Schwamm)

seine altehrwürdige Abkunft schon bereitwilliger zu (griech. *σπόγγος* [spóngos] = Schwamm; vgl. *'sponge-cloth'* = saugfähiger Baumwollstoff, Frottee; *'spongiform'* = schwammähnlich, wie in *BSE,* d.h. *'Bovine Spongiform Encephalopathy* =

bei Rindern auftretende schwammförmige Hirnauflösung), während sie bei unserer modernen, auf der Anziehung bzw. Abstoßung elektrisch geladener Teilchen beruhenden Energiequelle, der

electricity (Elektrizität),

offensichtlich ist (griech. *ἤλεκτρον* [élektron] = Bernstein[1]; vgl. *'electron'* = negativ geladenes Elementarteilchen, *'electronics', 'electric'* und *'electrician'* = Elektriker). Die

lamp

gab es als Bezeichnung jeder Art von Leuchter, z.B. als Öl- oder Tranfunzel, bereits lange vor der Nutzung der Elektrizität (griech. *λάμπειν* [lámpein] = leuchten; *λαμπάς* [lampás] = Fackel). Das Gleiche gilt für die

machine,

die schon im Altertum den Menschen manche Arbeit abnahm oder erleichterte (griech. *μηχανή* [mechané] = Werkzeug, Maschine, List, Hilfsmittel; vgl. *'mechanic'* = Handwerker, Mechaniker, *'mechanism'* = Mechanismus, Triebwerk). Eine der Arbeiten, die eine Maschine leisten kann – etwa im Bergbau (griech. *μέταλλον* [métallon] = Grube, Bergwerk; vgl. *'metal' = Metall*) –, ist die

gyration (Drehung),

eine Bezeichnung, für die ebenfalls ein griechisches Wort Pate stand (*γυρός* [gyrós] = rund, kreisförmig; vgl. das griechische Nationalgericht *Gyros,* welches aus Röstfleisch besteht, das von einem senkrechten Drehspieß in Schichten abgeschabt wird, aber auch unsere Fremdwörter *Girlande* = bandförmiges

[1] Die geheimnisvolle Kraft, die manche Stoffe nach Reibung auf andere ausüben, war bis zum 16. Jahrhundert nur beim Bernstein beobachtet worden.

Laub- oder Blumengewinde und *Giro* = „Kreis", bargeldloser Zahlungsverkehr). Als die Brüder Lumière 1896 die Technik der bewegten Bilder (griech. *τέχνη* [téchne] = Kunst) erfunden und ihr Filmvorführgerät *cinématographe* benannt hatten, bürgerte sich in der englischsprachigen Welt bald der verkürzte Begriff

cinema (Kino)

für das Filmtheater ein, womit abermals ein uraltes Wort mit neuem Geist beseelt war (griech. *κίνημα* [kínema] = Bewegung, von *κινεῖν* [kineîn] = bewegen; vgl. *kinetische Energie* = Bewegungsenergie sowie *Telekinese* = „Fernbewegung" von Gegenständen durch übersinnliche Kräfte).

Zum Schluss sei die ungewöhnliche Fruchtbarkeit des altgriechischen Stammwortes *πόλις* [pólis][1] erwähnt, mit dem die Menschen der Antike ihren Stadtstaat, z.B. Athen, bezeichneten. Ihm verdanken zahlreiche englische (und deutsche) Begriffe ihren Ursprung. Während

politics

die Staatskunst als Wissenschaft oder die allgemeine politische Anschauung eines Bürgers meint, bedeutet

policy

eher deren praktische Anwendung in einem bestimmten Staat (z.B. *'Britain's foreign policy'* = Englands Außenpolitik). Der Politiker selbst heißt

politician

---

[1] Städte, deren Namen auf *-pol* oder *-pel* (= *-polis*) enden, sind leicht als griechische Gründungen zu erkennen, z.B. *Konstantinopel* (Stadt des Konstantin), *Neapel* (Neustadt), Sewastopol (Stadt des Sebastian) etc.

(griech. *πολιτικός* [politikós] = Staatsmann), und für die öffentliche Ordnung in Stadt und Land sorgt als Exekutivorgan selbstverständlich die

police,

also die *Polizei.* Im alten Stadtstaat befand sich der Königshof oder die Burg, und so wird verständlich, dass die *Bürger* der Stadt – anders als die ungehobelten Landbewohner – sich *höfliche* Manieren zulegten, was die Engländer nach wie vor durch das Adjektiv

polite

zum Ausdruck bringen (griech. *πολίτης* [polítes] = Bürger; vgl. *'politeness'* = Höflichkeit, gutes Benehmen). In Anlehnung an die alte *'metropolis'* („Mutterstadt“, *Metropole* mit weltstädtischem Charakter) sind in unserem Jahrhundert sogar ganz neue Wortschöpfungen mit dem Suffix *'-polis'* entstanden wie etwa die *'Megalopolis'* (Riesenstadt) oder die recht respektlosen Spitznamen *'Cottonopolis'* („Baumwollstadt“) für Manchester als Zentrum der englischen Textilindustrie und *'Porkopolis'* („Schweinefleischstadt“) für Chicago, das wegen seiner Schlachthöfe berühmt wurde.

b) Die Bereicherung durch außereuropäisches Wortgut

Wie alle anderen europäischen Sprachen ist das Englische seit dem Mittelalter mit fremden Kulturen und exotischen Sprachen in Berührung gekommen. Im Jahre 711 waren die Mauren über Nordafrika nach Spanien eingefallen, und in den fast acht Jahrhunderten ihrer Herrschaft über große Teile der iberischen Halbinsel hatten ihre überlegenen Kenntnisse und beeindruckenden Fähigkeiten auf den Gebieten der Literatur und Baukunst, der Medizin und Chemie, der Mathematik und Physik, des Handels und der Diplomatie einen starken Einfluss auf die europäische Kultur genommen und den Fortschritt der

Wissenschaften gefördert. So blieb es nicht aus, dass mit der Übernahme von Ideen und Erkenntnissen, von Lebensgewohnheiten und technischen Innovationen auch die entsprechenden arabischen Bezeichnungen Eingang in die europäischen Sprachen fanden.

Die Einverleibung zahlreicher Kolonien und die seit Nelsons Sieg über Napoleon unbestrittene Überlegenheit auf den Meeren sicherten dem Britischen Empire die Kontrolle über den größten Teil des Welthandels. Reiseberichte und Journalismus machten die Engländer mit entfernten Erdteilen und ungewohnten Lebensweisen bekannt, und im Gefolge des Güterzustroms wurden die Namen exotischer Waren gleich mitgeliefert. So trug einerseits das politische und kommerzielle Expansionsstreben der Engländer zur Ausweitung ihres Sprachraumes auf die Kolonien in Amerika und Australien, in Afrika und Asien bei, andrerseits hat ihre bisweilen überheblich anmutende Weltoffenheit die Bereicherung ihrer Muttersprache um viele neue Ausdrücke ermöglicht und den kosmopolitischen Charakter des Englischen gefördert.

Wörter aus dem Arabischen

Die europäischen Sprachen verdanken die meisten arabischen Entlehnungen verständlicherweise der Vermittlung des Spanischen, da die iberische Bevölkerung sich im Laufe der Jahrhunderte dem Lebensstil der maurischen Eroberer weit gehend angepasst und viele ihrer Ausdrücke zu Eigen gemacht hatte. Berühmte islamische Baudenkmäler, z.B. die im südspanischen Granada gelegene *Alhambra*[1] (*al-hamra* = die Rote) und manches andere, *Alcázar* genanntes Schloss (*al-qasr* = die Burg) erinnern an die ehemaligen Herren; auch Städtenamen wie *Alcántara* (*al-qantara* = die Brücke) oder *Almería* (*al-meriya* = der Wachtturm) verraten ihre arabischen Gründer,

[1] Der Artikel *al* ist ein recht verlässliches Indiz für den arabischen Ursprung eines spanischen Wortes.

und ganze Landstriche – etwa die portugiesische *Algarve* (*al-gharb* = der Westen) – sind noch immer unter ihren maurischen Bezeichnungen bekannt.

Obwohl etliche der folgenden englischen Wörter nahe Verwandte in unserer Sprache haben, ist ihr arabischer Ursprung bis auf wenige Ausnahmen nicht offensichtlich. Wir reden zwar von *arabischen* Zahlen und benutzen das Wort *Ziffer,* sind uns aber nicht bewusst, wie stark der frühe arabische Vorsprung in den Naturwissenschaften sich im Englischen und Deutschen widerspiegelt, z.B.

IN DER MATHEMATIK:

cipher	=	*Ziffer,* Null[1], Geheimschrift (arab. *as-sifr* = die Leere, die Null; vgl. *Chiffre, dechiffrieren* = *entziffern*)
algebra	=	*Algebra,* Buchstabenrechnung (arab. *al-jabr* = Verbindung getrennter Teile zu einem Ganzen)

IN DER CHEMIE:

chemistry	=	*Chemie* (arab. *al-kimiya* = die *Chemie;* vgl. *Alchimie* oder *Alchemie;* das Ziel der *Alchimisten* war insbesondere die künstliche Herstellung von Gold)
amalgam	=	chemische Verbindung von Metallen mit Quecksilber (arab. *amalgama* = Verquickung; vgl. das in der Zahntechnik verwendete und umstrittene *Amalgam*)
kali	=	*Kali,* Laugensalz (arab. *al-qaliy* = kalzinierte Asche; vgl. *Alkali, Kalisalz*)
alcohol	=	*Alkohol* (arab. *al-kuhul* = das *Kohl,* aus Antimon bereitete Salbe zum Schwarzfärben der Augenlider; in der *Alchimie* später mit der Bedeutung „feines, trockenes Pulver" und „Weingeist")
elixir	=	*Elixier,* Zaubertrank, Heilpräparat (arab. *al-iksir* = Lebenssaft; vgl. *Lebenselixier*)
musk	=	*Moschus* (arab./pers. *mushk* = Hode, Duftdrüse der asiatischen Zwerghirsche)

---

[1] Im 10. Jh. wurden die römischen Zahlen in Spanien, im 15. Jh. auch im übrigen Abendland durch arabische ersetzt. Dabei spielte die bis dahin unbekannte *Ziffer* Null die entscheidende Rolle, da erst sie die Einführung des Dezimalsystems ermöglichte.

balm	=	*Balsam,* dickflüssiges Gemisch aus Harzen und ätherischen Ölen, das besonders in der Parfümerie und Medizin verwendet wird (arab. *balasan* = *Balsampflanze;* s. *'mummy'*)
amber	=	Bernstein (arab. *anbar* = Duftstoff aus der fettigen Darmausscheidung des Pottwals; vgl. *Ambra*)
mummy	=	*Mumie,* einbalsamierte Leiche (arab./pers[1]. *mum* = Wachs; s. *'balm'*)

IN DER ASTRONOMIE UND METEOROLOGIE:

nadir	=	*Nadir,* Fußpunkt, dem Zenit genau gegenüberliegender Punkt an der Himmelskugel (arab. *nadir* = entgegengesetzt, gegenüber)
zenith	=	*Zenit,* Scheitelpunkt, senkrecht über dem Beobachtungspunkt gelegener höchster Punkt des Himmelsgewölbes (arab. *samt* = Weg, eigentl.: *samt al-ras* = „Weg über dem Kopf"; s. auch *'race',* S. 236)
monsoon	=	*Monsun,* trockener Landwind im Winter, feuchter Seewind im Sommer (arab. *mausim* = Jahreszeit)
sirocco	=	*Schirokko,* drückend heißer, trockener Wind in Nordafrika (arab. *sharuq* = Ostwind)
typhoon	=	*Taifun* (arab. *tufan* = Wirbelwind; s. chines. Wörter)

Bei ihren Begegnungen mit der islamischen Welt im besetzten Spanien, aber auch während der Kreuzzüge und der Kolonialzeit, hatten die christlichen Völker Europas die militärische Disziplin und den Kampfgeist der Mohammedaner fürchten gelernt. Ihren administrativen und diplomatischen Fähigkeiten in Friedenszeiten konnten sie jedoch nur Bewunderung zollen, und noch heute ist mancher muslimische Fachbegriff oder Titel in der englischen (und deutschen) Standardsprache zu finden, z.B.

IM KRIEGS- UND JAGDWESEN:

arsenal	=	*Arsenal,* Waffenlager (arab. *dar-as-sina'ah* = Haus der Handwerkskunst, Zeughaus)

---

[1] Das Persische hat eine starke arabische Beimischung; mehr als die Hälfte des persischen Wortschatzes ist semitischer Herkunft.

calibre	=	*Kaliber,* Durchmesser eines Geschützrohres oder eines Geschosses (arab. *qalib* = Modell, Metallgussform)
risk	=	*Risiko,* Gefahr (arab. *risq* = Gabe von Gottes Gnade, Lohn, Glück)
razzia	=	*Razzia,* Streifzug, Angriff (arab. *ghaziah* = militärischer Feldzug)
safari	=	*Safari,* Jagdexpedition (arab. *safar* = Reise)
askari	=	*Askari,* eingeborener Soldat, besonders in Westafrika (arab. *askar* = Armee)

IN POLITIK UND GESELLSCHAFT:

sultan	=	*Sultan* (arab. *sultan* = Macht, Herrscher; vgl. *Sultanat* und den ungar. VN *Zoltán*)
sherif[1]	=	*Scherif,* Nachkomme Mohammeds von seiner Tochter Fatima (arab. *sharif* = edel, erhaben)
mate	=	*Matt, schachmatt* (arab./pers. *esh shakh mat* = der König ist tot; vgl. auch den pers. Herrschertitel *Schah* sowie unser *matt* = schwach, kraftlos, glanzlos)
emir	=	*Emir,* arabischer Prinz oder Statthalter (arab. *amir* = Befehlshaber; vgl. *Admiral*)
admiral	=	*Admiral* (altfranz. *amiral;* arab. *amir* = Befehlshaber; vgl. *Emir*)
sheikh	=	*Scheich* (arab. *shaikh* = alter Mann)
gala	=	*Gala,* Festkleidung; festliche Feier (arab. *khil'a* = offizielle Tracht)
mask	=	*Maske,* Verkleidung (arab. *maskhara* = Possenreißer; vgl. *Maskerade, maskieren*)
race	=	*Rasse* (arab. *ras* = Ursprung, Anfang, Kopf; s. auch *'zenith',* S. 235)
sahib	=	Herr; besonders in Asien Anrede für einen Europäer (arab. *sahib* = Meister, Freund)
fakir	=	*Fakir,* Selbstpeiniger, Bettelmönch (arab. *faqir* = arm; armer Mann, Bettler)
Kaffir	=	*Kaffer,* abwertende Bezeichnung der weißen Südafrikaner für einen Schwarzen (arab. *kafir* = Ungläubiger)

---

[1] *'Sherif'* (auch *'shereef'*) ist nicht mit dem Wort *'sheriff'* zu verwechseln, das in einer englischen Grafschaft (= *'shire'*) einen hohen Verwaltungsbeamten oder in Amerika den obersten, gewählten Polizeibeamten einer Stadt bezeichnet.

Dass fast alle europäischen Sprachen, besonders im mediterranen Raum, die Namen arabischer Exportprodukte beinahe unverändert übernommen haben, mag nicht so sehr verwundern wie die Gewöhnung an viele merkantile Begriffe arabischer Herkunft, ja sogar an exotische Bezeichnungen im Bereich des täglichen Lebens, z.B.

IN WOHNUNG UND HAUSHALT:

harem	=	*Harem* (arab. *haram* = verbotener Raum)
alcove	=	*Alkoven* (arab. *al-qubba* = Bettnische)
mattress	=	*Matratze* (arab. *al-matrah* = Matte, Kissen)
sofa	=	*Sofa* (arab. *soffa* = Ruhebank, Kissen auf dem Kamelsattel)
divan	=	*Diwan,* Polstersofa (arab. *diwan* = mit Polsterkissen ausgestatteter Empfangsraum, Arbeitsraum)
carafe	=	*Karaffe,* dickbauchige Flasche (arab. *gharafa* = Wasser schöpfen)

IN RELIGION UND WELTANSCHAUUNG:

mosque	=	*Moschee* (arab. *masdjid* = Ort, wo man sich niederwirft, Anbetungsraum, Gotteshaus)
Satan	=	*Satan,* Teufel (arab. *shaitan* = böser Geist; hebr. *satan* = Widersacher)
kismet	=	*Kismet,* unabwendbares Schicksal (arab. *qismat* = von Allah zugeteiltes Los)
assassin	=	Meuchelmörder (arab. *hashshash* = Haschisch-Esser, Mehrz. *hashshashin;* die *Assassinen* waren Angehörige einer fanatischen mohammedanischen Sekte zur Zeit der Kreuzzüge, deren Ziel es war, im Haschischrausch möglichst viele Christen zu ermorden; vgl. *'to assassinate'* = umbringen, *'assassination'* = Meuchelmord; s. auch *'hashish',* S. 238)

IN HANDEL UND GEWERBE:

tariff	=	*Zolltarif,* Preisverzeichnis (arab. *ta'rif* = Bekanntmachung)
carat	=	*Karat,* Gold- und Edelsteingewicht (arab. *qirat* = vier Gran; bei Juwelen entspricht ein Gramm fünf *Karat;* bei Gold wird die Feinheit der Legierung in *Karat* angegeben, reines Gold hat 24 *Karat*)

tare = *Tara,* Verpackungsgewicht (arab. *tarhah* = was weggeworfen wird, Abfall)

average = Durchschnitt; *Havarie,* Seeschaden, dessen Kosten in früheren Zeiten gleichmäßig auf alle beteiligten Parteien verteilt wurden (arab. *awariya* = beschädigte Ware; durch Schaden an einem Schiff oder seiner Ladung entstandene Kosten; vgl. *'to average'* = den Durchschnitt berechnen)

magazine = *Magazin* (arab. *makhzan* = Lager, Mehrz. *makhazin*)

coffee = *Kaffee* (arab. *qahwah* = Wein oder *Kaffee;* vgl. *Café* und *Koffein*)

cotton = *Kattun,* Baumwolle (arab. *qutn* = Baumwollpflanze; vgl. *Kutte* und *Chitin,* griech. *χιτών* [chitón] = Kleid und lat. *tunica* = ärmelloses Gewand, *Tunika*)

lemon = *Limone,* Zitrone (arab. *limah;* vgl. *'lemonade'* = *Limonade, 'limes'* = Zitrusfrüchte, *'Limey'* = amerik. abwertende Bezeichnung für einen Engländer, da Zitrusfrüchte früher in der brit. Marine als beste Vorbeugung gegen den gefürchteten Skorbut galten)

orange = *Orange,* Apfelsine[1] (arab. *naranj;* vgl. span. *naranja* und *Pomeranze* = bittere Apfelsine, aus ital. *pomo* = Apfel und *arancia* = Orange)

date = Frucht der *Dattelpalme* (arab. *daqal* = Dattel)

sugar = *Zucker* (arab. *al-sukkar* = gemahlener *Zucker;* vgl. span. *azucar*)

sug.-candy = *Kandiszucker* (arab. *sukkar qandi;* vgl. *kandieren* = Früchte durch Einzuckern haltbar machen)

syrup = *Sirup,* dickflüssiger Zuckerrübenauszug oder Fruchtsaft (arab. *sharab* = Getränk; s. *'sherbet'*)

sherbet = *Sorbet,* Halbgefrorenes (arab. *sharbat* = Getränke, Mehrz. von *sharab;* s. *'syrup'*)

hashish = *Haschisch,* Cannabis, aus dem Blütenharz des Hanfs gewonnenes Rauschgift (arab. *hashish* = trockenes Kraut, Heu; s. auch *'assassin',* S. 237)

---

[1] Die *Apfelsine* (= Apfel von China) verdankt ihren deutschen Namen dem ursprünglichen Anbaugebiet in Südchina, von wo sie um 1700 über die Nordseehäfen Amsterdam und Hamburg nach Norddeutschland gelangte. Die Bezeichnung *Orange* geht auf die späteren Importe aus dem Mittelmeerraum zurück; vgl. auch *Pfirsich* (= Apfel aus Persien), niederl. *Perzik,* engl. *'peach'.*

Wörter indischer und chinesischer Herkunft

Seit dem frühen 17. Jahrhundert hatte die britische *East India Company* an den südostasiatischen Küsten Niederlassungen gegründet und in den folgenden 200 Jahren den ganzen indischen Subkontinent unter ihre Kontrolle gebracht – für die Engländer sicherlich ein willkommener Ersatz für ihre Verluste in Nordamerika (1776 Gründung der USA). Erst Mitte des 19. Jahrhunderts übernahm die britische Regierung die Kontrolle über den Besitz der *East India Company,* und fortan regierte ein Vizekönig mit einem verhältnismäßig kleinen Heer von Verwaltungsbeamten und Soldaten eine Bevölkerung von mehreren Hundert Millionen.

Mit dem Niedergang der anderen europäischen Kolonialmächte – Portugal, Holland und Frankreich – konnte das britische Reich seine Handelstätigkeit bis nach Ostasien ausdehnen, wo man mit dem Erwerb Hongkongs im Jahre 1842 sozusagen einen Fuß in die Tür nach China gestellt hatte. Während in Indien die englischen Soldaten und Kolonialbeamten sowie die Händler, die indische Rohstoffe gegen britische Fertigwaren exportierten, in engem Kontakt mit der einheimischen Bevölkerung standen und teilweise sogar deren Lebensgewohnheiten übernahmen, beschränkte sich das Interesse an China bis zum 19. Jahrhundert vornehmlich auf ein einziges Produkt – den Tee. Trotz hoher Preise und einer horrenden Luxussteuer war das Teetrinken in England bereits im 18. Jahrhundert so verbreitet, dass die Ostindische Kompanie nicht einmal davor zurückschreckte, den Chinesen diese heiß begehrte Ware mit Opiumlieferungen aus den eigenen Besitzungen in Hinterindien zu bezahlen. Erst als es gelungen war, Teepflänzchen aus China herauszuschmuggeln und in Indien und Ceylon, also in den eigenen Kolonien, Teeplantagen anzulegen, schlug den Regierenden in London das Gewissen, und sie fanden sich endlich bereit, einen schmutzigen Tauschhandel zu verbieten, dessen moderne Variante *Waffen für Öl* heißt.

Obwohl das Chinesische viele Gemeinsamkeiten mit der englischen Sprache aufweist[1], hat es verständlicherweise einen wesentlich geringeren Einfluss auf das Englische gehabt als die Amtssprache Indiens – das *Hindi* –, und naturgemäß beschränken sich die Entlehnungen aus dem Chinesischen mehr oder weniger auf Handelsgüter und den Austausch von Höflichkeiten (oder von deren Gegenteil), während die meisten aus den indischen Sprachen adoptierten Wörter den recht angenehmen Lebensstil der europäischen Kolonialherren spiegeln, denen allenfalls Krankheiten zu schaffen machten, von denen man in der Heimat nicht einmal die Namen kannte.

WÖRTER AUS DEM CHINESISCHEN:

tea	=	*Tee* (chin. *t'e,* im Mandarindialekt *ch'a;* vgl. die *tscha* bzw. *tschaj* ausgesprochenen Bezeichnungen für *Tee* in den slaw. Sprachen und im Türkischen)
kaolin	=	*Kaolin,* Porzellanerde (chin. *kao* = hoch, *ling* = Hügel; nach dem Berg *Kaoling,* woher der Rohstoff zur Porzellanherstellung ursprünglich stammte)
typhoon	=	*Taifun* (chin. *tai fung* = größter Wind; s. arab. Wörter)
sampan	=	*Sampan,* Wohnboot (chin. *sam* = drei, *pan* = Deck)
mah-jong	=	*Mah-Jongg,* chinesisches Dominospiel (chin. *ma* = Sperling, *djung* = Spiel)
chin-chin	=	Prosit! (chin. *t'sing t'sing* = „Zum Wohl!")

---

[1] Das Englische ähnelt in der Tat dem Chinesischen, da beide Sprachen hauptsächlich aus kurzen, wenn nicht gar einsilbigen Wörtern bestehen, die oft nur in der Vokalhöhe differieren (z.B. engl. *'man'-'men'; 'pit'-'pet'-'pat'-'pot'-'put'; 'kin'-'Ken'-'can'-'con'; 'sheer'-'share'- 'shore'-'sure'* etc.) oder als Homophone – d.h. gleich klingende Wörter unterschiedlicher Bedeutung und Schreibung – noch schwerer auseinander zu halten sind (z.B. *'sow'-'sew'-'so'* = säen - nähen – also / *'blue'-'blew'* = blau - blies / *'no'-'know'* = nein - kennen etc.). Desgleichen ist in beiden Sprachen meist nur aus dem Kontext ersichtlich, ob es sich um eine *Tätigkeit* oder einen *Zustand,* eine *Person* oder *Sache,* möglicherweise aber auch deren *Eigenschaft* handelt, da das Englische ebenfalls auf fast alle Endungen verzichtet (Ausnahmen: *'-s', '-ed',* und *'-ing'* als Verbsuffixe, *'-s'* als Pluralendung von Hauptwörtern, *'-er'* und *'-est'* bei der Steigerung von Adjektiven und *'-ly'* bei Adverbien).

mandarin = *Mandarin,* europäischer Name für hohe Beamte des chinesischen Kaiserreichs; *Mandarine,* kleine, orangenähnliche Zitrusfrucht (ursprünglich malai./ind. *mantri* = Ratgeber; die *Mandarine* verdankt ihren Namen möglicherweise dem gelben Gewand der chinesischen Beamten)

cotow = *Kotau,* ehrerbietige Verbeugung bis auf den Boden (chin. *k'o* = klopfen, anstoßen, *t'ou* = Kopf)

Chink = Slangausdruck für einen Chinesen (falsche Aussprache des Ländernamens *China;* chin. *chung-kuo* = Reich der Mitte)

Chinaman = abfällig für *Chinese* (chin. *chung-kuo-ren* = Mann aus dem Reich der Mitte; das Wort *'chinaman'* ist also eigentlich eine wörtliche Übersetzung des Ausdrucks, mit dem sich ein Chinese selbst bezeichnet)

coolie = *Kuli,* chinesischer oder indischer Tagelöhner, Lastträger (chin. *ku* = bitter, *li* = Mühe; s. auch ind. Wörter, S. 242)

WÖRTER AUS DEM INDISCHEN SPRACHRAUM:

posh = exquisit, tipptopp (angebl. Abkürzung von *'port out – starboard home';* vornehme Indienreisende bevorzugten auf der Hinreise eine zum kühleren Norden gerichtete Kabine auf der linken Schiffsseite – also an Backbord –, während sie auf der Heimreise an Steuerbord wohnten)

dinghy = *Dinghi,* Beiboot (ind. *dingi* = kleines Boot)

bungalow = *Bungalow,* typischer Flachbau der Europäer in Indien (ind. *bangla* = bengalisch; vgl. *Bengalen* sowie die ind. Stadt *Bangalore* und den Staat *Bangladesch*)

verandah = *Veranda,* gedeckter, balkonartiger Vorbau eines Hauses (ind. *varanda* = Geländer)

cot = Kinderbett, leichte Bettstelle (ind. *khat* = Bett, Hängematte)

pyjamas = *Pyjama,* weite, in der Hüfte mit einem Band gehaltene Hose, Schlafanzug (ind. *pae-jamah* = lose Hose, aus *pae* = Fuß, Bein und *jamah* = Kleid)

shampoo = *Shampoo,* Haarwaschmittel (ind. *chhampna* = massieren, *chhampo* = „Massiere!")

chintz = *Chintz,* glänzendes, mit bunten Blumenmustern bedrucktes Baumwollgewebe (ind. *chint* = bunt)

lilac	=	*Lila,* Flieder (ind. *lil* = blau, bläulich)
khaki	=	*Khaki,* Erdfarbe, gelbbrauner Stoff der Tropenuniformen (ind. *khaki* = staubig)
jodhpurs	=	*Jodhpurhose,* oben weite, von den Knien an enge Reithose (benannt nach der indischen Stadt *Jodhpur*)
polo	=	*Polo,* Reiterballspiel (ind. *polo* = Ball)
punch	=	*Punsch,* alkoholisches Heißgetränk (ind. *panch* = fünf; so benannt nach den fünf, für einen *Punsch* notwendigen Zutaten: Arrak, Zucker, Zitronensaft, Wasser oder Tee und Gewürz; vgl. auch die ind. Landschaft *Pandschab,* engl. *'Punjab'* = Fünfstromland)
cheroot	=	Zigarre, Stumpen (ind. *shuruttu* = Tabakrolle)
curry	=	*Curry,* Gewürzmischung oder mit scharfen Gewürzen gekochtes Reisgericht (ind. *kari* = Tunke)
beriberi	=	*Beriberi,* Vitaminmangel-Krankheit mit Lähmungserscheinungen und allgemeinem Kräfteverfall (aus der Verdopplung von ind. *beri* = Schwäche)
jungle	=	*Dschungel,* (ind. *jangal* = Ödland, Unterholz)
jute	=	*Jute,* Faser aus der Rinde eines indischen Baumes (ind. *jhoto* = Haarzopf, Flechte)
calico	=	*Kaliko,* feines Baumwollgewebe, bes. für Bucheinbände (benannt nach der ostindischen Stadt *Kalikut*)
rupee	=	*Rupie,* Währungseinheit in Indien (ind. *rupiyah* = geprägtes Silber; vgl. auch *Rubel*)
loot	=	Kriegsbeute, plündern (ind. *lut* = Beute)
nabob	=	*Nabob,* Provinzgouverneur, reicher Mann (ind. *nawwah* = verehrungswürdig; in England wurden ehemalige Kolonialbeamte, die wohlhabend in die Heimat zurückkehrten, ebenfalls *Nabob* genannt)
coolie	=	*Kuli,* Name indischer und chinesischer Tagelöhner, Lastträger (*Kuli* = indischer Stamm in Guzerat; tamil. *kuli* = mieten; s. auch chines. Wörter, S. 241)
pariah	=	*Paria,* Angehöriger der niedersten Kaste in Indien, Unberührbarer, Ausgestoßener (ind. *paraiyan* = Trommelschläger)
Brahman	=	*Brahmane,* Angehöriger der indischen Priesterkaste (ind. *brahman* = Priester; vgl. *Brahma* = höchster Gott des Hinduismus, *Brahmaputra* = Fluss in Indien)
rajah	=	*Radscha,* indischer Fürstentitel (ind. *rajah* = König, Fürst; Königin, Fürstin = *'ranee'*)

maharajah = *Maharadscha,* Titel indischer Prinzen (ind. *maha* = groß, *rajah* = Fürst; vgl. auch Gandhis Ehrentitel *Mahatma*: aus *maha* = groß und *atmán* = Seele, Hauch, woraus sich übrigens unsere Wörter *Atem* und *atmen* entwickelt haben!)

Wörter aus den Eingeborenensprachen

Es würde zu weit führen, alle fremden Sprachen, mit denen die Briten in ihrem weltumspannenden Empire in Berührung kamen, auch nur aufzuzählen oder gar ihrem Einfluss auf das Englische nachzuspüren; trotzdem sollen einige etymologisch interessante Wortübernahmen aus den alten Sprachen der Neuen Welt angeführt und auch die Handvoll der ins Englische übernommenen Ausdrücke vom Schwarzen Kontinent sowie von den *Aborigines* Australiens nicht unerwähnt bleiben.

Man darf annehmen, dass die Engländer in den „primitiven" Sprachen der Eingeborenen keine allzu große Quelle der Bereicherung für ihre Muttersprache sahen, da man mit den Ureinwohnern weder handelte noch verhandelte, sondern ihr Territorium mitsamt aller Schätze von Anfang an als rechtmäßiges Eigentum der Krone betrachtete und jeden engeren Kontakt mit den „unzivilisierten" Stämmen und Völkern in ihren Rückzugsgebieten und Reservaten bis auf den heutigen Tag vermieden hat. So kann es kaum verwundern, dass im Englischen nur eine äußerst bescheidene Anzahl von Wörtern aus den Sprachen der Indianer, der Afrikaner und der australischen *Aborigines* – meist zur Bezeichnung fremder Tier- und Pflanzenarten – überlebt hat. Im Gegenteil, es wird als selbstverständlich angesehen, dass die Ureinwohner sich kulturell weit gehend angepasst haben und längst die Sprache ihrer ehemaligen britischen Kolonialherren als ihre eigene betrachten. Von den wenigen Eingeborenenwörtern, die man für wert befand, ins Englische aufgenommen zu werden, stammen z.B. die folgenden

AUS DEM ALTEN AMERIKA:

cannibal	=	*Kannibale,* Menschenfresser (karib. *caribe* = tapfer; Kolumbus glaubte auf seiner Fahrt nach Westen – die ihn ja eigentlich nach Indien hatte bringen sollen – das Reich des Groß-*Khans* erreicht zu haben; daher missverstand er den Namen des Antillenstammes der *Karaiben,* die gefürchtete Menschenfresser waren, als *Kaniben* und bezeichnete sie als *caníbales* und später als *caríbales;* vgl. *'Caribbean Sea'* = *Karibik*)
canoe	=	*Kanu,* hölzernes Ruderboot der Eingeborenen, primitiver Einbaum (karib. *canaoa* = Baumkahn)
hurricane	=	*Hurrikan,* heftiger Sturmwind in Westindien (karib. *furacan;* vgl. unser Lehnwort *Orkan*)
hammock	=	Hängematte (karib. *hamaca* = hängendes Bett)
potato	=	Kartoffel[1] (karib. *batata* = Süßkartoffel; vgl. *Batate* und niederl. *patates* = Pommes frites)
tomato	=	*Tomate*[2] (mexik. *tomatl*); die Tomate war bereits bei den Azteken eine hochentwickelte Kulturpflanze
cocoa	=	*Kakao,* Pulver aus den Samenkörnern der Frucht des *Kakaobaumes* (mexik. *kakaua-atl;* vgl. *Schokolade*)
chocolate	=	*Schokolade,* Kakaotrunk (mexik. *chocolatl,* eng verwandt mit *kakaua-atl;* vgl. *Kakao*)
coyote	=	*Kojote,* amerikanischer Präriewolf (mexik. *coyotl*)
totem	=	*Totem,* Ahnentier und Stammeszeichen einer indianischen Sippe, das als zauberischer Helfer verehrt wird (indian. *ototeman* = Zeichen, Familie, Stamm)
Manitou	=	*Manitu,* Großer Geist, Gott (indian. *manitu* = er ist *manit,* d.h. die allen Menschen und Dingen innewohnende Macht; vgl. die nach *Manitu* benannte kanadische Provinz *Manitoba*)

---

1 Unser Wort *Kartoffel* stammt aus Italien, wo die *tartufoli* eigentlich *Trüffel* (= Pilze) bezeichnen, deren unterirdische Fruchtkörper Ähnlichkeit mit Kartoffeln haben. In Deutschland wurde der „Erdapfel" erst in den Hungerzeiten des Dreißigjährigen Krieges ein wichtiges Volksnahrungsmittel.

2 Die nach der Entdeckung Amerikas auch in Europa angebauten *Tomaten* fanden zunächst nur als Zierpflanzen Verwendung, da ihre Früchte für giftig, zumindest für ungesund gehalten wurden. Bei uns hießen sie früher „Liebesäpfel" oder „Paradiesäpfel"; in Österreich werden sie noch heute „Paradeiser" genannt.

AUS SCHWARZAFRIKA:

banana	=	*Banane,* tropische Südfrucht (westafrik. *bana*)
zebra	=	afrikanisches Wildpferd mit weißen und schwarzen Streifen (kongol. *serbá*); interessanterweise betrachten wir das *Zebra* als weißes Tier mit schwarzen Streifen, während es die Eingeborenen in Afrika als ein schwarzes Tier mit weißen Streifen bezeichnen
gnu	=	süd- und ostafrikanische Antilope (hottent. *nqu*)
corral	=	Viehgehege, Pferch (aus der Sprache der Hottentotten; vgl. *Kral* = Runddorf afrikanischer Stämme)
tsetse	=	*Tsetsefliege,* Stechfliege im tropischen Afrika, Überträgerin der Schlafkrankheit (Bantusprache); das Wort ahmt wohl das Fluggeräusch des Insekts nach
chimpanzee	=	*Schimpanse,* dem Menschen entwicklungsgeschichtlich am nächsten stehende Menschenaffengattung (zentralafrik. Eingeborenenwort)
gorilla	=	*Gorilla,* schon in der Antike bekannte Menschenaffengattung (westafrik. Eingeborenenwort)

VOM AUSTRALISCHEN KONTINENT:

boomerang	=	*Bumerang,* gekrümmtes Wurfholz, Jagdwaffe der Eingeborenen (austral. *wo-mur-rang*)
kangaroo	=	*Känguru,* Beuteltier (austral. *kangooroo;* im 18. Jahrhundert von James Cook entdeckt)
wombat	=	*Wombat,* Beutelmaus (austral. *womat*)
emu	=	*Emu,* straußenähnlicher Laufvogel (austral. *emia*)
dingo	=	*Dingo,* australischer Wildhund (Eingeborenenwort)

*

Es wäre geradezu verwunderlich, wenn die Engländer – die zwar immer eine gewisse Hochachtung für unsere Kultur hegten, uns in Kriegszeiten jedoch die *Hunnen* nannten – nicht auch eine Reihe von anscheinend unübersetzbaren deutschen Wörtern übernommen hätten. Die folgende kleine Auswahl vorwiegend wenig schmeichelhafter Germanismen in der englischen Sprache spiegelt ohne Frage ein tief verwurzeltes Vorurteil gegen uns *Krauts*, das aber angesichts der bedauerlichen

Erfahrungen, die England im 20. Jahrhundert mit uns Deutschen gemacht hat, vielleicht nicht ganz unbegründet ist:

'Kraut' (Schimpfwort für einen Deutschen), *'kaiser', 'reich', 'kriegspiel', 'reiter'* (Kavallerist), *'jäger'* (Scharfschütze; früher vom Förster rekrutiert), *'Hun'* (Hunne, deutscher Soldat), *'horde', 'knapsack'* („Knappsack", Tornister), *'rucksack', 'Nazi', 'Gestapo', 'blitz'* (Blitzkrieg), *'London blitz'* (Luftangriffe auf London), *'Krupp', 'flammenwerfer', 'gasmask', 'flak', 'schuss', 'strafe'* (Angriff; Geschützfeuer), *'to strafe'* (bombardieren), *'werwolf', 'poltergeist', 'kobold'* (Hausgeist), *'aberglaube', 'crank'* (krank), *'kummel'* (Kümmellikör), *'schnaps', 'fleck', 'lust', 'grobian', 'gestalt', 'schneuzer'* (Schnurrbart), *'meerschaum'* (Meerschaumpfeife), *'groschen', 'spiel'* (Wettkampf), *'schnauzer'* (Hund), *'dachshund', 'spitz'* (Hund), *'otter', 'hinterland', 'loess'* (Löss), *'linden'* (Lindenbaum), *'schmalz', 'schnitzel', 'sauerkraut', 'kohlrabi', 'zwieback', 'marzipan', 'kindergarten', 'kultur', 'krummhorn', 'umlaut'* und *'zollverein'*.

*

Hiermit wollen wir die etymologischen Betrachtungen abschließen, die uns vor allem beim Lesen englischer Texte (aber auch beim Zuhören) helfen können, die Bedeutung vieler Wörter zu erkennen oder abzuleiten und über Assoziationen im Gedächtnis zu behalten. Der folgende Teil wird Ihnen eine Menge Tricks für eine bessere Kommunikationsfähigkeit in der Fremdsprache verraten, z.B. wie Sie in den verschiedensten Lebenssituationen die passenden Worte finden, wie Sie Ihren aktiven Wortschatz weniger mühsam erweitern, wie Sie in Zukunft Aussprache- und Rechtschreibfehler vermeiden und die englische Grammatik gar auf drei bis vier Faustregeln reduzieren können!

* * *

II

Wichtige Lerntipps und Faustregeln

Vielleicht gehören Sie zu den glücklichen Menschen, denen das „Vokabelpauken“ nie allzu schwer gefallen ist. Trotzdem werden Sie möglicherweise die Erfahrung gemacht haben, dass schnelles Lernen meist auch schnelles Vergessen bedeutet und Sie neue Wörter kaum über den jeweiligen Vokabeltest oder die anstehende Klausur hinaus zur Verfügung haben. Im Folgenden erfahren Sie eine Handvoll Tricks, mit denen Sie sich nicht nur das traditionelle Aneignen von Vokabeln erleichtern können, sondern durch die spontane Einsicht in ein Prinzip – und nicht durch Büffeln! – auch in der Lage sind, eine Vielzahl bislang unbenutzter Wörter beim Abfassen eines englischen Textes oder in Gesprächen augenblicklich zu verwenden, dabei typische Orthographiefehler zu vermeiden, die Geheimnisse einer korrekten Aussprache zu durchschauen und die Grundsätze des Satzbaus zu beherzigen.

1

Verdoppeln Sie doch einfach Ihren Wortschatz!

Im gleichen Augenblick, in dem Sie einen der nachstehenden Tricks begreifen, haben Sie sich eigentlich schon eine große Anzahl neuer Wörter erschlossen. Um die Gültigkeit des jeweiligen Prinzips zu überprüfen und eine gewisse Geläufigkeit in seiner Anwendung zu erzielen, sollten Sie sich dennoch ein wenig mit den angeführten Wortbeispielen beschäftigen, zumal auch Ihr Leseverstehen davon profitieren wird.

a) Deutsche Verben und ihre englischen Kurzformen

Ein Großteil des englischen Vokabulars stammt, wie wir im ersten Teil gesehen haben, aus dem Germanischen. Besonders bei kurzen englischen Verben ist die Wahrscheinlichkeit sehr hoch, dass es sich um ursprünglich deutsche Wörter handelt. Die in der Wortliste mit einem * gekennzeichneten Beispiele sind dagegen gebräuchliche Eindeutschungen aus dem Englischen.

> Tipp *Streichen Sie versuchsweise das Suffix **-en** bei zweisilbigen deutschen Tätigkeitswörtern. In vielen Fällen erhalten Sie automatisch die entsprechende englische Verbform!*
>
> ➲ *bring~~en~~ = 'to bring'*

Anmerkungen:

- Unser ***ü*** wird im Englischen meist durch ein ***'i'*** ersetzt!
- Deutsche Vorsilben sind in der Regel zu streichen!
- Endkonsonanten werden im Englischen nicht verdoppelt! (Ausnahmen: *'f', 'l'* und *'s'*)
- Die Kombination ***'kn-'*** wird nur als [n-] gesprochen!

Beweisen Sie sich, wie leicht es sein kann, englische Verben aus dem Deutschen abzuleiten (die Lösungen finden Sie neben vielen anderen Beispielen auf den nächsten Seiten):

bersten	=	?	lüften	=	?	stemmen	=	?
blinken	=	?	pumpen	=	?	trompeten	=	?
füllen	=	?	rammen	=	?	trotten	=	?
*ein*lullen	=	?	rosten	=	?	*ver*rotten	=	?
hacken	=	?	schlingen	=	?	warnen	=	?
knoten	=	?	schnappen	=	?	*ein*wachsen	=	?

Beispiele englischer Kurzverben

Grundbedeutg.	*veränderte Bedeutung*	*engl. Verb (Bemerkungen)*
bell*en*	läuten, schellen	- **bell** [e] (*'bell'* = Glocke)
berst*en*		- **burst** [ə:]
bind*en*		- **bind** [ai]
blink*en*	zwinkern	- **blink** [i]
box*en*		- **box** [ɔ]
bring*en*		- **bring** [i]
duck*en*	tauchen, sich ducken	- **duck** [ʌ] (*'Donald Duck'*)
*ein***lull***en*	beruhigen	- **lull** [ʌ]
end*en*		- **end** [e]
fall*en*		- **fall** [ɔ:]
find*en*		- **find** [ai]
fisch*en*		- **fish** [i]
flieh*en*		- **flee** [i:] (ohne Dehnungs-*h*)
flirt*en**		- **flirt** [ə:]
form*en*		- **form** [ɔ:]
füll*en*		- **fill** [i]
gap*en*	gaffen, gähnen	- **gape** [ei]
grill*en**		- **grill** [i]
gurgel*n*	glucksen	- **gurgle** [ə:]
hack*en*	zerhacken, treten	- **hack** [æ]
hast*en*	eilen, sich beeilen	- **haste** [ei]
hinder*n*		- **hinder** [i]
hör*en*		- **hear** [iə]
kick*en**	mit dem Fuß stoßen	- **kick** [i]
knot*en*	verknüpfen	- **knot** [nɔt]
küss*en*		- **kiss** [i]
land*en*		- **land** [æ]
last*en*	(an)dauern	- **last** [ɑ:]
leck*en*	auslaufen, undicht sein	- **leak** [i:]
lehn*en*		- **lean** [i:] (ohne Dehnungs-*h*)
lern*en*		- **learn** [ə:]
lös*en*	lockern	- **loose** [u:]

lüft*en*	(an)heben	- **lift** [i] (vgl. *liften, Lift*)
mach*en*		- **make** [ei] (*ch* = *'k'*)
manag*en**	handhaben, leiten	- **manage** [æ-]
mein*en*	bedeuten	- **mean** [i:]
melk*en*		- **milk** [i]
miss*en*	verpassen, verfehlen	- **miss** [i]
mix*en**	mischen	- **mix** [i]
order*n**	bestellen	- **order** [ɔ:]
pack*en*		- **pack** [æ]
pell*en*	abschälen	- **peel** [i:]
pick*en*	(auf)nehmen	- **pick** [i]
pinn*en*	anheften	- **pin** [i] (ohne Verdopplung)
plan*en*		- **plan** [æ]
plünder*n*		- **plunder** [ʌ]
press*en*	drängen, drücken	- **press** [e]
puff*en*	paffen, verpuffen	- **puff** [ʌ]
pull*en*	(= rudern) ziehen	- **pull** [u] (vgl. *'pullover'*)
pump*en*		- **pump** [ʌ]
ramm*en*		- **ram** [æ] (ohne Verdopplung)
rast*en*	sich ausruhen	- **rest** [e]
renn*en*		- **run** [ʌ] (ohne Verdopplung)
roll*en*		- **roll** [ou]
röst*en*		- **roast** [ou]
rost*en*		- **rust** [ʌ]
schauder*n*		- **shudder** [ʌ]
schein*en*	leuchten, strahlen	- **shine** [ai]
schling*en*	hängen, aufhängen	- **sling** [i]
schnapp*en*	ergreifen	- **snap** [æ] (ohne Verdopplung)
schrill*en*	gellen, schrill äußern	- **shrill** [i]
schwärm*en*	sich drängen	- **swarm** [ɔ:]
schwell*en*	anschwellen	- **swell** [e]
schwimm*en*		- **swim** [i] (ohne Verdopplung)
schwindel*n*		- **swindle** [i]
schwing*en*		- **swing** [i]
schwör*en*	fluchen	- **swear** [ɛə]
seh*en*		- **see** [i:] (ohne Dehnungs-*h*)

send*en*		- **send** [e]
sing*en*		- **sing** [i]
sink*en*		- **sink** [i]
spann*en*	um-, überspannen	- **span** [æ] (ohne Verdopplung)
spar*en*	schonen, aussparen	- **spare** [ɛə]
spend*en*	ausgeben	- **spend** [e]
spinn*en*	drehen, wirbeln	- **spin** [i] (ohne Verdopplung)
spring*en*		- **spring** [i]
starr*en*		- **stare** [ɛə]
start*en**		- **start** [ɑ:]
steck*en*		- **stick** [i]
stehl*en*		- **steal** [i:] (ohne Dehnungs-*h*)
stemm*en*		- **stem** [e] (ohne Verdopplung)
stepp*en*	treten, schreiten	- **step** [e] (ohne Verdopplung)
still*en*	beruhigen	- **still** [i]
stink*en*		- **stink** [i]
stopp*en*		- **stop** [ɔ] (ohne Verdopplung)
stör*en*	bewegen, rühren	- **stir** [ə:]
streu*en*	aus-, bestreuen	- **strew** [u:] (*u* = *'w'*)
ström*en*		- **stream** [i:]
stürm*en*		- **storm** [ɔ:]
tast*en*	schmecken	- **taste** [ei]
trompet*en*		- **trumpet** [ʌ]
trott*en*	traben	- **trot** [ɔ] (ohne Verdopplung)
tu*(e)n*		- **do / does** [u: / ʌ]
turn*en*	drehen, wenden	- **turn** [ə:]
*ver***lang***en*	sich sehnen	- **long** [ɔ] (vgl. *langen nach*)
*ver***rott***en*		- **rot** [ɔ] (ohne Verdopplung)
*ver***wund***en*		- **wound** [u:]
walk*en*	wälzen, gehen	- **walk** [ɔ:] (vgl. *Walzer*)
wall*en*	hervorquellen	- **well** [e] (vgl. *aufwallen*)
wander*n*		- **wander** [ɔ]
wärm*en*	erwärmen, aufwärmen	- **warm** [ɔ:]
warn*en*		- **warn** [ɔ:]
wasch*en*		- **wash** [ɔ]
wachs*en*	einwachsen, bohnern	- **wax** [æ]

wend*en*	s. begeben, s. wenden	- **wend** [e]
werk*en*	arbeiten	- **work** [ɘ:] (vgl. *werkeln*)
wind*en*	aufdrehen, aufziehen	- **wind** [ai]
wink*en*	blinzeln	- **wink** [i]
wunder*n*	sich wundern	- **wonder** [ʌ]

*

b) Die Nützlichkeit deutscher Fremdwörter

Da die englische Sprache entscheidend durch das Lateinische und seine romanischen Nachfolgesprachen mitgeprägt wurde, liegt der Nutzen deutscher Fremdwörter – sofern sie ebenfalls aus dem Lateinischen stammen – auf der Hand. Die folgenden Seiten bieten Ihnen Gelegenheit, Ihren Fremdwortschatz zu erweitern und gleichzeitig zu erfahren, wie dieser Ihnen bei Übersetzungen ins Englische, aber auch in Gesprächssituationen aus der Verlegenheit helfen kann.

Tipp *Versuchen Sie, ein deutsches Verb durch ein Fremdwort mit dem Suffix* ***-ieren*** *zu ersetzen. Wenn Sie diese Endung streichen, erhalten Sie fast immer ein gleichbedeutendes englisches Verb!*

➲ *(einführen) import~~ieren~~ = 'to import'*

Anmerkungen:

- Manche englische Verben sind – anders als im Deutschen – nicht von der ersten, sondern von der dritten Stammform des lateinischen Tätigkeitswortes abgeleitet, z.B. dt. *agieren* (von ***ag****ere*) – engl. *'to act'* (also von ***act****um*)!
- Die deutsche Endung ***-fizieren*** wird im Englischen zu *'-**fy**'* verkürzt (z.B. *simplifizieren = 'to simplify', s.* weitere Tipps).

Genießen Sie zunächst Ihre schöpferischen Fähigkeiten, indem Sie die folgenden deutschen Fremdwörter zu korrekten, bislang wahrscheinlich unbekannten englischen Verben umfunktionieren! Danach sollten Sie sich ruhig ein wenig in die Wortlisten vertiefen, in denen Sie auch diese Wörter wiederfinden:

zusammenrechnen	(addieren)	= ?
anpassen	(adaptieren)	= ?
Beifall klatschen	(applaudieren)	= ?
beistehen	(assistieren)	= ?
verbinden	(bandagieren)	= ?
ausersehen	(designieren)	= ?
sich unterscheiden	(differieren)	= ?
begleiten	(eskortieren)	= ?
bestehen	(existieren)	= ?
ausprobieren	(experimentieren)	= ?
(an)heften, befestigen	(fixieren)	= ?
arbeiten	(funktionieren)	= ?
verallgemeinern	(generalisieren)	= ?
nicht beachten	(ignorieren)	= ?
einpflanzen	(implantieren)	= ?
in Kenntnis setzen	(informieren)	= ?
sammeln	(kollektieren)	= ?
verbinden	(kombinieren)	= ?
gegenüberstellen	(kontrastieren)	= ?
jammern	(lamentieren)	= ?
misshandeln	(malträtieren)	= ?
erneuern	(modernisieren)	= ?
beobachten	(observieren)	= ?
ebnen	(planieren)	= ?
aufstellen	(postieren)	= ?
verwirklichen	(realisieren)	= ?
auswählen	(selektieren)	= ?
ausgeben	(spendieren)	= ?
entlassen	(suspendieren)	= ?
neigen zu	(tendieren)	= ?
stimmen für	(votieren)	= ?

*Verben aus deutschen Fremdwörtern auf **-ieren** (1)*

(Die Liste ist nach den deutschen Fremdwörtern alphabetisch sortiert)

deutsche Bedeutung	*dt. Fremdwort*	*engl. Entsprechung*
aufsaugen	**absorb***ieren*	- **absorb** [ɔ:]
anpassen, bearbeiten	**adapt***ieren*	- **adapt** [-æ]
zusammenrechnen	**add***ieren*	- **add** [æ]
an Kindes statt annehmen	**adopt***ieren*	- **adopt** [-ɔ]
richten an, anreden	**adress***ieren*	- **address** [-e]
sich eingewöhnen	**akklimatis***ieren*	- **acclimatise**[1] [-ai-]
annehmen, hinnehmen	**akzept***ieren*	- **accept** [-e]
aufschrecken, wecken	**alarm***ieren*	- **alarm** [-ɑ:]
(sich) vergnügen	**amüs***ieren*	- **amuse** [ju:]
untersuchen, zergliedern	**analys***ieren*	- **analyse** [æ-]
sich gewaltsam aneignen	**annekt***ieren*	- **annect** [-e]
sich mahnend wenden	**appell***ieren*	- **appeal** [i:]
Beifall klatschen	**applaud***ieren*	- **applaud** [ɔ:]
genehmigen, bestätigen	**approb***ieren*	- **approve** [u:]
befestigen, bewaffnen	**arm***ieren*	- **arm** [ɑ:]
ordnen, vereinbaren	**arrang***ieren*	- **arrange** [ei]
verhaften	**arrest***ieren*	- **arrest** [-e]
vorwärts kommen, ankomm.	**arriv***ieren*	- **arrive** [ai]
beistehen, helfen	**assist***ieren*	- **assist** [i]
hochachten, schätzen	**ästim***ieren*	- **esteem** [i:]
angreifen	**attack***ieren*	- **attack** [æ]
bescheinigen	**attest***ieren*	- **attest** [e]
ermächtigen, billigen	**autoris***ieren*	- **authorise** [ɔ:-]
benachrichtigen, warnen	**avis***ieren*	- **advise** [ai]
im Gleichgewicht halten	**balanc***ieren*	- **balance** [æ-]
verbinden	**bandag***ieren*	- **bandage** [æ-]
gründen auf	**bas***ieren*	- **base** [ei]
beschuldigen, bloßstellen	**blam***ieren*	- **blame** [ei]
hemmen, hindern	**block***ieren*	- **block** [ɔ]

[1] Die alte – und noch amerikanische – Schreibung des Suffixes *'-**ize**'* ist durch die modernere Form *'-**ise**'* [-aiz] ersetzt worden.

Bomben werfen	**bombard***ieren*	- **bombard** [ɑ:]
kaltstellen, meiden	**boykott***ieren*	- **boycott** [ɔi]
die Farbe wechseln	**chang***ieren*	- **change** [ei]
zeitlich festsetzen, festlegen	**dat***ieren*	- **date** [ei]
erörtern	**debatt***ieren*	- **debate** [ei]
ableiten, folgern	**deduz***ieren*	- **deduce** [ju:]
vorbeimarschieren	**defil***ieren*	- **defile** [ai]
erklären, abgrenzen	**defin***ieren*	- **define** [ai]
verunstalten, entstellen	**deform***ieren*	- **deform** [ɔ:]
absetzen, entwürdigen	**degrad***ieren*	- **degrade** [ei]
öffentlich reden, vortragen	**deklam***ieren*	- **declaim** [ei]
verkünden	**deklar***ieren*	- **declare** [ɛə]
beugen (gram.), sich senken	**deklin***ieren*	- **decline** [ai]
außer Dienst stellen	**demobilis***ieren*	- **demobilise** [ou]
entkräften, zermürben	**demoralis***ieren*	- **demoralise** [ɔ]
anzeigen, öffentlich rügen	**denunz***ieren*	- **denounce** [au]
verschleppen	**deport***ieren*	- **deport** [ɔ:]
verlassen	**desert***ieren*	- **desert** [-ə:]
ausersehen, beabsichtigen	**design***ieren*	- **design** [ai]
genau beschreiben	**detaill***ieren*	- **detail** [ei]
bestimmen	**determin***ieren*	- **determine** [-ə:]
entscheiden	**dezid***ieren*	- **decide** [ai]
sich unterscheiden	**differ***ieren*	- **differ** [i]
speisen, essen	**din***ieren*	- **dine** [ai]
ernüchtern, v. Illus. befreien	**desillusion***ieren*	- **disillusion** [u:]
verringern, nicht mitrechnen	**diskont***ieren*	- **discount** [au]
in schlechten Ruf bringen	**diskredit***ieren*	- **discredit** [e]
sich streiten, streiten um	**disput***ieren*	- **dispute** [ju:]
Abstand nehmen	sich **distanz***ieren*	- **distance** [i]
verteilen	**distribu***ieren*	- **distribute** [-i-]
züchtigen	**disziplin***ieren*	- **discipline** [ˈi-i]
teilen	**divid***ieren*	- **divide** [-ai]
beurkunden, urkdl. belegen	**dokument***ieren*	- **document** [ɔ]
unnötig erregend darstellen	**dramatis***ieren*	- **dramatise** [æ-]
malerisch behängen	**drap***ieren*	- **drape** [ei]
zurichten; bekleiden	**dress***ieren*	- **dress** [e]

sich bekämpfen	sich **duell***ieren*	- **duel** [u:]
herausgeben (Zeitung)	**edit***ieren*	- **edit** [e]
in Umlauf bringen, aussend.	**emitt***ieren*	- **emit** [-i]
verpflichten; sich verloben	**engag***ieren*	- **engage** [ei]
abtragen, verwittern	**erod***ieren*	- **erode** [ou]
begleiten	**eskort***ieren*	- **escort** [ɔ:]
frohlocken	**exalt***ieren*	- **exult** [ʌ]
prüfen	**examin***ieren*	- **examine** [æ]
ausführen, vollstrecken	**exekut***ieren*	- **execute** [e-]
ausgraben	**exhum***ieren*	- **exhume** [ju:]
verbannen, verweisen	**exil***ieren*	- **exile** [ˈeksail]
bestehen	**exist***ieren*	- **exist** [i]
ausdehnen, ausweiten	**expand***ieren*	- **expand** [ɑ:]
Versuche anstellen	**experiment***ieren*	- **experiment** [-e-]
laut zerplatzen	**explod***ieren*	- **explode** [ou]
ausführen	**export***ieren*	- **export** [ɔ:]
aus dem Stegreif sprechen	**extempor***ieren*	- **extempore** [-e-]
zum Gären bringen	**ferment***ieren*	- **ferment** [-e]
fruchtbar machen	**fertilis***ieren*	- **fertilise** [ə:-]
durchseihen, filtern	**filtr***ieren*	- **filter** [i]
Geldgeschäfte machen	**finanz***ieren*	- **finance** [æ]
vortäuschen („hinfingern“)	**fing***ieren*	- **finger** [i]
(an)heften, befestigen	**fix***ieren*	- **fix** [i]
seitlich liegen, angrenzen	**flank***ieren*	- **flank** [æ]
in den Brennpunkt bringen	**fokuss***ieren*	- **focus** [ou]
beschleunigen, erzwingen	**forc***ieren*	- **force** [ɔ:]
bilden, formen	**form***ieren*	- **form** [ɔ:]
mit Briefmarken versehen	**frank***ieren*	- **frank** [æ]
(zusammen)backen	**fritt***ieren*	- **frit** [i]
(be)gründen	**fund***ieren*	- **found** [au]
arbeiten, tätig sein	**funktion***ieren*	- **function** [ʌ]
losrasen	**galopp***ieren*	- **gallop** [æ]
verallgemeinern	**generalis***ieren*	- **generalise** [e-]
verglasen, polieren	**glas***ieren*	- **glaze** [ei]
abstufen, einteilen	**grad***ieren*	- **grade** [ei]
eingraben, einritzen	**grav***ieren*	- **grave** [ei]

unterlegen	**grund***ieren*	- **ground** [au]
in einer Gruppe anordnen	**grupp***ieren*	- **group** [u:]
mit Klebstoff versehen	**gumm***ieren*	- **gum** [ʌ]
zu gleichen Hälften teilen	**halb***ieren*	- **halve** [æ]
(hoch)achten	**honor***ieren*	- **honour** [ɔ]
faszinieren	**hypnotis***ieren*	- **hypnotise** [ˈi-ai]
veredeln, vergeistigen	**idealis***ieren*	- **idealise** [aiˈdiə-]
nicht beachten	**ignor***ieren*	- **ignore** [ɔ:]
unbeweglich machen	**immobilis***ieren*	- **immobilise** [ou]
unempfänglich machen	**immunis***ieren*	- **immunise** [i-]
einpflanzen	**implant***ieren*	- **implant** [ɑ:]
einführen	**import***ieren*	- **import** [ɔ:]
unvorbereitet handeln	**improvis***ieren*	- **improvise** [i-]
Industrie auf- oder ausbauen	**industrialis***ieren*	- **industrialise** [ʌ]
herbeiführen, verursachen	**induz***ieren*	- **induce** [ju:]
in Kenntnis setzen	**inform***ieren*	- **inform** [ɔ:]
einatmen	**inhal***ieren*	- **inhale** [ei]
erfragen, sich erkundigen	**inquir***ieren*	- **inquire** [aiə]
bestehen auf	**insist***ieren*	- **insist** [-i]
anregen	**inspir***ieren*	- **inspire** [aiə]
einrichten	**install***ieren*	- **install** [ɔ:]
beabsichtigen	**intend***ieren*	- **intend** [e]
erläutern, auslegen	**interpret***ieren*	- **interpret** [-ə:-]
sich einmischen	**interven***ieren*	- **intervene** [-i:]
einmarschieren, einfallen	**invad***ieren*	- **invade** [ei]
anlegen, ausstatten	**invest***ieren*	- **invest** [e]
einbeziehen	**involv***ieren*	- **involve** [ɔ]
lagern	**kamp***ieren*	- **camp** [æ]
in einen Kanal verwandeln	**kanalis***ieren*	- **canalise** [æ-]
in Kapital umsetzen	**kapitalis***ieren*	- **capitalise** [æ-]
zu Geld machen, einziehen	**kass***ieren*	- **cash** [æ]
schleudern	**katapult***ieren*	- **catapult** [æ-]
verschlüsseln	**kod***ieren*	- **code** [ou]
flirten, liebäugeln	**kokett***ieren*	- **coquet** [e]
sammeln	**kollekt***ieren*	- **collect** [e]
zusammenstoßen	**kollid***ieren*	- **collide** [ai]

besiedeln, ansiedeln	**kolonis***ieren*	- **colonise** [ɔ-]
färben, einfärben	**kolor***ieren*	- **colour** [ʌ]
verbinden, vereinigen	**kombin***ieren*	- **combine** [ai]
befehlen	**kommand***ieren*	- **command** [ɑ:]
näher ausführen	**komment***ieren*	- **comment** [e]
bevollmächtigen	**kommission***ieren*	- **commission** [i]
vervollständigen	**komplett***ieren*	- **complete** [i:]
beglückwünschen, (be)ehren	**kompliment***ieren*	- **compliment** [ɔ]
verdichten	**kondens***ieren*	- **condense** [e]
in eine Zustand versetzen	**kondition***ieren*	- **condition** [i]
sich beraten	**konfer***ieren*	- **confer** [ə:]
zusammenstellen, gestalten	**konfigur***ieren*	- **configure** [i]
bestätigen	**konfirm***ieren*	- **confirm** [ə:]
(sich) entgegenstellen	**konfront***ieren*	- **confront** [ʌ]
erhalten	**konserv***ieren*	- **conserve** [ə:]
sich verschwören	**konspir***ieren*	- **conspire** [aiə]
zurate ziehen	**konsult***ieren*	- **consult** [ʌ]
verbrauchen	**konsum***ieren*	- **consume** [ju:]
gegenüberstellen	**kontrast***ieren*	- **contrast** [ɑ:]
beaufsichtigen, prüfen	**kontroll***ieren*	- **control** [ou]
umwandeln	**konvert***ieren*	- **convert** [ə:]
zugeben	**konzed***ieren*	- **concede** [i:]
abschreiben, nachbilden	**kop***ieren*	- **copy** [ɔ]
in Briefwechsel stehen	**korrespond***ieren*	- **correspond** [ɔ]
zerfressen, zerfallen	**korrod***ieren*	- **corrode** [ou]
einkleiden, verkleiden	**kostüm***ieren*	- **costume** [ju:]
heilen	**kur***ieren*	- **cure** [kjuə]
zu kämpfen haben	**labor***ieren*	- **labour** [ei]
jammern, beklagen	**lament***ieren*	- **lament** [e]
rechtskräftig machen	**legalis***ieren*	- **legalise** [i:-]
frei machen	**liberalis***ieren*	- **liberalise** [i-]
Linien ziehen, zeichnen	**lin**(i)*ieren*	- **line** [ai]
amtlich genehmigen	**lizens***ieren*	- **license** [ai]
örtlich begrenzen	**lokalis***ieren*	- **localise** [ou]
misshandeln, quälen	**malträt***ieren*	- **maltreat** [i:]
offenbaren, deutlich zeigen	**manifest***ieren*	- **manifest** [æ]

geschickt zu Werke gehen	**manövr***ieren*	- **manœuvre** [u:]
kennzeichnen	**mark***ieren*	- **mark** [ɑ:]
ziehen	**marsch***ieren*	- **march** [ɑ:]
tarnen	**mask***ieren*	- **mask** [ɑ:]
anhäufen, ansammeln	**mass***ieren*	- **mass** [æ]
verwirklichen, z. Materie m.	**materialis***ieren*	- **materialise** [-i:ə-]
auf mech. Ablauf umstellen	**mechanis***ieren*	- **mechanise** [e]
versteinern	**mineralis***ieren*	- **mineralise** [i]
dienen, Messe dienen	**ministr***ieren*	- **minister** [i-]
mobil machen	**mobilis***ieren*	- **mobilise** [ou]
(nach einem Modell) formen	**modell***ieren*	- **model** [ɔ]
erneuern, modern machen	**modernis***ieren*	- **modernise** [ɔ]
sich lustig machen	sich **mok***ieren*	- **mock** [ɔ]
in Stellung bringen	**mont***ieren*	- **mount** [au]
sittenpredigen, sittl. bessern	**moralis***ieren*	- **moralise** [ɔ]
mit Munition versehen	**munition***ieren*	- **munition** [ju:]
wandernd umherziehen	**nomadis***ieren*	- **nomadise** [ɔ]
festhalten, feststellen	**not***ieren*	- **note** [ou]
(zusammen)zählen	**nummer***ieren*	- **number** [ʌ]
beobachten	**observ***ieren*	- **observe** [ə:]
anbieten	**offer***ieren*	- **offer** [ɔ]
veranstalten, wegnehmen	**organis***ieren*	- **organise** [ɔ:]
die Lage bestimmen	sich **orient***ieren*	- **orient** [ɔ]
vorbeimarschieren	**parad***ieren*	- **parade** [ei]
durchduften	**parfüm***ieren*	- **perfume** [ju:]
(einen Hieb) abwehren	**par***ieren*	- **parry** [æ]
scherzhaft nachahmen	**parod***ieren*	- **parody** [æ]
vorbeigehen	**pass***ieren*	- **pass** [ɑ:]
als Erfindung anmelden	**patent***ieren*	- **patent** [ei]
beschützen, begünstigen	**patronis***ieren*	- **patronise** [æ]
Streife gehen, durchstreifen	**patrouil***lieren*	- **patrol** [ou]
Pause machen	**paus***ieren*	- **pause** [ɔ:]
in Rente schicken	**pension***ieren*	- **pension** [e]
ins Abnormale verkehren	**pervert***ieren*	- **pervert** [-ə:]
ein Foto machen	**fotograf***ieren*	- **photograph** [ɔ]
sprechen für	**pläd***ieren*	- **plead** [i:]

ebnen, glätten	**plan***ieren*	- **plane** [ei]
mit Platten belegen	**platt***ieren*	- **plate** [ei]
(auf)stellen, legen, setzen	**platz***ieren*	- **place** [ei]
(sich) gegensätzl. darstellen	**polaris***ieren*	- **polarise** [ou]
von Politik reden	**politis***ieren*	- **politicise** [-i-]
als Anteil zuweisen	**portion***ieren*	- **portion** [ɔ:]
legen, stellen	**position***ieren*	- **position** [i]
aufstellen, hinstellen	**post***ieren*	- **post** [ou]
vorherbestimmen	**prädestin***ieren*	- **predestine** [-e-]
mit einem Vorurteil erfüllen	**präjudiz***ieren*	- **prejudice** [e-]
ausüben	**praktiz***ieren*	- **practise** [æ]
vorbereiten	**präpar***ieren*	- **prepare** [ɛə]
vorführen, bieten	**präsent***ieren*	- **present** [-e]
den Vorsitz führen	**präsid***ieren*	- **preside** [ai]
genau angeben	**präzis***ieren*	- **précis** [ˈpreisi:]
dringlich sein, drängen	**press***ieren*	- **press** [e]
bevorzugen	**privileg***ieren*	- **privilege** [i-]
prüfen, anbohren	**prob***ieren*	- **probe** [ou]
herstellen	**produz***ieren*	- **produce** [ju:]
im Profil darstellen	**profil***ieren*	- **profile** [ˈproufail]
einen Nutzen ziehen	**profit***ieren*	- **profit** [ɔ]
entwerfen	**projekt***ieren*	- **project** [e]
ausrufen, ansagen	**proklam***ieren*	- **proclaim** [ei]
gedeihen	**prosper***ieren*	- **prosper** [ɔ]
Einspruch erheben	**protest***ieren*	- **protest** [e]
hervorrufen, reizen	**provoz***ieren*	- **provoke** [ou]
schlagen	**puls***ieren*	- **pulse** [ʌ]
zerreiben, zerstäuben	**pulveris***ieren*	- **pulverise** [ʌ]
aufhören, ausgleichen	**quitt***ieren*	- **quit** [i]
aufstellen, anordnen	**rang***ieren*	- **range** [ei]
auskratzen, tilgen	**ras***ieren*	- **raze** [ei]
vereinfachen	**rationalis***ieren*	- **rationalise** [æ-]
in Rationen zuteilen	**ration***ieren*	- **ration** [ei]
verwirklichen, erkennen	**realis***ieren*	- **realise** [i:ə]
sich auflehnen	**rebell***ieren*	- **rebel** [-e]
verkleinern	**reduz***ieren*	- **reduce** [ju:]

Bezug nehmen, erwähnen	**refer***ieren*	- **refer** [-ə:]
spiegeln; nachdenken	**reflekt***ieren*	- **reflect** [-e]
umgestalten	**reform***ieren*	- **reform** [ɔ:]
vorschriftsm. einschreiben	**registr***ieren*	- **register** [e]
zurückfordern	**reklam***ieren*	- **reclaim** [ei]
auffrischen; verstärken	**rekrut***ieren*	- **recruit** [u:]
ausbessern	**repar***ieren*	- **repair** [ɛə]
wiederholen	**repet***ieren*	- **repeat** [i:]
vertreten	**repräsent***ieren*	- **represent** [-e]
verlangen	**requir***ieren*	- **require** [aiə]
belegen; vorbehalten	**reserv***ieren*	- **reserve** [-ə:]
aufgeben, verzichten	**resign***ieren*	- **resign** [ai]
achten, hochachten	**respekt***ieren*	- **respect** [-e]
ausbessern	**restaur***ieren*	- **restore** [ɔ:]
sich ergeben aus	**result***ieren*	- **result** [ʌ]
verzögern	**retard***ieren*	- **retard** [ɑ:]
sich zurückziehen	**retir***ieren*	- **retire** [aiə]
zurückschicken	**retour***nieren*	- **return** [ə:]
rächen	**revanch***ieren*	- **revenge** [-e]
sich empören, abfallen	**revolt***ieren*	- **revolt** [ɔ]
hersagen, aufsagen	**rezit***ieren*	- **recite** [ai]
ein Wagnis eingehen	**risk***ieren*	- **risk** [i]
begrüßen, empfangen	**salut***ieren*	- **salute** [u:]
bösw. Schwierigk. bereiten	**schikan***ieren*	- **chicane** [ei]
entsetzen, erschrecken	**schock***ieren*	- **shock** [ɔ]
auswählen, auslesen	**selekt***ieren*	- **select** [-e]
ein Zeichen geben	**signalis***ieren*	- **signal** [i]
(in groben Zügen) entwerfen	**skizz***ieren*	- **sketch** [e]
auslesen, trennen	**sort***ieren*	- **sort** [ɔ:]
vergesellschaften	**sozialis***ieren*	- **socialise** [ou]
ausgeben, verschwenden	**spend***ieren*	- **spend** [e]
sich besonders ausbilden	**spezialis***ieren*	- **specialise** [e]
festigen, standfest machen	**stabilis***ieren*	- **stabilise** [æ]
aufstellen, post*ieren*	**station***ieren*	- **station** [ei]
unfruchtbar machen	**sterilis***ieren*	- **sterilise** [e]
sorgsam lesen, lernen	**stud***ieren*	- **study** [ʌ]

durch Unterschrift anerkenn.	**subskrib***ieren*	- **subscribe** [ai]
zusammenzählen	**summ***ieren*	- **sum** [ʌ]
entlassen	**suspend***ieren*	- **suspend** [e]
zeitl. z. Gleichlauf bringen	**synchronis***ieren*	- **synchronise** [i-]
in ein System bringen	**systematis***ieren*	- **systematise** [i-]
farbig in die Haut einritzen	**tätow***ieren*	- **tattoo** [u:]
einschätzen	**tax***ieren*	- **tax** [æ]
ein Telegramm senden	**telegraph***ieren*	- **telegraph** [e-]
anrufen	**telephon***ieren*	- **telephone** [e-]
mildern; mischen	**temper***ieren*	- **temper** [e]
ausgerichtet sein, neigen zu	**tend***ieren*	- **tend** [e]
treppenförmig anlegen	**terrass***ieren*	- **terrace** [e]
einschüchtern, unterdrücken	**terroris***ieren*	- **terrorise** [e]
ausbilden, drillen	**train***ieren*	- **train** [ei]
behandeln	**trakt***ieren*	- **treat** [i:]
übertragen	**transfer***ieren*	- **transfer** [ə:]
umwandeln	**transform***ieren*	- **transform** [ɔ:]
umpflanzen	**transplant***ieren*	- **transplant** [ɑ:]
befördern	**transport***ieren*	- **transport** [ɔ:]
als Sieger einziehen, jubeln	**triumph***ieren*	- **triumph** [ai]
tyrannisch beherrschen	**tyrannis***ieren*	- **tyrannise** [i-]
(sich) ändern	**vari***ieren*	- **vary** [ɛə]
beunruhigen, ängstigen	**vex***ieren*	- **vex** [e]
besichtigen, besuchen	**visit***ieren*	- **visit** [i-]
sich ein Bild machen von	**visualis***ieren*	- **visualise** [i-]
beleben, kräftigen	**vitalis***ieren*	- **vitalise** [ai-]
stimmen für	**vot***ieren*	- **vote** [ou]
in Gummi verwand., härten	**vulkanis***ieren*	- **vulcanise** [ʌ]
kitten, verkitten	**zement***ieren*	- **cement** [-e]
im Mittelpunkt vereinigen	**zentralis***ieren*	- **centralise** [e]
in den Mittelpunkt stellen	**zentr***ieren*	- **centre** [e]
ausmeißeln, ausformen	**zisel***ieren*	- **chisel** [i]
anführen	**zit***ieren*	- **cite** [ai]

*

Sie haben inzwischen sicherlich erkannt, dass es äußerst hilfreich sein kann, möglichst viele Fremdwörter zu kennen – auch wenn wir sie in unserer eigenen Sprache tunlichst vermeiden sollten. Leider ist aber die Umwandlung eines deutschen *„-**ieren**“*-Verbs in seine englische Entsprechung nicht immer so schematisch zu bewerkstelligen wie bei den oben aufgeführten Beispielen; die Briten haben ihre Wörter nämlich nicht konsequent von der *ersten,* sondern bisweilen von der *dritten* Stammform des lateinischen Ursprungswortes abgeleitet, z.B. *'to act'* vom lateinischen *actum* = gehandelt, und nicht – wie wir – vom Infinitiv *agere* = handeln (vgl. dt. *agieren*) oder *'to animate'* nicht aus *animare* = anregen (vgl. dt. *animieren*), sondern aus *animatum* = angeregt.

Tipp *Bilden Sie aus dem „**-ieren**“-Fremdwort ein Substantiv und streichen Sie gegebenenfalls die Endung **-ion**!*
So erhalten Sie mit ziemlicher Sicherheit die korrekte englische Tätigkeitsform. (Die entsprechenden deutschen Hauptwörter sind nämlich – wie die englischen Verben! – von der dritten Stammform des lateinischen Ursprungswortes abgeleitet.)

➲ *diktieren – **Diktat** = 'to **dictate**'*

Anmerkung:

- Wenn Sie an das englische Verb die Endung *-**ion*** anhängen, entsteht automatisch das entsprechende englische Hauptwort!

Am besten probieren Sie es gleich einmal aus:

dekorieren	(-at***ion***)	= ?	kalkulieren	(-at***ion***)	= ?
frustrieren	(-at***ion***)	= ?	manipulieren	(-at***ion***)	= ?
illustrieren	(-at***ion***)	= ?	vegetieren	(-at***ion***)	= ?

Verben aus deutschen Fremdwörtern auf ***-ieren*** *(2)*

deutsche Bedeutung	*dt. Fremdwort (aus der 1. Stammform des lat. Verbs)*	*engl. Entsprechung (aus der 3. Stammform **-atum**)*
erregen, wühlen	**agit***ieren*	- **agit*ate*** [æ-]
anregen, aufmuntern	**anim***ieren*	- **anim*ate*** [æ-]
betonen	**akzentu***ieren*	- **accentu*ate*** [e]
deutlich (aus)sprechen	**artikul***ieren*	- **articul*ate*** [i]
schmücken	**dekor***ieren*	- **decor*ate*** [e]
abordnen, bevollmächtigen	**deleg***ieren*	- **deleg*ate*** [e-]
abgrenzen	**demark***ieren*	- **demarc*ate*** [i-]
anschaulich machen, zeigen	**demonstr***ieren*	- **demonstr*ate*** [e]
einen von je 10 töten	**dezim***ieren*	- **decim*ate*** [e]
unterscheiden, sondern	**differenz***ieren*	- **differenti*ate*** [e]
einen Brief dikt*ieren*	**dikt***ieren*	- **dict*ate*** [ei]
unterschiedlich behandeln	**diskrimin***ieren*	- **discrimin*ate*** [-i-]
vorherrschen, beherrschen	**domin***ieren*	- **domin*ate*** [ɔ]
verdoppeln	**dupliz***ieren*	- **duplic*ate*** [ju:]
aussondern, ausschließen	**elimin***ieren*	- **elimin*ate*** [-i-]
befreien, sich freimachen	**emanzip***ieren*	- **emancip*ate*** [-æ-]
auswandern	**emigr***ieren*	- **emigr*ate*** [e]
entnerven, entkräften	**enerv***ieren*	- **enerv*ate*** [e-]
verdampfen	**evapor***ieren*	- **evapor*ate*** [-æ-]
geordnet darlegen, klarlegen	**formul***ieren*	- **formul*ate*** [ɔ:]
enttäuschen	**frustr***ieren*	- **frustr*ate*** [ei]
durch Gebärden ausdrücken	**gestikul***ieren*	- **gesticul*ate*** [i]
promov*ieren*, aufsteigen	**gradu***ieren*	- **gradu*ate*** [æ-]
veranschaulichen, erläutern	**illustr***ieren*	- **illustr*ate*** [i]
nachmachen	**imit***ieren*	- **imit*ate*** [i-]
sättigen, durchtränken	**imprägn***ieren*	- **impregn*ate*** [i-]
anzeigen, hinweisen	**indiz***ieren*	- **indic*ate*** [i-]
vervollständigen, zus.fassen	**integr***ieren*	- **integr*ate*** [i-]
reizen, erzürnen	**irrit***ieren*	- **irrit*ate*** [i-]
absondern, abdichten	**isol***ieren*	- **isol*ate*** [ai]
berechnen	**kalkul***ieren*	- **calcul*ate*** [æ-]

sich ergeben	**kapitul**_ieren_	- **capitul*ate*** [i]
in Verbindung stehen	**kommuniz**_ieren_	- **communic*ate*** [ju]
erschweren, verwickeln	**kompliz**_ieren_	- **complic*ate*** [ɔ]
einziehen	**konfisz**_ieren_	- **confisc*ate*** [ɔ]
zus.ziehen, beschränken auf	**konzentr**_ieren_	- **concentr*ate*** [ɔ]
zusammenarbeiten	**kooper**_ieren_	- **co-oper*ate*** [-ɔ-]
gleichschalten	**koordin**_ieren_	- **co-ordin*ate*** [-ɔ-]
hervorbringen, schaffen	**kre**_ieren_	- **cre*ate*** [ei]
pflegen	**kultiv**_ieren_	- **cultiv*ate*** [ʌ]
für gesetzlich erklären	**legitim**_ieren_	- **legitim*ate*** [-i-]
auflösen, tilgen	**liquid**_ieren_	- **liquid*ate*** [i-]
durch Kniffe beeinflussen	**manipul**_ieren_	- **manipul*ate*** [i]
nachdenken, sinnen	**medit**_ieren_	- **medit*ate*** [e]
antreiben, begründen	**motiv**_ieren_	- **motiv*ate*** [ou]
benennen	**nomin**_ieren_	- **nomin*ate*** [ɔ]
in bestimmter Weise arbeiten	**oper**_ieren_	- **oper*ate*** [ɔ]
teilnehmen, teilhaben	**partizip**_ieren_	- **particip*ate*** [-i-]
fordern	**postul**_ieren_	- **postul*ate*** [ɔ]
pochen, schlagen	**puls**_ieren_	- **puls*ate*** [ei]
regeln, einrichten, anpassen	**regul**_ieren_	- **regul*ate*** [e]
wieder zu Ehren bringen	**rehabilit**_ieren_	- **rehabilit*ate*** [riə'bi-]
erneuern, wiederherstellen	**renov**_ieren_	- **renov*ate*** [e]
heucheln, vortäuschen	**simul**_ieren_	- **simul*ate*** [i]
grübeln, nachdenken	**spekul**_ieren_	- **specul*ate*** [e]
stumpf dahinleben	**veget**_ieren_	- **veget*ate*** [e-]
schwingen, schwirren	**vibr**_ieren_	- **vibr*ate*** [ai-'ei]
im Umlauf sein	**zirkul**_ieren_	- **circul*ate*** [əː]

*

Die gleiche Regel gilt für englische Verben auf *'-ct',* die von der dritten lateinischen Stammform mit dem Suffix ***-ctum*** (d.h. *-actum, -ectum, -ictum, -uctum*) abstammen, von der wiederum nicht die *„**-ieren**"*-Verben, sondern unsere Hauptwörter auf ***-ion*** abgeleitet sind. Streichen Sie diese Endung, und Sie können fast sicher sein, die richtige Infinitivform des englischen Verbs gebildet zu haben (Ausnahme: *'correct'*)!

Verben aus deutschen Fremdwörtern auf ***-ieren*** *(3)*

deutsche Bedeutung	*dt. Fremdwort (aus der 1. Stammform des lat. Verbs)*	*engl. Entsprechung (aus der 3. Stammform* ***-ctum****; s. dt. Hauptwort!)*
verallgemeinern	**abstrah***ieren*	- **abstra*ct*** [-æ]
schädlich einwirken	**affiz***ieren*	- **affe*ct*** [e]
handeln	**ag***ieren*	- ***act*** [æ]
abziehen, einbehalten	**deduz***ieren*	- **dedu*ct*** [ʌ]
richten, lenken, weisen	**dirig***ieren*	- **dire*ct*** [e]
(sich) aufrichten	**erig***ieren*	- **ere*ct*** [-e]
herausholen, gewinnen	**extrah***ieren*	- **extra*ct*** [æ]
einführen, einsetzen	**induz***ieren*	- **indu*ct*** [ʌ]
aufeinander einwirken	**interag***ieren*	- **intera*ct*** [æ]
einspritzen	**injiz***ieren*	- **inje*ct*** [e]
besichtigen, prüfen	**inspiz***ieren*	- **inspe*ct*** [e]
unterweisen, belehren	**instru***ieren*	- **instru*ct*** [ʌ]
aufbauen, errichten	**konstru***ieren*	- **constru*ct*** [ʌ]
zusammenziehen	**kontrah***ieren*	- **contra*ct*** [æ]
berichtigen	**korrig***ieren*	- **corre*ct*** [e]
auf die Wand werfen (Film)	**projiz***ieren*	- **proje*ct*** [e]
schützen	**proteg***ieren*	- **prote*ct*** [e]
auf etwas eingehen	**reag***ieren*	- **rea*ct*** [æ]
wiederaufbauen, umbauen	**rekonstru***ieren*	- **reconstru*ct*** [ʌ]
einschränken, zus.ziehen	**restring***ieren*	- **restri*ct*** [-i]
abziehen, abrechnen	**subtrah***ieren*	- **subtra*ct*** [æ]

*

Bei vielen unserer Fremdwörter geht der *„**-ieren**"*-Endung noch die Silbe ***fiz-*** voraus, die auf dem lateinischen Verb *facere* basiert (= machen, tun; vgl. *Benefiz* = Wohltat, *Malefiz* = Übeltat) und die im Gegensatz zu anderen Suffixen im Englischen andeutungsweise erhalten ist. Es ist kinderleicht, auch diese deutschen *„**-fizieren**"*-Fremdwörter zu englischen Verben (und entsprechenden Hauptwörtern) zu machen.

Tipp	*Suchen Sie ein deutsches Verb auf* ***-fizieren****, ersetzen Sie diese Endung durch '****-fy****' und schon haben Sie ein passendes englisches Tätigkeitswort gebildet!* *Die jeweilige Hauptwortform erhalten Sie, wenn Sie statt '****-fy****' das Suffix '****-fication****' wählen.*
➲	*(einstufen) klassi****fi****~~zieren~~ = ' to classi****fy****'*

Anmerkungen:

- Es gibt nur wenige Verben, bei denen dieser Trick versagt (z.B. *intensivieren = 'intensify', testieren = 'testify', typisieren = 'typify'*).
- Im Englischen gibt es zudem eine ganze Reihe von Verben mit der Endung '***-fy***', für die wir zwar im Deutschen keine Entsprechung haben, deren Bedeutung wir aber trotzdem in Zukunft verstehen können, z.B. *'clarify'* = klären (d.h. *klar machen*), *'crucify'* = kreuzigen (d.h. *ans Kreuz schlagen*), *'horrify'* = erschrecken (d.h. *Horror verursachen*), *'magnify'* = vergrößern (d.h. *groß machen*), *'mollify'* = besänftigen, mildern (d.h. *sanft, „mollig" machen*), *'sanctify'* = heiligen (d.h. *heilig machen*), *'satisfy'* = befriedigen (d.h. *zufrieden, „satt" machen*), *'solidify'* = befestigen, verdichten (d.h. *solide machen*), *'stupefy'* = verdummen (d.h. *stupide machen*), *'terrify'* = Angst einjagen (d.h. *Terror machen*), *'testify'* = bezeugen (d.h. *ein Zeugnis ausstellen*).

Verwandeln Sie die folgenden deutschen Fremdwörter in englische Verben und Hauptwörter:

elektrifizieren	=	?	Elektrifizierung	=	?
glorifizieren	=	?	Glorifizierung	=	?
identifizieren	=	?	Identifizierung	=	?
modifizieren	=	?	Modifizierung	=	?
mystifizieren	=	?	Mystifizierung	=	?
ratifizieren	=	?	Ratifizierung	=	?
spezifizieren	=	?	Spezifizierung	=	?

Verben aus deutschen Fremdwörtern auf ***-fizieren***

deutsche Bedeutung	*dt. Fremdwort*	*engl. Entsprechung*
vergotten, vergöttlichen	**dei*fi*zieren**	- **dei*fy*** ['di:ifai]
für untauglich erklären	**disquali*fi*zieren**	- **disquali*fy*** [ɔ]
wechselvoll gestalten	**diversi*fi*zieren**	- **diversi*fy*** [dai'və:-]
elektrisch machen	**elektri*fi*zieren**	- **electri*fy*** [-e-]
durch Beispiele belegen	**exempli*fi*zieren**	- **exempli*fy*** [-e-]
fälschen, entstellen	**falsi*fi*zieren**	- **falsi*fy*** [ɔ:]
befestigen, verstärken	**forti*fi*zieren**	- **forti*fy*** [ɔ:]
verherrlichen	**glori*fi*zieren**	- **glori*fy*** [ɔ]
vergüten, belohnen	**grati*fi*zieren**	- **grati*fy*** [æ]
etw. genau wiedererkennen	**identi*fi*zieren**	- **identi*fy*** [ai'den-]
rechtfertigen, gutheißen	**justi*fi*zieren**	- **justi*fy*** [ʌ]
einstufen	**klassi*fi*zieren**	- **classi*fy*** [æ]
abändern	**modi*fi*zieren**	- **modi*fy*** [ɔ]
einbalsamieren, vertrocknen	**mumi*fi*zieren**	- **mummi*fy*** [ʌ]
verklären, vorspiegeln	**mysti*fi*zieren**	- **mysti*fy*** [i-]
benachrichtigen	**noti*fi*zieren**	- **noti*fy*** [ou]
befrieden, beruhigen	**pazi*fi*zieren**	- **paci*fy*** [æ]
verkörpern, vermenschlich.	**personi*fi*zieren**	- **personi*fy*** [ɔ]
versteinern	**petri*fi*zieren**	- **petri*fy*** [e]
reinigen, läutern	**puri*fi*zieren**	- **puri*fy*** [ju:]
(sich) befähigen, ausbilden	(s.) **quali*fi*zieren**	- **quali*fy*** [ɔ:]
in Zahlen umsetzen, messen	**quanti*fi*zieren**	- **quanti*fy*** [ɔ]
verdünnen, schwinden	**rare*fi*zieren**	- **rare*fy*** [ɛə]
bestätigen, gutheißen	**rati*fi*zieren**	- **rati*fy*** [æ]
berichtigen	**rekti*fi*zieren**	- **recti*fy*** [e]
bezeichnen, anzeigen	**signi*fi*zieren**	- **signi*fy*** [i-]
vereinfachen	**simpli*fi*zieren**	- **simpli*fy*** [i-]
einz. aufführen, zergliedern	**spezi*fi*zieren**	- **speci*fy*** [e]
vereinheitlichen, vereinen	**uni*fi*zieren**	- **uni*fy*** [ju]
bewahrheiten, beglaubigen	**veri*fi*zieren**	- **veri*fy*** [e]
bescheinigen	**zerti*fi*zieren**	- **certi*fy*** [ə:]

*

Deutsche Fremdwörter helfen Ihnen nicht nur, treffende englische Verben zu finden, sondern sie ermöglichen Ihnen auch eine ebenso einfache wie sichere Umwandlung deutscher Hauptwörter in englische Substantive. Die für diesen Trick nutzbaren Fremdwörter sind problemlos an ihren Endungen zu erkennen, wobei die offensichtliche Verwandtschaft der deutschen und englischen Suffixe Ihnen die Verfügbarkeit dieses Umwandlungstricks erleichtern wird.

Tipp *Benutzen Sie deutsche Fremdwörter auf **-tät**! Wenn Sie diese Endung durch das Suffix '**-ty**' ersetzen, haben Sie in aller Regel ein passendes englisches Hauptwort gefunden.*

➲ *Leichtfertigkeit – **Frivolität** = '**frivolity**'*

Anmerkungen:

- Meist stimmt sogar die Schreibung der deutschen Fremdwörter und der englischen Substantive überein (Ausnahme: ***k*** und ***z*** = '***c***').
- Die Identität der beiden Wortpaare *Paupertät (Armut)* = *'poverty'* und *Solennität (Feierlichkeit)* = *'solemnity'* ist vielleicht erst auf den zweiten Blick erkennbar.

Auch zu diesem Trick wieder einige Übungsbeispiele, bei denen die Umwandlung selbst keinerlei Schwierigkeiten macht, die Bedeutung einiger deutscher Fremdwörter dagegen nicht jedem Leser bekannt sein wird (es könnte kurioserweise geschehen, dass Sie über ein vertrautes *englisches* Substantiv ein Fremdwort in Ihrer *eigenen* Sprache dazulernen, wenn Sie die nachfolgende Liste durcharbeiten):

Animosität	= ?	Generosität	= ?	Nobilität	= ?
Dignität	= ?	Humanität	= ?	Prosperität	= ?
Duplizität	= ?	Libertät	= ?	Sekurität	= ?
Fakultät	= ?	Minorität	= ?	Sozietät	= ?

Englische Hauptwörter auf '-ty' (= -tät)

(Die Liste ist nach den deutschen Fremdwörtern alphabetisch sortiert)

Bedeutung	*dt. Fremdwort*	*engl. Hauptwort*
Schärfe, Säure	**Acid*ität*** [vgl. *Essig*]	- **acidi*ty*** [-i-]
(geist.) Verwandtschaft	**Affini*tät***	- **affini*ty*** [-i-]
Beweglichkeit	**Agili*tät*** [vgl. *agil*]	- **agili*ty*** [-i-]
Tätigkeit, Wirksamkeit	**Aktivi*tät*** [vgl. *aktiv*]	- **activi*ty*** [-i-]
Zweideutigkeit	**Ambigui*tät*** [*ambi* = zwei]	- **ambigui*ty*** [ju]
Feindseligkeit	**Animosi*tät*** [*'enemy'* = Feind]	- **animosi*ty*** [ɔ]
(Jahres-)Rente	**Annui*tät*** [vgl. *Anno Domini*]	- **annui*ty*** [ju]
Gewalt, Vollmacht	**Autori*tät*** [vgl. *Autor*]	- **authori*ty*** [-ɔ-]
Rohheit	**Brutali*tät*** [vgl. *brutal*]	- **brutali*ty*** [æ]
Missbildung	**Deformi*tät*** [vgl. *deformieren*]	- **deformi*ty*** [ɔ:]
Würde	**Digni*tät*** [*indigniert* = entwürdigt]	- **digni*ty*** [i-]
Verschiedenheit	**Diversi*tät*** [vgl. *divers*]	- **diversi*ty*** [ə:]
Göttlichkeit	**Divini*tät*** [*Diva* = die Göttliche]	- **divini*ty*** [-i-]
Doppelheit	**Duplizi*tät*** [vgl. *Duplikat*]	- **duplici*ty*** [-i-]
Spannkraft	**Elastizi*tät*** [vgl. *elastisch*]	- **elastici*ty*** [-i-]
elektrische Energie	**Elektrizi*tät***	- **electrici*ty*** [-i-]
Ungeheuerlichkeit	**Enormi*tät*** [vgl. *enorm*]	- **enormi*ty*** [ɔ:]
das Äußerste	**Extremi*tät*** [vgl. *extrem*]	- **extremi*ty*** [-e-]
Fähigkeit, Kraft	**Fakul*tät*** [vgl. *Fakultas*]	- **facul*ty*** [æ]
Vertrautheit	**Familiari*tät***	- **familiari*ty*** [-æ]
Leichtigkeit	**Fazili*tät*** [vgl. Ggt. *'difficulty'*]	- **facili*ty*** [-i-]
Fruchtbarkeit	**Fertili*tät*** [*fertil* = fruchtbar]	- **fertili*ty*** [-i-]
Festlichkeit	**Festivi*tät***	- **festivi*ty*** [-i-]
Förmlichkeit	**Formali*tät*** [vgl. *formal*]	- **formali*ty*** [æ]
Zerbrechlichkeit	**Fragili*tät*** [vgl. *fragil*]	- **fragili*ty*** [-i-]
Brüderlichkeit	**Fraterni*tät*** [vgl. *fraternisieren*]	- **fraterni*ty*** [ə:]
Leichtfertigkeit	**Frivoli*tät*** [*frivol* = leichtfertig]	- **frivoli*ty*** [ɔ]
Allgemeinheit	**Generali*tät*** [*generell* = allgem.]	- **generali*ty*** [æ]
Großzügigkeit	**Generosi*tät*** [*generös* = freigeb.]	- **generosi*ty*** [ɔ]
Schwerkraft	**Gravi*tät*** [vgl. *gravierend*]	- **gravi*ty*** [æ]
Erbmasse, Erblichkeit	**Heredi*tät*** [*'heir'* = Erbe]	- **heredi*ty*** [-e-]

Menschlichkeit	**Humanität** [vgl. *human*]	-	**humanity** [æ]
Feuchtigkeit	**Humidität** [*humid* = feucht]	-	**humidity** [-i-]
Gleichheit	**Identität** [vgl. *identifizieren*]	-	**identity** [ai´den-]
persönliche Note	**Individualität** [vgl. *Individuum*]	-	**individuality**
Rechtschaffenheit	**Integrität** [vgl. *integer*]	-	**integrity** [e]
Stärke, hoher Grad	**Intensität** [vgl. *intensiv*]	-	**intensity** [e]
Erwerbsunfähigkeit	**Invalidität** [*'invalid'* = ungültig]	-	**invalidity** [-i-]
Fassungsvermögen	**Kapazität**	-	**capacity** [-æ-]
Gebrauchsartikel	**Kommodität** [vgl. *Kommode*]	-	**commodity**
Gemeinde	**Kommunität** [vgl. *Kommune*]	-	**community**
Vereinbarkeit	**Kompatibilität** [*kompatibel*]	-	**compatibility**
Vielschichtigkeit	**Komplexität** [vgl. *kompliziert*]	-	**complexity** [e]
Übereinstimmung	**Konformität** [vgl. *konform*]	-	**conformity**
Stetigkeit	**Kontinuität** [vgl. *kontinuierlich*]	-	**continuity**
Verwandelbarkeit	**Konvertibilität** [*konvertieren*]	-	**convertibility**
Neugier; Rarität	**Kuriosität** [vgl. *kurios*]	-	**curiosity** [ɔ]
Aufgeschlossenheit	**Liberalität** [vgl. *liberal*]	-	**liberality** [æ]
Freiheit	**Libertät** [vgl. *Liberté*]	-	**liberty** [i]
Flüssigkeit	**Liquidität** [vgl. *Likör*]	-	**liquidity** [-i-]
Örtlichkeit	**Lokalität** [vgl. *Lokal*]	-	**locality** [æ]
Treue	**Loyalität** [*loyal* = treu, anständig]	-	**loyalty** [æ]
Hoheit, Würde	**Majestät**	-	**majesty** [æ]
Mehrheit	**Majorität**	-	**majority** [ɔ]
Mutterschaft	**Maternität** [vgl. *Mater, Matrize*]	-	**maternity** [ə:]
Denkweise	**Mentalität** [vgl. *Mentor*]	-	**mentality** [æ]
Minderheit	**Minorität** [vgl. *minus*]	-	**minority** [ɔ]
Beweglichkeit	**Mobilität** [vgl. *Automobil*]	-	**mobility** [-i-]
Ungeheuerlichkeit	**Monstrosität** [vgl. *Monster*]	-	**monstrosity**
Sittlichkeit	**Moralität** [vgl. *moralisch*]	-	**morality** [æ]
Sterblichkeit	**Mortalität** [vgl. *Salto mortale*]	-	**mortality** [æ]
Staatsangehörigkeit	**Nationalität** [vgl. *Nation*]	-	**nationality**
Unparteilichkeit	**Neutralität** [vgl. *neutral*]	-	**neutrality** [æ]
Adel	**Nobilität** [*nobel* = edel]	-	**nobility** [-i-]
Dunkelheit	**Obskurität** [*obskur* = unbekannt]	-	**obscurity** [ju]
günstige Gelegenheit	**Opportunität** [vgl. *Opportunist*]	-	**opportunity**
Ursprünglichkeit	**Originalität** [vgl. *Original*]	-	**originality** [æ]

Gleichheit	**Pari*tät*** [vgl. *Paar*]	- **pari*ty*** [æ]
Vaterschaft	**Paterni*tät*** [vgl. *Pater noster*]	- **paterni*ty*** [ə:]
Ratlosigkeit	**Perplexi*tät*** [*perplex* = verblüfft]	- **perplexi*ty*** [-e-]
Persönlichkeit	**Personali*tät***	- **personali*ty*** [æ]
Widernatürlichkeit	**Perversi*tät*** [vgl. *pervers*]	- **perversi*ty*** [-ə:-]
Frömmigkeit	**Pie*tät*** [vgl. *Papst Pius ...*]	- **pie*ty*** [ai]
Vielzahl, Mehrzahl	**Plurali*tät*** [vgl. *Plural*]	- **plurali*ty*** [æ]
Wechselbeziehung	**Polari*tät*** [vgl. *Pol*]	- **polari*ty*** [æ]
Beliebtheit	**Populari*tät*** [vgl. *populär*]	- **populari*ty*** [æ]
Vorrecht, Vorrang	**Priori*tät*** [vgl. *Prior* = Abt]	- **priori*ty*** [prai'ɔ-]
Wahrscheinlichkeit	**Probabili*tät*** [vgl. *probieren*]	- **probabili*ty*** [-i-]
Leistungsfähigkeit	**Produktivi*tät*** [vgl. *produktiv*]	- **productivi*ty*** [-i-]
Gedeihen, Wohlstand	**Prosperi*tät*** [vgl. *Zeche Prosper*]	- **prosperi*ty*** [e]
Geschlechtsreife	**Puber*tät***	- **puber*ty*** [ju]
Öffentlichk., Werbung	**Publizi*tät*** [vgl. *Publizist*]	- **publici*ty*** [-i-]
Reinheit	**Puri*tät*** [vgl. *pur*]	- **puri*ty*** [ju]
Beschaffenheit, Güte	**Quali*tät***	- **quali*ty*** [ɔ]
Menge	**Quanti*tät*** [vgl. *Quantum*]	- **quanti*ty*** [ɔ]
atomare Strahlung	**Radioaktivi*tät***	- **radioactivi*ty*** [-i-]
Schnelligkeit	**Rapidi*tät*** [*rapide* = schnell]	- **rapidi*ty*** [-i-]
Seltenheit	**Rari*tät*** [vgl. *rar*]	- **rari*ty*** [æ]
Vernunft	**Rationali*tät*** [vgl. *rationalisier.*]	- **rationali*ty*** [-æ]
Wirklichkeit	**Reali*tät*** [vgl. *real*]	- **reali*ty*** [æ]
Starrheit, Strenge	**Rigidi*tät*** [vgl. *rigide*]	- **rigidi*ty*** [-i-]
(geistige) Gesundheit	**Sani*tät*** [vgl. *Sanitäter*]	- **sani*ty*** [æ]
Sicherheit	**Sekuri*tät*** [*Sekuritglas*]	- **securi*ty*** [ju]
höheres (Dienst-)Alter	**Seniori*tät*** [vgl. *Senior, Señor*]	- **seniori*ty*** [ɔ]
Empfindungsvermögen	**Sensibili*tät*** [vgl. *sensibel*]	- **sensibili*ty*** [-i-]
Heiterkeit	**Sereni*tät***	- **sereni*ty*** [-e-]
Unterwürfigkeit	**Servili*tät*** [vgl. *servieren*]	- **servili*ty*** [-i-]
Einfachheit	**Simplizi*tät*** [vgl. *'simple'*]	- **simplici*ty*** [-i-]
Einzigartigkeit	**Singulari*tät*** [vgl. *Singular*]	- **singulari*ty*** [æ]
Nüchternheit	**Sobrie*tät*** [vgl. *sauber*]	- **sobrie*ty*** [ai]
Feierlichkeit	**Solenni*tät*** [vgl. *Missa solemnis*]	- **solemni*ty*** [e]
Kameradschaftsgeist	**Solidari*tät*** [vgl. *solide*]	- **solidari*ty*** [æ]
Landeshoheit	**Souveräni*tät*** [vgl. *souverän*]	- **sovereign*ty*** [ɔ]

Gesellschaft	**Sozie*tät*** [vgl. *sozial*]	- **socie*ty*** [ai]
Besonderheit	**Speziali*tät*** [vgl. *speziell*]	- **speciali*ty*** [æ]
Ungezwungenheit	**Spontanei*tät*** [vgl. *spontan*]	- **spontanei*ty*** [i:]
Standfestigkeit	**Stabili*tät*** [vgl. *stabil*]	- **stabili*ty*** [-i-]
Unfruchtbarkeit	**Sterili*tät*** [vgl. *steril*]	- **sterili*ty*** [-i-]
Dummheit, Stumpfsinn	**Stupidi*tät*** [vgl. *stupid*]	- **stupidi*ty*** [-i-]
Überlegenheit	**Superiori*tät*** [vgl. *super*]	- **superiori*ty*** [ɔ]
Dreifaltigkeit	**Trini*tät*** [vgl. *Trinidad*]	- **Trini*ty*** [i-]
Gleichförmigkeit	**Uniformi*tät*** [vgl. *Uniform*]	- **uniformi*ty*** [ɔ:]
Allgemeinheit	**Universali*tät*** [vgl. *universal*]	- **universali*ty*** [æ]
Hochschule	**Universi*tät***	- **universi*ty*** [ə:]
Nützlichkeit	**Utili*tät*** [vgl. *Utensilien*]	- **utili*ty*** [-i-]
Mannigfaltigkeit	**Varie*tät*** [vgl. *Varieté*]	- **varie*ty*** [ai]
Jungfräulichkeit	**Virgini*tät*** [vgl. *Virginia*]	- **virgini*ty*** [-i-]
Kunstsinn	**Virtuosi*tät*** [*Geigenvirtuose*]	- **virtuosi*ty*** [ɔ]
Niedrigkeit	**Vulgari*tät*** [vgl. *vulgär*]	- **vulgari*ty*** [vʌl'gæ-]
Berühmtheit	**Zelebri*tät*** [vgl. *zelebrieren*]	- **celebri*ty*** [-e-]

*

Andere deutsche Hauptwortsuffixe sind nicht so stereotyp bestimmten englischen Endungen zuzuordnen. Trotzdem sollten Sie einige von ihnen kennen lernen. So entsprechen unsere Endungen ***-heit, -keit, -nis*** und ***-schaft*** meist den englischen Suffixen *'**-hood**', '**-ness**'* oder *'**-ship**',* z.B. in *'neighbourhood' (Nachbarschaft), 'neighbourship' (Nähe, Nachbarschaft), 'likelihood' (Wahrscheinlichkeit), 'likeness' (Gleichheit, Ähnlichkeit), 'hardness' (Hartherzigkeit), 'hardship' (Unbequemlichkeit), 'friendliness' (Freundlichkeit), 'friendship' (Freundschaft), 'relationship' (Verhältnis, Verwandtschaft), 'relativeness' (Bedingtheit)* etc.

Schließlich sollten Sie auch unsere *„**-ismus**"*-Fremdwörter nutzen, die ohne nennenswerte Änderung zu englischen Substantiven werden. Die einzige Schwierigkeit mag darin bestehen, dass nicht alle deutschen Fremdwörter bekannt sind.

> *Tipp* *Machen Sie sich die enge Verwandtschaft unserer Fremdwörter auf **-ismus** mit englischen Hauptwörtern auf '**-ism**' zu Nutze!*
>
> ➲ *Selbstsucht – **Egoismus** = '**egoism**'*

Anmerkung:

- Die *'-**ism**'*-Wörter werden nicht auf der Endsilbe betont, sondern entsprechend den zu Grunde liegenden Eigenschafts- oder Hauptwörtern (z.B. *'extremism'* [iks'tri:mizəm] wie in *'extreme'* [iks'tri:m]); üblicherweise liegt die Betonung auf der ersten Wortsilbe.
- Einige wenige Wörter enden – wie im Deutschen – nicht auf *'-**ism**'*, sondern auf *'-**asm**'* (z.B. *'enthusiasm'* [in'θju:ziæzəm], *'orgasm'* ['ɔ:gæzəm] und *'sarcasm'* ['sɑ:kæzəm]).

Englische Hauptwörter auf '-ism' (= -ismus)

(Die Liste ist nach den deutschen Fremdwörtern alphabetisch sortiert)

deutsche Bedeutung	*dt. Fremdwort*	*engl. Hauptwort*
Alkoholabhängigkeit	**Alkohol*ismus***	- **alcohol*ism*** [æ]
amer. Begriff in anderen Sprachen	**Amerikan*ismus***	- **American*ism*** [-e-]
Widerstreit, Gegensatz	**Antagon*ismus***	- **antagon*ism*** [-æ-]
Leugnung der Existenz Gottes	**Athe*ismus***	- **athe*ism*** ['eiθi-]
Gewaltherrschaft	**Despot*ismus***	- **despot*ism*** [e]
staatliche Lenkung der Wirtschaft	**Dirig*ismus***	- **dirig*ism*** [i-]
Selbstsucht	**Ego*ismus***	- **ego*ism*** [e]
Selbstgefälligkeit	**Egot*ismus***	- **egot*ism*** [e]
Begeisterung	**Enthusi*asmus***	- **enthusi*asm*** [u:]
übersteigert radikale Haltung	**Extrem*ismus***	- **extrem*ism*** [-i:-]
antidemokrat. Staatsauffassung	**Fasch*ismus***	- **fasc*ism*** [æ]
Bewegung zur Befreiung der Frau	**Femin*ismus***	- **femin*ism*** [e]
den Adel privilegier. Lehnswesen	**Feudal*ismus***	- **feudal*ism*** [ju:]

Streben nach Verwirkl. v. Idealen	**Ideal*ismus***	-	**ideal*ism*** [ai'diə-]
Großmachtstreben n. Ausdehnung	**Imperial*ismus***	-	**imperial*ism*** [iə]
Betonen indiv. Rechte in d. Gesell.	**Individual*ismus***	-	**individual*ism***
Zeitungsschriftstellerei	**Journal*ismus***	-	**journal*ism*** [ə:]
besitzorientierte Wirtschaftsform	**Kapital*ismus***	-	**capital*ism*** [æ-]
Lehrbuch der kathol. Religion	**Katech*ismus***	-	**catech*ism*** ['kætik-]
Gegenteil des Individualismus	**Kollektiv*ismus***	-	**collectiv*ism*** [e]
Kolonialpolitik eines Staates	**Kolonial*ismus***	-	**colonial*ism*** [ou]
Gegenteil des Kapitalismus	**Kommun*ismus***	-	**commun*ism*** [ɔ]
selbsttätiger Ablauf	**Mechan*ismus***	-	**mechan*ism*** [e]
zuversichtliche Lebenseinstellung	**Optim*ismus***	-	**optim*ism*** [ɔ]
gegliedertes lebendiges Ganzes	**Organ*ismus***	-	**organ*ism*** [ɔ]
Schwarzseherei	**Pessim*ismus***	-	**pessim*ism*** [e]
Günstlingswirtschaft	**Protektion*ismus***	-	**protection*ism*** [e]
Wirklichkeitssinn	**Real*ismus***	-	**real*ism*** [iə]
schmerzhafte Gelenkerkrankung	**Rheumat*ismus***	-	**rheumat*ism*** [u:]
wollüst. Freude an Grausamkeiten	**Sad*ismus***	-	**sad*ism*** [æ]
beißender Spott	**Sark*asmus***	-	**sarc*asm*** ['sɑ:kæ-]
Gegenteil von Liberalismus	**Sozial*ismus***	-	**social*ism*** [ou]
Gegenströmung zum Naturalismus	**Symbol*ismus***	-	**symbol*ism*** [i-]
Schreckensherrschaft	**Terror*ismus***	-	**terror*ism*** [e]
Zerstörungswut	**Wandal*ismus***	-	**vandal*ism*** [æ-]

*

c) Die sinnvolle Verwendung von Anglizismen[1]

Man mag drüber streiten, ob die Übernahme fremder Begriffe eine Sprache wirklich bereichert oder ob es sinnvoll und Erfolg versprechend ist, solche Wortimporte durch eigene Umschreibungen zu ersetzen (wie z.B. die Franzosen es mehrfach versucht haben). Tatsache ist, dass wir nach dem Zweiten Weltkrieg ungezählte englische Ausdrücke so in unsere Sprache integriert haben, dass sie inzwischen sogar mit deutschen

---

1 *Anglizismen* nennt man die in anderen Sprachen verwendeten englischen Begriffe.

Wortendungen gebeugt werden (z.B. *managen* und *gemanagt, leasen* und *geleast, testen* und *getestet*). Darüber hinaus gehören viele dieser Anglizismen inzwischen zur internationalen Fachsprache in Wirtschaft und Werbung, in Wissenschaft und Technik, in Politik und Kultur, in Kommunikation und Mode, in Sport und Tourismus, aber auch zum Standardwortschatz der jungen Generation. Auf der Basis dieses adoptierten Wortmaterials lassen sich daher überraschend viele englische Wortfamilien von der Bedeutung her erschließen und über die Assoziation mit den jeweiligen Anglizismen leicht in den aktiven Vokabelschatz überführen.

Tipp *Machen Sie geläufige* ***Anglizismen*** *zu „Ahnen" ganzer englischer Wortfamilien!*

➲ *Sweatshirt* ⇨ ***'to sweat'*** = *schwitzen*
⇨ ***'shirt'*** = *Hemd*

Anmerkungen:

- Beachten Sie die vom Englischen bisweilen abweichende Orthographie der Anglizismen (Groß-, Getrennt- oder Zusammenschreibung, Verwendung von Bindestrichen etc.);
- die Anglizismen werden auf jeden Fall *englisch* ausgesprochen.

Gebräuchliche Anglizismen im Deutschen
(die wörtliche Übersetzung steht in Klammern)

WOHNUNG, EINRICHTUNG UND HAUSRAT:

Alarm-Clock – **Wecker** (*Alarm* = „an die Waffen")
- *'alarm'* (*Alarm,* Weckvorrichtung; Angst, Unruhe), *'to raise the alarm'* (*Alarm* schlagen), *'to alarm'* (*alarmieren,* ängstigen), *'alarmist'* (Bangemacher), *'arm'* (Waffe, sozus. *„verlängerter Arm";* vgl. *Armada*), *'arms race'* (Wettrüsten), *'to arm'* (bewaffnen; vgl.

armieren), *'armed forces'* (Streitkräfte), *'armour'* (Rüstung), *'armoured car'* (Panzerwagen), *'armoury'* (Waffenfabrik), *'army'* (*Armee*), *'to join the army'* (Soldat werden);

• *'clock'* (Wand-, Standuhr; vgl. *Glocke*), *'around the clock'* (rund um die Uhr), *'five o'clock'* (5 Uhr), *'to put the clock back'* (das Rad der Zeit zurückdrehen), *'clock card'* (Stechkarte), *'clockface'* (Zifferblatt), *'clocklike'* (wie am Schnürchen), *'clock radio'* (Radiowecker), *'clockwise'* (im Uhrzeigersinn), *'clockwork'* (Uhrwerk), *'to clock in'* (einstempeln)

Apartment – Kleinwohnung

'apart' (einzeln, für sich; vgl. *apart* = geschmackvoll), *'to live apart'* (getrennt leben), *'apartment house'* (Haus mit kleinen Wohneinheiten), *'apartheid'* (Rassentrennung, *Apartheid*)

Basement – Kellergeschoss, Tiefparterre

'base' (*Basis,* Fundament; Stützpunkt), *'baseness'* (Niedertracht, Gemeinheit), *'basic'* (grundlegend), *'basis'* (Grundlage, *Basis*)

Bathroom – Badezimmer

'bath' (*Wannenbad*), *'bathrobe'* (*Bademantel*), *'bath towel'* (*Badetuch*), *'bathtub'* (*Badewanne*), *'to take a bath'* (ein *Bad* nehmen), *'to bathe'* (schwimmen, *baden*), *'to sunbathe'* (*sonnenbaden*), *'bathing'* (*Baden*), *'bathing accident'* (*Badeunfall*), *'bathing suit'* (*Badeanzug*), *'bathing trunks'* (*Badehose*)

Comfort – Behaglichkeit, *Komfort*

'to live in comfort' (sorgenfrei leben), *'to comfort'* (trösten, beruhigen), *'comfortable'* (bequem, behaglich, sorgenfrei), *'to feel comfortable'* (sich wohl fühlen), *'comforter'* (Tröster, Schnuller), *'comforting'* (tröstlich), *'comfortless'* (unbequem, trostlos)

Dimmer – Helligkeitsregler

'dim' (halbdunkel, trüb, schwach), *'dimly lit'* (schwach erleuchtet), *'to dim'* (verdunkeln; sich verdunkeln), *'to dim out'* (abblenden), *'dimness'* (Dunkelheit, Undeutlichkeit, Mattheit)

Electric Shaver – elektrischer Rasierapparat

• *'electric'* (*elektrisch*), *'electric cushion'* (Heizkissen), *'electric shock'* (Stromschlag), *'electric torch'* (Taschenlampe), *'electrical engineering'* (*Elektrotechnik*), *'electrician'* (*Elektriker*), *'electricity'* (*Elektrizität*), *'to electrify'* (*elektrifizieren*), *'electronic data processing'* (*elektronische* Datenverarbeitung, *EDV*);

• *'to shave'* (sich rasieren; vgl. *schaben*), *'shave'* (Rasur), *'shaven'* (kahlgeschoren), *'shaver'* (Rasierapparat), *'shaving brush'* (Rasierpinsel), *'shaving cream'* (Rasiercreme), *'shaving foam'* (Rasierschaum), *'shaving soap'* (Rasierseife)

Mixer – **Küchenmaschine**

'to mix' (*mischen,* anrühren), *'to mix up'* (durcheinander bringen), *'to mix business with pleasure'* (das Angenehme mit dem Nützlichen verbinden), *'to mix well'* (kontaktfreudig sein), *'mixed'* (*gemischt*), *'mixed blessing'* (zweifelhaftes Vergnügen), *'mixed double'* (Tennis: *gemischtes* Doppel), *'mixture'* (*Mischung*), *'mix-up'* (Durcheinander, Verwechslung)

Picture – **Bild, Illustration**

'to be the picture of health' (wie das blühende Leben aussehen), *'to take a picture'* (fotografieren), *'to put in the picture'* (ins Bild setzen), *'to go to the pictures'* (ins Kino gehen), *'picture book'* (Bilderbuch), *'picture frame'* (Bilderrahmen), *'picture tube'* (Bildröhre), *'picturesque'* (malerisch), *'pictorial'* (bebildert), *'pigment'* (Farbstoff, *Pigment*)

Radiator – **Heizkörper**

'radial' (strahlenförmig, *radförmig*), *'radiant'* (strahlend), *'to radiate'* (ausstrahlen), *'radiation'* (Ausstrahlung), *'radiator grill'* (Kühlergrill), *'radio'* (Funkgerät, *Radio*), *'on the radio'* (im *Radio*), *'to radio'* (funken, durchgeben), *'radioactive'* (*radioaktiv*)

Skyscraper – **Wolkenkratzer**

- *'sky'* (Himmel), *'the sky's the limit'* (nach oben sind keine Grenzen gesetzt), *'sky-blue'* (himmelblau), *'skydiver'* (Fallschirmspringer), *'skyjacker'* (Flugzeugentführer);
- *'scrape'* (Abschürfung), *'to scrape'* (kratzen, schaben), *'to scrape together'* (Geld: zusammenkratzen)

Thermopane – **Doppelverglasung** (vgl. *Thermometer*)

- *'thermal'* (*thermisch,* Wärme-), *'thermal spring'* (*Thermalquelle*), *'thermos flask'* (*Thermosflasche*);
- *'pane'* (Fensterscheibe; eigentl.: Tuch, Decke), *'counterpane'* (Tagesdecke)

EHE UND FAMILIE:

Family – **Familie**

'familiar' (vertraut, bekannt, *familiär*), *'to be familiar with'* (sich auskennen in), *'a family of four'* (eine vierköpfige *Familie*), *'of good family'* (aus gutem Haus), *'family allowance'* (Kindergeld), *'family tree'* (Stammbaum)

just married – **frisch verheiratet** (vgl. *just* = gerade, eben)

'marriage' (Heirat, Hochzeit), *'marriage certificate'* (Trauschein), *'to marry'* (heiraten; verheiraten, trauen), *'married couple'* (Ehepaar), *'married life'* (Eheleben)

Kid – **Kind, Jugendlicher** (vgl. *Kitz* = Zicklein)
'kid leather' (Ziegenleder), *'my kid brother'* (mein kleiner Bruder), *'to kid'* (auf den Arm nehmen, Spaß machen), *'no kidding?'* (ehrlich?), *'kidnapper'* (Kindesentführer)

Single – **unverheiratete, allein stehende Person** (vgl. *Singular*)
'single room' (Einzelzimmer), *'single-breasted'* (Anzug: einreihig), *'single file'* (Gänsemarsch), *'single-minded'* (zielstrebig), *'single mother'* (alleinerziehende Mutter), *'singlet'* (ärmelloses Unterhemd)

Teenager – **Junge oder Mädchen zwischen 13 und 19 Jahren**
- *'teenage'* (Alter zwischen *'thirteen'* und *'nineteen'*), *to be in one's teens'* (im *Teenager*-Alter sein), *'teeny'* (winzig, klitzeklein);
- *'age'* (Lebensalter; Reife; Zeitalter), *'at the age of'* (im Alter von), *'be your age!'* (sei kein Kindskopf!), *'to come of age'* (volljährig werden), *'age before beauty!'* (Alter vor Schönheit!), *'for ages'* (seit einer Ewigkeit), *'aged'* (betagt, bejahrt), *'age group'* (Altersgruppe), *'ageless'* (ewig jung, zeitlos), *'age limit'* (Altersgrenze), *'Ice Age'* (Eiszeit), *'Middle Ages'* (Mittelalter);
- *Twen* (junger Mensch in den Zwanzigern; vgl. *'twenty'*) ist eine an *Teen* angelehnte, in England unübliche Neubildung)

Twins – **Zwillinge**
'twin brother' (Zwillingsbruder), *'twin beds'* (Hotel: zwei Einzelbetten), *'twin-bedded room'* (Zweibettzimmer), *'twin town'* (Partnerstadt), *'to be twinned with'* (die Partnerstadt sein von), *twin engined'* (zweimotorig), *'twine'* (Bindfaden, Schnur), *'to twine together'* (zusammenbinden)

NAHRUNG UND GETRÄNKE:

Bitter Lemon – **Zitronengetränk mit Chiningehalt**
- *'bitter'* (*bitter*), *'to the bitter end'* (bis zum *bitteren* Ende), *'to weep bitterly'* (*bitterlich* weinen), *'bitter cold'* (*bitterkalt*), *'bitter'* (stark gehopftes Fassbier), *'bitterness'* (*Bitterkeit, Verbitterung*);
- *'lemon'* (Zitrone, *Limone*), *'lemon juice'* (Zitronensaft), *'lemonade'* (*Limonade*), *'lemon squeezer'* (Zitronenpresse)

Breakfast – **Frühstück** („Fastenbrechen")
- *'break'* (*Bruch, Unterbrechung,* Pause), *'at break of day'* (bei *Tagesanbruch*), *'to break'* (*brechen*), *'to break through'* (den *Durchbruch* schaffen), *'breakable'* (*zerbrechlich*), *'breakage'* (*Bruchstelle*), *'breakdown'* (*Zusammenbruch*);
- *'fast'* (*Fasten, Fastenzeit*), *'to fast'* (*fasten*), *'fasting day'* (*Fastentag*), *'to break one's fast'* (frühstücken);
- *'brunch'* (aus *'breakfast'* + *'lunch':* spätes, reichliches Frühstück)

Cornflakes – **geröstete Maisflocken**

• *'corn'* (*Korn,* Getreide), *'Indian corn'* (Mais), *'corn bread'* (Maisbrot), *'cornfield'* (*Korn-,* Maisfeld), *'cornflower'* (*Kornblume*), *'to corn'* („mit *Salzkörnern* bestreuen", pökeln), *'corned beef'* (gepökeltes Rindfleisch);

• *'flake'* (*Flocke,* Haarschuppe), *'to flake off'* (abblättern, schuppen), *'flaky'* (*flockig,* schuppig), *'flaky pastry'* (Blätterteig), *'snowflake'* (Schneeflocke)

Dinner – **Hauptmahlzeit** (Mittag- oder Abendessen)

'to dine' (speisen, essen, *dinieren*), *'diner'* (Speisender, Gast), *'dinette'* (Essecke), *'dining car'* (Speisewagen), *'dining room'* (Esszimmer), *'dining table'* (Esstisch), *'at dinner'* (bei Tisch), *'dinner jacket'* (Smoking), *'dinner party'* (Abendgesellschaft), *'dinner set'* (Tafelgeschirr), *'dinner time'* (Essenszeit)

Fastfood-Restaurant – **Schnellimbiss**

• *'fast'* (schnell), *'fast train'* (D-Zug), *'my watch is fast'* (meine Uhr geht vor), *'fastback'* (Auto: Fließheck, eigentl.: „schneller Rücken"), *'fast breeder'* (Reaktor: schneller Brüter);

• *'food'* (Nahrung, Verpflegung, *Futter*), *'food for thought'* (Stoff zum Nachdenken), *'food poisoning'* (Lebensmittelvergiftung);

• *'restaurant'* (Gaststätte), *'restoration'* (Wiederherstellung, *Restaurierung*), *'to restore'* (*restaurieren*), *'restorer'* (*Restaurator*)

Gingerale – **alkoholfreies Getränk mit Ingwergeschmack**

• *'ginger'* (Ingwer; rötlich oder gelblich braun), *'ginger bread'* (Leb-, Pfefferkuchen);

• *'ale'* (helles, obergäriges Bier, *Ale*), *'ale-bench'* (Bierbank), *'alehouse'* (Schenke), *'ale-house politician'* (Stammtischpolitiker), *'alewife'* (Schankwirtin)

Ham and eggs – **Schinken mit Spiegeleiern**

• *'ham'* (Schinken), *'hamburger'* (= „Schinkenburger"; vgl. *'cheeseburger'*), *'hamhanded'* (tollpatschig, ungelenk);

• *'egg'* (Ei), *'eggbeater'* (Schneebesen), *'egg cosy'* (Eierwärmer), *'egg cup'* (Eierbecher), *'egghead'* (Eierkopf; Intellektueller), *'egg-shaped'* (eiförmig), *'eggshell'* (Eierschale), *'egg timer'* (Eieruhr), *'egg white'* (Eiweiß), *'egg yolk'* (Eigelb)

Jam – **Marmelade**

'to jam' (pressen, quetschen), *'to be in a jam'* (in der Klemme sein), *'jam-packed'* (voll gestopft), *'traffic jam'* (Verkehrsstau)

Lunch – **Mittagessen** (s. auch *Breakfast*)

'lunch break' (Mittagspause), *'lunchtime'* (Mittagszeit), *'to lunch out'* (auswärts oder im Restaurant zu Mittag essen)

medium – **halb durchgebraten, „englisch"**
'medium' (Mitte, Mittelweg), *'medium-priced'* (in mittlerer Preislage), *'medium-size(d)'* (mittelgroß), *'medium-term'* (mittelfristig), *'medium wave'* (Mittelwelle), *'mass media'* (*Massenmedien*)

Milkshake – **Milchmixgetränk, *Milchshake***
• *'milk'* (*Milch*), *'land of milk and honey'* (Schlaraffenland), *'milk bar'* (*Milchbar*), *'milk powder'* (*Milchpulver*), *'milksop'* (Weichling, Muttersöhnchen), *'milk tooth'* (Milchzahn), *'to milk'* (*melken*), *'milky'* (*milchig*), *'Milky Way'* (*Milchstraße*);
• *'to shake with laughter'* (sich vor Lachen schütteln), *'to shake hands'* (die Hand schütteln), *'to shake off'* (abschütteln), *'to shake up'* (durchschütteln), *'shaker'* (Mixbecher), *'shaky'* (wackelig)

Mineral-Water – ***Mineralwasser***
• *'mineral oil'* (Erdöl, *Mineralöl*), *'mineral coal'* (Steinkohle), *'mineral resources'* (Bodenschätze), *'mineralogy'* (*Mineralien-* und Gesteinskunde);
• *'water bird'* (*Wasservogel*), *'water blister'* (*Wasserblase*), *'water butt'* (Regentonne; vgl. *Bütt*), *'watercourse'* (*Wasserlauf*), *'water front'* (Hafenviertel), *'water level'* (*Wasserstand*), *'water pipe'* (*Wasserrohr*), *'water power'* (*Wasserkraft*), *'waterproof'* (*wasserdicht*), *'water supply'* (*Wasserversorgung*), *'water works'* (*Wasserwerk*), *'watering can'* (Gießkanne), *'watery'* (*wässerig*)

Potato-Chips – **Kartoffelchips**
• *'potatoes'* (Kartoffeln; vgl. *Bataten*), *'potato bug'* (Kartoffelkäfer), *'hot potato'* (heißes Eisen);
• *'chip'* (Splitter, Span; Spielmarke; Mikroelektronik: *Chip;* vgl. *Kipferl*), *'chips'* (Pommes frites; vgl. *'fish and chips'*), *'chip pan'* (Friteuse), *'to chip off'* (abbrechen)

Refreshment – **Erfrischung**
'to refresh' (sich *erfrischen*), *'refresher course'* (*Auffrischungskurs*), *'refreshing'* (*erfrischend*), *'fresh'* (*frisch*), *'to freshen up'* (sich *frisch* machen), *'freshness'* (*Frische*)

Roastbeef – **Rinderbraten, *Rostbraten***
• *'to roast'* (braten, *rösten*), *'roast chicken'* (Brathühnchen), *'roast pork'* (Schweinebraten), *'roast veal'* (Kalbsbraten), *'roaster'* (Backofen, Bratröhre);
• *'beef'* (Rindfleisch), *'beefburger'* (Hamburger, Frikadelle), *'beef steak'* (Rindersteak), *'beef tea'* (Rinderbrühe), *'corned beef'* (gepökeltes Rindfleisch), *'beefy'* (bullig)

Snackbar – **Imbissstube**
• *'snack'* (Imbiss), *'to have a snack'* (eine Kleinigkeit essen);

• *'bar'* (Stange, Schranke, Sperre; vgl. *Barren*), *'to bar'* (verriegeln; hindern, abhalten), *'barrier'* (Grenzbaum, *Barriere*)

Softdrink – alkoholfreies Getränk

• *'soft'* (weich, gedämpft, *sanft*), *'to get soft'* (verweichlichen), *'soft-boiled'* (weich gekocht), *'to soften'* (weich machen, dämpfen), *'soft-hearted'* (weichherzig), *'softy'* (Weichling), *'software'* (Computerprogramme);

• *'drink'* (Schluck, *Getränk;* vgl. *'hard drink'* = alkoholisches *Getränk*), *'to drink off'* (*austrinken*), *'drinkable'* (*trinkbar*), *'drinker'* (*Trinker*), *'drinking song'* (*Trinklied*)

KLEIDUNG, MODE UND FRISUR:

Blazer – farbige, ursprüngl. rote Klubjacke mit Metallknöpfen

'blaze' (lodernde Flamme, Glanz; vgl. *Blesse* eines Pferdes), *'blaze of colours'* (Farbenpracht), *'to blaze'* (leuchten, glühen), *'blazing'* (glühend, auffällig, grell)

Body – eng anliegende, einteilige Unterkleidung („Leibchen")

'body' (Leib, Körper; vgl. *Bottich*), *'dead body'* (Leiche), *'in a body'* (geschlossen, wie ein Mann), *'body building'* (gezieltes Muskeltraining), *'bodyguard'* (Leibwächter), *'body language'* (Körpersprache), *'body odour'* (Körpergeruch), *'body search'* (Leibesvisitation), *'bodywork'* (Karosserie)

Boots – hohe Schuhe, Stiefel

'boot' (Stiefel, Fußtritt), *'to get the boot'* (rausgeschmissen werden), *'to put the boot in'* (kräftig zutreten), *'boot'* (Kofferraum; urspr.: ein Trittbrett hinter der Kutsche, auf dem die Lakaien standen und später das Reisegepäck mitgenommen wurde), *'to boot'* (einen Fußtritt geben), *'bootblack'* (Schuhputzer), *'bootjack'* (Stiefelknecht), *'bootlace'* (Schnürsenkel), *'bootlicker'* („Stiefellecker", Kriecher), *'boots'* (Hausdiener, Lakai)

Button – Knopf (vgl. *Button-down-Kragen*)

'button' (Knopf, Ansteckplakette, Blume im Knopfloch), *'to button up'* (zuknöpfen), *'buttoned up'* (zugeknöpft, zurückhaltend), *'buttonhole'* (Knopfloch)

Cotton – Baumwolle, *Kattun* (vgl. *Kutte*)

'cotton' (baumwollen), *'cotton pad'* (Wattestäbchen), *'cotton wool'* (Watte)

Designer-Jeans – *Jeans* vom Modeschöpfer

• *'designer'* (Modeschöpfer, Konstrukteur), *'design'* (Entwurf, Konstruktionszeichnung; vgl. *Dessin* = Muster, *'sign'* = Zeichen, *Signal*),

'to design' (entwerfen, zeichnen, gestalten; vgl. *signieren* = unterzeichnen);
• *'jean'* (geköperter Baumwollstoff; benannt nach der italien. Stadt *Genua,* frz. *Gênes*), *'denim'* (*Jeansstoff,* benannt nach der französischen Textilmanufakturstadt *Nîmes;* frz. *serge de Nîmes*)

Dressman – männliches Modemodell
'dress' (Kleid, Kleidung), *'dress coat'* (Frack), *'evening dress'* (Smoking; Abendkleid), *'dressmaker'* (Damenschneider), *'dress shirt'* (Frackhemd), *'dress suit'* (Abend-, Gesellschaftsanzug), *'to dress'* (ankleiden, anziehen; an-, zurichten; vgl. *dressieren*), *'to get dressed'* (sich anziehen), *'to dress up'* (sich herausputzen; sich verkleiden), *'to dress well'* (sich geschmackvoll kleiden), *'dresser'* (Garderobiere; Geschirrschrank), *'hairdresser'* (Friseur), *'dressing'* (Zubereitung; Wundverband), *'dressing gown'* (Morgenmantel), *'dressing room'* (Ankleidezimmer; Theater: Garderobe), *'dressing table'* (Frisierkommode), *'salad dressing'* (Salatsoße, *Dressing*), *'dressy'* (schick, elegant; aufgetakelt)

Fashion – Mode, Art und Weise (vgl. *Fasson,* frz. *façon*)
'to come into fashion' (in Mode kommen), *'to go out of fashion'* (unmodern werden), *'fashion show'* (Modenschau), *'to fashion'* (formen, gestalten), *'fashionable'* (modisch; vgl. österr. *fesch*)

Hotpants – „Heiße Höschen“ (vgl. *'to heat' = heizen*)
'hot' (*heiß*), *'I am hot'* (mir ist *heiß*), *'hot air'* (*heiße* Luft), *'hot bed'* (Mist-, Frühbeet), *'hot head'* (*Hitzkopf*), *'hot house'* (Treibhaus), *'hot line'* (*heißer* Draht), *'hot music'* (*heiße* Musik), *'hot plate'* (Koch-, *Heizplatte*), *'hot spot'* (Krisenherd), *'hot tip'* (*heißer* Tipp), *'hot-water'* (*Heißwasser-*), *'hot-water bottle'* (Wärmflasche), *'to hot up'* (*aufheizen,* aufwärmen)

Leggin(g)s – eng anliegende Hose (urspr.: „Beinkleid“ der Indianer)
'leg' (Bein; Hosen-, Stuhlbein), *'legroom'* (Beinfreiheit), *'a leg of mutton'* (Hammelkeule), *'to pull someone's leg'* (jmd. auf den Arm nehmen), *'to stretch one's legs'* (sich die Beine vertreten), *'to leg it'* (zu Fuß gehen), *'leggings'* (Gamaschen), *'leggy'* (langbeinig)

Model – Mannequin, *Fotomodell*
'model' (Muster, *Modell*), *'after the model of'* (nach dem Muster von), *'model husband'* (Mustergatte), *'model builder'* (*Modellbauer*), *'to model'* (*modellieren,* formen; Kleider vorführen, *Modell* stehen), *'modelling'* (Modellieren)

Overall – einteiliger Arbeitsanzug (der „Überalles“)
'over' (*über, über* hinweg), *'all over again'* (noch mal), *'over and over'* (immer wieder), *'over and above'* (*obendrein*), *'to overact'*

(*übertreiben*), *'overage'* (zu alt), *'overbearing'* (anmaßend), *'overboard'* (*über* Bord), *'overcast'* (bewölkt, bedeckt), *'to overcharge'* (zu viel berechnen), *'overcrowded'* (*überfüllt*), *'overdrive'* (Motor: Schongang), *'overdue'* (*überfällig*), *'to overflow'* (*überfließen*), *'overhead'* (*oberirdisch*), *'to overhear'* (zufällig hören), *'overland'* (*über* Land), *'to overlap'* (*überlappen*), *'to overload'* (*überladen*), *'overnight'* (*über* Nacht), *'overstay'* (*Übernachtung*), *'overpower'* (*überwältigen*), *'to overrate'* (*überbewerten*), *'overseas'* (*überseeisch*), *'to oversee'* (*überwachen*), *'overshadow'* (*überschatten*), *'oversight'* (Versehen), *'overstaffed'* (personell *überbesetzt*), *'to overtake'* (*überholen,* einholen), *'overtime'* (*Überstunden*), *'overview'* (*Überblick*), *'overweight'* (*Übergewicht*), *'to overwhelm'* (*überwältigen*), *'to overwork'* (sich *überarbeiten*)

Patchwork – Flickwerk

'patch' (Fleck, Flicken; Beet), *'patches of mist'* (Nebelschwaden), *'in patches'* (stellenweise), *'to patch up'* (zusammenflicken), *'patch pocket'* (aufgesetzte Tasche), *'patch blanket'* (Flickendecke), *'patchy'* (fleckig; lückenhaft), *'eye patch'* (Augenklappe)

Pocket – Tasche

'pocket' (Hosentasche, Tasche), *'pocketbook'* (Notizbuch), *'pocket calculator'* (Taschenrechner), *'pocket edition'* (Buch: Taschenausgabe), *'pocketknife'* (Taschenmesser), *'pocket money'* (Taschengeld), *'to pocket'* (einstecken, in die eigene Tasche stecken)

Ponytail – Pferdeschwanzfrisur

- *'pony'* (*Pony,* Haarfransen), *'ponytail'* (*Ponyschwanz*), *'pony trekking'* (Ponyreiten);
- *'tail'* (Schwanz, Schweif), *'tails'* (Frack; Rück-, Kehrseite), *'to tail back'* (sich stauen), *'tailback'* (Stau), *'tailboard'* (Ladeklappe), *'tail coat'* (Frack, „Schwalbenschwanz"), *'tailgate'* (Hecktür), *'tail-light'* (Rücklicht), *'tailwind'* (Rückenwind)

Pullover – („Überzieher"); **Pullunder** – (ärmelloser „Unterzieher")

'pull' (Zug, Ruck), *'to pull'* (ziehen; Rudern: *pullen*), *'to pull a big one'* (ein großes Ding drehen), *'to pull down'* (abreißen), *'to pull off'* (ausziehen), *'to pull out'* (herausziehen), *'to pull up'* (hochziehen), *'pulley'* (Flaschenzug), *'pull-in'* (Raststätte, Rasthaus), *'pull-out table'* (Ausziehtisch), *'pull-up'* (Klimmzug)

Pure Wool – reine Wolle

- *'pure'* (rein, *pur*), *'purification'* (Reinigung), *'to purify'* (reinigen), *'Puritan'* (*Puritaner*), *'purity'* (Reinheit, Ehrlichkeit);
- *'wool'* (*Wolle*), *'woollen'* (*wollen, Woll-*), *'woollens'* (*Wollkleidung, Wollsachen*), *'woolly'* (*wollig*), *'ball of wool'* (*Wollknäuel*), *'cotton wool'* (Watte), *'lamb's wool'* (*Lammwolle*)

Shorts – kurze Hosen (vgl. *Schurz, Schürze* und *'shirt'* = Hemd)
'short' (kurz), *'a short time ago'* (vor kurzem), *'short and sweet'* (kurz und bündig), *'shortage'* (Knappheit, Mangel), *'short circuit'* (Kurzschluss), *'short cut'* (Abkürzung), *'shortfall'* (Defizit), *'shorthand'* (Kurzschrift, Steno), *'shortie'* (Kleiner, Zwerg), *'short-lived'* (kurzlebig), *'shortly'* (bald), *'shortness'* (Kürze, Barschheit), *'short story'* (Kurzgeschichte), *'short-term'* (kurzfristig), *'short time'* (Kurzarbeit), *'short wave'* (Kurzwelle)

Silk – Seide
'silk' (Seide, Seiden-), *'silk stockings'* (Seidenstrümpfe), *'silkworm'* (Seidenraupe), *'silky'* (Fell, Haare: seidig; Stimme: samtig)

Slippers – Hausschuhe, Pantoffeln
'to slip' (rutschen, schlittern; *schlüpfen*), *'to slip on'* (überstreifen), *'to slip out'* (herausrutschen), *'slip'* (*Schlüpfer*), *'slip of paper'* (Zettel), *'slip of the tongue'* (Versprecher), *'slipped disc'* (Bandscheibenvorfall; amer. *'disk'*), *'slippery'* (glatt, glitschig, *schlüpfrig*)

Sportswear – Sportbekleidung
- *'sport'* (*Sportart*), *'to be a good sport'* (ein feiner Kerl sein), *'sports'* (*Sport*), *'sports car'* (*Sportwagen*), *'sports jacket'* (Sakko), *'sportsman'* (*Sportler*), *'sportsmanship'* (*Sportlichkeit,* Fairness), *'sportswoman'* (*Sportlerin*), *'sporty'* (*sportlich*);
- *'wear'* (Kleidung), *'children's wear'* (Kinderkleidung), *'footwear'* (Schuhwerk), *'knitwear'* (Strickwaren), *'men's wear'* (Herrenbekleidung), *'sportswear'* (Sportkleidung), *'women's wear'* (Damenbekleidung), *'to wear'* (tragen, anhaben), *'wash-and-wear'* (waschen und tragen, also ohne zu bügeln), *'to wear the trousers'* (die Hosen anhaben), *'to wear'* (sich abnutzen, abtragen), *'to wear out'* (abnutzen, erschöpfen), *'worn-out'* (abgenutzt, abgetragen)

stretch – dehnbar, Elastik-
'stretch' (Dehnbarkeit, Elastizität; *Strecke*), *'at a stretch'* (hintereinander, an einer *Strecke*), *'to stretch'* (dehnen, weiten), *'to stretch out'* (*ausstrecken*), *'stretcher'* (Krankentrage), *'stretchy'* (elastisch, dehnbar)

Sweatshirt – weiter Baumwollpullover
- *'sweat'* (*Schweiß;* Aussprache: [swet]), *'sweatband'* (Sport: *Schweißband*), *'sweat gland'* (*Schweißdrüse*), *'cold sweat'* (*Angstschweiß*), *'no sweat'* (kein Problem), *'sweater'* (Pullover), *'to sweat'* (*schwitzen*), *'to sweat blood'* (sich abrackern), *'to sweat it out'* (durchhalten), *'sweaty'* (*verschwitzt; schweißtreibend*);
- *'shirt'* (Hemd; vgl. *Schürze* und *'short'*), *'shirtsleeve'* (Hemdsärmel; hemdsärmelig), *'T-shirt'* (in T-Form geschnittenes Hemd)

Synthetics – **Textilien aus Kunstfasergewebe**
'synthetic' (Kunst-, *synthetisch*), *'synthesis'* (*Synthese*), *'to synthesise'* (künstlich herstellen), *'synthesiser'* (Gerät zur elektronischen Musikerzeugung)

Tracksuit – **Trainingsanzug** (s. auch Film: *Soundtrack*)
• *'track'* (Spur, Fährte; Pfad, Weg, Rennstrecke; Gleis; vgl. *Treck*), *'track events'* (Laufdisziplinen), *'track record'* (Bahnrekord), *'track sports'* (Leichtathletik), *'to track down'* (aufspüren), *'tracker dog'* (Suchhund), *'soundtrack'* (Tonspur, Filmmusik);
• *'suit'* (Anzug, Kostüm), *'suitcase'* (Koffer), *'jogging suit'* (Laufanzug), *'to suit'* (passen; Mode: stehen), *'that suits me fine'* (das ist mir sehr recht), *'suitable'* (passend, geeignet)

Trenchcoat – **zweireihig. Mantel mit Schulterklappen u. Gürtel**
• *'trench'* (Graben, Schützengraben; daher seit dem Ersten Weltkrieg: *Trenchcoat*);
• *'coat'* (Mantel, Rock, Jacke, Pelz; vgl. *Kutte*), *'coat-tails'* (Rockschöße) *'duffelcoat'* (Wollmantel), *'petticoat'* (Unterrock; vgl. *'petty'* = klein, kleinlich; frz. *petit*), *'raincoat'* (Regenmantel), *'coat-hanger'* (Kleiderbügel), *'coated'* (beschichtet, überzogen), *'coating'* (Mantelstoff)

Zippverschluss – **Reißverschluss**
'zip' (Reißverschluss, Schwung), *'to zip the bag open'* (den Reißverschluss der Tasche aufmachen), *'zip code'* (Postleitzahl)

THEATER, LITERATUR UND KUNST:

Actor – **Schauspieler**
'act' (Tat, Handlung, *Aktion*), *'to act'* (spielen), *'to act as'* (fungieren als, dienen als), *'to act on'* (einwirken auf), *'acting'* (Spiel, Schauspielerei), *'action'* (Handlung, *Aktion*), *'a man of action'* (ein Mann der Tat), *'action film'* (Aktionsfilm), *'killed in action'* (gefallen im Gefecht), *'action replay'* (Zeitlupenwiederholung), *'active'* (tätig, lebhaft, *aktiv*), *'activity'* (Betätigung, *Aktivität*), *'actor'* (Schauspieler), *'actress'* (Schauspielerin), *'actual'* (tatsächlich, wirklich, eigentlich; vgl. *aktuell*)

Artist – **Künstler,** ***Artist***
'art' (Kunst, bes. bildende Kunst), *'work of art'* (Kunstwerk), *'arts'* (Geisteswissenschaften), *'Master of Arts'* (*MA = Magister Artium, Magister* der Geisteswissenschaften), *'art critic'* (Kunstkritiker), *'art gallery'* (Kunstgalerie), *'artful'* (schlau, listig), *'artificial'* (künstlich), *'artisan'* (Kunsthandwerker), *'artistical'* (*artistisch,* künstlerisch, kunstverständig), *'artless'* (aufrichtig, ungekünstelt), *'arty'* (künstlerisch aufgemacht)

Collection – **Sammlung, Kunstsammlung**
'to collect' (sammeln; vgl. *Kollekte*), *'collected works'* (gesammelte Werke), *'collection'* (Sammeln, Sammlung, *Kollektion*), *'collective'* (gesammelt, *kollektiv*), *'collective agreement'* (Tarifabkommen), *'collective noun'* (Sammelbegriff), *'collector'* (Sammler), *'collector's item'* (Sammlerstück)

Entertainer – **Unterhalter, Conférencier**
'to entertain' (unterhalten; bewirten), *'to entertain an idea'* (sich mit einem Gedanken tragen), *'entertainer'* (Unterhalter, Alleinunterhalter), *'entertaining'* (unterhaltsam), *'entertainment'* (Unterhaltung, Belustigung), *'much to his entertainment'* (sehr zu seiner Belustigung), *'entertainment industry'* (Unterhaltungsindustrie), *'entertainment tax'* (Vergnügungssteuer)

Exhibition – **Ausstellung**
'to exhibit' (ausstellen, zeigen), *'exhibit'* (*Ausstellungsstück*), *'exhibition'* (Ausstellung), *'to be on exhibition'* (ausgestellt sein, zu sehen sein), *'to make an exhibition of s.th.'* (sich lächerlich, zum Gespött machen), *'exhibitionism'* (*Exhibitionismus* = Neigung zur Entblößung und Zurschaustellung der Geschlechtsteile), *'exhibitionist'* (*Exhibitionist*), *'exhibitor'* (Aussteller)

Hardcover – **gebundene Buchausgabe**
'cover' (Decke, Deckel, Bucheinband; Tarnung; vgl. *Kuvert*), *'cover address'* (Deckadresse), *'cover girl'* (Titelblattmädchen), *'cover story'* (Titelgeschichte), *'from cover to cover'* (bis zur letzten Seite), *'under plain cover'* (in neutralem Umschlag), *'to take cover'* (in Deckung gehen), *'under the cover of night'* (im Schutze der Nacht), *'to cover up'* (verheimlichen, vertuschen), *'coverage'* (erschöpfende Behandlung eines Themas), *'covering letter'* (Begleitbrief), *'coverlet'* (Tagesdecke), *'to discover'* (entdecken, aufdecken), *'discoverer'* (Entdecker), *'discovery'* (Entdeckung)

Paperback – **Taschenbuch**
• *'paper'* (*Papier*, Tapete, Zeitung), *'paper bag'* (Tüte), *'paper-boy'* (Zeitungsjunge), *'paper chase'* (Schnitzeljagd), *'paper clip'* (Büroklammer, Heftklammer), *'paper cup'* (Pappbecher), *'paper handkerchief'* (*Papiertaschentuch*), *'paperhanger'* (Tapezierer), *'paper knife'* (Brieföffner), *'paper money'* (*Papiergeld*), *'paper plate'* (*Pappteller*), *'paper weight'* (Briefbeschwerer), *'paperwork'* (Schreibarbeit), *'to paper'* (tapezieren), *'wall-paper'* (Tapete)

Pop-Art – **Kunstrichtung mit Hinwendung zum Populären**
'pop' = *'popular'* (volkstümlich, beliebt, *populär*), *'popular edition'* (Volksausgabe), *'pop singer'* (Schlagersänger), *'pop song'* (Schlager),

'pop star' (Schlagerstar), *'popularity'* (Beliebtheit, Volkstümlichkeit), *'to populate'* (bevölkern), *'population'* (Bevölkerung), *'populous'* (dicht besiedelt, einwohnerstark)

Showmaster – **Unterhaltungskünstler**

• *'show'* (*Schau*, Vorstellung, TV-Sendung), *'to show'* (zeigen), *'show biz'* = *'show business'* (*Showgeschäft*), *'showcase'* (*Schaukasten*), *'showdown'* (Kraft-, Machtprobe), *'showgirl'* (Revuegirl), *'show jumping'* (Springreiten), *'showman'* (Produzent; *Schausteller*), *'show-off'* (Angeber), *'showpiece'* (Ausstellungsstück), *'show-room'* (Ausstellungsraum), *'showy'* (auffallend, auffällig);

• *'master'* (*Meister*, Lehrer), *'master tailor'* (*Schneidermeister*), *'Master of Science'* (*MSc* = *Magister* der Naturwissenschaften), *'master copy'* (Originalkopie), *'masterful'* (herrisch, gebieterisch), *'master fuse'* (Hauptsicherung), *'master key'* (Hauptschlüssel), *'mastermind'* (überragender Geist, Genie), *'masterpiece'* (*Meisterstück*), *'master plan'* (Gesamtplan), *'masterstroke'* (*Meisterleistung*), *'to find one's master'* (seinen *Meister* finden), *'to master'* (beherrschen)

Sketch – **Stegreifstudie; kurze, witzige Bühnenszene**

'sketch' (*Skizze*), *'to sketch'* (*skizzieren*), *'to sketch out'* (umreißen), *'sketchiness'* (Flüchtigkeit), *'sketchy'* (oberflächlich, bruchstückhaft, *skizzenhaft*)

Stage – **Bühne**

'stage' (Etappe, Reiseabschnitt, Bühne), *'to go on the stage'* (zum Theater gehen), *'by easy stages'* (Schritt f. Schritt), *'stage direction'* (Bühnen-, Regieanweisung), *'stage name'* (Künstlername), *'to stage'* („auf die Bühne bringen"), *'stagy'* (theatralisch)

Story – **Geschichte, Handlung** (vgl. *Historie*)

'story' (Erzählung, Märchen; vgl. *'history'*), *'his side of the story'* (seine Version), *'it's the same old story'* (es ist das alte Lied), *'storybook'* (Märchenbuch), *'storyteller'* (Erzähler), *'to cut a long story short'* (um es kurz zu machen)

Thriller – **Reißer, Schauerroman, spannender Film**

'thrill' (prickelndes Gefühl, Nervenkitzel, vgl. *Drillbohrer*), *'to be thrilled'* (hingerissen sein), *'thrilling'* (fesselnd, packend)

UNTERHALTUNGSELEKTRONIK UND MUSIK:

Amplifier – **Verstärker**

'ample' (weit, geräumig), *'amplification'* (Erweiterung; Weitschweifigkeit), *'to amplify'* (erweitern, vergrößern, verstärken), *'amplitude'* (Weite, Umfang, *Amplitude*)

Bandleader – **Leiter einer Band**

• *'band'* (Gruppe, Kapelle, *Bande*), *'big band'* (große Kapelle), *'bandmaster'* (Kapellmeister), *'bandage'* (*Binde, Verband*);

• *'lead'* (Führung), *'to take the lead'* (die Führung übernehmen), *'to lead'* (führen, *leiten*), *'leader'* (Führer; *Leitartikel*), *'leadership'* (Führerschaft), *'leadership qualities'* (Führungsqualitäten)

Charts – **Schlager-Hitliste**

'chart' (Diagramm, Kurve, Schaubild, *Karte*), *'to chart'* (einzeichnen, *kartieren*)

Conductor – **Dirigent**

'conduct' (Führung, Verhalten), *'to conduct'* (führen, geleiten), *'conductor'* (Schaffner, Führer, Dirigent), *'conductress'* (Dirigentin, Schaffnerin)

Countrymusic – **Volksmusik in den Südstaaten der USA**

• *'country'* (Landschaft, Gegend; vgl. *kontra* = gegen), *'flat country'* (Flachland), *'country road'* (Landstraße), *'country seat'* (Landsitz), *'country side'* (ländliche Gegend);

• *'to put to music'* (vertonen), *'music book'* (Notenheft), *'music hall'* (Varietétheater), *'musician'* (*Musiker*), *'music stand'* (Notenständer)

Folksong – **Volkslied**

• *'folks'* (Leute; in der Anrede: Herrschaften), *'my folks'* (meine Verwandten), *'folk dance'* (*Volkstanz*);

• *'song'* (Lied, *Gesang*), *'to burst into song'* (zu *singen* anfangen), *'songbird'* (*Singvogel*), *'song-book'* (Liederbuch)

Highfidelity (Hifi) – **hohe Klangtreue**

'fidelity' (Treue, Genauigkeit, Klangtreue; Aussprache der Abkürzung *Hifi:* ['haifi])

Hit – **Schlager, Treffer**

'hit' (Treffer, Hieb), *'to score a hit'* (einen Treffer erzielen), *'to be a big hit'* (ein großer Erfolg sein), *'to hit'* (schlagen, treffen), *'to hit the nail on the head'* (den Nagel auf den Kopf treffen)

Livemusik – **Originalmusik** (s. auch *Countrymusic*)

'live' (*lebendig,* original; Aussprache: [laiv]), *'livestock'* (Viehbestand), *'lively'* (lebhaft, dynamisch), *'life'* (*Leben;* [laif]), *'lifeboat'* (Rettungsboot), *'lifeless'* (*leblos*), *'lifelike'* (lebensecht), *'for life'* (fürs ganze *Leben*), *'to live'* (*leben;* Aussprache: [liv]), *'to liven up'* (beleben; in Schwung kommen)

Performance – **Aufführung, Auftritt**

'to perform' (durchführen, aufführen, auftreten), *'performance'* (Leistung, Auftritt), *'performer'* (Darsteller)

Record – **Schallplatte** (vgl. *Rekord* = aufgezeichnete Höchstleistung)
'record' (Bericht, Aufzeichnung, Schallplatte), *'to make a record'* (eine Schallplatte aufnehmen), *'record player'* (Plattenspieler), *'long-playing record'* (Langspielplatte), *'to record'* (aufzeichnen), *'recorder'* (Aufnahmegerät), *'recording studio'* (Aufnahmestudio), *'by recorded delivery'* (per Einschreiben)

Single – **Schallplatte mit nur einem Titel je Seite** (s. auch FAMILIE)
'single' (einzeln; Alleinstehender), *'single room'* (Einzelzimmer), *'single mother'* (Alleinerziehende), *'single file'* (Gänsemarsch)

Sound – **Klang, Klangfülle** (s. auch FILM: *Soundtrack*)
'sound' (Ton, Schall, Geräusch), *'to sound'* (klingen), *'soundless'* (lautlos), *'sound-proof'* (schalldicht)

Speaker – **Lautsprecher**
'to speak' (*sprechen,* reden), *'to speak up'* (lauter *sprechen*), *'speaker'* (*Sprecher*), *'we are not on speaking terms'* (wir *sprechen* z.Z. nicht miteinander)

Tuner – **Kanalwähler am Fernseh- oder Radiogerät**
'tune' (Melodie), *'to tune in'* (das Radio einschalten), *'to tune up'* (stimmen, einstellen, *tunen*), *'tuneful'* (melodiös), *'tuning'* (Einstellung, Stimmen), *'tuning fork'* (Stimmgabel)

Volume – **Lautstärke**
'volume' (Rauminhalt, Lautstärke, *Volumen;* Band), *'volume control'* (Lautstärkeregler), *'at full volume'* (in voller Lautstärke), *'to speak volumes'* (Bände sprechen), *'to turn the volume up'* (die Lautstärke voll aufdrehen), *'voluminous'* (bauschig, *voluminös*)

MEDIEN:

Comment – **Kommentar, Erläuterung** (vgl. *'No comment!'*)
'to comment' (bemerken), *'to comment on'* (einen Kommentar abgeben zu, *kommentieren*), *'commentator'* (*Kommentator*)

Copy – **Exemplar, Kopie, Durchschlag, Nachbildung** (vgl. *Kopie*)
'fair/clean copy' (Reinschrift), *'rough/foul copy'* (Rohentwurf, Konzept), *'to copy'* (abschreiben, durchpausen, überspielen, *kopieren*), *'copy cat'* (gedankenloser Nachahmer), *'copy editor'* (Zeitungsredakteur, Lektor)

Edition – **Ausgabe, Herausgabe von Büchern** (vgl. *Editor*)
'to edit' (herausgeben), *'morning edition'* (Morgenausgabe einer Zeitung), *'editor'* (Herausgeber), *'the editors'* (die Redaktion), *'letter to the editor'* (Leserbrief), *'editorial'* (Leitartikel)

Interview – **gezielte Befragung** („das einander Sehen")
• *'view'* (Blick, Sicht), *'at first view'* (auf den ersten Blick), *'to come into view'* (in Sicht kommen), *'to keep in view'* (im Auge behalten), *'view on'* (Ansicht, Meinung über), *'in my view'* (meiner Ansicht nach), *'view of'* (Überblick über), *'to view'* (besichtigen, betrachten), *'viewer'* (Zuschauer, Betrachter);
• *'inter-'* (zwischen, wechselseitig), *'to interview'* (ein Einstellungsgespräch führen, *interviewen*), *'to give an interview'* (ein *Interview* geben), *'interviewee'* (Befragter), *'interviewer'* (Befrager)

Journal –**(Mode)zeitschrift** („Tageszeitung"; vgl. *bon jour*)
'journalese' (Zeitungsstil), *'journalism'* (Pressewesen, *Journalismus*), *'journalist'* (*Journalist*), *'journalistic'* (*journalistisch*), *'journey'* (Reise, Tagesreise)

Kolumne – **Zeitungsspalte, Satzspalte** („Säule"; vgl. *Kolumnist*)
'column' (Säule, Spalte; vgl. *'colonel'* = Oberst an der Spitze einer *Marschkolonne*), *'in double columns'* (zweispaltig), *'columnist'* (Journalist, der regelmäßig und an bestimmter Stelle einer Zeitung einen Meinungsbeitrag veröffentlicht)

News – **sensationelle Nachrichten** (*'Neuigkeiten'*)
'a piece of news' (eine *Neuigkeit*), *'what's the news?'* (was gibt es *Neues?*), *'on the news'* (in der Nachrichtensendung), *'news agency'* (Nachrichtenagentur), *'news agent'* (Zeitungshändler), *'news boy'* (Zeitungsjunge), *'news letter'* (Rundschreiben), *'newspaper'* (Zeitung), *'news publisher'* (Zeitungsverleger), *'news rack'* (Zeitungsständer), *'newsstand'* (Zeitungskiosk), *'news vendor'* (Zeitungsverkäufer)

Print – **Druck, Abdruck** (vgl. *Printmedien* = Druckmedien; *Printe*)
'to print' (drucken), *'printed matter'* (Drucksache), *'to print off'* (ein Foto abziehen), *'to print out'* (ausdrucken), *'printable'* (druckreif), *'printer'* (Drucker), *'printer's error'* (Druckfehler), *'printing ink'* (Druckerschwärze), *'print-out'* (Ausdruck)

Publisher – **Verleger, Herausgeber** (s. auch WERBUNG: *Publicity*)
'to publish' (veröffentlichen, *publizieren*), *'published weekly'* (erscheint wöchentlich), *'publishers'* (Verlagshaus), *'publication'* (Veröffentlichung, *Publikation*), *'public figure'* (Persönlichkeit des öffentlichen Lebens), *'republic'* (eigentl.: „öffentliche Sache", *Republik*)

Report – **Bericht, Dokumentarbericht** (vgl. *Reportage*)
'to report' (berichten), *'to report for'* (anzeigen wegen), *'to report sick'* (sich krank melden), *'reported speech'* (indirekte Rede), *'reporter'* (Berichterstatter)

Telekommunikation (Telekom) – **Fernmeldewesen**

• *'communication'* (Mitteilung, Verbindung), *'communications satellite'* (Nachrichtensat.), *'communication system'* (Fernmeldenetz), *'to communicate'* (sich mitteilen, in Verbindung stehen; vgl. *kommunizieren*), *'communicative'* (gesprächig), *'community'* (Gemeinschaft, Gemeinde), *'community home'* (Erziehungsheim);
• *'tele-'* (fern-), *'telegram'* (Fernschreiben), *'telephone'* (Fernsprecher, *Telefon*), *'teleprinter'* (Fernschreiber), *'telescope'* (Fernrohr), *'television'* (Fernsehen), *'to telecast'* (im Fernsehen übertragen)

Yellow Press – **Sensationspresse, Regenbogenpresse**

• *'yellow'* (*gelb*), *'yellow fever'* (*Gelbfieber*), *'yellow pages'* (*„Gelbe Seiten"*, Branchenverzeichnis), *'to yellow'* (*gelb* werden, *vergilben*);
• *'to press'* (drücken, *pressen*, bügeln), *'to be pressed for time'* (unter Zeitdruck stehen), *'pressing'* (dringend, eindringlich), *'press'* (*Fruchtpresse, Druckerpresse*), *'to go to press'* (in Druck gehen), *'to have a bad press'* (eine schlechte *Presse* haben), *'press agency'* (*Presseagentur*), *'press cutting'* (Zeitungsausschnitt), *'press photographer'* (*Pressefotograf*), *'high pressure'* (Hochdruck)

FILM UND FERNSEHEN:

Stage-Director – **Regisseur, Spielleiter**

• *'stage'* (Bühne), *'stage door'* (Bühneneingang), *'stage fright'* (Lampenfieber), *'stage name'* (Künstlername), *'to stage'* (auf die Bühne bringen, veranstalten), *'stagy'* (theatralisch);
• *'to direct'* (leiten, lenken), *'directed by'* (unter der Regie von), *'direction'* (Regie, Leitung; Richtung), *'directive'* (Anweisung, *Direktive*), *'director'* (Regisseur, Leiter, *Direktor*), *'directress'* (Leiterin, *Direktorin*), *'directory'* (Adress-, Telefonbuch)

Fan – **Verehrer eines Stars oder Vereins** (vgl. *Fanatiker*)

'fan club' (*Fanklub*), *'fan mail'* (Verehrerpost), *'fanatic'* (*fanatisch*), *'fanaticism'* (*Fanatismus*)

Filmstar – **berühmter Schauspieler**

• *'film'* (dünne Schicht, Folie, *Film*), *'to film'* (*filmen, verfilmen*);
• *'star'* (*Stern*), *'starlet'* (*Filmsternchen*), *'starring NN'* (mit NN in der Hauptrolle), *'star wars'* (Krieg der *Sterne*), *'Stars and Stripes'* (amerikanisches *Sternenbanner*)

Movie – **Film, Kino**

'to move' (bewegen, rücken), *'to move in'* (einziehen), *'to move out'* (ausziehen), *'to be moved'* (bewegt sein), *'movement'* (Bewegung), *'movie camera'* (Filmkamera), *'movie star'* (Filmstar), *'moving staircase'* (Rolltreppe)

Remake – **Neuverfilmung**
'make' (Erzeugnis, Produkt; vgl. *Machwerk*), *'to make'* (*machen*), *'to remake'* (neu *machen*)

Script – **Drehbuch, Text** (vgl. *Manuskript*)
'script' (*Schrift, Schreibschrift*), *'script girl'* (*Skriptgirl*), *'script writer'* (Drehbuchautor), *'the Scriptures'* (die Heilige *Schrift*), *'post-script'* („Nachschrift", Nachwort)

Soap-Opera – **Seifenoper** (v. Waschmittelfirmen gesponserter Film)
• *'soap'* (*Seife*), *'soap bubble'* (*Seifenblase*), *'soapsuds'* (*Seifenschaum*);
• *'opera'* (*Oper;* Mz. von *Opus* = Werk), *'opera glasses'* (*Opernglas*), *'opera house'* (*Opernhaus*)

Soundtrack – **Tonspur auf einem Kinofilm, Filmmusik**
• *'sound'* (Geräusch, Schall, Ton, Klang), *'to sound'* (erklingen, ertönen), *'to sound one's horn'* (hupen), *'sound barrier'* (Schallmauer), *'sound film'* (Tonfilm), *'soundless'* (lautlos), *'sound wave'* (Schallwelle);
• *'track'* (Spur, Fährte, Gleis), *'to be on the wrong track'* (auf dem Holzweg sein), *'to jump the tracks'* (entgleisen), *'to track'* (verfolgen), *'to track down'* (aufspüren), *'tracksuit'* (Trainingsanzug)

Television (TV) – **Fernsehen** (s. auch MEDIEN: *Telekom*)
• *'vision'* (Sehen, Sehkraft, *Vision*), *'visibility'* (Sichtweite), *'visible'* (sichtbar), *'visionary'* (weit blickend, *visionär*), *'visit'* (Besuch, Besichtigung);
• *'tele-'* (fern-), *'telecommunication'* (Fernmeldewesen), *'telegram'* (Fernschreiben), *'telephone'* (Fernsprecher), *'telescope'* (Fernrohr);
• *'TV play'* (Fernsehspiel), *'TV set'* (Fernsehgerät), *'TV viewer'* (Fernsehzuschauer)

SPORT, ERHOLUNG UND FREIZEIT:

Centre – ***Zentrum*, Mittelpunkt**
'to centre' (*konzentrieren, zentrieren*), *'city centre'* (Innenstadt, *City*), *'central'* (Haupt-, *zentral*), *'central heating'* (*Zentralheizung*), *'to centralise'* (*zentralisieren*)

Championship – **Meisterschaft**
'champion' (Verfechter, Meister), *'champ'* (kurz für *Champion*), *'to champion'* (eintreten für)

Contest – **Wettkampf, Wettbewerb**
'to contest' (kämpfen um, anfechten), *'to contest with'* (wetteifern mit), *'contestant'* (Mitbewerber, Wettkampfteilnehmer)

Crawl – ***Kraulen*** (Schwimmstil)
'to crawl' (kriechen, krabbeln, kribbeln, *kraulen*), *'to crawl with'* (wimmeln von), *'crawler'* (Kriechtier, Kriecher, im Sport: *Krauler*)

Cup – **Pokal** (vgl. *Davis Cup*)
'cup' (Tasse, Pokal), *'cup final'* (Pokalendspiel), *'cup winner'* (Pokalsieger), *'cupboard'* (Geschirr, Speise, Kleiderschrank), *'teacup'* (Teetasse)

Finish – **Endspurt, Ziel** (vgl. auch *Finale*)
'finish' (Ende, Schluss), *'to finish'* (beenden, aufhören), *'to finish with'* (Schluss machen mit), *'finished'* (beendet, fertig), *'finished goods'* (Fertigwaren), *'finishing'* (abschließend), *'finishing line'* (Ziellinie), *'final'* (End-, Schluss-; *Finale*), *'final whistle'* (Schlusspfiff, Abpfiff), *'finality'* (Endgültigkeit)

fit – **in Form, in Hochform**
'fit' (passend, geeignet, fähig), *'fit for service'* (diensttauglich), *'fit to drive'* (fahrtüchtig), *'to keep fit'* (sich *fit* halten), *'to fit'* (Kleidung: passen, sitzen), *'fitter'* (Monteur, Installateur), *'fittings'* (Einrichtung, Ausstattung), *'fitness'* (Eignung), *'fitness centre'* (*Fitnessstudio*), *'fitness test'* (Eignungsprüfung)

Goalkeeper – **Torwart, Torhüter**
- *'goal'* (Ziel, erzieltes Tor), *'goal area'* (Torraum), *'to keep goal'* (im Tor stehen), *'goalgetter'* (Torjäger), *'goal kick'* (Abstoß), *'goal line'* (Torlinie);
- *'to keep'* (halten, behalten), *'keep your seat'* (behalten Sie Platz), *'to keep a secret'* (ein Geheimnis für sich behalten), *'to keep from'* (hindern an), *'to keep off'* (sich fernhalten von), *'keeper'* (Wächter, Aufseher)

Hobby – **Steckenpferd, Freizeitbeschäftigung**
'to hobble' (*hoppeln,* humpeln; vgl. *hoppe, hoppe Reiter*), *'hobby room'* (*Hobbyraum*)

Hometrainer – **Heimtrainingsgerät**
'to train' (schulen, abrichten, *trainieren*), *'to train as'* (ausgebildet werden zum), *'trainee'* (Lehrling, Azubi), *'trainer'* (Coach, Ausbilder, *Trainer*), *'training'* (Ausbildung, Schulung, Lehre)

Jogging – **Laufen, *Joggen***
'to jog' (trotten, zuckeln, *joggen*), *'jogger'* (Läufer, *Jogger*), *'jog trot'* (gemächlicher Trab, Trott), *'jogging suit'* (Trainingsanzug)

Kicker – **Fußballspieler**
'kick' (Tritt, Stoß), *'to give a kick'* (einen Tritt versetzen), *'kickoff'* (Fußball: Anstoß), *'kickstarter'* (*Kickstarter* eines Motorrads)

Match – **Spiel, Kampf**
'match' (passende Sache oder Person, Gegenstück), *'to find one's match'* (seinen Meister finden), *'to match with'* (zusammenpassen mit), *'matching'* (passend), *'matchless'* (unvergleichlich)

Motorbike – **Motorrad**
• *'motor'* (*Motor*), *'motorboat'* (*Motorboot*), *'motoring'* (Autofahren), *'motorist'* (Autofahrer), *'motor scooter'* (*Motorroller*), *'motion'* (Bewegung), *'motivation'* (Ansporn, Antrieb), *'motive'* (Beweggrund, *Motiv*);
• *'bike'* (Rad, Fahrrad), *'to bike'* (radeln, Motorrad fahren), *'mountain bike'* (*Mountainbike*), *'bicycle'* („Zweirad", Fahrrad)

Penalty – **Elfmeter, Strafe**
'penal' (Straf-), *'penal act'* (strafbare Handlung), *'penal code'* (Strafgesetzbuch), *'penal law'* (Strafrecht), *'to penalise'* (bestrafen), *'penalty'* (Strafe), *'penalty area'* (Strafraum), *'penalty kick'* (Strafstoß), *'to punish'* (bestrafen), *'punishment'* (Bestrafung)

Profi – **Berufssportler, Fachmann**
'profession' (Beruf, Berufsstand), *'by profession'* (von Beruf), *'professional'* (Berufs-, beruflich; Berufssportler), *'professionalism'* (*Profitum*)

Race – **Rennen, Wettlauf**
'to race' (rennen, *rasen*), *'race against time'* (Wettlauf mit der Zeit), *'racecourse'* (Pferderennbahn), *'racehorse'* (Rennpferd), *'racer'* (Rennrad, Rennwagen), *'racetrack'* (Rennstrecke), *'racing bike'* (Rennrad), *'racing car'* (Rennwagen), *'racing cyclist'* (Radrennfahrer), *'racing driver'* (Rennfahrer), *'race-goer'* (Rennbesucher) *'horse-race'* (Pferderennen)

Referee – **Schiedsrichter, Ringrichter**
'to refer' (konsultieren), *'to refer to'* (verweisen an), *'reference'* (Verweis, Hinweis, Bezugnahme, *Referenz*), *'reference book'* (Nachschlagewerk)

relax – **sich entspannen** (vgl. *lax* = locker, schlaff)
'to relax' (sich lockern, entspannen), *'relaxation'* (Entspannung), *'relaxed'* (entspannt), *'laxness'* (Schlaffheit)

Score – **Spielstand, Ergebnis**
'to score' (einen Treffer erzielen), *'to score with'* (Erfolg haben mit), *'scoreboard'* (Anzeigetafel), *'scorer'* (Torschütze)

Surfboard – **Surfbrett**
'surf' (Brandung), *'to surf'* (*surfen*), *'surfer'* (Wellenreiter), *'surface'* (Oberfläche), *'to surface'* (auftauchen)

Swimmingpool – Schwimmbecken, privates Schwimmbad

- *'to swim'* (*schwimmen*), *'to go for a swim'* (*schwimmen* gehen), *'swimmer'* (*Schwimmer*), *'swimming'* (*Schwimmen*), *'swimming bath'* (Hallenbad), *'swimming cap'* (Badekappe), *'swimming trunks'* (Badehose), *'swimsuit'* (Badeanzug);
- *'pool'* (Teich, Tümpel, Becken, *Pfuhl*), *'car pool'* (Fahrgemeinschaft), *'to shoot pool'* (*Poolbillard* spielen), *'to win the pools'* (im Toto gewinnen)

Team – Mannschaft, Gruppe (vgl. *Teamgeist*)

'team' (Gespann; vgl. *Zaum*), *'to team up with'* (sich zusammentun mit), *'team game'* (Mannschaftsspiel), *'team-mate'* (Mannschaftskamerad), *'team spirit'* (Mannschafts-, Gemeinschaftsgeist), *'teamster'* (LKW-Fahrer), *'teamwork'* (Mannschafts-, Zusammenspiel)

Tennisracket – Tennisschläger

- *'tennis ball'* (*Tennisball*), *'tenniscourt'* (*Tennisplatz*), *'tennis elbow'* (*Tennisarm*), *'tennis player'* (*Tennisspieler*);
- *'rack'* (Ständer, Regal; Netz, Gepäcknetz), *'to be on the rack'* (Folterqualen leiden), *'racket'* (Sport: Schläger)

REISEN, URLAUB UND HOTEL:

Beach – Strand

'to beach' (Schiff: auf den Stand ziehen), *'on the beach'* (am Strand), *'beach ball'* (Wasserball), *'beach towel'* (Badehandtuch, Strandlaken), *'beachwear'* (Strandkleidung)

Cabin – Kajüte, Kabine, Flugzeugkabine

'cabin' (Häuschen, Hütte), *'cabin cruiser'* (*Kabinenkreuzer*), *'log cabin'* (Blockhütte), *'cabinet'* (Vitrine, Büroschrank), *'cab'* (Fahrerhaus, Führerstand; Taxi), *'cabdriver'* (Taxifahrer)

Camping – Zelten

'camp' (Lager), *'camp bed'* (Feldbett), *'camp chair'* (Klappstuhl), *'camp fire'* (Lagerfeuer), *'camp ground'* (Lagerplatz, Zeltplatz), *'to camp'* (sein Lager aufschlagen, *kampieren*), *'to camp out'* (zelten), *'camper'* (Zeltler; Wohnwagen), *'campaign'* (Feldzug)

cancel – stornieren, von einem Vertrag zurücktreten

'cancel' (absagen, widerrufen, kündigen), *'cancellation'* (Streichung, Kündigung, Stornierung)

Caravan – Wohnwagen

'caravan' (*Karawane,* Wohnanhänger), *'caravan site'* (Wohnwagenstellplatz), *'car-a-van'* (Kombi, aus *'car and van'* = Personen- und Lieferwagen)

Club – **Verein, bes. Tennis- und Golfclub**

'club' (Keule, Schlagholz, Schläger; Verein), *'club chair'* (Klubsessel), *'clubfoot'* (*Klumpfuß*), *'clubhouse'* (Vereinshaus), *'to club'* (niederknüppeln), *'night-club'* (Nachtbar)

Guesthouse – **Gästehaus, Pension, Fremdenheim**

• *'guest'* (*Gast*), *'guest speaker'* (*Gastredner*), *'guest room'* (*Gäste-*, Fremdenzimmer);

• *'house'* (*Haus*), *'to keep house'* (den *Haushalt* führen), *'house agent'* (*Häusermakler*), *'under house arrest'* (unter *Hausarrest*), *'houseboat'* (*Hausboot*), *'housebound'* (ans *Haus* gefesselt), *'housebreaker'* (Einbrecher), *'housebroken'* (stubenrein), *'housecleaning'* (*Hausputz*), *'household'* (*Haushalt*), *'house-hunting'* (*Haussuche*), *'housekeeper'* (*Haushälterin*), *'housekeeping'* (*Haushaltsführung*), *'housemaid'* (*Hausangestellte*), *'house rules'* (*Hausordnung*), *'house search'* (*Haussuchung*), *'housewife'* (*Hausfrau*), *'housing conditions'* (Wohnverhältnisse), *'housing estate'* (Wohnsiedlung), *'housing market'* (Wohnungsmarkt), *'housing shortage'* (Wohnungsnot), *'to house'* (unterbringen), *'houseproud'* (übertrieben ordentlich)

Guide – **Reiseführer, Handbuch, Leitfaden**

'guide' (Führer), *'guide to London'* (London-Führer), *'guide dog'* (Blindenhund), *'guidelines'* (Richtlinien), *'to guide'* (lenken, leiten), *'guided tour'* (Führung), *'guiding principle'* (Leitprinzip), *'guidance'* (Anleitung, Beratung)

Holidays – **Ferien**

'holiday' (*'heiliger Tag'*, Feiertag), *'public holiday'* (arbeitsfreier Tag), *'holiday maker'* (Urlauber), *'holy'* (*heilig*, geweiht), *'Holy Ghost'* (*Heiliger Geist*), *'Holy Scripture'* (*Heilige Schrift*), *'holy terror'* (Nervensäge), *'Holy Thursday'* (Gründonnerstag), *'holy water'* (Weihwasser), *'Holy Week'* (Karwoche)

Lift – **Aufzug**

'lift' (Hub, Heben; *Luftbrücke*), *'to give s.o. a lift'* (im Auto mitnehmen), *'to have a lift'* (sich *liften* lassen), *'liftboy'* (*Liftboy*), *'liftman'* (Fahrstuhlführer), *'lift-off'* (Start), *'to lift'* (heben, *lüften*)

Lounge – **Foyer eines Theaters, Salon eines Hotels oder Schiffs**

'lounge' (Wohnzimmer; Wartehalle), *'lounge bar'* (vornehmerer Teil eines Lokals), *'lounge chair'* (Klubsessel), *'lounge suit'* (Straßenanzug), *'to lounge away'* (die Zeit vertrödeln)

Passport – **Reisepass** (vgl. *Passage*)

• *'pass'* (*Passierschein*), *'free pass'* (Freikarte), *'to pass'* (vorbeigehen), *'to pass an exam'* (eine Prüfung bestehen), *'to pass away'* (sterben, dahinscheiden), *'to pass down'* (weitergeben, überliefern), *'to*

pass round' (herumreichen), *'to pass the time reading'* (sich die Zeit mit Lesen vertreiben), *'to let s.o. pass'* (jmd. vorbeilassen), *'passable'* (*passierbar,* befahrbar; *passabel*), *'passage'* (Durchfahrt), *'passenger'* (Fahrgast, Fluggast, *Passagier*), *'passer-by'* (*Passant*), *'password'* (Kennwort, Parole);
• *'port'* (Hafen; vgl. *Portal* = Eingangstor), *'port'* (Backbord = die linke Schiffsseite, mit der man früher im Hafen anlegte), *'portable'* (tragbar), *'porter'* (Träger; Pförtner, *Portier*), *'to export'* („hinaustragen", ausführen), *'to import'* („hereintragen", einführen), *'to report'* („zurücktragen", berichten), *'to transport'* („hinübertragen", *transportieren*)

Pleasure-Trip – Vergnügungsreise (vgl. *Plaisir*)
• *'to please'* (gefallen; erfreuen), *'please'* (bitte), *'pleasing'* (angenehm), *'pleasure'* (Vergnügen), *'to take pleasure in'* (Vergnügen finden an), *'at pleasure'* (nach Belieben);
• *'trip'* (Ausflug, Kurzreise; vgl. *trippeln*), *'boat trip'* (Bootsausflug), *'bus trip'* (Busreise), *'tripper'* (Tagesausflügler)

Reception – Hotelhalle, Empfangshalle
'reception' (Empfang, *Rezeption*), *'to give a reception'* (einen Empfang geben), *'reception desk'* (Empfangstheke), *'receptionist'* (Empfangsdame), *'receptive'* (aufnahmefähig), *'contraception'* (Empfängnisverhütung), *'contraceptive'* (Verhütungsmittel)

Room-Service – Zimmerservice
• *'room'* (*Raum,* Zimmer), *'to make room'* (Platz machen), *'rooming house'* (Fremdenheim, Pension), *'rooming-in'* (gemeinsame Unterbringung von Mutter und Kind im Krankenhaus), *'roommate'* (Zimmergenosse), *'roomy'* (*geräumig*);
• *to serve'* (dienen), *'to serve up'* (das Essen *servieren*), *'service'* (Dienstleistung, Militärdienst), *'civil service'* (Staatsdienst), *'servant'* (Diener, Dienstbote), *'civil servant'* (Staatsbeamter, Beamter im öffentlichen Dienst), *'secret service'* (Geheimdienst), *'to be out of service'* (außer Betrieb sein), *'service charge'* (Bedienungszuschlag), *'serviceman'* (Militärangehöriger), *'service station'* (Reparaturwerkstatt), *'serviette'* (Mundtuch, *Serviette*), *'servile'* (unterwürfig), *'servility'* (Unterwürfigkeit), *'servitude'* (Knechtschaft)

Striptease – Entkleidungsnummer, Entblößung
• *'strip'* (*Streifen,* z.B. Papier o. Land; vgl. *Strippe;* sonst: *'stripe';* vgl. *'Stars and Stripes'*), *'to strip'* (sich ausziehen; vgl. die Kleider *abstreifen*), *'to strip to the waist'* (den Oberkörper frei machen), *'to do a strip'* (*strippen*), *'to strip down'* (Motor: auseinander nehmen);
• *'to tease'* (hänseln, necken, reizen), *'he is only teasing'* (er macht nur Spaß), *'teaser'* (Necker, Hänsler)

Transfer – **Weitertransport, z.B. vom Flughafen zum Hotel**
'transfer' (Überführung, Verlegung, Versetzung), *'transfer fee'* (Ablösesumme), *'to transfer'* (überweisen, *transferieren*), *'to transfer to'* (übertragen auf), *'transferable'* (übertragbar)

Travel-Agency – **Reisebüro**
- *'travel'* (Reise, bes. Auslandsreise), *'to travel'* (reisen, herumreisen), *'traveller'* (Reisender, Handlungsreisender), *'traveller's cheque'* (Reisescheck), *'travelogue'* (Reisebericht, -film), *'travel-sick'* (reisekrank), *'travel sickness'* (Reisekrankheit);
- *'agency'* (*Agentur,* Behörde; vgl. *CIA* = *'Central Intelligence Agency'*), *'agent'* (Vermittler, Makler), *'agent'* (Mittel, Wirkstoff; vgl. *'Agent Orange'* = Entlaubungsmittel im Vietnamkrieg)

Youth-Hostel – **Jugendherberge**
- *'youth'* (Jugend, Jugendliche), *'youthful'* (jugendlich);
- *'hostel'* (Herberge, Studenten-, Arbeiterwohnheim; vgl. frz. *l'hôtel*), *'host'* (Gastgeber), *'hostess'* (Gastgeberin, *Hostess*)

FLUGREISEN UND FLUGPLATZ:

Airport – **Flughafen, Flugplatz** (s. auch *Passport*)
'air' (Luft), *'by air'* (auf dem Luftweg), *'in the open air'* (im Freien), *'to air'* (lüften, zum Trocknen aufhängen), *'air bag'* (Auto: Luftsack), *'air base'* (Luftwaffenstützpunkt), *'air troops'* (Luftlandetruppen), *'air cargo'* (Luftfracht), *'aircraft'* (Flugzeug), *'aircraft carrier'* (Flugzeugträger), *'air crash'* (Flugzeugabsturz), *'air cushion'* (Luftkissen), *'airfield'* (Flugplatz), *'air force'* (Luftwaffe), *'air freight'* (Luftfracht), *'air gun'* (Luftgewehr), *'air hostess'* (Stewardess), *'air letter'* (Luftbrief), *'airlift'* (Luftbrücke), *'airliner'* (Verkehrsflugzeug), *'air-mail'* (Luftpost), *'air passenger'* (Fluggast), *'air pocket'* (Luftloch), *'air pollution'* (Luftverschmutzung), *'air pressure'* (Luftdruck), *'air pump'* (Luftpumpe), *'air raid'* (Luftangriff), *'air shelter'* (Luftschutzbunker), *'air shaft'* (Luftschacht), *'air ship'* (Luftschiff), *'airspace'* (Luftraum), *'air strip'* (Start- und Landebahn), *'air terminal'* (Flughafenabfertigungsgebäude), *'air ticket'* (Flugticket), *'air traffic'* (Flugverkehr), *'air-cooled'* (luftgekühlt), *'airsick'* (luftkrank), *'airworthy'* (flugtüchtig), *'airing'* (Lüftung), *'airy'* (luftig; lebhaft)

Arrival – **Ankunft** („Ankunft an der Küste"; vgl. *'river', Riviera*)
'new arrival' (Neuankömmling), *'arrivals and departures'* (Ankunft und Abflug), *'to arrive'* (eintreffen, auftauchen)

Captain – **(Flug)kapitän, Flugzeugführer; Schiffskapitän**
'captain' (Anführer, Hauptmann; vgl. lat. *caput* = Kopf), *'captain of industry'* (*Industriekapitän*), *'capital'* (Hauptstadt, Haupt-; *Kapital*),

'capital error' (Hauptfehler, *Kapitalfehler*), *'capital crime'* (*Kapitalverbrechen*), *'capital goods'* (Investitionsgüter)

Catering – **Beschaffung von Lebensmitteln, Verpflegungswesen**

'to cater' (Speisen und Getränke liefern; sorgen für), *'caterer'* (Lieferfirma für Speisen und Getränke; aus lat. *capere, captum* = nehmen, ergreifen)

Cockpit – **Pilotenkanzel, *Cockpit*** (eigentl.: „Hahnenkampfplatz“)

• *'cock'* (Hahn, männl. Vogel; Gewehr-, Absperrhahn), *'cockfight'* (Hahnenkampf), *'cocksure'* (vollkommen überzeugt, ganz sicher), *'cocktail'* („Hahnenschwanz“, *Cocktail*), *'cocky'* (großspurig);

• *'pit'* (*Pütt,* Grube, Zeche), *'pit of the stomach'* (Magengrube), *'pit closure'* (Zechenstillegung), *'pit disaster'* (Grubenunglück), *'pitfall'* (Falle, Fallstrick), *'pitman'* (Bergmann)

Crew – **Mannschaft** (aus lat. *crescere* = wachsen; vgl. *'to increase'*)

'crew' (Trupp, Arbeitsgruppe, Mannschaft; eigentl.: „Verstärkung“), *'crew cut'* (Bürstenhaarschnitt, „Mannschaftsschnitt“)

Customs – **Zoll** (eigentlich: Gewohnheitsrechte, Bräuche)

'customs clearance' (Zollabfertigung), *'customs declaration'* (Zollerklärung), *'customs examination'* (Zollkontrolle), *'customs officer'* (Zollbeamter), *'custom'* (Gewohnheit, Sitte), *'customer'* (Stammkunde), *'customary'* (üblich, gebräuchlich)

Departure – **Abfahrt, Abreise, Abflug**

'to depart' (abreisen, abfahren; abweichen), *'departure lounge'* (Abflughalle), *'department'* (Abteilung; vgl. *'part'* = Teil), *'department store'* (Kauf-, Warenhaus)

Duty-free-Shop – **Geschäft mit zollfreier Ware**

• *'duty'* (Pflicht, Schuldigkeit; Dienst; Zollgebühr), *'a breach of duty'* (Pflichtverletzung), *'duty call'* (Höflichkeitsbesuch), *'on duty'* (im Dienst), *'off duty'* (dienstfrei), *'duty chemist'* (dienstbereite Apotheke), *'duty officer'* (Offizier im Dienst), *'duty roster'* (Dienstplan), *'to pay duty'* (Zoll bezahlen), *'dutiful'* (gehorsam), *'due'* (gebührend, passend, fällig), *'due date'* (Fälligkeitstermin), *'in due course'* (zur rechten Zeit), *'in due time'* (termingerecht), *'dues'* (Gebühren);

• *'shop'* (Laden, Geschäft; *Schuppen,* Werkstatt, Betrieb), *'shop assistant'* (Verkäufer), *'shopkeeper'* (Ladenbesitzer), *'shoplifter'* (Ladendieb), *'shop steward'* (Vertrauensmann im Betrieb), *'shop talk'* (Fachsimpelei), *'shop window'* (Schaufenster), *'shopper'* (Käufer), *'shopping'* (Einkaufen), *'shopping bag'* (Einkaufstasche), *'shopping centre'* (Einkaufszentrum), *'shopping street'* (Geschäftsstraße), *'to go shopping'* (einkaufen), *'shop-soiled'* (Ware/Ansichten: angestaubt; angestoßen)

Lifejacket – **Schwimmweste, Rettungsweste**

- *'life'* (*Leben*), *'lifeboat'* (Rettungsboot), *'life buoy'* (Rettungsring), *'life expectancy'* (*Lebenserwartung*), *'lifeguard'* (Rettungsschwimmer), *'life insurance'* (*Lebensversicherung*), *'lifeline'* (Rettungsleine), *'life raft'* (Rettungsfloß), *'life sentence'* (*lebenslängliche* Freiheitsstrafe), *'lifetime'* (*Lebenszeit*), *'lifework'* (*Lebenswerk*), *'for life'* (fürs ganze *Leben*), *'lifeless'* (*leblos*, schwunglos), *'lifelike'* (*lebensecht*), *'lifelong'* (*lebenslang*), *'lifesaving'* (*lebensrettend*), *'live'* (*lebend, lebendig*), *'to live'* (*leben*), *'living'* (*Lebensunterhalt*), *'to earn a living'* (den *Lebensunterhalt* verdienen);
- *'jacket'* (Jacke, *Jackett;* Hülle), *'potatoes in their jackets'* (Pellkartoffeln)

Luggage-Belt – **Koffer-, Gepäckband** (s. auch VERKEHR: *Safety-Belt*)
'luggage' (Reisegepäck), *'luggage allowance'* (Freigepäck), *'luggage compartment'* (Kofferraum), *'luggage insurance'* (Reisegekäckversicherung), *'luggage locker'* (Gepäckschließfach), *'luggage reclaim'* (Gepäckausgabe)

Pilot – **Flugzeugführer, *Pilot***
'pilot' (Lotse), *'pilot's licence'* (Flugschein), *'pilot film'* (*Pilotfilm*), *'pilot study'* (*Pilotstudie*), *'pilot lamp'* (Kontrolllampe), *'to pilot'* (lotsen, führen, leiten), *'copilot'* (*Kopilot*)

Runway – **Start- und Landebahn, Rollbahn, Piste**

- *'run'* (Lauf), *'runner'* (Läufer), *'running'* (Laufen, *Rennen*), *'running shoes'* (Laufschuhe), *'running track'* (Laufbahn), *'running costs'* (laufende Kosten), *'runny'* (flüssig, laufend), *'to run away'* (weglaufen), *'to run over'* (überfahren);
- *'way'* (*Weg*), *'way back'* (*Rückweg*), *'way home'* (*Heimweg*), *'way of life'* (Lebensart), *'in my way of thinking'* (meiner Ansicht nach), *'if I had my way'* (wenn es nach mir ginge)

Seat – ***Sitz, Sitzgelegenheit, Sitzplatz,* Hosenboden**
'seat belt' (Sicherheitsgurt), *'to take a seat'* (Platz nehmen), *'please be seated'* (bitte nehmen Sie Platz), *'please remain seated'* (bitte bleiben Sie *sitzen*)

Steward – **Ordner, *Steward***
'stewardess' (Betreuerin von Fluggästen), *'shop steward'* (gewerkschaftlicher Vertrauensmann; *'shop'* auch: Betrieb, Werkstatt), *'stewardship'* (Verwaltung, Verwalteramt)

Take-off – **Flugzeugstart, Abflug**

- *'off'* (weg), *'off with you'* (fort mit dir), *'to be off'* (einen freien Tag haben), *'to be off duty'* (nicht im Dienst sein), *'to switch off'* (ausschalten), *'to take off'* (abheben), *'to take a day off'* (sich einen

Tag frei nehmen), *'offbeat'* (ausgefallen), *'offhand'* (auf Anhieb), *'offshoot'* (Ableger), *'offshore'* (vor der Küste), *'offside'* (Sport: abseits);

• *'to take'* (nehmen), *'to take apart'* (auseinander nehmen), *'to take off'* (ausziehen; starten), *'to take over'* (übernehmen), *'take-away'* (Essen zum Mitnehmen), *'take-home pay'* (Nettogehalt), *'ready for take-off'* (fertig zum Abheben, startklar), *'takings'* (Einnahmen)

Terminal – **Flughafenabfertigungsgebäude**
'terminal' (im Endstadium, unheilbar), *'to terminate'* (beendigen), *'termination'* (Abbruch, Ende, Kündigung; vgl. *Termin* = festgesetzter Zeitpunkt), *'terminus'* (Eisenbahn: Endstation)

Ticket – **Fahrkarte, Flugschein** (vgl. *Etikett*)
'ticket' (Eintrittskarte; Strafzettel), *'parking ticket'* (Strafzettel für falsches Parken), *'ticket collector'* (Schaffner), *'ticket machine'* (Fahrkartenautomat)

Tower – **Kontrollturm**
'tower' (*Turm*), *'tower block'* (Hochhaus), *'to tower above'* (überragen), *'towering'* (*turmhoch*)

ARBEITSWELT:

Banker – **Bankier**
'bank' (*Bank*), *'bankable'* (zuverlässig), *'bank account'* (*Bankkonto*), *'bankbook'* (Sparbuch), *'bank clerk'* (*Bankangestellter*), *'bank hold-up'* (*Banküberfall*), *'bank holiday'* (gesetzlicher Feiertag), *'banking'* (*Bankwesen*), *'bank manager'* (*Bankdirektor*), *'bank note'* (*Banknote*), *'bank rate'* (Diskontsatz), *'bank robbery'* (*Bankraub*), *'to go bankrupt'* (*Bankrott* machen; aus ital. *banca rotta* = zerbrochener Tisch, zusammengebrochene Bank)

Boss – **Chef, Vorgesetzter** (vgl. niederl. *baas* = Meister, Chef)
'to boss about' (herumkommandieren), *'bossy'* (herrisch), *'bossiness'* (Herrschsucht)

Factory – **Fabrik** (vgl. *Faktorei* und *Manufaktur*)
'factory hand' (Fabrikarbeiter), *'manufacture'* (Fertigung, Herstellung), *'year of manufacture'* (Baujahr), *'manufacturer'* (Hersteller)

Job – **Gelegenheitsarbeit, Tätigkeit** (vgl. *Hiob*)
'job work' (Akkordarbeit), *'job creation'* (Arbeitsbeschaffung), *'to know one's job'* (seine Sache verstehen), *'to pull a job'* (ein Ding drehen), *'jobber'* (Gelegenheitsarbeiter), *'to go job-hunting'* (auf Arbeitsuche sein), *'part-time job'* (Teilzeitarbeit), *'job sharing'* (Aufteilen eines Arbeitsplatzes)

Management – **Unternehmensführung, Verwaltung**
'to manage' (bewerkstelligen, fertig bringen, *managen*), *'manageable'* (fügsam, handlich), *'manager'* (Führungskraft, Leiter), *'management consultant'* (Unternehmensberater), *'managing director'* (*Generaldirektor*), *'manual work'* (Handarbeit; vgl. *Manual* der Orgel)

Messenger – **Bote** (vgl. *Messe;* aus lat. *missa* = Aussendung)
'message' (Mitteilung), *'to leave a message'* (eine Nachricht hinterlassen), *'to get the message'* (etwas kapieren), *'by messenger'* (durch Boten), *'messenger boy'* (Laufbursche)

Office – **Büro, Geschäftsstelle, Amt, Ministerium** (vgl. *offiziell*)
'Foreign Office' (Auswärtiges Amt), *'Home Office'* (Innenministerium), *'office climate'* (Betriebsklima), *'office hours'* (Dienstzeit, Öffnungszeiten), *'officer'* (Beamter, *Offizier*), *'official'* (amtlich, *offiziell*), *'officialdom'* (Beamtentum)

Staff – **Personal, *Mitarbeiterstab,* Kollegium**
'to be on the staff' (zur Belegschaft gehören), *'staff manager'* (Personalchef), *'staff room'* (Lehrerzimmer), *'staff officer'* (*Stabsoffizier*)

Team – **Mannschaft, Gruppe, Gespann** (vgl. *Zaum*)
'by a team' (mit vereinten Kräften), *'team game'* (Mannschaftsspiel), *'team-mate'* (Mannschaftskamerad), *'team spirit'* (Mannschaftsgeist), *'teamwork'* (Zusammenspiel)

Work – **Arbeit, Arbeitsplatz** (vgl. *Werk*)
'at work' (am Arbeitsplatz), *'workbench'* (*Werkbank*), *'work camp'* (Arbeitslager), *'workday'* (Arbeitstag, *Werktag*), *'workforce'* (Belegschaft, Arbeitskräftepotential), *'workload'* (Arbeitspensum), *'workplace'* (Arbeitsplatz), *'workshop'* (*Werkstatt*), *'work-to-rule'* (Bummelstreik), *'to work'* (arbeiten, funktionieren), *'workaholic'* (Arbeitssüchtiger), *'worker'* (Arbeiter; vgl. *Handwerker*)

WIRTSCHAFT, HANDEL UND BANKEN:

Assembly-Line – **Fließband** (vgl. *Ensemble*)
• *'assembly'* (Versammlung, Montage), *'assembly shop'* (Montagehalle), *'to assemble'* (montieren, zusammensetzen; sich versammeln), *'assembler'* (Monteur);
• *'line'* (Strich, *Linie;* Richtung; Leitung), *'line of thought'* (Gedankengang), *'to be in line with'* (übereinstimmen mit), *'the line is engaged'* (die Leitung ist besetzt), *'hold the line'* (bleiben Sie am Apparat), *'to line up'* (sich in einer Reihe aufstellen), *'lineage'* (geradlinige Abstammung), *'lineal'* (geradlinig, direkt), *'liner'* (Verkehrsflugzeug), *'linesman'* (*Linienrichter*)

Bond – **Schuldverschreibung, Obligation** (vgl. *Bund*)
'bond' (Verpflichtung), *'bonds of love'* (*Bande* der Liebe), *'marriage bonds'* (Fesseln der Ehe), *'bondage'* (Knechtschaft, *Bindung*), *'bonded'* (unter Zollverschluss), *'bondholder'* (Obligationsinhaber)

Boom – **Hochkonjunktur, plötzlicher Aufschwung**
'to boom' (einen *Boom* erleben; mit vollen Segeln fahren), *'to boom in one's ears'* (in den Ohren dröhnen, brausen)

Branch – **Sparte, Filiale, *Branche***
'branch' (Ast, Zweig; Arm eines Gewässers), *'to branch off'* (sich verzweigen, sich gabeln), *'branch line'* (Zug: Nebenlinie), *'branch manager'* (Filialleiter), *'branch office'* (Filiale)

Capital – ***Kapital***
'capital' (Haupt-, *Kapital-;* Hauptstadt), *'capital assets'* (Anlagevermögen), *'capital flight'* (*Kapitalflucht*), *'capital goods'* (Investitionsgüter), *'capital investment'* (*Kapitalanlage*), *'capital market'* (*Kapitalmarkt*), *'to capitalise on'* (*Kapital* schlagen aus)

Cash – **Bargeld, Barzahlung, Kasse**
'cash cheque' (Barscheck), *'cash desk'* (Warenhaus: *Kasse*), *'cash discount'* (Barzahlungsrabatt), *'cash dispenser'* (Geldautomat), *'cash voucher'* (*Kassenbeleg*), *'for cash'* (gegen bar), *'cash in advance'* (gegen Vorauszahlung), *'cash with order'* (zahlbar bei Bestellung), *'cash on delivery'* (per Nachnahme), *'cashier'* (*Kassierer*), *'cashless'* (bargeldlos)

Certificate – **Bescheinigung, Gutachten, *Zertifikat***
'certain' (sicher, bestimmt; zuverlässig), *'for certain'* (mit Sicherheit), *'to make certain'* (dafür sorgen), *'to certify'* (bescheinigen, beglaubigen), *'this is to certify that'* (hiermit wird bescheinigt, dass), *'certitude'* (Sicherheit, Bestimmtheit)

Cheque – ***Scheck***
'cheque account' (Girokonto), *'chequebook'* (*Scheckbuch*), *'cheque card'* (*Scheckkarte*), *'Exchequer'* (Finanzministerium), *'Chancellor of the 'Exchequer'* (Finanzminister)

clever – **geschickt, gewandt, geistreich**
'clever clever' (übergescheit, gerissen), *'clever Dick'* (Schlaumeier), *'cleverness'* (Gescheitheit)

Contract – **Vertrag**
'contract of employment' (Arbeitsvertrag), *'contract of sale'* (Kaufvertrag), *'by contract'* (vertraglich), *'to contract'* (einen Vertrag abschließen; zusammenziehen), *'contracting'* (Zusammenziehung, Kontraktion), *'contractor'* (Vertragslieferant; Bauunternehmer)

Corporation – juristische Person, *Körperschaft*
'corporal' (leiblich, *körperlich*), *'corporate'* (*körperschaftlich*), *'corporate planning'* (Unternehmensplanung), *'corporation tax'* (*Körperschaftssteuer*), *'corpse'* (Leichnam; vgl. *Korpus*), *'corpulence'* (Beleibtheit, *Korpulenz*)

Credit-Card – *Kreditkarte*
• *'credit'* (Glaube; Ansehen, *Kredit*), *'to give credit to'* (Glauben schenken), *'credit where credit is due'* (Ehre, wem Ehre gebührt), *'to give credit for'* (etw. hoch anrechnen), *'on credit'* (auf *Kredit*), *'to credit'* (Glauben schenken), *'creditor'* (Gläubiger), *'credit-worthy'* (*kreditwürdig*), *'credibility'* (Glaubwürdigkeit), *'credible'* (glaubwürdig), *'creed'* (Glaubensbekenntnis; vgl. *Credo*);
• *'card'* (*Spielkarte*), *'house of cards'* (*Kartenhaus*), *'cardboard'* (*Karton*), *'card box'* (Pappschachtel), *'card game'* (*Kartenspiel*), *'card trick'* (*Kartenkunststück*), *'identity card'* (Personalausweis), *'postcard'* (*Postkarte*)

Economy – Wirtschaft, Wirtschaftlichkeit, *Ökonomie*
'economic' (volkswirtschaftlich), *'economic aid'* (Wirtschaftshilfe), *'economical'* (sparsam, wirtschaftlich, *ökonomisch*), *'to economise'* (sparsam wirtschaften), *'economist'* (Volkswirt, *Ökonom*), *'economy price'* (günstiger, niedriger Preis)

Enterprise – Betrieb, Unternehmen (vgl. Raumschiff *Enterprise*)
'private enterprise' (freie Wirtschaft), *'to have no enterprise'* (keine Unternehmungslust haben), *'enterprising'* (unternehmungslustig)

Farm – Bauernhof (vgl. *Firma*)
'to farm' (bebauen, bewirtschaften, züchten; Landwirtschaft betreiben), *'farmer'* (Bauer), *'farmhouse'* (Bauernhaus), *'farming'* (Landwirtschaft)

Foreign Currency – Devisen
• *'foreign'* (fremd, ausländisch), *'foreign affairs'* (Außenpolitik), *'foreign body'* (Fremdkörper), *'foreign language'* (Fremdsprache), *'Foreign Office'* (Außenministerium), *'foreign policy'* (Außenpolitik), *'Foreign Secretary'* (Außenminister), *'foreign trade'* (Außenhandel), *'foreign word'* (Fremdwort), *'foreign worker'* (Gastarbeiter), *'foreigner'* (Ausländer);
• *'currency'* (Umlauf; Währung, Zahlungsmittel), *'currency reform'* (Währungsreform), *'current'* (Strömung, Strom; laufend; vgl. *Konkurrent*), *'current account'* (Girokonto, laufendes Konto), *'current events'* (Tagesereignisse), *'against the current'* (gegen den Strom), *'electric current'* (elektrischer Strom), *'curriculum'* (Lehr-, Studienplan), *'curriculum vitae'* (Lebenslauf)

Investment – Kapitalanlage, *Investition*
'to invest' (sein Geld anlegen, *investieren*), *'investment advisor'* (Anlageberater), *'investor'* (Kapitalanleger, *Investor*)

Joint Venture – Gemeinschaftsunternehmen
- *'to join'* (verbinden, zusammenfügen; sich anschließen), *'joiner'* (Tischler, Schreiner), *'joint'* (Verbindungsstelle, Naht; Gelenk), *'joint'* (gemeinsam), *'to take joint action'* (gemeinsam vorgehen), *'joint-stock company'* (Kapital-, Aktiengesellschaft)
- *'venture'* (Unternehmen; vgl. *'adventure'* = Abenteuer), *'to venture'* (etwas zu tun wagen)

Know-how – auf Forschung und Erfahrung beruhendes Wissen
'to know' (wissen, können), *'to know apart'* (auseinander halten), *'you never know'* (man kann nie wissen), *'know-all'* (Besserwisser), *'industrial know-how'* (praktische Betriebserfahrung), *'knowing'* (gescheit), *'knowledge'* (Kenntnis), *'to my knowledge'* (meines Wissens)

Label – Etikett, Schildchen (vgl. *Lappen* und *'lapel'* = Revers)
'to label' (beschriften, etikettieren; vgl. Whisky: *Black/Red Label*), *'to be labelled a criminal'* (zum Verbrecher gestempelt werden)

Lean Production – „schlanke" *Produktion*
- *'lean'* (dürr, schlank), *'lean years'* (magere Jahre), *'leanness'* (Magerkeit, Dürre);
- *'to produce'* (erzeugen, herstellen, *produzieren*), *'producer'* (*Produzent*), *'product'* (Erzeugnis, *Produkt*), *'to go into production'* (die *Produktion* aufnehmen), *'productive'* (ergiebig, *produktiv*), *'productivity'* (Ergiebigkeit, Rentabilität, *Produktivität*)

Limited Company (Ltd) – Aktiengesellschaft (vgl. *Limes*)
'limit' (Grenze, Beschränkung), *'within limits'* (in gewissen Grenzen), *'off limits'* (Zutritt verboten), *'that's the limit!'* (das ist die Höhe!), *'to limit'* (beschränken, begrenzen, *limitieren*), *'limited in time'* (befristet), *'limitation'* (Begrenzung, Beschränkung)

Money-Change – Geldwechsel
- *'money'* (Geld; vgl. *Moneten*), *'to be out of money'* (kein Geld mehr haben), *'to be short of money'* (knapp bei Kasse sein), *'to have money to burn'* (Geld wie Heu haben), *'for money reasons'* (aus finanziellen Gründen), *'money box'* (Sparbüchse), *'money-grubbing'* (Raffgier, Geldgier) *'moneylender'* (Geldverleiher), *'money-maker'* (guter Geschäftsmann), *'money order'* (Postanweisung), *'monetary'* (*monetär*, Währungs-);
- *'change'* (Wechsel, Änderung), *'small change'* (Wechselgeld), *'to change'* (wechseln; vgl. *changieren*), *'to exchange'* (umtauschen, ein-

tauschen), *'exchange office'* (Wechselstube), *'exchangeable'* (austauschbar)

Option – Vorkaufsrecht
'to opt' (sich entscheiden), *'optional'* (freiwillig, fakultativ), *'optional subject'* (Wahlfach)

Order – Ordnung, Anordnung, Bestellung
'order of the day' (*Tagesordnung*), *'by order of'* (auf Befehl von), *'to make to order'* (auf Bestellung, auf Maß anfertigen), *'last orders, please!'* (Polizeistunde!), *'to order'* (befehlen, bestellen, *ordern*), *'are you ready to order?'* (haben Sie schon gewählt?), *'orderly'* (*ordentlich,* gesittet; Offiziersbursche, *Ordonnanz*), *'ordinal number'* (*Ordnungszahl*), *'ordinary'* (gewöhnlich, *ordinär*)

Payment – Zahlung, Bezahlung
'pay' (Bezahlung, Lohn), *'pay bed'* (Klinik: Privatbett), *'payday'* (Zahltag), *'payoff'* (Pointe), *'pay packet'* (Lohntüte), *'pay phone'* (Münzfernsprecher), *'pay rise'* (Lohnerhöhung), *'pay slip'* (Gehaltsstreifen), *'to pay dearly for s.th.'* (teuer für etw. bezahlen), *to pay off'* (auszahlen), *'to repay'* (zurückzahlen), *'payable'* (zahlbar)

Plastic-Money – Kreditkarte, *Plastikgeld* (s. auch *Money-Change*)
'plastic' (*plastisch, Plastik-*), *'plastic bag'* (*Plastikbeutel*), *'plastics'* (Kunststoffe), *'plastics film'* (Kunststofffolie), *'plastics industry'* (Kunststoffindustrie)

Profit – Gewinn
'profit margin' (Gewinnspanne), *'profit motive'* (Gewinnstreben), *'profit sharing'* (Gewinnbeteiligung), *'to profit'* (Nutzen ziehen, *profitieren*), *'profitable'* (Gewinn bringend, einträglich), *'profiteer'* (Gewinnler, *Profitmacher*), *'profiteering'* (Wuchergeschäfte), *'profitless'* (unrentabel)

Recession – Geschäftsrückgang, *Rezession*
'to recede' (schwinden), *'receding'* (zurückweichend; Stirn: fliehend), *'recess'* (Pause, Unterbrechung; vgl. Gegent. *'process'* = Fortgang, *Prozess*)

smart – schick, schlau, clever
'smart ass' (Klugscheißer), *'to smarten'* (verschönern), *'to smarten up'* (sich schick machen), *'smartness'* (Schick; Schlauheit)

Specimen – Probestück, Muster
'special' (besonderer, *speziell*), *'specialist'* (Fachmann), *'specialty'* (*Spezialität*), *'specialisation'* (*Spezialisierung*), *'to specialise in'* (sich *spezialisieren* auf), *'to specify'* (genau beschreiben, *spezifizieren*), *'especially'* (hauptsächlich, besonders)

Trademark – **Warenzeichen**

- *'trade'* (Handel; Gewerbe), *'to do good trade'* (gute Geschäfte machen), *'by trade'* (von Beruf), *'to trade with s.o.'* (mit jmd. Geschäfte machen), *'trade agreement'* (Handelsabkommen), *'trade name'* (Markenname), *'trade price'* (Großhandelspreis), *'trader'* (Händler), *'tradesman'* (Einzelhändler), *'tradesman's entrance'* (Lieferanteneingang), *'trade union'* (Gewerkschaft), *'trading partner'* (Handelspartner);
- *'mark'* (*Markierung*; Zensur), *'mark of respect'* (Zeichen der Hochachtung), *'to get full marks'* (die beste Note bekommen), *'to mark down'* (im Preis herabsetzen), *'marked'* (deutlich, ausgeprägt, *markiert*), *'marker'* (Lesezeichen; *Markierstift*)

Transaction – **Abschluss, *Transaktion***

'trans-' (hinüber, durch), *'to transact'* (ein Geschäft abwickeln, einen Handel abschließen), *'to transfer'* (überweisen, übertragen), *'to transfix'* (durchbohren), *'to transform'* (umwandeln; vgl. *Transformator*), *'transit'* (Durchfahrt), *'to translate'* (übersetzen), *'to transmit'* (Rundfunk: übertragen, senden), *'transparent'* (durchsichtig), *'to transplant'* (verpflanzen), *'to transport'* (befördern)

Trust – **Großkonzern**

'trust' (Vertrauen), *'position of trust'* (Vertrauensstellung), *'to trust'* (sich verlassen auf, vertrauen), *'to hold s.th. in trust'* (treuhänderisch verwalten), *'trustee'* (Treuhänder), *'trustful'* (vertrauensvoll), *'trustworthy'* (vertrauenswürdig)

WERBUNG:

Commercial – **Werbespot im Radio oder Fernsehen**

'commerce' (Handel; vgl. *Kommerz*), *'commercial correspondence'* (Handelskorrespondenz), *'commercial television'* (Werbefernsehen), *'commercial traveller'* (Handlungsreisender), *'commercial letter'* (Geschäftsbrief), *'to commercialise'* (vermarkten), *'merchandise'* (Ware), *'merchant'* (Kaufmann, Händler)

Promotion – **Verkaufsförderung** (Beförderung, Aufstieg)

'to promote' (befördern, versetzen; vgl. *Promotion*), *'promoter'* (z.B. Veranstalter eines Boxkampfes), *'sales promoter'* (Verkaufsförderer), *'chances of promotion'* (Aufstiegschancen)

Public Relations (PR) – **Öffentlichkeitsarbeit** (vgl. *Publikum*)

- *'public'* (öffentlich; vgl. *Republik*), *'public bar'* (= *Pub*, Kneipe), *'publication'* (Veröffentlichung), *'to publicise'* (bekannt machen, *publik* machen), *'publicity'* (Bekanntheit, Reklame, *Publizität*), *'publicity campaign'* (Werbefeldzug), *'publicity stunt'* (Werbegag),

'publicist' (Werbeagent), *'to publish'* (veröffentlichen), *'publisher'* (Verleger);
• *'relation'* (Verwandter), *'in relation to'* (in Bezug auf), *'relations'* (Beziehungen, *Relationen*), *'relationship'* (Verwandtschaft), *'relative'* (verhältnismäßig, bezüglich), *'relativity'* (*Relativität*)

Sponsor – **Geldgeber, Bürge** (Spender)
'to sponsor' (*sponsern,* bürgen für, die Patenschaft übernehmen für), *'sponsorship'* (Unterstützung, Schirmherrschaft)

Spot – **kurzer Werbetext oder Werbefilm** (Punkt, Stelle, Fleck)
'on the spot' (auf der Stelle), *'weak spot'* (Schwachpunkt), *'spot check'* (Stichprobe), *'spotless'* (tadellos sauber, fleckenlos), *'spotlight'* (Punktscheinwerfer), *'spotted'* (fleckig), *'spotty'* (pickelig)

VERKEHR UND TRANSPORT:

Barrel – **Ölfass, *Barrel*** (Rohölmaß: 159 l)
'barrel' (Fass; Gewehrlauf, Geschützrohr), *'barrels'* (ein Haufen, z.B. Geld), *'barrel organ'* (Drehorgel, Leierkasten), *'to barrel'* (in Fässer füllen), *'barrelled beer'* (Fassbier)

Car-Park – **Parkplatz**
• *'car'* (Auto, Wagen; vgl. *Karre*), *'dining car'* (Speisewagen), *'car cemetery'* (Autofriedhof), *'car ferry'* (Autofähre), *'carload'* (Wagenladung), *'car owner'* (Autobesitzer), *'car passenger'* (Autoinsasse), *'car pool'* (Fahrgemeinschaft), *'carport'* (Autoeinstellplatz im Freien), *'car sickness'* (Übelkeit beim Autofahren), *'car sticker'* (Autoaufkleber), *'car wash'* (Autowäsche), *'carriage'* (Wagen, Kutsche), *'carriageway'* (Fahrbahn), *'carrier'* (Spediteur; Dachgepäckträger; Flugzeugträger), *'to carry'* (tragen, befördern), *'to carry on'* (fortsetzen, fortfahren), *'carryall'* (Reisetasche), *'carrycot'* (Babytragetasche);
• *'to park'* (abstellen, *parken*), *'parking'* (*Parken*), *'parking disc'* (*Parkscheibe*), *'parking fee'* (*Parkgebühr*), *'parking lot'* (*Parkplatz*), *'parking ticket'* (Strafzettel wegen *Falschparkens*), *'park-keeper'* (*Parkwächter*)

Container – **Behälter, standardisierter Großbehälter**
'to contain' (enthalten, aufnehmen, fassen), *'to contain oneself'* (sich beherrschen, sich zusammennehmen), *'container'* (Behälter, Kanister), *'container ship'* (*Containerschiff*), *'to containerise'* (in *Containern* befördern)

Crash – **Zusammenstoß, Autounfall**
'crash' (*Krach;* Börsenkrach; Unfall, Absturz), *'crash course'* (Schnellkurs, Intensivkurs), *'crash helmet'* (Sturzhelm), *'to crash'*

(*krachen,* zusammenkrachen), *'to crash in'* (hereinplatzen), *'crashing'* (fürchterlich)

Hardtop – abnehmbares Verdeck von Sportwagen

'top' (oberer Teil, Spitze; vgl. *Zopf*), *'top dog'* (Überlegener), *'top manager'* (*Spitzenmanager*), *'topknot'* (*Haarknoten*), *'to top up'* (nachschenken, auffüllen), *'topee'* (Tropenhelm), *'topper'* (Zylinder), *'top-heavy'* (kopflastig), *'topless'* (oben ohne), *'top-secret'* (streng geheim), *'at the top of the page'* (oben auf der Seite), *'on top'* (obendrauf)

Horsepower (hp) – Pferdestärke (Leistungseinheit)

• *'horse'* (Pferd, *Ross*), *'horsehair'* (*Rosshaar*), *'horselaugh'* (wieherndes Gelächter), *'horse opera'* (Film: Western), *'horse race'* (Pferderennen), *'horse sense'* (gesunder Menschenverstand), *'horseshoe'* (Hufeisen), *'horse trading'* (Kuhhandel), *'to back the wrong horse'* (auf das falsche Pferd setzen), *'to eat like a horse'* (wie ein Scheunendrescher essen), *'on horseback'* (zu Pferde);

• *'power'* (Kraft, Macht, Gewalt), *'powerboat'* (Rennboot), *'power brake'* (Servobremse), *'power drill'* (Bohrmaschine), *'power pack'* (Netzteil), *'power plant'* (Kraftwerk), *'power steering'* (Servolenkung), *'powerful'* (mächtig), *'powerless'* (machtlos), *'to come into power'* (an die Macht kommen), *'to give full powers'* (Vollmacht geben)

Hovercraft – Luftkissenboot (Aussprache: [ˈhɔvəkrɑːft])

• *'to hover'* (schweben), *'to hover between life and death'* (zwischen Leben und Tod schweben);

• *'craft'* (Boot, Schiff, Flugzeug; vgl. *Kraft*), *'craft'* (Fertigkeit, Geschicklichkeit), *'craftsman'* (Handwerker), *'craftsmanship'* (handwerkliches Können, Kunstfertigkeit)

Motor-Scooter – Motorroller

• *'motor'* (*Motor,* bewegende Kraft), *'motorbike'* (*Motorrad*), *'motorboat'* (*Motorboot*), *'motorcade'* (Autokolonne), *'motorcar'* (Kraftfahrzeug), *'motor caravan'* (Wohnmobil), *'motorcyclist'* (*Motorradfahrer*), *'motorist'* (Autofahrer), *'motorway'* (Autobahn);

• *'to scoot'* (abhauen, rennen), *'motor scooter'* (Motorroller)

Miles per hour (mph) – Meilen pro Stunde (vgl. unser km/h)

• *'mile'* (*Meile*), *'mileage'* (zurückgelegte *Meilenzahl*), *'milometer'* (*Meilenzähler*), *'milestone'* (*Meilenstein*), *'miles apart'* (*Meilen* voneinander entfernt), *'miles better'* (wesentlich besser);

• *'hour'* (Stunde; vgl. lat. *hora* in *km/h*), *'by the hour'* (stundenweise), *'on the hour'* (zur vollen Stunde), *'at all hours'* (jederzeit), *'the man of the hour'* (der Mann des Tages), *'hour hand'* (Uhr: Stundenzeiger), *'to work long hours'* (einen langen Arbeitstag haben)

Navy – **Flotte, Kriegsflotte, Marine** (vgl. *Navigation*)
'naval' (Flotten-, Marine-), *'naval base'* (Flottenstützpunkt), *'naval battle'* (Seeschlacht), *'naval officer'* (Marineoffizier), *'naval power'* (Seemacht), *'nave'* (Kirchenschiff), *'navigable'* (schiffbar), *'to navigate'* (steuern, lenken), *'navigation'* (Schifffahrt, *Navigation*), *'navigator'* (für den Kurs verantwortlicher Offizier, *Navigator*), *'navy blue'* (marineblau)

Oldtimer – **altehrwürdiges Modell eines Fahrzeugs; alter Hase**
• *'to be an old hat'* (ein *alter Hut* sein), *'old people's home'* (*Altenheim*), *'old wives' tale'* (Ammenmärchen), *'the old'* (die *Alten*), *'old age'* (hohes *Alter*), *'old-established'* (*alteingesessen*), *'old-fashioned'* (*altmodisch*), *'oldster'* (*ältere* Person);
• *'time'* (Zeit), *'timecard'* (Stechkarte), *'time lag'* (Zeitdifferenz, Zeitverschiebung), *'time limit'* (Frist), *'time switch'* (Zeitschalter), *'time table'* (Fahrplan, Stundenplan), *'at times'* (manchmal), *'in time'* (rechtzeitig), *'on time'* (pünktlich), *'time and again'* (immer wieder), *'three times'* (dreimal), *'to time well'* (einen günstigen Zeitpunkt wählen, gut *timen*), *'timeless'* (zeitlos), *'timely'* (rechtzeitig; vgl. *ziemlich*), *'timeworn'* (abgenutzt), *'timer'* (Schaltuhr), *'timing'* (Wahl des günstigsten Zeitpunkts, *Timing*)

Rent-a-Car – **Autoverleih, Autovermietung** (s. auch *Car-Park*)
'rent(al)' (Miete, Pacht; Leihgebühr; vgl. *sich rentieren*), *'for rent'* (zu vermieten), *'to rent'* (mieten, pachten), *'rented car'* (Leihwagen, Mietwagen), *'rent-free'* (mietfrei), *'renter'* (Mieter, Pächter)

Roadster – **offener, zweisitziger Sportwagen**
'road' (Landstraße; *'street'* = Stadtstraße), *'to hit the road'* (sich auf den Weg machen, aufbrechen), *'road accident'* (Verkehrsunfall), *'road hog'* (Verkehrsrowdy; *'hog'* = Schwein), *'roadhouse'* (Rasthaus), *'roadman'* (Straßenarbeiter), *'road safety'* (Verkehrssicherheit), *'road test'* (Probefahrt), *'road user'* (Verkehrsteilnehmer), *'roadway'* (Fahrbahn), *'road works'* (Straßenbauarbeiten), *'roadworthy'* (verkehrssicher)

Rushhour – **Hauptverkehrszeit, Stoßzeit** (s. auch *mph*)
'rush' (Ansturm, Hast, Hetze), *'to rush'* (hasten, rasen; antreiben), *'to be rushed'* (auf Trab sein), *'don't rush it'* (lass dir Zeit)

Safety-Belt – **Sicherheitsgurt** (s. auch COMPUTERSPRACHE: *save*)
• *'safety'* (Sicherheit), *'safety glass'* (Sicherheitsglas), *'safety island'* (Verkehrsinsel), *'safety lock'* (Sicherheitsschloss), *'safety measure'* (Sicherheitsmaßnahme), *'safety net'* (Auffangnetz), *'safety pin'* (Sicherheitsnadel), *'safe'* (sicher; vgl. *Safer Sex*), *'safe'* (Tresor, *Safe*), *'safe-deposit box'* (Bankschließfach), *'safeguard against'* (Schutz gegen), *'to safeguard'* (schützen);

• *'belt'* (Gürtel, Gurt; vgl. *'seat belt'*; Zone, Gebiet; vgl. *'corn belt'* in den USA), *'to tighten the belt'* (den Gürtel enger schnallen), *'to belt up'* (sich anschnallen)

Speed – Geschwindigkeit (vgl. *sich sputen*)

'speed' (Tempo; Auto: Gang; auch schnellwirkendes Rauschmittel), *'speed limit'* (Geschwindigkeitsbegrenzung), *'at full speed'* (mit Höchstgeschwindigkeit), *'five-speed gearbox'* (Fünfganggetriebe), *'to speed'* (rasen), *'to speed up'* (beschleunigen), *'speeding'* (Geschwindigkeitsüberschreitung), *'speedometer'* (Tachometer), *'speedy'* (eilig, schnell, prompt; vgl. *Speedy Gonzales*)

Steamer – Dampfschiff, Dampfer

'steam' (Dampf), *'steamboat'* (Dampfboot), *'steam iron'* (Dampfbügeleisen), *'steamroller'* (Dampfwalze), *'steamship'* = *'steamer'* (Dampfer), *'to steam'* (dampfen), *'to steam up'* (Fenster: beschlagen), *'steaming hot'* (dampfend heiß)

Stop-and-go-Traffic – zähflüssiger Verkehr (vgl. *Stopp*)

• *'stop'* (Haltestelle), *'stopcock'* (Absperrhahn), *'stop press'* (Zeitung: letzte Meldungen), *'stop watch'* (*Stoppuhr*), *'to stop'* (stehen bleiben, aufhören; vgl. *stopfen*), *'to stop s.o.'s mouth'* (jmd. das Maul *stopfen*), *'to stop by'* (vorbeischauen), *'stopover'* (Zwischenlandung), *'stoppage'* (Arbeitseinstellung), *'stopper'* (*Stöpsel*);

• *'traffic'* (Verkehr), *'traffic chaos'* (Verkehrschaos), *'traffic circle'* (Kreisverkehr), *'traffic island'* (Verkehrsinsel), *'traffic light'* (Verkehrsampel), *'traffic offender'* (Verkehrssünder), *'traffic offense'* (Verkehrsverstoß), *'traffic warden'* (Parküberwacher, Politesse), *'to traffic'* (illegal handeln), *'trafficker'* (illegaler Händler)

Submarine – Unterseeboot, U-Boot (vgl. *'The Yellow Submarine'*)

• *'sub-'* (unter, Unter-), *'subcontinent'* (*Subkontinent*), *'subculture'* (*Subkultur*), *'to subdivide'* (unterteilen), *'subjective'* (*subjektiv*, „der eigenen Person unterworfen"), *'to submerge'* (eintauchen, untertauchen), *'submissive'* (unterwürfig), *'to submit'* (unterbreiten), *'subnormal'* (unterdurchschnittlich), *'to subscribe'* (abonnieren, „unterschreiben"), *'subway'* (Unterführung, U-Bahn);

• *'marine'* (*Marine-*, See-), *'marine chart'* (Seekarte), *'marine animal'* (Meerestier), *'marines'* (*Marine*-Infanteristen), *'tell that to the marines'* (das kannst du deiner Großmutter erzählen), *'merchant marine'* (Handelsmarine)

Train – Zug, Eisenbahn; Kolonne, Folge (von lat. *trahere* = ziehen)

'train ferry' (Eisenbahnfähre), *'train set'* (Spielzeugeisenbahn), *'on the train'* (im Zug), *'train of thought'* (Gedankengang), *'to train'* (abrichten, dressieren, *trainieren*), *'trainer'* („Erzieher", Ausbilder, Dompteur, *Trainer*), *'training'* (Schulung, *Training*)

Tram – **Straßenbahn** (vgl. *Trambahn*)
'by tram' (mit der Straßenbahn), *'on the tram'* (in der Straßenbahn), *'tramcar'* (Straßenbahnwagen), *'tramway'* (Straßenbahnlinie)

Truck – **Lastwagen, Fernlaster** (engl. meist: *'lorry'*)
'truck' (offener Güterwagen), *'truck driver', 'trucker'* (LKW-Fahrer), *'truck stop'* (Fernfahrerlokal)

Tubeless Tire – **schlauchloser Reifen** (vgl. *Tube*)
• *'tube'* (Röhre, Schlauch; U-Bahn), *'tube station'* (U-Bahn-Station), *'tubeless'* (schlauchlos), *'tubular'* (schlauchförmig), *'tubular furniture'* (Stahlrohrmöbel);
• *'tire'* (Reifen; auch: *'tyre'*), *'tires'* (Bereifung; vgl. *'attire'* = Bekleidung, Gewand), *'to tire'* (bereifen), *'tireless'* (ohne Reifen)

4-Wheel-Drive – **4-Rad-*Antrieb***
• *'wheel'* (Rad; Steuerrad), *'wheel barrow'* (Schubkarre), *'wheel base'* (Radstand), *'wheel chair'* (Rollstuhl), *'to wheel about'* (herumfahren, -wirbeln), *'wheeled vehicle'* (Räderfahrzeug), *'spare wheel'* (Reserverad);
• *'drive'* (Fahrt; Fahrweg; Schwung; *Antrieb*), *'to drive'* (fahren, *antreiben*), *'drive-in cinema'* (Autokino), *'drive-in window'* (Autoschalter), *'driver'* (Fahrer), *'driver's cab'* (Führerhaus), *'driveway'* (Zufahrt, Auffahrt), *'driving'* (*treibend*), *'driving force'* (*treibende* Kraft), *'driving instructor'* (Fahrlehrer), *'driving lesson'* (Fahrstunde), *'driving license'* (Führerschein), *'driving mirror'* (Rückspiegel), *'driving school'* (Fahrschule), *'driving test'* (Fahrprüfung)

COMPUTERSPRACHE:

delete – **löschen, entfernen**
'to delete' (streichen, ausstreichen), *'deletion'* (Streichung)

Display – **Sichtbild, Anzeige**
'display' (Ausstellung), *'display unit'* (Anzeigegerät), *'display case'* (Schaukasten), *'display window'* (Schaufenster), *'to be on display'* (ausgestellt sein), *'to display'* (zeigen, zur Schau stellen)

Floppy Disk – **Computer-Diskette** (vgl. *Diskus*)
• *'floppy'* (schlaff, weich), *'flop'* (Pleite, Reinfall, *Flop*);
• *'disk'* (Scheibe, Platte, Schallplatte; vgl. CD = Compact *Disk*), *'disk brake'* (Scheibenbremse), *'disk jockey'* (*Diskjockey;* vgl. *Disko*), *'hard disk'* (Festplatte des Computers)

Hardware / Software – **Computergeräte / -programme**
• *'ware'* (*Waren*), *'warehouse'* (Lagerhaus), *'hardware'* (*Eisenwaren,* in Amerika: Schusswaffen), *'software'* (Computerprogramme);

• *'hard'* (*hart,* fest), *'hard core'* (*harter* Kern), *'hard cover'* (fest gebundene Ausgabe eines Buches), *'to harden'* (*härten*), *'hard-hearted'* (*hartherzig*), *'hardship'* (*Härte, Härtefall*);

• *'soft'* (weich, *sanft*), *'soft drink'* (alkoholfreies Getränk), *'to soften'* (weich machen, weich werden)

Inkjet – Tintenstrahl (vgl. *Inkjet*-Drucker)

• *'ink'* (Tinte, Druckerschwärze), *'inkpad'* (Stempelkissen), *'ink stain'* (Tintenklecks), *'inky'* (tintenschwarz, pechschwarz);

• *'jet'* (Strahl, Düse), *'jet fighter'* (Düsenjäger), *'jet liner'* (Düsenverkehrsflugzeug), *'jet-setter'* (Angehöriger des *Jetset*)

Italics – Kursivbuchstaben, Kursivschrift

'in italics' (schräg gedruckt, kursiv), *'Italian'* (*italienisch, Italiener*), *'Italy'* (*Italien*)

Keyboard – Tastatur (auch Tasteninstrument)

• *'key'* (Schlüssel, Klavier-, Schreibmaschinentaste), *'to key in'* (Daten eintippen, eingeben), *'keyhole'* (Schlüsselloch), *'keyphone'* (Tastentelefon);

• *'board'* (*Brett*), *'board game'* (*Brettspiel*), *'on board'* (an *Bord*), *'blackboard'* (Wandtafel), *'mother board'* (Hauptplatine eines Computers), *'surf board'* (*Surfbrett*)

Printer – Drucker, Druckgerät (s. auch MEDIEN: *Print*)

'to print' (drucken), *'printable'* (druckfähig), *'printed characters'* (Druckbuchstaben), *'print-out'* (Computerausdruck)

save – sichern, speichern (vgl. *Safe* = Geldschrank, Schließfach)

'to save' (sparen, einsparen), *'saver'* (Retter; vgl. *SOS = Save Our Souls*), *'savings'* (Ersparnisse), *'savings bank'* (Sparkasse), *'saviour'* (Retter, Heiland)

Screen – Bildschirm des Monitors (vgl. *Schranke*)

'screen' (Wand-, Bildschirm; Leinwand), *'to screen off'* (abschirmen), *'screen play'* (Drehbuch), *'screen test'* (Probeaufnahmen)

Shortcut – Tastenkürzel, Abkürzung, abgekürztes Verfahren

• *'short'* (kurz; vgl. *Schurz* und *Schürze*), *'short and sweet'* (kurz und bündig), *'in short'* (kurzum), *'a pair of shorts'* (*Shorts*), *'shortage'* (Mangel, Knappheit);

• *'cut'* (Schnitt), *'cutback'* (Kürzung, Zusammenstreichung), *'cutlery'* (Essbesteck, „Schneidewerkzeuge“), *'cutlet'* (Schnitzel), *'cut-throat'* (Mörder, „Halsabschneider“), *'cutting'* (Zeitungsausschnitt), *'cold cuts'* (Aufschnitt), *'haircut'* (Haarschnitt), *'short cut'* (Abkürzung), *'to take a short cut'* (eine Abkürzung nehmen, abkürzen), *'to cut'* (schneiden), *'cut flowers'* (Schnittblumen)

Store – Datenspeicher; speichern
'store' (Vorrat, Speicher, Kaufhaus), *'store house'* (Lagerhaus), *'storekeeper'* (Ladenbesitzer), *'in store'* (auf Lager, vorrätig), *'to store'* (speichern), *'to store up'* (sich einen Vorrat anlegen), *'storage'* (Lagerung)

WISSENSCHAFT UND TECHNIK:

Count-down – letzte Startvorbereitungen („Herunterzählen")
• *'count'* (Zählung), *'to count'* (zählen, abzählen), *'countable'* (zählbar), *'counter'* (Ladentisch, Theke, eigentl.: „Geldzählbrett"), *'countless'* (zahllos), *'to recount'* (erzählen);
• *'down'* (abwärts), *'downstairs'* (unten, nach unten, die Treppe hinunter), *'downtown'* (im / ins Geschäftsviertel)

Discovery – Entdeckung (Name eines Weltraumprojekts)
• *'cover'* (Decke, Deckel, Abdeckung, Hülle; vgl. *Kuvert* = Briefumschlag), *'to cover'* (bedecken, abdecken), *'coverage'* (Versicherungsschutz, Schadensdeckung; Berichterstattung), *'to uncover'* (aufdecken, entblößen);
• *'dis-'* (ent-, weg), *'to discover'* (entdecken), *'discoverer'* (Entdecker)

Engineering – *Ingenieurwesen,* Technik
'engine' (Maschine, Motor), *'engine driver'* (Lokomotivführer), *'engineer'* (*Ingenieur,* Techniker), *'engineering works'* (Maschinenfabrik), *'mechanical engineering'* (Maschinenbau- und Gerätebau), *'genius'* (Genie, Schöpferkraft)

Explorer – Erforscher (Name von Raumsonden)
'exploration' (Erforschung, Untersuchung), *'exploratory talks'* (Sondierungsgespräche), *'to explore'* (erforschen, sondieren)

High Tech – *Hochtechnologie*
'technological' (*technologisch, technisch*), *'technologist'* (*Technologe*), *'technology'* (*Technologie, Technik*)

Orbit – Kreisbahn, Umlaufbahn um die Erde, Einflusssphäre
'to orbit' (einen Satelliten in eine Umlaufbahn bringen), *'orbit'* (Erdkreis; vgl. *Urbi et orbi* = „der Stadt und dem Erdkreis" gespendeter päpstlicher Segen), *'orbiter'* (Satellit in einer Umlaufbahn)

Science-Fiction – utopische Literatur („Wissenschaftsdichtung")
• *'science'* (Wissenschaft), *'natural science'* (Naturwissenschaft), *'scientific'* (wissenschaftlich), *'scientist'* (Wissenschaftler), *'conscience'* (Gewissen), *'conscious'* (bei Bewusstsein);
• *'fiction'* (Dichtung), *'fictional'* (erdichtet), *'fictitious'* (frei erfunden, *fiktiv*)

Spaceshuttle – wiederverwendbar. Raumgleiter („Raumpendler")

• *'space'* (Weltraum, Raum, Zwischenraum), *'space bar'* (Leertaste auf d. Schreibmaschine), *'spacecraft'* (Raumfahrzeug), *'space flight'* (Raumflug), *'spacelab'* (Raumlabor), *'spaceship'* (Raumschiff), *'space station'* (Raumstation), *'space suit'* (Raumanzug), *'spacious'* (geräumig, weitläufig), *'to space'* (schreiten, *spazieren*);

• *'shuttle'* (Fähre, Transporter; eigentl.: das Weberschiffchen, das zwischen den Kettenfäden „hin- und hergeschossen" wird), *'to shuttle'* (hin- und herbefördern; vgl. *schütteln* = heftig hin- und herbewegen), *'shuttle bus'* (im Pendelverkehr eingesetzter Bus), *'shuttle-cock'* (Federball), *'shuttle service'* (Pendelverkehr)

Switch – Ein- und Ausschalter, Schalthebel

'switch' (Schalter), *'to switch off'* (ausschalten), *'to switch on'* (einschalten), *'to switch over'* (umschalten), *'switchboard'* (Schalttafel, Telefonzentrale), *'switchboard operator'* (Telefonistin)

Test – Versuch, Probe, Leistungsprüfung (vgl. *testen*)

'to test' (prüfen), *'driving test'* (Fahrprüfung), *'test case'* (Musterprozess), *'test-drive'* (Probefahrt), *'tester'* (Prüfer, Prüfgerät)

POLITIK:

Administration – Verwaltung, Regierung (vgl. *Minister*)

'to administer' (verwalten), *'to administer justice'* (Recht sprechen), *'administrative'* (Verwaltungs-), *'administrator'* (Verwalter, Verwaltungsbeamter), *'minister'* (Geistlicher), *'Minister of Defence'* (*Verteidigungsminister*), *'ministry'* (geistliches Amt)

Agreement – Übereinkunft, Vereinbarung, Einigung

'to agree' (vereinbaren), *'agreeable'* (angenehm, einverstanden), *'to be agreed'* (sich einig sein), *'to come to an agreement'* (sich einigen), *'disagreement'* (Unstimmigkeit, Verschiedenheit)

Alliance – Verbindung, Bund, Bündnis (vgl. *Allianz*)

'allied' (verbündet), *'allied forces'* (*alliierte Truppen*), *'allies'* (die *Alliierten*), *'to form an alliance'* (ein Bündnis schließen)

Congress – Tagung, *Kongress*

'congressman' (Mitglied des Repräsentantenhauses), *'to congregate'* (sich versammeln), *'congregation'* (Versammlung, Kirchengemeinde), *'congregational'* (Gemeinde-)

Conservative Party – *Konservative Partei* (vgl. *Konserve*)

• *'conservation'* (Erhaltung, Bewahrung), *'conservation area'* (Naturschutzgebiet), *'to conserve'* (haltbar machen, *konservieren*), *'conservatism'* (Konservatismus);

• *'part'* (Teil), *'partial'* (teilweise), *'partiality'* (*Parteilichkeit*), *'participant'* (Teilnehmer), *'to participate'* (teilnehmen), *'particle'* (Teilchen, *Partikel*), *'particular'* (besonders), *'partisan'* (*Parteigänger, Partisan*), *'partition'* (Teilung), *'partner'* (Teilhaber), *'partnership'* (*Partnerschaft*), *'part-time worker'* (Halbtagskraft), *'party'* (*Partei;* gesellige Feier), *'department'* (Abteilung), *'departure'* (Abfahrt, Abflug)

Government – Regierung (vgl. *Gouvernement*)
'to govern' (regieren, beherrschen), *'governmental'* (staatlich), *'governor'* (*Gouverneur,* Leiter)

Labour Party – Arbeiterpartei (vgl. *Labor*)
'labour' (Arbeit, Mühe, Plage), *'laboratory'* / *'lab'* (*Labor*), *'labourer'* (Arbeiter, Hilfsarbeiter), *'labour-intensive'* (arbeitsintensiv), *'labour-saving'* (arbeitssparend)

Liberal Party – *Liberale Partei*
'liberal' (frei, aufgeschlossen), *'liberal arts'* (Geisteswissenschaft), *'to liberate'* (befreien), *'liberation'* (Befreiung), *'liberty'* (Freiheit)

Member of Parliament (MP) – Unterhausabgeordneter
• *'member'* (Mitglied; vgl. *Membrane*), *'member country'* (Mitgliedsland), *'membership fee'* (Mitgliedsbeitrag);
• *'parliament'* (*Parlament*), *'parliamentarian'* (erfahrener *Parlamentarier*), *'parlour'* (Salon; vgl. *parlieren* = reden, sich unterhalten), *'parlance'* (Sprachgebrauch)

Prime Minister (PM) – Ministerpräsident, *Premierminister*
'prime' (wichtigst, Haupt-; vgl. *prima*), *'prime time'* (Haupteinschaltzeit), *'primacy'* (Vorrangstellung, *Primat*), *'primarily'* (in erster Linie), *'priority'* (Vorrang, *Priorität*)

Secret Service – Geheimdienst
'secret' (geheim; vgl. auch *diskret*), *'secret agent'* (Geheimdienstler), *'secrecy'* (Geheimhaltung), *'secretary'* (*Sekretär, Sekretärin,* Minister), *'to secrete'* (absondern, ausscheiden), *'secretion'* (Absonderung, *Sekret*), *'secretive'* (verschwiegen, verstohlen)

Statement – Erklärung, Angabe, Aussage
'to state' (nennen, aussagen, erklären), *'on the stated date'* (zum festgesetzten Termin), *'to make a statement'* (eine Erklärung abgeben), *'understatement'* (Untertreibung), *'state'* (*Staat;* Zustand)

Treaty – Abkommen, Vertrag
'to treat' (behandeln, umgehen mit), *'treatise'* (wissenschaftliche Abhandlung; vgl. *Traktat*), *'treatment'* (Behandlung), *'by treaty'* (vertraglich), *'NATO'* (= *North Atlantic Treaty Organisation*)

UMWELT UND KLIMA:

Ecology – **Beziehungen zw. Lebewesen und Umwelt, *Ökologie***
'ecological' (Umwelt-, *ökologisch*), *'ecological balance'* (*ökologisches* Gleichgewicht), *'ecologically harmful'* (umweltschädlich), *'ecologist'* (*Ökologe*)

Environment – **Umwelt, Umgebung**
'environmental' (Milieu-, Umwelt-), *'environmentalist'* (Umweltschützer), *'environs'* (Umgebung eines Ortes)

Pollution – **Umweltverschmutzung, Verunreinigung** (vgl. *Pollen*)
'pollutant' (Schadstoff), *'to pollute'* (verschmutzen, verderben), *'polluter'* (Verschmutzer), *'air pollution'* (Luftverschmutzung), *'soil pollution'* (Bodenverschmutzung), *'water pollution'* (Wasserverschmutzung)

Protection – **Schutz, *Protektion***
'to protect' (schützen, bewahren), *'protection money'* (Schutzgeld), *'protective clothing'* (Schutzkleidung), *'protective duty'* (Schutzzoll), *'protector'* (Beschützer)

Solar Energy – **Sonnenenergie**
- *'solar'* (die Sonne betreffend), *'solar panel'* (Sonnenkollektor), *'solar power plant'* (Sonnenkraftwerk), *'solar system'* (Sonnensystem), *'solar cell'* (*Solarzelle*), *'solarium'* (Sonnenbank);
- *'energetic'* (*energisch*), *'alternative energy'* (*alternative Energie*), *'energy-saving'* (*energiesparend*)

LIEBE UND FREUNDSCHAFT:

Lover – **Geliebte(r), Liebhaber(in)**
'love' (Liebe), *'to love'* (lieben; vgl. *loben*), *'love-affair'* (Liebesverhältnis, *Affäre*), *'love bite'* (Knutschfleck), *'loveless'* (lieblos), *'love letter'* (Liebesbrief), *'lovely'* (reizend, lieblich), *'love match'* (Liebesheirat), *'lovesick'* (liebeskrank), *'loving'* (zärtlich, liebevoll), *'lovesong'* (Liebeslied)

Darling – **Liebling**
'darling' (reizend, goldig, Lieblings-), *'dear'* (lieb, *teuer*), *'dearly'* (innig, herzlich), *'Dear Sir'* (Sehr geehrter Herr), *'dearness'* (hoher Preis), *'dear me!'* (du liebe Zeit!, ach je!)

Sweetheart – **Liebste(r), Schatz**
- *'sweet'* (*süß; Süßigkeit*), *'to sweeten'* (*süßen;* besänftigen; vgl. *'to persuade'* = überreden, eigentl.: *„süß machen"*), *'sweetener'* (*Süß-*

stoff; Schmiergeld), *'sweetie'* (Bonbon), *'sweet-and-sour'* (*süßsauer*), *'sweet talk'* (Schmeichelei, -en);

- *'heart'* (*Herz*), *'heartache'* (Kummer, Gram), *'heartbreaking'* (*herzzerreißend*), *'heartburn'* (Sodbrennen), *'to hearten'* (ermutigen), *'hearty'* (*herzhaft,* kräftig), *'heartily'* (*herzlich, von Herzen*), *'heartless'* (*herzlos*), *'to cry one's heart out'* (sich die Augen ausweinen)

Sexappeal – sexuelle Anziehungskraft

- *'sex'* (Geschlecht, *Sexualität*), *'sexism'* (Benachteiligung eines Menschen aufgrund seines Geschlechts), *'sexual'* (geschlechtlich, *sexuell*), *'sex bomb'* (Frau – vor allem Filmschauspielerin – mit starkem sexuellen Reiz; dieser makabre Ausdruck entstand zur Zeit der amerikanischen Atomversuche auf dem *Bikini*-Atoll in der Südsee, daher auch der Name des knappen, zweiteiligen Badeanzugs!), *'sexual intercourse'* (Geschlechtsverkehr), *'sexuality'* (*Sexualität*), *'sexy'* (aufreizend), *'sex and crime'* (Kennzeichnung von Filmen mit ausgeprägter *sexueller* und *krimineller* Komponente), *'of both sexes'* (beiderlei Geschlechts), *'weaker / stronger sex'* (schwaches / starkes Geschlecht);
- *'appeal'* (dringende Bitte, *Appell*), *'to appeal to'* (sich wenden an, sich berufen auf), *'appealing'* (reizvoll, ansprechend)

*

Neben den vorstehenden Beispielen, die Ihnen ganze Wortfamilien verfügbar machen, sind Ihnen wahrscheinlich eine Reihe weiterer Anglizismen vertraut, die Sie buchstäblich mit sich herumtragen, ohne dass Ihnen deren Bedeutung je klar geworden ist, wie etwa die so dekorativen – und oft teuer bezahlten – Aufdrucke auf Kleidungsstücken (z.B. *'Fruit of the Loom'* = „Frucht des Webstuhls“ oder *'Fade Out'* auf „verwaschenen“ Jeans). Sollten diese Beispiele Ihre Neugier geweckt haben, schauen Sie doch mal im Wörterbuch nach, was der schicke Slogan oder Schriftzug auf Ihrem Lieblingspullover oder T-Shirt in Wirklichkeit besagt!

* * *

2

Benutzen Sie die richtigen Präpositionen!

Die Wahl der passenden Präposition, dieses unscheinbaren Wörtchens zwischen Prädikat und Objekt, bleibt für viele Englischlernende zeitlebens eine reine Gefühls- oder Glücksache. Dabei haben diese *Verhältniswörter* – ähnlich wie die Präfixe, die allerdings eine feste Verbindung mit dem nachfolgenden Wort eingegangen sind – eine klar fassbare Grundbedeutung. Meist werden Präpositionen in den Vokabelverzeichnissen der Lehrbücher als Anhängsel von Verben angeboten und entsprechend seit unzähligen Schülergenerationen gebüffelt (z.B. *'to point at', 'to think of', 'to go to', 'to talk about', 'to be different from', 'to hope for', 'to report on', 'to be interested in', 'to be informed by'* etc.), und jedes Mal müssen neue Kombinationen mit lediglich wechselnden Präpositionen mühsam als vermeintliche Einheit gelernt werden (z.B. *'to look about', 'to look after', 'to look at', 'to look for', 'to look forward to', 'to look into', 'to look on', 'to look out of', 'to look over', 'to look round', 'to look through', 'to look to'* etc.). Zugegeben, Präpositionen *folgen* in der Regel einem Verb, wichtiger aber ist, dass sie *vor* einem Hauptwort (oder Pronomen) stehen – schließlich bedeutet die Bezeichnung *Prä-Position* „Voranstellung“! – und das Verhältnis dieses Hauptworts (d.h. einer Person oder Sache) zur jeweiligen Tätigkeit angeben. Präpositionen bestimmen vor allem den *Ort,* an dem sich etwas befindet (= Lage, Position) oder bewegt (= Richtung), sowie die *Zeit,* zu der ein Zustand herrscht oder eine Handlung abläuft (= Situation). Auf den folgenden Seiten soll die stets gleich bleibende Grundbedeutung der wichtigsten Präpositionen erklärt werden; Verhältniswörter wie *'beside', 'out of', 'up'* oder *'with'* bleiben wegen ihrer leichten Durchschaubarkeit unberücksichtigt.

Tipp *Machen Sie sich die **Funktion** und die **Grundbedeutung** der englischen Präpositionen klar!*

➲ ***'among'*** ⇨ *Teil einer Menge* **(F)**
⇨ *unter vielen, inmitten* **(G)**
(vgl. Menge, Gemenge)

Anmerkungen:

- Präpositionen verlangen im Deutschen für das nachfolgende Hauptwort einen bestimmten Fall (also den Genitiv, Dativ oder Akkusativ; vgl. *wegen des Wetters, auf dem Dach, über den Graben*); im Englischen dagegen gibt es – wie wir gesehen haben – nur den stereotypen Artikel *'the'* und außerdem keine Substantiv-Endungen mehr, sodass Sie bei den meisten englischen Präpositionen nicht zwischen Genitiv, Dativ und Akkusativ (also zwischen Herkunft, Ruhe und Richtung) unterscheiden können – oder müssen!
- Das Gleiche gilt für Adverbien, die im Übrigen leicht mit Präpositionen zu verwechseln sind, z.B. *'he lives **upstairs**' = er lebt **oben*** (wo?) und *'he has gone **upstairs**' = er ist **nach oben*** gegangen (wohin?).
- In Fragesätzen werden ***Präpositionen*** häufig gewissermaßen zu ***Post**positionen* d.h. sie stehen dann nicht *vor* dem Objekt, sondern *hinter* dem Prädikat (anstatt ***'about** what are you talking?'* sollte die Frage also *'what are you talking **about**?'* lauten).

*

Die größte Schwierigkeit im Umgang mit englischen Präpositionen ist wohl, dass man sie nicht automatisch übersetzen kann. Es ist schon ein wenig verwirrend, dass der Engländer *'**at** the moment'* sagt, wo es bei uns doch ***im** Augenblick* heißt, oder *'**in** the street'* für ***auf** der Straße,* wohingegen *'**on** Sunday'* dem deutschen ***am** Sonntag* entspricht. Die gleichen Probleme entstehen bei der Umsetzung unserer Verhältniswörter ***unter, über, von*** und ***durch,*** die – so verlockend es sein mag – nicht ohne weiteres mit *'under', 'over', 'from'* und *'through'* gleichzusetzen sind. Statt auf ihren ähnlichen Klang hereinzufallen, sollten wir lieber Funktion und Grundbedeutung einiger englischer Präpositionen aufdecken.

a) Differenzierung der Präpositionen 'at', 'in', 'on', 'to'

(dt. Bedeutungen u.a.: an, in, auf, zu)

Wie würden Sie spontan die folgenden Ausdrücke übersetzen? (*Vorsicht:* Die Präposition, die Ihnen auf der Zunge liegt, ist jeweils nur in einem Fall korrekt. *Tipp:* Der Engländer ist bei der Wahl der Präposition logischer als wir!)

am Bahnhof	auf der Weide	in der Schule	zu Ostern
am Abend	auf der Party	in das Dorf	zu beiden Seiten
am Mittag	auf der Wand	im Herbst	zur Kirche
am Hl. Abend	auf die Sekunde	in Heidelberg	zu Beginn
an Weihnachten	auf dem Baum	im Alter von	zu Lande
an N. schreiben	aufs Zimmer	im vierten Stock	zu meinen Füßen

Bevor Sie umblättern und die Lösungen anschauen, machen Sie sich bitte mit Funktion (F) und Grundbedeutung (*G*) der infrage kommenden englischen Präpositionen vertraut:

at	→•←	**F**	punktuelle Orts- oder Zeitangabe
		G	***direkt an, exakt auf, genau um*** (Lage, Zustand, Richtung; vgl. lat. *ad* = hin, bei)

in	[···•···]	**F**	Lage innerhalb von Grenzen (Ort und Zeit)
		G	***in, innerhalb*** (nur Lage; Richtung: ***'into'***)

on, **upon**	___♦___	**F**	Kontakt mit einer Oberfläche; Angabe eines einzelnen Tages (also Datum und Wochentag); Beruhen auf einer Basis
		G	***auf, darauf*** (Lage und Richtung; Richtung auch: ***'onto'***)

to	---→ •	**F**	Richtung, Ziel (Ort und Zeit); Ausmaß, Ausdehnung (Ort und Zeit); Zweck, Absicht
		G	***zu, bis hin, nach*** (nur Richtung; vgl. dt. *zu*)

Lösungen:

at the station	*in* the meadow	*at* school	*at* Easter
in the evening	*at* the party	*to* the village	*on* both sides
at noon	*on* the wall	*in* autumn	*to* (the) church
on Christmas Eve	*to* the second	*at* Heidelberg	*at* the beginning
at Christmas	*in* the tree	*at* the age of	*on* land
to write *to* N.	*to* the room	*on* the 4th floor	*at* my feet

*

*Beispiele zu '**at**' (= punktgenaue Fixierung)*

ORTSANGABE (Punkt auf der Landkarte oder auf dem Stadtplan):
'at home' (zu Hause), *'at school'* (in/an der Schule), *'at the baker's'* (beim Bäcker), *'at the corner'* (an der Ecke), *'at Bonn'* (in Bonn), *'at sea'* (auf See; an irgendeinem Punkt auf dem Meer)

ZEITPUNKT (exakte Zeitangabe):
'at sunrise' (bei Sonnenaufgang), *'at 7 o'clock'* (Punkt 7 Uhr), *'at noon'*[1] (mittags), *'at nightfall'* (bei Einbruch der Dunkelheit), *'at the weekend'* (am Wochenende), *'at Easter'* (zu Ostern; an den Osterfeiertagen), *'at first'* (zuerst), *'at first sight'* (auf den ersten Blick), *'at present'* (gegenwärtig, jetzt), *'at last'* (zuletzt, schließlich), *'at the last moment'* (im letzten Augenblick), *'at 21'* (mit 21 Jahren), *'at his death'* (im Augenblick seines Todes), *'at his funeral'* (bei seiner Beerdigung)

ZUSTAND, LAGE (zu einer bestimmten Zeit / an einem festen Ort):
'at war' (im Krieg; im Kriegszustand), *'at peace'* (im Frieden), *'at anchor'* (vor Anker), *'at rest'* (im Ruhezustand), *'at school'* (an/in der Schule), *'at work'* (bei der Arbeit), *'at dinner'* (beim Essen), *'at night'* (nachts)

RICHTUNG (Anvisieren eines Zieles, aber auch dessen Reaktion):
'to aim at' (zielen auf), *'to shoot at the rabbit'* (auf das Kaninchen schießen), *'to look at the picture'* (sich das Bild anschauen), *to stare at'* (starren auf), *'to laugh at someone'*

---

1 Im Englischen ist *'noon'* keine Tageszeit, sondern *Punkt* 12 Uhr mittags!

(jmd. auslachen), *'to weep at'* (weinen über), *'to be angry at'* (wütend sein über etwas), *'to be surprised at'* (überrascht sein über etwas)

*Beispiele zu '**in**' (= innerhalb bestimmter Grenzen)*

ORTSANGABE (irgendwo in einem deutlich begrenzten Raum):
'in the house' (innerhalb des Hauses), *'in the field'* (auf dem Feld), *'in the sky'* (am Himmel), *'in the street'*[1] (auf der Straße), *'in the country'* (auf dem Land), *'in the picture'* (auf dem Bild)

ZEITANGABE (innerhalb eines begrenzten Zeitraums):
'in a minute' (innerhalb einer Minute), *'in no time'* (im Nu), *'in the morning'* (am Morgen), *'in the night'* (innerhalb der Nacht, bei Nacht; s. auch *'at night'* = nachts), *'in March'* (im März), *'in spring'* (im Frühjahr), *'in 1945'* (im Jahr 1945), *'in the beginning'* (in der Anfangsphase)

RICHTUNG (*'**into**'* = in einen Raum/Zustand hinein; aber: *'to put **in**'*):
'into the house' (ins Haus hinein), *'into the street'* (auf die Straße hinaus), *'into the country'* (aufs Land), *'far into the night'* (bis spät in die Nacht hinein), *'to get into difficulties'* (in Schwierigkeiten geraten), *'to translate into English'* (ins Englische übersetzen), *'to burst into tears'* (in Tränen ausbrechen), *'to turn the garage into a party room'* (die Garage in einen Partyraum verwandeln)

*Beispiele zu '**on**' (= auf einer/eine Oberfläche)*

ORTSANGABE (Lage, Richtung; förmlich: *'**upon**'*; Richtung auch: *'**onto**'*):
'on the table' (auf dem/den Tisch), *'on the wall'* (auf der/die Wand), *'on the floor'* (auf dem/den Boden), *'onto the roof'* (auf das Dach), *'on the river'* (auf dem Fluss), *'on the Continent'* (auf dem Kontinent), *'on board'* (an Bord), *'on the right'* (auf der rechten Seite), *'on foot'* (zu Fuß), *'to do*

---

[1] *'**In**'* gilt nur für Stadtstraßen, die wegen der Hausfronten wie Schluchten wirken (daher: *'**in**'*); bei Landstraßen heißt es *'**on** the road'*.

s.th. on the spot' (etwas auf der Stelle tun), *'to have money on oneself '* (Geld bei sich haben)

ZEITANGABE (nur bei einzelnen Tagen; sozusagen *auf* dem Kalender):

'on Monday' (am Montag), *'on Saturday evening'*[1] (am Samstagabend), *'on a sunny day'* (an einem Sonnentag), *'on 1st May'* (am 1. Mai), *'on our arrival'* (bei unserer Ankunft, also am Ankunftstag), *'on a journey'* (auf einer Reise, Tagesreise), *'cash on delivery'* (per Nachnahme, Bezahlung also am Liefertag)

BERUHEN AUF EINER SOLIDEN BASIS (Geld, Charakter, fundiertes Wissen):

'on a good pension' (mit einer guten Rente), *'to live on one's savings'* (von seinen Ersparnissen leben), *'to rely on a person'* (sich auf jmd. verlassen), *'on my honour'* (auf mein Ehrenwort), *'on good authority'* (aus guter Quelle), *'to have an opinion on a matter'* (eine Meinung zu einer Sache haben), *'a book on English grammar'* (ein Buch über die englische Grammatik), *'to report on an event'* (über ein Ereignis genau berichten), *'to speak on air pollution'* (einen Vortrag über Luftverschmutzung halten)

*Beispiele zu '**to**' (= Bewegungsrichtung, Ziel; Zweck)*

BESTIMMUNGSORT (Reise-, Fahrtziel, Bewegung, Richtung):

'to the north' (nach Norden), *'an excursion to Eton'* (ein Ausflug nach Eton), *'a ticket to London'* (eine Fahrkarte nach London), *'to go to work by car'* (mit dem Auto zur Arbeit fahren), *'to count to ten'* (bis zehn zählen), *'only to page 100'* (nur bis zur Seite 100), *'down to three'* (bis auf drei), *'bring him to me'* (bring ihn zu mir)

ZEITGRENZE (Endpunkt; auch: *'**till**'* oder *'**until**'*):

'ten minutes to nine' (zehn Minuten vor neun Uhr), *'from 6 a.m. to 2 p.m.'* (von 6 bis 14 Uhr), *'from sunrise to sunset'* (von Sonnenaufgang bis Sonnenuntergang), *'from Monday*

---

1 *'Evening'* müsste als Tageszeit eigentlich mit *'**in**'* verbunden werden; da der Wochentag aber die wichtigere Information ist, bestimmt dieser die Präposition (also: *'**on**'*).

to Friday' (Montag bis Freitag), *'to the age of 65'* (bis zu 65 Jahren), *'from beginning to end'* (von Anfang bis Ende), *'to date'* (bis heute)

ABSICHT, ZWECK (aber auch Erreichen des Zwecks, Resultat):
'to this end' (zu diesem Zweck), *'to drink to absent friends'* (auf das Wohl abwesender Freunde trinken), *'to be kind to animals'* (gut zu Tieren sein), *'to tear to pieces'* (in Stücke reißen), *'to burn to the ground'* (bis auf die Grundmauern abbrennen), *'to beat to death'* (totschlagen), *'to be moved to tears'* (zu Tränen gerührt sein)

b) Gewollte Ungenauigkeit mit Hilfe von 'about'

(dt. Bedeutungen: etwa, zirka, drum herum, über)

Während die Präpositionen *'at', 'in', 'on'* und *'to'* bezüglich Zeit und Ort klare Verhältnisse schaffen, bewirkt *'about'* das genaue Gegenteil; es entspricht in etwa unserem umgangssprachlichen *so lala* oder „nichts Genaues weiß man nicht". Wollen Sie sich bewusst nicht festlegen, wo und wann etwas geschieht, in welcher Richtung sich etwas bewegt oder worum es dabei exakt geht, sind Sie also gut beraten, statt *'at', 'in', 'on'* oder *'to'* das Verhältniswort *'about'* einzusetzen. Übrigens sollte die Gefahr einer Verwechslung der scheinbar gleichbedeutenden Präpositionen *'about'* und *'over'* (im Sinne von *über*) ein für alle Male gebannt sein, nachdem Sie sich die unterschiedlichen Funktionen dieser beiden Verhältniswörter klargemacht haben:

over	☺	**F**	höhere Lage; Bedeckung;
	———		Überlegenheit; höhere Zahl
		G	***über, oberhalb, darüber hinweg***
			(Lage und Richtung; Lage auch: ***'above'***)

about	?	**F**	Ungenauigkeit, Unbestimmtheit
	? ~ ?		(Ort und Zeit; Thema und Eigenart)
	?	***G***	***über, drum herum, etwa, zirka***

Wie würden Sie demnach die folgenden Ausdrücke ins Englische übertragen? (Lösungen s. unten)

über das Wetter reden	über die Straße
über das Wochenende	über dem Dach
über 70 Jahre alt	über einen Scherz lachen
über den Urlaub erzählen	über Weihnachten
über eine Treppe	über etwas froh sein
über 30 Arbeiter	über das Geld nachdenken
über ein Thema schreiben	über einem Glas Wein

*

*Beispiele zu '**about**' (= Unklarheit, Undeutlichkeit)*

LAGE UND BEWEGUNG (Ungefähre Position):

'to stand about' (herumstehen), *'to walk about the park'* (im Park herumwandern), *'to travel about the world'* (in der Welt herumreisen), *'the fields about the house'* (die Felder ums Haus herum), *'scattered about the room'* (über das ganze Zimmer verstreut), *'to look about oneself'* (sich umschauen)

THEMA (unvorbereitete, inexakte Aussage):

'to talk about business' (über Geschäfte reden), *'to tell about the excursion'* (vom Ausflug erzählen), *'to write about one's plans'* (etwas über seine Pläne schreiben), *'to laugh about a story'* (über eine Geschichte lachen), *'to cry about s.th.'* (wegen etwas weinen), *'to ask about s.th.'* (eine Frage zu etwas haben), *'to know about a matter'* (von einer Sache wissen), *'to do s.th. about it'* (etwas in der Sache unternehmen)

Lösungen:

to talk *about* the weather	*over* the street
over the weekend	*over* the roof
over 70 years old	to laugh *about* a joke
to tell *about* the holidays	*over* Christmas
over a staircase	to be glad *about* s.th.
over 30 workers	to think *about* the money
to write *about* a subject	*over* a glass of wine

Übrigens drückt *'about'* auch als Adverb nur Näherungswerte aus, also eine geschätzte Zeitangabe, eine ungefähre Menge, eine angenommene Größe etc., z.B. *'about 8 o'clock'* (etwa acht Uhr), *'about noon'* (gegen Mittag), *'about Christmas'* (um Weihnachten herum), *'about 40 years old'* (zirka 40 Jahre alt), *'it's about time'* (es wird bald Zeit), *'about finished'* (nahezu fertig), *'about 50 pupils'* (etwa 50 Schüler).

c) Die Unterscheidung von 'between' und 'among'

(dt. Bedeutungen: zwischen, inmitten, unter)

Nicht nur *'over'* und *'about'* verleiten immer wieder zu Verwechslungen. Vielleicht fühlen Sie sich bisweilen auch durch die scheinbare Bedeutungsgleichheit der Präpositionen *'between'* und *'among'* (= *unter, zwischen*) verunsichert. Diese Fehlerquelle können Sie allerdings schnell beseitigen, wenn Sie einmal die grundverschiedenen Funktionen der beiden Verhältniswörter verstanden haben. Noch leichter sollte Ihnen die Abgrenzung zu den vermeintlichen Synonymen *'under'/ 'below'* (= *unter, unterhalb*) fallen.

between |☹|	F	Lage zwischen zwei Begrenzungen, Umklammerung, Einengung
	G	***zwischen zweien, unter*** (*by-tween* = *bei zweien;* vgl. *'twin'* = Zwilling)

among ⁖⁚▪⁚⁖	F	Lage innerhalb einer größeren Menge
	G	***unter, zwischen vielen, mitten darin*** (vgl. *Menge, Gemenge*)

under ——— ☹	F	tiefere Lage; Abstieg Unterlegenheit
	G	***unter, unterhalb, darunter hinweg*** (Lage und Richtung; auch: ***'below'***)

Versuchen Sie, die nachstehenden Ausdrücke zu übersetzen:

unter anderem	unter uns beiden
unter dem Schirm	unter seinem Kommando

Lösungen:

among other things	*between* you and me
under the umbrella	*under* his command

*

*Beispiele zu '**between**' (= Position zwischen zwei Polen)*

ORT UND ZEIT (Zwischenraum und Zwischenzeit):

'the distance between London and Manchester' (die Entfernung zwischen London und Manchester), *'to sit between Father and Mother'* (zwischen Vater und Mutter sitzen), *'to fall between two stools'* (sich zwischen zwei Stühle setzen), *'between then and now'* (zwischen damals und heute), *'between now and next week'* (bis nächste Woche), *'the time between noon and 6 p.m.'* (die Zeit zwischen 12 und 18 Uhr), *'in between the showers'* (zwischen den Schauern)

BEZIEHUNG, AUFTEILUNG (zwischen zwei Personen oder Dingen):

'there is nothing between them' (zwischen ihnen gibt es keinerlei Beziehung), *'to divide between two children'* (unter zwei Kindern aufteilen), *'we shared an apple between us'* (wir teilten uns einen Apfel), *'between housework and study'* (zwischen Hausarbeit und Studium), *'that's between ourselves'* (das bleibt unter uns)

*Beispiele zu '**among**' (= Position zwischen vielen)*

VORHANDENSEIN UND RICHTUNG (in einer/eine Menge):

'among the crowd' (unter die/der Menge), *'among the trees'* (zwischen den Bäumen), *'among them'* (gemeinsam), *'among others'* (unter anderen), *'to be among the largest cities'* (zu den größten Städten gehören), *'to count among one's friends'* (zu seinen Freunden zählen), *'children often quarrel among themselves'* (Kinder streiten oft untereinander), *'widespread among the French'* (bei den Franzosen weit verbreitet), *'to hide among the bushes'* (sich zwischen den Büschen verstecken)

d) Vorsicht im Umgang mit 'of', 'by' und 'from'!

Es gibt wohl kaum so häufige Wortvertauschungen wie bei den im Deutschen mit *von* wiederzugebenden Präpositionen *'of', 'by'* und *'from'*. Auch hier wird ein Blick auf die Gegenüberstellung vermutlich alle Unklarheiten beseitigen:

of	❑❑❏❑	F	Herkunft, Beziehung, Besitz (Genitiv)
		G	***von, Teil von, zugehörig***

by	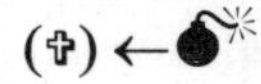	F	Verursacher; verursachende Kraft
		G	***von, durch, mit Hilfe von***

from		F	Trennung; Ausgangspunkt, Start (Ort und Zeit)
		G	***von, weg von***

Testen Sie Ihr Sprachgefühl! Vielleicht gelingt es Ihnen schon vor der Betrachtung der später folgenden Wortbeispiele, diese präpositionalen Ausdrücke treffend zu übersetzen (direkt anschließend in der Fußzeile können Sie nachlesen, ob Sie richtig geraten haben):

von der Seite
ein Stück von dem Kuchen
von ihr verursacht
ein Gemälde von Picasso
eine Aufnahme von der Königin
ein Geschenk von ihr erhalten
der Prinz von Wales

ein Schauspiel von Ibsen
von morgen an
nichts von ihm hören
von Montag bis Samstag
die Frau vom Arzt
von einer Kugel getötet
von England kommen

Lösungen:

from the side
a piece *of* the cake
caused *by* her
a painting *by* Picasso
a picture *of* the Queen
to get a present *from* her
the Prince *of* Wales

a play *by* Ibsen
from tomorrow
to hear nothing *of* him
from Monday to Saturday
the wife *of* the doctor
to be killed *by* a bullet
to come *from* England

*Beispiele zu '**of**' (Abstammung, Anteil, Beziehung)*

HERKUNFT (Ursache, Quelle; Besitz, Teil von, Genitiv):
'to die of hunger' (verhungern, Hungers sterben), *'to taste of garlic'* (nach Knoblauch schmecken), *'made of wool'* (aus Wolle hergestellt), *'to be proud of s.th.'* (auf etwas stolz sein), *'to be ashamed of s.th.'* (sich für etwas schämen), *'a piece of meat'* (ein Stück Fleisch), *'the tail of the dog'* (der Schwanz des Hundes), *'the city of Paris'* (die Stadt Paris), *'a friend of ours'* (ein Freund von uns), *'the first of June'* (der erste Juni), *'the dogs of the royal family'* (die Hunde der Königsfamilie), *'a writer of legal articles'* (ein Verfasser von juristische Artikeln), *'half of the house'* (das halbe Haus), *'Mr X of Glasgow'* (Mr X aus Glasgow), *'many of them'* (viele von ihnen), *'one of us'* (einer von uns), *'the bravest of the brave'* (der Mutigste der Mutigen)

BEZIEHUNG (Abstand; Lage zueinander, Bezug auf):
'south of London' (südlich von London), *'within a month of his death'* (einen Monat nach seinem Tod), *'trees bare of leaves'* (Bäume ohne Blätter), *'free of charge'* (ohne Kosten), *'to warn of the danger'* (vor der Gefahr warnen), *'what do you think of him?'* (was denkst du von ihm?), *'to rob s.o. of his money'* (jmd. sein Geld rauben), *'loss of appetite'* (Appetitlosigkeit), *'to speak of s.th.'* (von etwas sprechen), *'his love of his father/of God'* (die Liebe zu seinem Vater/zu Gott)

*Beispiele zu '**by**' (Urheber, Medium)*

VERURSACHER („Täter", Autor, Maler, Regisseur etc.; treibende Kraft):
'a drama by Shaw' (ein Theaterstück von Shaw), *'a poem by Rilke'* (ein Gedicht von Rilke), *'a watercolour by Feininger'* (ein Aquarell von Feininger), *'a film by Hitchcock'* (ein Film von Hitchcock), *'to be supported by one's parents'* (von seinen Eltern unterstützt werden), *'built by'* (gebaut von), *'destroyed by fire'* (durch Feuer zerstört), *'to*

work by electricity' (durch Elektrizität angetrieben werden), *'driven by steam'* (dampfgetrieben), *'by force'* (mit Gewalt), *'heated by oil '* (mit Öl geheizt)

METHODE (Reiseroute, Verkehrsmittel, Hilfsmittel):

'to go to England by the Calais-Dover route' (über die Calais-Dover Route nach England fahren), *'to reach the Mediterranean by the Suez Canal'* (das Mittelmeer über den Suez-Kanal erreichen), *'by air'* (auf dem Luftweg), *'by plane'* (mit dem Flugzeug), *'by land'* (auf dem Landweg), *'by rail'* (auf dem Schienenweg), *'by train'* (mit dem Zug), *'by road'* (auf dem Straßenweg), *'by car/bus/lorry'* (mit dem Auto/Bus/Lastkraftwagen), *'by bike'* (mit dem Fahrrad), *'by sea'* (auf dem Wasserweg), *'by boat'* (mit dem Schiff), *'by ferry'* (mit der Fähre), *'made by hand'* (handgearbeitet), *'to lead by the hand'* (an der Hand führen), *'by means of'* (mittels), *'by letter'* (per Brief), *'by air mail'* (per Luftpost), *'by saving hard'* (durch eisernes Sparen), *'to pay by cheque'* (mit Scheck bezahlen), *'to divide by'* (dividieren durch), *'indicated by an asterisk'* (mit einem Sternchen gekennzeichnet)

*

Es soll nicht verschwiegen werden, dass gerade das Verhältniswort *'by'* noch weitere Funktionen und Nebenbedeutungen haben kann, die aber entweder sehr eingängig sind (z.B. *'by the river'* = beim Fluss, *'near by the sea'* = nahe an der See, *'by day'* = bei Tage, *'by candlelight'* = bei Kerzenlicht) oder nur selten vorkommen (z.B. *'by Monday'* = spätestens bis Montag, *'by the hour'* = stundenweise, *'by my watch'* = nach meiner Uhr). Auch bei den anderen hier behandelten Präpositionen erschien eine klare Abgrenzung der Hauptfunktionen wichtiger als die umfassende Auflistung aller möglichen Bedeutungsnuancen.

* * *

3

Überspielen Sie Ihre Formulierungsschwächen!

Sie kennen die Situation: Ein englisches Wort liegt Ihnen auf der Zunge, aber so sehr Sie auch (oder gerade *weil* Sie) Ihr Gedächtnis anstrengen – die Vokabel ist im entscheidenden Moment einfach nicht verfügbar! Damit Sie nicht ins Stottern geraten oder gar „sprachlos“ bleiben, sollten Sie sich mit einer Handvoll simpler Tricks befassen, die Ihnen bei einem Gespräch oder beim Abfassen eines englischen Textes fast immer aus der Verlegenheit helfen werden.

a) Der Synonym-Trick

Fast jedes Wort in unserer Sprache ist durch eine Vokabel gleichen oder ähnlichen Sinngehalts ersetzbar. Hier bieten sich wieder einmal ganz besonders Fremdwörter an, da sie eine mit dem entsprechenden deutschen Ausdruck identische Bedeutung haben. Aber meist gibt es auch mehrere „normale“ synonyme Wendungen, die Ihnen weiterhelfen können. Beißen Sie sich also nicht an einer bestimmten Formulierung fest, sondern seien Sie flexibel.

Die absolute Verlässlichkeit dieses simplen Kniffs werden Sie prompt erkennen, wenn Sie sich die folgenden Exempel anschauen, die Sie lediglich auf die richtige Spur führen und zu eigenen Experimenten animieren sollen (selbst dieser letzte Satz enthält z.B. einige Kostproben des Fremdworttricks, mit dem wir uns bereits in früheren Kapiteln hinlänglich beschäftigt haben: einfach ⇨ *simpel* = *'simple'*; völlig ⇨ *absolut* = *'absolute'*; unverzüglich ⇨ *prompt* = *'promptly'*; Beispiel ⇨ *Exempel* = *'example'*; Versuch ⇨ *Experiment* = *'experiment'*; anregen ⇨ *animieren* = *'to animate'*).

Tipp	*Will Ihnen im Eifer des Gefechts eine englische Vokabel nicht einfallen, suchen Sie zunächst nach einem alternativen deutschen Ausdruck, und schon geht Ihnen in aller Regel ein Licht auf!*
➲	*gefällig (?)* ⇨ *hilfsbereit (!)* = ***'helpful'***

Beispiele sinnverwandter Verben

abhalten von,	*hindern an*	=	*'to hinder from'*
anlegen,	*landen*	=	*'to land'*
anziehen,	*kleiden*	=	*'to clothe'*
bändigen,	*zähmen*	=	*'to tame'*
bedürfen,	*nötig haben*	=	*'to need'*
führen,	*leiten*	=	*'to lead'*
gestatten,	*erlauben*	=	*'to allow'*
knüpfen,	*knoten*	=	*'to knot'*
lenken,	*steuern*	=	*'to steer'*
loben,	*preisen*	=	*'to praise'*
mästen,	*fett machen*	=	*'to fatten'*
mitwirken,	*teilnehmen*	=	*'to take part'*
müssen,	*zu tun haben*	=	*'to have to do'*
platzen,	*bersten*	=	*'to burst'*
rauchen,	*paffen*	=	*'to puff'*
sich kümmern um,	*schauen nach*	=	*'to look after'*
sich leihen,	*borgen*	=	*'to borrow'*
sich lohnen,	*wert sein*	=	*'to be worth'*
sich umhören,	*herumfragen*	=	*'to ask about'*
untergehen,	*sinken*	=	*'to sink'*
unterweisen,	*lehren*	=	*'to teach'*
verzeihen,	*vergeben*	=	*'to forgive'*
zertrümmern,	*zerbrechen*	=	*'to break'*

Eine kleine Auswahl synonymer Substantive

Angelegenheit,	*Materie*	=	*'matter'*
Angst,	*Furcht*	=	*'fear'*
Argwohn,	*Misstrauen*	=	*'mistrust'*
Aufzug,	*Lift*	=	*'lift'*
Befangenheit,	*Scheu*	=	*'shyness'*
Belastung,	*Bürde*	=	*'burden'*
Enttäuschung,	*Frust*	=	*'frustration'*
Fachmann,	*Spezialist*	=	*'specialist'*
Fehler,	*Missgriff*	=	*'mistake'*
Misserfolg,	*Fehlschlag*	=	*'failure'*
Möhre,	*Karotte*	=	*'carrot'*
Mut,	*Courage*	=	*'courage'*
Säugling,	*Baby*	=	*'baby'*
Schwere,	*Gewicht*	=	*'weight'*
Verwechslung,	*Irrtum*	=	*'error'*

Eine Kostprobe bedeutungsgleicher Adjektive

aufreibend,	*stressig*	=	*'stressful'*
beleibt,	*korpulent*	=	*'corpulent'*
durchdringend,	*schrill*	=	*'shrill'*
flach,	*platt*	=	*'flat'*
flüchtig,	*hastig*	=	*'hasty'*
großzügig,	*nobel*	=	*'noble'*
herrlich,	*wunderbar*	=	*'wonderful'*
ländlich,	*rustikal*	=	*'rustic'*
leidenschaftlich,	*heißblütig*	=	*'hot-blooded'*
locker,	*lose*	=	*'loose'*
massiv,	*solide*	=	*'solid'*
munter,	*lebhaft*	=	*'lively'*
nachgiebig,	*mild*	=	*'mild'*
ruhelos,	*rastlos*	=	*'restless'*
schön,	*gut aussehend*	=	*'good-looking'*
vorteilhaft,	*profitabel*	=	*'profitable'*

weich,	*sanft*	= *'soft'*
weit weg,	*fern*	= *'far'*
widerspenstig,	*rebellisch*	= *'rebellious'*

*

Nun sind Sie wieder an der Reihe! Reaktivieren Sie zunächst einige englische Vokabeln mit Hilfe der angebotenen Ersatzausdrücke, dann versuchen Sie bei der zweiten Gruppe selbst, über ein alternatives deutsches Wort eine angemessene englische Entsprechung aufzufinden:

(1)

abschälen ⇨ *pellen*	= ?	meinen ⇨ *denken*	= ?
beherzigen ⇨ *befolgen*	= ?	merken ⇨ *fühlen*	= ?
herstellen ⇨ *machen*	= ?	schwenken ⇨ *schwingen*	= ?
klettern ⇨ *klimmen*	= ?	überqueren ⇨ *kreuzen*	= ?
Anfang ⇨ *Beginn*	= ?	Pech ⇨ *Unglück*	= ?
Aufruf ⇨ *Appell*	= ?	Schluss ⇨ *Ende*	= ?
Boden ⇨ *Grund*	= ?	Unruhe ⇨ *Trubel*	= ?
Pauke ⇨ *Trommel*	= ?	Wald ⇨ *Forst*	= ?
abweisend ⇨ *kühl*	= ?	müde ⇨ *schläfrig*	= ?
echt ⇨ *natürlich*	= ?	schüchtern ⇨ *scheu*	= ?
matt, schwach ⇨ *lahm*	= ?	erstklassig ⇨ *ideal*	= ?

(2)

drücken ⇨	= ?	phantasieren ⇨	= ?
erledigen ⇨	= ?	untersagen ⇨	= ?
laufen ⇨	= ?	verschmitzt lächeln ⇨ ...	= ?
leuchten ⇨	= ?	vorhaben ⇨	= ?
Abneigung ⇨	= ?	Schar ⇨	= ?
Gleichgültigkeit ⇨	= ?	Versuch ⇨	= ?
Prüfung ⇨	= ?	Vorrecht ⇨	= ?
bequem ⇨	= ?	ungebraucht ⇨	= ?
lärmend ⇨	= ?	künftig ⇨	= ?
künftig ⇨	= ?	volksnah ⇨	= ?

Lösungen:

(1)

abschälen, *pellen*	= *‘to peel’*	meinen, *denken*	= *‘to think’*
beherz., *befolgen*	= *‘to follow’*	merken, *fühlen*	= *‘to feel’*
herstell., *machen*	= *‘to make’*	schwenk., *schwing.*	= *‘to swing’*
klettern, *klimmen*	= *‘to climb’*	überqueren, *kreuzen*	= *‘to cross’*
Anfang, *Beginn*	= *‘beginning’*	Pech, *Unglück*	= *‘bad luck’*
Aufruf, *Appell*	= *‘appeal’*	Schluss, *Ende*	= *‘end’*
Boden, *Grund*	= *‘ground’*	Unruhe, *Trubel*	= *‘trouble’*
Pauke, *Trommel*	= *‘drum’*	Wald, *Forst*	= *‘forest’*
abweisend, *kühl*	= *‘cool’*	müde, *schläfrig*	= *‘sleepy’*
echt, *natürlich*	= *‘natural’*	schüchtern, *scheu*	= *‘shy’*
matt, *lahm*	= *‘lame’*	erstklassig, *ideal*	= *‘ideal’*

(2)

drücken, *pressen*	= *‘to press’*	phantasier., *träumen*	= *‘to dream’*
erledigen, *tun*	= *‘to do’*	untersag., *verbieten*	= *‘to forbid’*
laufen, *rennen*	= *‘to run’*	v. lächeln, *grinsen*	= *‘to grin’*
leuchten, *scheinen*	= *‘to shine’*	vorhaben, *planen*	= *‘to plan’*
Abneig., *Aversion*	= *‘aversion’*	Schar, *Gruppe*	= *‘group’*
Glei., *Indifferenz*	= *‘indifference’*	Versuch, *Test*	= *‘test’*
Prüfung, *Examen*	= *‘examination’*	Vorrecht, *Privileg*	= *‘privilege’*
beq., *komfortabel*	= *‘comfortable’*	ratlos, *hilflos*	= *‘helpless’*
lärmend, *laut*	= *‘loud’*	ungebraucht, *neu*	= *‘new’*
künftig, *kommend*	= *‘coming’*	volksnah, *populär*	= *‘popular’*

Im Übrigen muss das deutsche Synonym nicht unbedingt mit dem englischen Ausdruck verwandt sein; in vielen Fällen genügt bereits das Auffinden eines sinnähnlichen Wortes für die Erinnerung an eine bekannte englische Vokabel (z.B. lauschen ⇨ *zuhören = ‘to listen’,* vernichten ⇨ *zerstören = ‘to destroy’;* Anlass ⇨ Grund = *‘reason’,* Ausrede ⇨ *Entschuldigung = ‘excuse’;* mittellos ⇨ *arm = ‘poor’,* wohlbehalten ⇨ *sicher = ‘safe’*).

*

b) Der Understatement-Trick

Hierbei handelt es sich um einen der einfachsten, aber erfolgreichsten sprachlichen Kunstgriffe, vor allem, wenn es um *Small Talk* geht, dieses lockere Geplauder, bei dem Spontaneität gefragt ist und man nicht jedes Wort auf die Goldwaage legt. Gemeint ist die Verneinung eines Antonyms, also eines Wortes mit der entgegengesetzten Bedeutung, die einerseits die Verlegenheit um das treffende Wort überspielt, andrerseits *nicht* einmal *schlecht* (!) klingt und als Understatement – da typisch englisch – vielleicht gar vorzuziehen wäre.

Tipp	*Ringen Sie nicht krampfhaft um die passende Vokabel, wo Ihnen vielleicht ein gegenteiliger Begriff auf der Zunge liegt.* *Dessen Verneinung führt fast immer zu einer identischen Aussage!*
➲	*(schwierig)* ⇨ *nicht leicht* = ***'not easy'***

Anmerkung:

- Die Negation der Vorsilben *'un-'* und *'in-'* mag zwar den Eindruck der Untertreibung verstärken – z.B. alltäglich ⇨ *nicht ungewöhnlich* = *'not unusual'* –, ist aber für unsere Zwecke wenig geeignet, da man in diesem Fall ja gleich das Wort *pur,* d.h. ohne Vorsilbe *'un-',* benutzen könnte (also: *'usual'*).

*

Zur Verneinung von Wörtern, insbesondere von Adjektiven und Adverbien, aber auch von vielen Substantiven, stehen uns natürlich wesentlich weniger plumpe Möglichkeiten als das stereotype *'not'* zu Gebote, die Sie zusammen mit den folgenden Beispielen einüben sollten.

Einige elegante Verneinungsmethoden:

'not exactly ....'	(nicht gerade ...)
'not very ....'	(wenig ..., nicht sehr ...)
'not always ....'	(nicht immer ...)
'seldom ....'	(selten ...)
'by no means ....'	(auf keinen Fall ...)
'not even ....'	(nicht einmal ...)
'not .... at all.'	(überhaupt nicht ...)
'less .... than ...'	(weniger ... als)

*

Beispiele der Gegensatzverneinung
- Adjektive -

unbekanntes ⇔ bekanntes deutsches Wort	*Verneinung (s.o.)*	*englisches Antonym (gegensätzl. Ausdruck)*
(aufbrausend ⇔ *ruhig*)	'..............	*quiet ...'*
(bedächtig ⇔ *hastig*)	'..............	*hasty ...'*
(beleibt ⇔ *schlank*)	'..............	*slim ...'*
(eigensinnig ⇔ *tolerant*)	'..............	*tolerant ...'*
(eng ⇔ *weit*)	'..............	*wide ...'*
(fehlerhaft ⇔ *perfekt*)	'..............	*perfect ...'*
(fleißig ⇔ *faul*)	'..............	*lazy ...'*
(fürchterlich ⇔ *schön*)	'..............	*lovely ...'*
(gängig ⇔ *rar*)	'..............	*rare ...'*
(gebirgig ⇔ *flach*)	'..............	*flat ...'*
(griesgrämig ⇔ *lustig*)	'..............	*cheerful ...'*
(gutmütig ⇔ *aggressiv*)	'..............	*aggressive ...'*
(hässlich ⇔ *hübsch*)	'..............	*good-looking ...'*
(hell ⇔ *dunkel*)	'..............	*dark ...'*
(hoffnungsfroh ⇔ *hoffn.los*)	'..............	*hopeless ...'*
(langsam ⇔ *schnell*)	'..............	*quick ...'*
(langweilig ⇔ *interessant*)	'..............	*interesting ...'*

(nachgiebig ⇔ *hart*)	'............. *hard ...'*
(riesig ⇔ *klein*)	'............. *small ...'*
(schäbig ⇔ *neu*)	'............. *new ...'*
(schroff ⇔ *freundlich*)	'............. *friendly ...'*
(schwächlich ⇔ *stark*)	'............. *strong ...'*
(schwierig ⇔ *einfach*)	'............. *simple ...'*
(selten ⇔ *oft*)	'............. *often ...'*
(stark ⇔ *schwach*)	'............. *weak ...'*
(stumpf ⇔ *glänzend*)	'............. *shiny ...'*
(teuer ⇔ *billig*)	'............. *cheap ...'*
(unansehnlich ⇔ *nett*)	'............. *nice ...'*
(vorlaut ⇔ *reserviert*)	'............. *reserved ...'*
(wenige ⇔ *viele*)	'............. *many ...'*
(zahm ⇔ *wild*)	'............. *wild ...'*

Beispiele der Gegensatzverneinung
- Substantive -

unbekanntes ⇔ bekanntes deutsches Wort	*englisches Antonym (gegensätzl. Ausdruck)*

[Verneinung mit: *'by no means a/an ...', 'not exactly a/an ...', 'no ...'*]

(Angsthase ⇔ *Draufgänger*)	'........... *daredevil'*
(Habenichts ⇔ *Millionär*)	'........... *millionaire'*
(Kinderspiel ⇔ *Mühe*)	'........... *trouble'*
(Kleinigkeit ⇔ *Problem*)	'........... *problem'*
(Laie ⇔ *Spezialist*)	'........... *specialist'*
(Nachahmung ⇔ *Original*)	'........... *original'*
(Rabauke ⇔ *Engel*)	'........... *angel'*
(Rinnsal ⇔ *Flut*)	'........... *flood'*
(Schlaumeier ⇔ *Idiot*)	'........... *idiot'*
(Schwachkopf ⇔ *Intellektueller*)	'........... *intellectual'*
(Tagträumer ⇔ *Realist*)	'........... *realist'*
(Urschrift ⇔ *Kopie*)	'........... *copy'*
(Zufall ⇔ *Absicht*)	'........... *intention'*
(Zwerg ⇔ *Riese*)	'........... *giant'*

Der hier dargestellte Trick funktioniert natürlich nicht nur bei Adjektiven, Adverbien und Substantiven, sondern auch bei Verben, wenngleich in diesem Fall die Verneinung nicht so problemlos ist und möglicherweise eine Umschreibung mit *'to do'* verlangt, – aber darüber später mehr.

*

c) Die Allerweltswörter 'get' und 'put'

Wie unsere umgangssprachlichen Verben *kriegen* und *tun (hintun)* haben die entsprechenden englischen Tätigkeitswörter *'to get'* und *'to put'* einen überraschend großen Bedeutungsumfang (wenn auch auf höherer Sprachebene als im Deutschen), sodass sie sich häufig als Lückenbüßer anbieten, wenn Ihnen kein anderes, treffenderes Verb einfällt.

Tipp *Greifen Sie im Notfall zu Allerweltsverben:*

- ***'to get'*** ⇨ *Empfang einer Sache, Entwicklung, Bewegung;*
- ***'to put'*** ⇨ *Transport einer Sache, Ablage oder Platzierung*

➲	*Geld / ein Kind bekommen*	*= 'to get money / a child'*
	fertig / alt werden	*= 'to get ready / old'*
➲	*in Umlauf / an Land setzen*	*= 'to put about / ashore'*
	niederlegen / hinauflegen	*= 'to put down / up'*

Anmerkungen:

- Es versteht sich eigentlich von selbst, dass die beiden Allerweltsverben einer näheren Erläuterung durch Objekte *(wem? wen?)* und durch alle möglichen Präpositionen bedürfen;
- So universell *'to get'* und *'to put'* auch einsetzbar sein mögen – eines können sie nicht ausdrücken: einen Ruhezustand oder eine Situation!

*Kostprobe der breiten Bedeutungspalette von **'to get'***

(dt. = „kriegen“, bekommen, „hinkriegen“, werden, geraten etc.)

'to get a chance'	- eine Chance bekommen
'to get angry'	- wütend werden
'to get bored'	- Langeweile bekommen
'to get cold'	- kalt werden
'to get drunk'	- betrunken werden
'to get involved in s.th.'	- in etwas hineingeraten
'to get into trouble'	- in Schwierigkeiten geraten
'to get pregnant'	- schwanger werden
'to get s.b. pregnant'	- jmd. schwängern
'to get s.b. to do s.th.'	- jmd. zu etwas bewegen
'to get somewhere'	- irgendwo hinkommen
'to get s.b. somewhere'	- jmd. an einen Ort bekommen
'to get s.th.'	- etwas holen
'to get asked'	- gefragt werden
'to get lost'	- verloren gehen
'to get about / around'	- herumkommen
'to get s.th. across'	- etwas verständlich machen
'to get after s.b.'	- hinter jmd. hersein
'to get ahead'	- vorwärts kommen
'to get along with s.o.'	- auskommen mit jmd.
'to get around a problem'	- ein Problem bewältigen
'to get at s.th.'	- hinter etwas kommen
'to get away'	- davonkommen
'to get back to'	- zurückkehren zu
'to get by without'	- auskommen ohne
'to get down'	- sich niederlassen
'to get s.th. down'	- etwas herunterbekommen
'to get down to'	- etwas anfangen
'to get into'	- hineingeraten
'to get off / out'	- absteigen, aussteigen
'to get s.th. off'	- etwas wegbekommen
'to get on'	- weitermachen

'to get on with'	- gut auskommen mit
'to get over s.th.'	- sich von etwas erholen
'to get round'	- die Runde machen
'to get through s.th.'	- fertig bekommen
'to get through to s.b.'	- durchkommen, erreichen
'to get together'	- zusammenkommen, -treffen
'to get money together'	- Geld zusammenbekommen
'to get up'	- aufstehen, hochkommen

Für den Fall, dass die hier vorgestellten Tricks dennoch nicht zum gewünschten Erfolg führen, bleibt Ihnen immer noch die Möglichkeit der Umschreibung mit einfachen Wörtern. Zu dieser Paraphrasierung (also einer Erklärung sozusagen „von hinten durch die Brust ins Auge") sollten Sie aber nur im äußersten Notfall greifen, da sie unbeholfen wirkt und unfreiwillig komisch klingt: Stellen Sie sich vor, Ihnen fiele das englische Wort für *Fahrrad ('bicycle')* nicht ein und Sie müssten zu einer umständlichen Definition dieses Fortbewegungsmittels ausholen (etwa: *'I mean a metal frame with two wheels and a saddle on which I sit moving foreward by turning two pedals ...etc.'*)! Dieser Peinlichkeit könnten Sie vorbeugen, indem Sie sich – etwa mit Hilfe eines Bildwörterbuches[1] – einige Wortfelder zu bestimmten Sachgebieten (z.B. *Transportmittel und Kommunikation, Maschinen und Werkzeuge, Beruf und Freizeit, Architektur und Gebäude, Pflanzen und Tiere*) selbst zusammenstellen und „büffeln".

* * *

---

1 z.B. *Bildwörterbuch Deutsch-Englisch-Französisch,* Meyers Enzyklopädisches Lexikon, Band 29 (Ergänzungsband), Meyers Lexikonverlag, Mannheim, Wien, Zürich;
PONS Bildwörterbuch deutsch-englisch-französisch-spanisch, Ernst Klett Verlag, Stuttgart 1994;
Oxford English Picture Dictionary, E. C. Parnwell, Cornelsen & Oxford University Press, Berlin

4

Ersparen Sie sich „dumme“ Rechtschreibfehler!

Wenn Sie die folgenden Ratschläge beherzigen, können Sie etliche Ihrer typischen Fehlerquellen überraschend einfach und nachhaltig beseitigen. In früheren Kapiteln haben Sie bereits gelernt, dass der Engländer nur selten deutsche Vor- und Endsilben übernommen hat. Ein anderes Charakteristikum unserer Sprache ist ihm dagegen *völlig* unbekannt: die Dehnung von Vokalen durch ein nachgestelltes ***h*** (vgl. *fü**h**l~~en~~ = ‘to feel’, ~~ge~~wo**h**nt = ‘wont’, Ku**h** = ‘cow’, Ma**h**l = ‘meal’, Mä**h**ne = ‘mane’, la**h**m = ‘lame’, le**hn**~~en~~ = ‘lean’, Schu**h** = ‘shoe’, So**h**le = ‘sole’, ste**h**l~~en~~ = ‘to steal’, ~~ver~~fe**h**l~~en~~ = ‘to fail’, za**h**m = ‘tame’* etc.).[1] Im Vergleich zu dieser eindeutigen Regel sind eine Reihe von weiteren Rechtschreibproblemen nicht ganz so kategorisch zu klären.

a) Konsonantenverdopplung oder nicht?

Eigentlich können Sie bei der Frage, ob ein Mitlaut verdoppelt werden muss oder nicht, getrost Ihrem Sprachgefühl vertrauen: Auch im Englischen ist ein Konsonant fast immer zu verdoppeln, wenn ihm ein kurz gesprochener Vokal vorausgeht (z.B. *‘bu**ff**alo’, ‘bu**tt**er’, ‘di**nn**er’, ‘kidna**pp**er’, ‘ki**ll**er’, ‘la**dd**er’, ‘me**ss**age’, ‘ru**bb**er’*), und ein ***‘k’*** wird – wie im Deutschen – zum ***‘ck’***. Ganz anders sieht es dagegen bei einem *Endkonsonanten* aus!

---

[1] Andrerseits ist ihm unser „langes“ ***i*** (also ***ie***) nicht völlig fremd (vgl. *Dieb = ‘thief’, Priester = ‘priest’* oder *Sieb = ‘sieve’*), obgleich dieses im Englischen meist entweder durch ein einfaches ***‘i’*** (vgl. *piepen = ‘to pipe’*) oder ein ***‘e’*** – allenfalls ein ***‘ee’*** – wiedergegeben wird (vgl. *Fieber = ‘fever’, Kiel = ‘keel’, Knie = ‘knee’, riechen = ‘to reek’, Ried = ‘reed’, sie = ‘she’* etc.).

Tipp *Verdoppeln Sie keine Endkonsonanten!*

(Es sei denn ... / s. nächster Tipp!)

➲ *dü**nn*** = *'thi**n**'*

Anmerkungen:

- Wenn Sie das entsprechende Wort um ein Suffix mit Vokalbeginn (z.B. *'-ing', '-ed', '-er', '-est'*) oder um ein *'-y'* erweitern, darf der *ehemalige* Endkonsonant selbstverständlich verdoppelt werden (z.B. *'sit'* - *'si**tt**ing', 'nod'* - *'no**dd**ed', 'cut'* - *'cu**tt**er', 'big'* - *'bi**gg**est'*)!
- Wenn Sie dagegen lediglich ein *'-s'* oder aber ein mit einem Konsonanten beginnendes Suffix oder gar ein ganzes Wort anhängen, bleibt es bei einem Einzelmitlaut (z.B. *'he runs'* - *'the run**way**', 'he sets'* - *'the set-**up**'* etc.).
- Es gibt einige wenige Wörter, die – wegen der Verwechslungsgefahr mit ansonsten identischen Wörtern – eine Verdopplung des Endkonsonanten geradezu notwendig machen (z.B. *'ad'* = *Anzeige* und *'to a**dd**'* = *hinzufügen, 'but'* = *aber* und *'bu**tt**'* = *Kolben, 'to put'* = *legen* und *'to pu**tt**'* = *einlochen beim Golfspiel*).
- Vorsicht bei Verben mit stummem End-*'e'*! Trotz Anfügung des Suffixes *'-ing'* wird der letzte Konsonant nicht verdoppelt – auch wenn das End-*'e'* in diesem Fall gestrichen wird –, da die Grundform des Verbs ja mit einem *Vokal* schließt (z.B. *'to come'* - *'com**ing**'*).

Versuchen Sie sich bitte an folgenden Beispielen, indem Sie jeweils einen Konsonanten verdoppeln oder die vorgegebene Form akzeptieren:

chin_	cut_er	lad_	hot_est
spit_ing	cut_let	lad_er	hot_
spit_	bug_s	swim_	hot_plate
spit_s	bug_er	swim_ing	shop_s
regret_	hat_	wet_	shop_ing
regret_ful	hat_s	wet_ed	shop_-keeper
bed_	fun_y	mob_ing	fod_er

Lösungen:

chin|	cut|**t**er	lad|	hot|**t**est
spit|**t**ing	cut|let	lad|**d**er	hot|
spit|	bug|s	swim|	hot|plate
spit|s	bug|**g**er	swim|**m**ing	shop|s
regret|	hat|	wet|	shop|**p**ing
regret|ful	hat|s	wet|**t**ed	shop|-keeper
bed|	fun|**n**y	mob|**b**ing	fod|**d**er

Wortbeispiele für nicht verdoppelte Endkonsonanten

- Verdopplung erst bei Anfügung einer Vokalendung! -

ban (-s)	-**n**ed	(verbot, -en)	hum (-s)	-**m**ing	(summend)
bed (-s)	-**d**ing	(Bettzeug)	kid (-s)	-**d**ing	(scherzend)
begin (-s)	-**n**er	(Anfänger)	knit (-s)	-**t**ing	(Stricken)
beg (-s)	-**g**ar	(Bettler)	lap (-s)	-**p**ed	(überlappt, -e)
cap (-s)	-**p**ed	(bedeckt, -e)	let (-s)	-**t**ing	(lassend)
chin (-s)		(Kinn, -e)	lip (-s)		(Lippe, -n)
chip (-s)	-**p**ed	(splitterte, gesplittert)	lot (-s)	-**t**ery	(Lotterie)
clap (-s)	-**p**ed	(klatschte, geklatscht)	man	-**n**ed	(bemannt, -e)
clip (-s)	-**p**ing	(Schnipsel)	mat (-s)	-**t**ing	(Mattenbelag)
crop (-s)	-**p**ed	(schnitt, geschnitten)	net (-s)	-**t**ing	(Maschendraht)
cut (-s)	-**t**er	(Zuschneider)	pan (-s)	-**n**ing	(Schwenk-)
dam (-s)	-**m**ed	(eingedämmt)	pen (-s)	-**n**ed	(eingepfercht)
dim (-s)	-**m**er	(Lichtdämpfer)	pet (-s)	-**t**ing	(Streicheln)
dip (-s)	-**p**ing	(Eintauchen)	pin (-s)	-**n**ed	(heftete, geheftet)
dot (-s)	-**t**ed	(gepunktet)	pit (-s)	-**t**ed	(vertieft)
fat	-**t**est	(fetteste)	pot (-s)	-**t**ery	(Töpferei, -ware)
fit (-s)	-**t**er	(Monteur)	put (-s)	-**t**ing	(stellend, legend)
flat (-s)	-**t**est	(flachste)	rat (-s)		(Ratte, -n)
fun	-**n**y	(lustig)	rob (-s)	-**b**er	(Räuber)
get (-s)	-**t**ing	(bekommend)	rot (-s)	-**t**ed	(verrottet, -e)
hip (-s)	-**p**ie	(Hippie)	rub (-s)	-**b**er	(Gummi)
hit (-s)	-**t**ing	(treffend)	run (-s)	-**n**er	(Läufer)
hop (-s)	-**p**er	(Hüpfer)	ship (-s)	-**p**ing	(Schifffahrt)
hot	-**t**est	(heißeste)	shop (-s)	-**p**ing	(Einkaufen)

shot (-s)		(Schuss, Schüsse)	sun (-s)	**-ny**	(sonnig)
shut (-s)	**-ter**	(Fensterladen)	swim (-s)	**-mer**	(Schwimmer)
sin (-s)	**-ner**	(Sünder)	tap (-s)	**-ped**	(zapfte, gezapft)
sip (-s)	**-ped**	(schlürfte)	then		(dann, damals)
sit (-s)	**-ting**	(sitzend)	tip (-s)	**-ped**	(kippte, gekippt)
slip (-s)	**-pery**	(schlüpfrig)	top (-s)	**-ping**	(Belag)
spit (-s)	**-ting**	(speiend)	wet	**-test**	(nasseste)
spot (-s)	**-ted**	(entdeckt, -e)	when		(wann)
sum (-s)	**-mary**	(Zusammenfassung)	wit (-s)	**-ty**	(gewitzt)

*

Im Gegensatz zu allen anderen Mitlauten sind *'**f**'*, *'**l**'* und *'**s**'* am Wortende meist zu verdoppeln, insbesondere nach kurzem, betonten Selbstlaut (wie im Deutschen! – Vgl. *Geste**ll***). Somit enden einsilbige Vokabeln – da betont! – in der Regel logischerweise auf *'**-ff**'*, *'**-ll**'* und *'**-ss**'* (vgl. *'sni**ff**'*, *'we**ll**'*, *'ki**ss**'*). Das gilt selbst dann, wenn diese mit anderen Wörtern zusammengesetzt sind (vgl. *'farewell'*, *'overall'* etc.). Ist der Schlussvokal jedoch gedehnt zu sprechen (vgl. *'lea**f**'*, *'conceal'*) oder liegt die Betonung auf dem Wortanfang (vgl. *'rebel'*, *'devil'*), wird der Endkonsonant nicht verdoppelt, ebenfalls nicht nach einem anderen Mitlaut (vgl. *'shel**f**'*).

Tipp *Vorsicht bei einem End-'**f**', -'**l**' oder -'**s**'! Nach kurzem, betonten Vokal muss in der Regel verdoppelt werden!*

Endung: *'**-ff**'*, *'**-ll**'*, *'**-ss**'*

➲ *'stu**ff**' - 'wi**ll**' - 'mi**ss**'*

Anmerkung:

- Nach langem *'**a**'* folgt dennoch ein Doppelkonsonant (vgl. *'sta**ff**'*, *'ba**ll**'*, *'ca**ll**'*, *'fa**ll**'*, *'ha**ll**'*, *'ta**ll**'*, *'wa**ll**'*, *'cla**ss**'*, *'gra**ss**' und 'pa**ss**'*)!

Sonderfall '-ff', '-ll' oder '-ss' ('-zz')
nach kurzem, betonten Vokal

(1)

'bluff'	- Bluff	*'ruff'*	- Halskrause	*'staff'*	- Stab
'cliff'	- Klippe	*'scuff'*	- Schramme	*'stiff'*	- steif
'cuff'	- Manschette	*'sniff'*	- schnuppern	*'stuff'*	- Zeug, Stoff
'puff'	- Windstoß	*'snuff'*	- Schnupftabak	*'whiff'*	- Duftwolke

(2)

'bell'	- Glocke	*'drill'*	- Bohrer	*'kill'*	- töten
'bill'	- Rechnung	*'dull'*	- langweilig	*'pull'*	- ziehen
'cell'	- Zelle	*'full'*	- voll	*'sill'*	- Fensterbrett
'doll'	- Puppe	*'hell'*	- Hölle	*'swell'*	- schwellen

(3)

'bless'	- Segen	*'gloss'*	- Glanz	*'press'*	- drücken
'boss'	- Chef	*'hiss'*	- zischen	*'toss'*	- werfen
'cross'	- Kreuz	*'less'*	- weniger	*'buzz'*	- summen
'dress'	- Kleid	*'mass'*	- Masse	*'jazz'*	- Jazz

*

Interessanterweise verlieren einige Kurzwörter auf *'-ll'* einen ihrer Endkonsonanten, sobald sie nur noch Bestandteil eines neuen Wortes sind, – als hätten sie die „kosmetische" Verlängerung durch einen Doppelbuchstaben nun nicht mehr nötig!

Tipp *Merken Sie sich die Wörtchen '**all**' und '**full**'! In Zusammensetzungen entfällt (meist) ein '**l**'.*

➲ *'all'* - *'always'*
'full' - *'hopeful'*

Anmerkung:

- Ähnliches gilt für *'fill'* und *'well'* (vgl. *'fulfil', 'welcome', 'welfare'*).

*Einzel-'**l**' bei Zusammensetzungen mit '**all**' und '**full**'*

'almighty'	- allmächtig	*'beautiful'*	- schön
'almost'	- beinahe	*'careful'*	- sorgfältig
'already'	- schon	*'dutiful'*	- pflichteifrig
'alright'[1]	- in Ordnung	*'faithful'*	- treu, ergeben
'also'	- auch	*'grateful'*	- dankbar
'although'	- obwohl	*'painful'*	- schmerzhaft
'altogether'	- insgesamt	*'successful'*	- erfolgreich
'always'	- immer	*'wonderful'*	- wunderbar

*

Die Umwandlung von Adjektiven in Adverbien ist eigentlich kinderleicht: Sie hängen das Suffix *'-**ly**'* an ein Eigenschaftswort, und schon erhalten Sie das entsprechende Umstandswort (z.B. *'quick'* = schnelle, -r, -s / *'quick**ly**'* = schnell). Wie aber müssen Sie sich bei Adjektiven mit der Endung *'-**l**'* (z.B. *'rea**l**'*) verhalten? Entsteht automatisch der Doppelkonsonant *'**ll**'* oder ist ein *'**l**'* zu streichen?

> Tipp
>
> *Bilden Sie ein Adverb, indem Sie das Adjektiv – unabhängig von seiner Schreibung – um die volle Endung '-**ly**' erweitern!*
>
> ➲ *'real + **ly**'* = *'rea**lly**'*

Anmerkungen:

- Das stumme End-*'**e**'* bleibt generell erhalten (vgl. *'lone'-'lone**ly**'*). Einzige Ausnahmen sind: *'true'-'tr**uly**', 'due'-'d**uly**', 'whole'-'who**lly**'*.
- Abweichungen von der Faustregel: Die Suffixe *'-**ble**'* / *'-**ple**'* werden zur Adverbendung *'-**bly**'* zusammengezogen! End *'-y'* wird zu *'-i + ly'!*

---

[1] Bestätigt wird die Regel durch die ebenfalls erlaubte Getrenntschreibung – also: *'all right'*.

*Eine kleine Auswahl von Adverbien (Endung '-**ly**')*
*aus Adjektiven auf '-**l**'*

*'actua**l**|**ly**'*	- eigentlich	*'lega**l**|**ly**'*	- gesetzlich
*'annua**l**|**ly**'*	- jährlich	*'libera**l**|**ly**'*	- großzügig
*'bruta**l**|**ly**'*	- schonungslos	*'loca**l**|**ly**'*	- örtlich
*'centra**l**|**ly**'*	- zentral	*'loya**l**|**ly**'*	- treu ergeben
*'coo**l**|**ly**'*	- kühl, ruhig	*'medica**l**|**ly**'*	- medizinisch
*'cordia**l**|**ly**'*	- herzlich	*'morta**l**|**ly**'*	- tödlich
*'crue**l**|**ly**'*	- grausam	*'musica**l**|**ly**'*	- musikalisch
*'cynica**l**|**ly**'*	- bissig	*'norma**l**|**ly**'*	- normal
*'du**l**|**ly**'* (!)	- langweilig	*'officia**l**|**ly**'*	- amtlich
*'emotiona**l**|**ly**'*	- gefühlsmäßig	*'persona**l**|**ly**'*	- persönlich
*'especia**l**|**ly**'*	- besonders	*'politica**l**|**ly**'*	- politisch
*'essentia**l**|**ly**'*	- wesentlich	*'principa**l**|**ly**'*	- grundsätzlich
*'fina**l**|**ly**'*	- endlich	*'radica**l**|**ly**'*	- durchgreifend
*'fu**l**|**ly**'* (!)	- völlig	*'rea**l**|**ly**'*	- wirklich
*'genera**l**|**ly**'*	- allgemein	*'socia**l**|**ly**'*	- gesellschaftlich
*'gradua**l**|**ly**'*	- schrittweise	*'tota**l**|**ly**'*	- gänzlich
*'ironica**l**|**ly**'*	- ironisch	*'usua**l**|**ly**'*	- gewöhnlich

*

b) Die Qual der Wahl bei 'c' und 'k'

Meist entscheidet man sich eher gefühlsmäßig, wie der ***k***-Laut in englischen Wörtern zu schreiben ist – und liegt wohl häufig daneben! Relativ leicht fällt die Entscheidung für ein *'**ck**'* nach einem kurzen, betonten Einzelvokal[1], da es sich ja – wie im Deutschen – praktisch um eine Konsonantenverdopplung handelt (vgl. *'locker'* = Schließfach).

---

1 Obschon englische Wörter wie *'book', 'cook', 'look', 'shook'* und *'took'* ebenfalls einen kurz gesprochenen Vokal enthalten, werden sie trotzdem nicht mit *'**ck**'* geschrieben, da ein Doppel-*'**o**'* vorausgeht, das ja eigentlich wie ein langes *'**u**'* zu sprechen wäre (und früher auch so gesprochen wurde)!

Vielleicht gelingt es Ihnen, den Trick, wann ein *'c'* oder ein *'k'* zu schreiben ist, selbst herauszufinden. Schauen Sie sich bitte die folgenden Wortbeispiele genau an!

can	**k**ite	mar**k**et	s**k**in	ba**c**on
keep	**c**ourse	du**k**e	s**k**etch	**c**as**k**et
kind	**c**ame	re**c**ord	bas**k**et	s**k**eleton
come	**k**een	dis**c**uss	va**c**ation	se**c**ure
kitchen	**c**ulture	vi**c**ar	cir**c**ulation	lo**c**al

Alles klar? Wenn nicht, versuchen Sie es ein zweites Mal, indem Sie ganz besonders die *Vokale* nach einem *'c'* oder einem *'k'* beachten!

*

Möchten Sie Ihre Findigkeit noch einmal testen? Dann studieren Sie eine weitere Auswahl von englischen Wörtern, die ebenfalls einen *k*-Laut enthalten (die Auflösung beider Denksportaufgaben finden Sie wie immer auf der nächsten Seite):

tal**k**	por**k**	**c**laim	**c**rown	**k**now
ar**k**	el**k**	wal**k**	bar**k**	tan**k**er
wor**k**	mil**k**	pol**k**a	**c**ross	**k**nife
fol**k**	**c**ler**k**	**c**lose	pun**k**	**k**not
tur**k**ey	**c**lock	sil**k**	sin**k**	jun**k**

Wie Sie sicher bemerkt haben, hat diesmal die Entscheidung für ein *'c'* oder ein *'k'* nicht mit einem Vokal, sondern mit drei bestimmten *Konsonanten* in der Umgebung des *k*-Lauts zu tun, bei denen es nur in einem Fall gleichgültig ist, ob der Mitlaut *vor* oder *nach* dem *k*-Laut steht. Zugegeben, dieser Trick ist nicht so leicht zu durchschauen wie der Kniff mit den Vokalen. Doch haben Sie ihn erst einmal verstanden und gelingt es Ihnen, sich bei Bedarf an ihn zu erinnern (was der schwierigere Teil sein dürfte), werden Sie in Zukunft eine ganze Reihe von Rechtschreibfehlern vermeiden können – vor allem, wenn Sie den nächsten Tipp beherzigen.

Lösungen:

Der ***k***-Laut wird vor hellen Vokalen (also vor *'**e**'* und *'**i**'*) stets *'**k**'*, vor dunklen Vokalen (also *'**a**'*, *'**o**'* und *'**u**'*) dagegen immer *'**c**'* geschrieben, wie eine kleine Auswahl geläufiger Vokabeln bestätigt:

ba**ke**r	**ki**lo	be**ca**use	**co**at	**cu**ddle
bra**ke**	**ki**d	**ca**bin	**co**llapse	**cu**re
keel	**ki**ng	**ca**ll	**co**mputer	**cu**shion
li**ke**	**ki**ss	**ca**rve	**co**st	**cu**stody
na**ke**d	**ki**tten	**ca**use	**co**unter	**cu**tter
to**ke**n	nap**ki**n	holo**ca**ust	**co**urt	fo**cu**s

*

Der Buchstabe *'**n**'* kann nur mit einem *'**k**'* verbunden werden – also entweder zu *'**nk**'* oder *'**kn**'* (Aussprache: [n]!) –, während bei einer Zusammensetzung mit den Konsonanten *'**l**'* und *'**r**'* Vorsicht geboten ist:

- *vor* dem ***k***-Laut ergibt sich die Kombination *'**lk**'* bzw. *'**rk**'*,
- *nach* dem ***k***-Laut aber die Kombination *'**cl**'* bzw. *'**cr**'*, z.B.:

bla**nk**	**kn**ee	bu**lk**	***cl***imate	co**rk**	***cr***eam
li**nk**	**kn**ew	cha**lk**	***cl***ipper	da**rk**	***cr***isp
mo**nk**	**kn**ight	fo**lk**	***cl***ock	la**rk**	***cr***icket
tru**nk**	**kn**it	mi**lk**	***cl***oud	sha**rk**	***cr***ook
wi**nk**	**kn**ock	su**lk**	***cl***ump	spa**rk**	***cr***ude

Tipp — *Merken Sie sich für die korrekte Schreibung des **k**-Lauts ('**c**' oder '**k**'?) ein Referenzwort!*

➲

z.B. für:	*'**ke**' / '**ki**'*	⇨	*'**ke**ep' / '**ki**ng'*
	*'**ca**' / '**co**' / '**cu**'*	⇨	*'**ca**bin' / '**co**st' / '**cu**stom'*
z.B. für:	*'**nk**' / '**kn**'*	⇨	*'ba**nk**' / '**kn**ow'*
	*'**lk**' / '**cl**'*	⇨	*'mi**lk**' / '**cl**own'*
	*'**rk**' / '**cr**'*	⇨	*'wo**rk**' / '**cr**own'*

c) Der feine Unterschied zwischen '-f' und '-ve'

Neben der *Vertauschung* von *'-f'* und *'-**ve**'* bedeutet sogar die *Schreibweise* der Endung *'-**ve**'* eine tückische Rechtschreibfalle! Zunächst einmal: Am Wortende bilden *'**v** + **e**'* immer eine unzertrennliche Einheit.[1] Lassen Sie sich also nicht von entsprechenden deutschen Adjektiven dazu verleiten, das End-*'**e**'* fallen zu lassen (relativ / *'relati**ve**'*). Im Übrigen unterscheiden sich Wörter auf *'-f'* und *'-**ve**'* nicht nur in der Aussprache (*'-f'* = stimmlos; *'-**ve**'* = stimmhaft, d.h. wie ein deutsches ***w***), sondern auch in ihrer Funktion: Im Zweifelsfall favorisieren Sie ein End-*'f'* (*'ff', '-fe', '-ft'*) für ein Substantiv in der Einzahl und das Suffix *'-**ves**'* für die Mehrzahlform. Außerdem tendieren Hauptwörter eher zu einer Endung mit ***f***-Laut, während bei den abgeleiteten Verben *'-**ve**'* vorherrscht. Darüber hinaus findet sich bei einer großen Anzahl von Adjektiven die Schlusssilbe *'-**ve**'*.

Tipp *Wählen Sie, falls beide Endungen denkbar sind,*

- *für Hauptwörter (im Singular)* *'-f'*,
- *für Hauptwörter (im Plural)* *'-**ves**'*,
- *für Verben und Adjektive* *'-**ve**'!*

➲

*'leaf' – 'lea**ves**'*	=	*Blatt – Blätter*
*'to lea**ve**'*	=	*verlassen*
*'relati**ve**'*	=	*verhältnismäßig*

Anmerkung:

- Abweichend hiervon gibt es auch Substantive im Singular auf *'-**ve**'* (vgl. *'lo**ve**'*) bzw. im Plural auf *'-fs'* (vgl. *'proofs'*) sowie Verben auf *'-f'* (vgl. *'to wolf'*).

---

[1] Die englische Sprache kennt – neben den drei Abkürzungen *'rev'* = Umdrehung, *'to revv'* = den Motor aufheulen lassen (beides von *'revolution'* = Umdrehung) und *'Rev.'* = Pfarrer (von *'Reverend'* = Hochwürden) – nur ein einziges, auf ein reines *'-v'* endendes Wort, nämlich *'(Yugo-) Slav'*.

Hauptwortbeispiele mit unterschiedlicher Einzahl- und Mehrzahlform

*Singular: '-**f**-' - Plural: '-**ves**' (oder '-fs')*[1]			*deutsche Bedeutung*	
'calf'	- *'calves'*		Kalb	- Kälber
'dwarf'	- *'dwarves'*	*('-fs')*	Zwerg	- Zwerge
'half'	- *'halves'*		Hälfte	- Hälften
'hoof'	- *'hooves'*	*('-fs')*	Huf	- Hufe
'leaf'	- *'leaves'*		Blatt	- Blätter
'loaf'	- *'loaves'*		Brotlaib	- Brotlaibe
'scarf'	- *'scarves'*	*('-fs')*	Halstuch	- Halstücher
'sheaf'	- *'sheaves'*		Korngarbe	- Korngarben
'shelf'	- *'shelves'*		Regal	- Regale
'thief'	- *'thieves'*		Dieb	- Diebe
'wharf'	- *'wharves'*	*('-fs')*	Kai	- Kais
'wolf'	- *'wolves'*		Wolf	- Wölfe

*

Typische Substantiv- und Verbversionen des gleichen Stammes

*Substantiv ('-**f**'-) - Verb ('-**ve**')*		*deutsche Bedeutungen*	
'belief'	- *'to believe'*	Glaube	- glauben
'cleft'	- *'to cleave'*	Spalt	- spalten
'craft'	- *'to crave'*	Handwerk	- erstreben
'drift'	- *'to drive'*	Treiben	- (an)treiben
'gift'	- *'to give'*	Gabe	- geben
'grief'	- *'to grieve'*	Kummer	- betrüben
'half'	- *'to halve'*	Hälfte	- halbieren
'life'	- *'to live'*	Leben	- leben
'proof'	- *'to prove'*	Beweis	- beweisen

[1] Auch Reflexivpronomina auf *'-sel**f**'* enden im Plural auf *'-sel**ves**'*: *'mysel**f**'* – *'oursel**ves**'* / *'yoursel**f**'* – *'yoursel**ves**'* / *'hersel**f**'*, *'himsel**f**'*, *'itsel**f**'* – *'themsel**ves**'*)

'relief'	- *'to relieve'*	Erleichterung	- erleichtern
'safe'	- *'to save'*	Geldschrank	- sparen
'serf'	- *'to serve'*	Leibeigener	- dienen
'strife'	- *'to strive'*	Streit, Hader	- kämpfen um
'thief'	- *'to thieve'*	Dieb	- stehlen
'thrift'	- *'to thrive'*	Sparsamkeit	- gedeihen
'waif'	- *'to waive'*	verlass. Kind	- verzichten
'weft'	- *'to weave'*	Schussfaden	- weben

*

Nachdem die Rechtschreibung des Suffixes *'-**ve**'* ein für alle Mal geklärt ist, könnte eigentlich auf eine Zusammenstellung von entsprechend endenden Adjektiven verzichtet werden, zumal sie fast alle auch im Deutschen gebräuchlich sind. Da es sich in unserer Sprache jedoch um *Fremdwörter* (ohne End-***e***) handelt, deren Bekanntschaft Sie vielleicht auffrischen sollten, mag die folgende Liste mit englischen Adjektiven und deutschen Bedeutungserklärungen dennoch von Nutzen sein. Die Betonung der englischen Eigenschaftswörter liegt – abweichend vom Deutschen – in der Regel auf der Silbe unmittelbar vor der *'-ive'*-Endung (Aussprache: [-iv]); bei den wenigen Ausnahmen ist der betonte Vokal fett gedruckt.

*Einige Adjektive mit der Standard-Endung '-**ive**'*

*'act**ive**'*	- tätig, rührig	*'exclus**ive**'*	- ausschließlich
*'attract**ive**'*	- anziehend	*'expans**ive**'*	- sich ausdehnend
*'collect**ive**'*	- gesammelt	*'expens**ive**'*	- teuer
*'creat**ive**'*	- schöpferisch	*'express**ive**'*	- ausdrucksvoll
*'defens**ive**'*	- abwehrend	*'ill**u**strat**ive**'*	- erläuternd
*'def**i**nit**ive**'*	- endgültig	*'impress**ive**'*	- eindrucksvoll
*'descript**ive**'*	- beschreibend	*'impuls**ive**'*	- rasch handelnd
*'destruct**ive**'*	- zerstörerisch	*'instruct**ive**'*	- lehrreich
*'effect**ive**'*	- wirksam	*'invent**ive**'*	- erfinderisch
*'excess**ive**'*	- übermäßig	*'l**u**crat**ive**'*	- einträglich

'narrative'	- erzählerisch	*'provocative'*	- herausfordernd
'negative'	- verneinend	*'receptive'*	- empfänglich
'objective'	- sachlich	*'regressive'*	- rückschreitend
'offensive'	- angriffslustig	*'relative'*	- verhältnismäßig
'passive'	- teilnahmslos	*'selective'*	- wählerisch
'positive'	- bejahend	*'sensitive'*	- empfindsam
'preventive'	- vorbeugend	*'subversive'*	- umstürzlerisch
'productive'	- schöpferisch	*'successive'*	- nachfolgend
'progressive'	- fortschreitend	*'suggestive'*	- beeinflussend

*

d) Unnötige Konfusion um 'i' und 'y'

Man würde es sich zu einfach machen, wollte man konsequent nach der Faustregel verfahren, dass ein *'-i'* innerhalb eines Wortes zu stehen habe, während ein *'-y'* nur am Wortende vorkommen könne, welches wiederum zu *'-ie'* wird, wenn der letzte Buchstabe ein *'s'* ist (vgl. *'cry'* – *'cries'*). Mehr oder minder ist diese Annahme zwar richtig, es gibt jedoch einige wichtige Sonderregelungen, die Sie beachten sollten. Zum einen enden englische Vornamen – besonders deren Koseformen – nicht unbedingt auf *'-y'*, sondern auf *'-ie'* (vgl. *'Charlie'*, *'Leslie'* oder *'Maggie'*), zum anderen schließen einige wenige Verben und Hauptwörter – sozusagen aus kosmetischen Gründen – mit einem *'-ie'* statt dem zu erwartenden *'-y'*, damit sie nicht aus nur zwei Buchstaben bestehen (vgl. *'die'*, *'lie'*, *'pie'* und *'tie'*). Aber es gibt auch ein *'-y-'* in der Wortmitte: erstens, um ein Doppel-*'i'* zu vermeiden, wenn das Suffix *'-ing'* angehängt wird (vgl. *'copying'*, *'dying'*, *'hurrying'*, *'lying'*, *'marrying'* oder *'tying'*), und zweitens, wenn *'y'* einem Vokal folgt (vgl. *'boys'*). – Ein wenig verwirrend, meinen Sie? Dann sollten Sie die Sonderfälle (die eigentlich gar keine sind) mit Hilfe der nachfolgenden Beispiele ein wenig einüben! Studieren Sie jedoch zunächst noch einmal den Tipp samt einer Zusammenschau der wichtigsten Rechtschreibregelungen für Wörter auf *'-y'*.

Tipp *Beenden Sie niemals ein Wort mit einem '-**i**'! Die normale Endung ist ein '-**y**'!*

➲ *'~~cri~~'* ⇨ *'cr**y**'*
'~~happili~~' ⇨ *'happ**ily**'*

Besonderheiten:

(1)	*'-**ie**' vor '-**s**':*	*'~~cris~~'*	⇨	*'cr**ies**'*
(2)	*'-**ie**' am Ende von Kurzwörtern:*	*'~~dy~~'*	⇨	*'d**ie**'*
(3)	*'-**y**-' vor '-**ing**' (niemals '-ii-'!):*	*'~~diing~~'*	⇨	*'d**y**ing'*
(4)	*'-**y**-' in Vokalkombinationen:*	*'~~bois~~'*	⇨	*'b**oy**s'*

Anmerkung:

- Beim ersten Element eines Kompositums kann das End-*'y'* erhalten sein, wenn dessen Teile noch als *zwei* Einzelwörter empfunden werden (vgl. *'Hollywood'* = Stechpalmen-Wald). Wird dagegen die Wortzusammensetzung inzwischen als *ein* Wort aufgefasst, ist das *'y'* zu *'i'* geworden (vgl. *'holiday'* = Urlaub).

*

Sind Sie bereit für einen weiteren kleinen Test? Dann setzen Sie bitte in den folgenden Wörtern *'y', 'i'* oder *'ie'* ein. Wenn Sie sich nicht sicher sind, schauen Sie ruhig im obigen Tipp-Kasten nach. Die Bestätigung, ob Sie sich richtig entschieden haben, bekommen Sie wiederum auf der nächsten Seite.

fr__s	(brät)	fl__ing	(fliegend)
fr__	(braten)	emplo__er	(Arbeitgeber)
fr__ing	(bratend)	t__ (!)	(binden, Binder)
heart__ly	(herzhaft)	lous__	(miserabel, mies)
ro__al	(königlich)	hone__moon	(Flitterwochen)
sta__s	(bleibt)	mov__s	(Filme)
sunn__	(sonnig)	hol__day	(Feiertag, Urlaub)
p__ (!)	(Pastete)	l__s	(liegt; lügt, Lügen)

Lösungen:

fr**ies**	(brät)	fl**y**ing	(fliegend)
fr**y**	(braten)	emplo**y**er	(Arbeitgeber)
fr**y**ing	(bratend)	**tie** (!)	(binden, Binder)
heart**i**ly	(herzhaft)	lous**y**	(miserabel, mies)
ro**y**al	(königlich)	hone**y**moon	(Flitterwochen)
sta**y**s	(bleibt)	mov**ies**	(Filme)
sunn**y**	(sonnig)	hol**i**day	(Feiertag, Urlaub)
pie (!)	(Pastete)	l**ies**	(liegt; lügt, Lügen)

*

*Beispiele für die Verwandlung von '-**y**' zu '-**ies**'*

*(Plural-'**s**' des Substantivs / 3. Pers. Singular-'**s**' des Verbs im Präsens)*

'agency'	- *'agencies'*	*'hobby'*	- *'hobbies'*
'apply'	- *'applies'*	*'hurry'*	- *'hurries'*
'army'	- *'armies'*	*'lady'*	- *'ladies'*
'baby'	- *'babies'*	*'lily'*	- *'lilies'*
'battery'	- *'batteries'*	*'melody'*	- *'melodies'*
'body'	- *'bodies'*	*'navy'*	- *'navies'*
'carry'	- *'carries'*	*'party'*	- *'parties'*
'city'	- *'cities'*	*'penny'*	- *'pennies'*
'country'	- *'countries'*	*'reply'*	- *'replies'*
'cry'	- *'cries'*	*'sky'*	- *'skies'*
'factory'	- *'factories'*	*'try'*	- *'tries'*

*Umwandlung von End-'**y**' zu einfachem '-**i**-'*
im Wortinneren

'airy'	- *'airily'*	(luftige/-r/-s	- leichthin)
'angry'	- *'angrier'*	(wütende/-r/-s	- wütender)
'body'	- *'bodily'*	(Körper	- körperlich)
'busy'	- *'business'*	(geschäftige/-r/-s	- Geschäft)
'day'	- *'daily'*	(Tag	- täglich)

*'eas**y**'*	- *'eas**i**ly'*	(leichte/-r/-s	- leicht)
*'empt**y**'*	- *'empt**i**ness'*	(leere/-r/-s	- Leere)
*'ga**y**'*	- *'ga**i**ly'*	(lustige/-r/-s	- lustig)
*'happ**y**'*	- *'happ**i**ness'*	(glückliche/-r/-s	- Glückseligkeit)
*'heav**y**'*	- *'heav**i**ness'*	(schwere/-r/-s	- Schwere)
*'hol**y**'*	- *'hol**i**ness'*	(heilige/-r/-s	- Heiligkeit)
*'laz**y**'*	- *'laz**i**est'*	(faule/-r/-s	- faulste/-r/-s)
*'likel**y**'*	- *'likel**i**hood'*	(wahrscheinl./-r/-s	- Wahrsch.keit)
*'livel**y**'*	- *'livel**i**hood'*	(lebendige/-r/-s	- Lebensunterhalt)
*'lonel**y**'*	- *'lonel**i**ness'*	(einsame/-r/-s	- Einsamkeit)
*'luck**y**'*	- *'luck**i**ly'*	(begünstigte/-r/-s	- glückl.weise)
*'merc**y**'*	- *'merc**i**less'*	(Gnade	- gnadenlos)
*'pit**y**'*	- *'pit**i**less'*	(Mitleid	- ohne Mitleid)
*'read**y**'*	- *'read**i**ness'*	(bereitwillige/-r/-s	- Bereitschaft)
*'sill**y**'*	- *'sill**i**ness'*	(alberne/-r/-s	- Albernheit)
*'wear**y**'*	- *'wear**i**some'*	(müde/-r/-s	- ermüdend)

*

*Unregelmäßiges '-**y**-' innerhalb von Doppelwörtern*

(der auf '-y' endende erste Teil wird noch als Einzelwort empfunden)

---

*'bod**y**|guard'*	- Leibwache, Leibwächter
*'bod**y**|work'*	- Karosserie des Autos
*'bus**y**|body'*	- aufdringlicher Mensch
*'carr**y**|cot'*	- Babytragetasche
*'countr**y**|man'*	- Landsmann; Landbewohner
*'countr**y**|side'*	- ländliche Gegend
*'eas**y**|going'*	- gelassen, unbeschwert
*'fl**y**|weight'*	- Fliegengewicht(ler)
*'fl**y**|wheel'*	- Schwungrad
*'heav**y**|handed'*	- ungeschickt
*'heav**y**|weight'*	- Schwergewicht(ler)
*'puss**y**|cat'*	- Miezekatze
*'sp**y**|glass'*	- Fernglas
*'sp**y**|hole'*	- Guckloch

*Beibehaltung von '**ay**', '**ey**', '**oy**' und '**uy**' im Wortinneren*

*'betr**ay**(s)'*	-	*'betr**ay**al'*	(verraten / verrät - Verrat)
*'d**ay**(s)'*	-	*'d**ay**light'*	(Tag / Tage - Tageslicht)
*'del**ay**(s)'*	-	*'del**ay**ed'*	(Verspätung / -ungen - verspätet)
*'ess**ay**(s)'*	-	*'ess**ay**ist'*	(Aufsatz / Aufsätze - Essayist)
*'l**ay** (s)'*	-	*'l**ay**er'*	(legen / legt - Schicht)
*'p**ay** (s)'*	-	*'p**ay**ment'*	(bezahlen / zahlt - Bezahlung)
*'pl**ay** (s)'*	-	*'pl**ay**er'*	(spielen / spielt - Spieler)
*'sl**ay** (s)'*	-	*'sl**ay**er'*	(erschlagen / erschlägt - Mörder)
*'spr**ay**(s)'*	-	*'spr**ay**er'*	(sprühen / sprüht - Zerstäuber)
*'st**ay**(s)'*	-	*'st**ay**ed'*	(bleiben / bleibt - blieb)
*'w**ay**(s)'*	-	*'w**ay**side'*	(Weg / Wege - Wegrand)
*'abb**ey**'*	-	*'abb**ey**s'*	(Abtei, Kloster - Klöster)
*'chimn**ey**'*	-	*'chimn**ey**s'*	(Kamin - Schornsteine)
*'donk**ey**'*	-	*'donk**ey**work'*	(Esel - Drecksarbeit)
*'k**ey**'*	-	*'k**ey**hole'*	(Schlüssel - Schlüsselloch)
*'kidn**ey**'*	-	*'kidn**ey**s'*	(Niere - Nieren)
*'mon**ey**'*	-	*'mon**ey**changer'*	(Geld - Geldwechsler)
*'ob**ey**'*	-	*'ob**ey**ed'*	(gehorchen - gehorchte)
*'stor**ey**'*	-	*'two-stor**ey**ed'*	(Etage - zweigeschossig)
*'vall**ey**'*	-	*'vall**ey**s'*	(Tal - Täler)
*'b**oy**'*	-	*'b**oy**hood'*	(Junge - Knabenzeit)
*'bu**oy**'*	-	*'bu**oy**ancy'*	(Boje - Tragkraft, Auftrieb)
*'conv**oy**'*	-	*'conv**oy**s'*	(Geleitzug - Geleitzüge)
*'destr**oy**'*	-	*'destr**oy**er'*	(zerstören - Zerstörer)
*'empl**oy**'*	-	*'empl**oy**ee'*	(anstellen - Arbeitnehmer)
*'enj**oy**'*	-	*'enj**oy**able'*	(genießen - erfreulich)
*'j**oy**'*	-	*'j**oy**ful'*	(Freude - freudig)
*'t**oy**'*	-	*'t**oy**s'*	(Spielzeug - Spielwaren)
*'b**uy**'*	-	*'b**uy**er'*	(kaufen - Käufer)
*'g**uy**'*	-	*'g**uy**s'*	(Kerl, Typ - Typen)

*

e) Aufgepasst bei einer 's'-Endung nach Zischlauten!

Zugegeben, die Mehrzahl eines Substantivs zu bilden, ist im Englischen denkbar einfach, wird doch – ganz anders als bei der verwirrenden Fülle unserer Pluralformen – dem Hauptwort einfach ein *'-s'* hinzugefügt (das Gleiche gilt für die atypische Kennzeichnung der dritten Person eines Verbs in der Gegenwart). Aber auch diese Regel ist aus sehr praktischen Gründen nicht starr anzuwenden, denn ein auf *'-s'* endendes Substantiv (bzw. Verb) würde im Plural (bzw. in der 3. Person Einzahl) lediglich ein *Doppel-'**s**',* möglicherweise sogar *drei 's',* aufweisen (z.B. *'two ~~bus|s~~'* bzw. *'she ~~dress|s~~'*) – von der schieren Unmöglichkeit, mehrere aufeinander folgende *s*-Laute *getrennt* zu sprechen einmal ganz abgesehen! Dieses Doppel-Dilemma kann der Engländer nur durch die Anwendung eines simplen Notbehelfs vermeiden.

Tipp

Geben Sie ganz besonders Obacht auf Wörter, die mit einem Zischlaut enden!
*Ein End-'**s**' ist durch ein zwischengeschaltetes '**-e-**' vom Stamm-'**s**' ('**-ss**', '**-sh**', '**-ch**', '**-x**') eines Wortes zu isolieren.*
*Die Endung muss also lauten: '**-es**'* [ˈ-iz].

➲

'atlas'	⇨	*'atlas|e|s'*
'kiss'	⇨	*'kiss|e|s'*
*'wa**sh**'*	⇨	*'wa**sh**|e|**s**'*
*'tea**ch**'*	⇨	*'tea**ch**|e|**s**'*
*'se**x**'*	⇨	*'se**x**|e|**s**'*

Anmerkung:

- Ähnliches gilt – zumindest als Ausspracheregel – für Wörter, die mit einem *'-**d**'* oder *'-**t**'* schließen; die Vergangenheits-Endung *'-**ed**'* kann nur durch ein eingeschobenes *'-**e**-'* hörbar gemacht werden! Die Aussprache ist also [ˈ-did] bzw. [ˈ-tid]: z.B. *'**ended**', '**founded**', '**handed**', '**mended**', '**landed**'* bzw. *'**granted**', '**dusted**', '**painted**', '**tested**', '**visited**', '**wanted**'*)

f) Der Haken mit dem Häkchen – der Apostroph

Das Wort *Apostroph* (es heißt wirklich *der* Apostroph!) bedeutet „Wegfall", und tatsächlich ist dieses Häkchen nichts anderes als ein *Auslassungszeichen*, sozusagen die Quittung für den Ausfall eines Buchstabens oder gar einer ganzen Silbe, mit der Folge, dass zwei ehemalige Wörter optisch zu einem verschmelzen (und auch so ausgesprochen werden). Ein durch Apostroph verkürzter Ausdruck ist nicht immer eindeutig zu interpretieren, z.B. können sich hinter dem Häkchen in *'he's'* unterschiedliche oder gleich mehrere Buchstaben verbergen (*'he* ~~**i**~~**'***s', 'he* ~~**ha**~~**'***s'* oder *'he* ~~**wa**~~**'***s'*). Darüber hinaus dürfte Ihnen – zumindest theoretisch – bekannt sein, dass der Apostroph eine besondere Rolle bei der Bildung des Genitivs von Personen spielt (also *'Father***'s** *house'* anstatt des nur bei *Dingen* benutzten *'of'*-Genitivs). In diesem Besitzfall steht der Apostroph ebenfalls für eine Auslassung, nämlich der ersten beiden Buchstaben des besitzanzeigenden Fürwortes *'his'* (*'Father***'s** *house' = 'Father* ~~hi~~**'s** *house';* vgl. unser fehlerhaftes *Vater sein Haus*); erstaunlicherweise ist der „männliche" **'**-Genitiv auf beide Geschlechter anzuwenden (*'Mother***'s** *car' = 'Mother* ~~hi~~**'s** *car',* also eigentlich *Mutter sein Auto!*), ja sogar auf manchen Zeitbegriff (z.B. *'in a year***'s** *time', 'this week***'s** *meeting', 'today***'s** *newspaper'* etc.).

Im Schriftenglisch besteht leicht die Gefahr einer Verwechslung des Genitiv-*s* mit dem Mehrzahl-*s* (ein Unterschied, der in einem Gespräch nicht zu hören ist). A am besten halten Sie sich an die Überlegung, dass das Mehrzahl-*s* ja *Bestandteil* des jeweiligen Hauptwortes ist (vgl. *'our fathers'* = unsere *Väter*), während das Genitiv-*s* die Verkürzung eines nachfolgenden Wortes darstellt und somit durch einen Apostroph *abgekoppelt* werden muss (vgl. *'our father***'s** *office' = 'our father* ~~hi~~**'s** *office',* also *das Büro unseres Vaters*). Die Verwirrung ist häufig perfekt, wenn ein Mehrzahlwort (also mit End-*s*) zusätzlich in die **'s**-Genitivform gesetzt werden soll. Für welche dieser drei Versionen würden Sie sich entscheiden:

(a) 'the lady's room, (b) 'the ladies's room' oder *(c) 'the ladies' room'?* – Die Lösung ist (relativ) einfach und hoffentlich überzeugend, wenn Sie Folgendes bedenken: Das Wort soll in der Mehrzahl stehen (daher scheidet Version *(a)* von vornherein aus!), obendrein soll der Genitiv eines auf *'-s'* endendes Mehrzahlwortes gebildet werden; da – wie in Version *(b)* – ein zusätzliches Genitiv-***s*** ohnehin nicht getrennt auszusprechen wäre, ist Version *(c)* die einzig richtige! Sie sehen, dass ein Plural-*s* absoluten Vorrang vor dem Genitiv-***s*** hat und in diesem Fall nur der nackte Apostroph übrig bleibt (*'the ladies' room'*). Bestätigt wird das Prinzip durch die Anfügung des *kompletten* ***'s*** an ein unregelmäßig, d.h. ohne Plural-*s* gebildetes Mehrzahlwort (vgl. *'gentlemen's room'*).

Tipp *Bitte beachten Sie, dass bei der Bildung des Besitzfalles der Apostroph wichtiger ist als das Genitiv-**s** danach!*

*__Also__: Endet ein Wort bereits mit einem Mehrzahl-**s**, wird nur noch ein Apostroph angehängt – ein Wort ohne End-s bekommt dagegen die volle **'s**-Endung. (Übrigens: -**'** und -**'s** haben keinerlei Einfluss auf die Rechtschreibung des vorausgehenden Wortes!)*

➲

*the baby|**'s** doll*	*the child|**'s** bike*
*the babies|**'** dolls*	*the children|**'s** bike*

Anmerkungen:

- Bei Eigennamen auf End-*s* darf – abweichend von der Regel – das Genitiv-*s* angehängt werden, z.B. *'St. James's Park', 'Mr Jones's wife'* etc.; die Aussprache der Gesamtendung ist in diesen Fällen [ˈ-ziz].
- Bei Gemeinschaftsbesitz an einer Sache bekommt nur der Name des letztgenannten Eigentümers das Apostroph-*'s* (vgl. *'Tom and Peter's car'*), die Namen von Einzelbesitzern stehen dagegen beide im Genitiv (vgl. *'Tom's and Peter's cars'*)!
- Besitzanzeigende Fürwörter haben *keinen* Apostroph: *'his', 'hers', 'its', 'ours', 'yours', 'theirs'* (*'it's* kann also nur *'it is'* bedeuten!).

Fügen Sie bei den nun folgenden Genitivkonstruktionen entweder ein Apostroph-*s* (-*'s*) oder nur einen Apostroph (-*'*) an. Die Lösungen finden Sie unten in der Fußzeile.

Mary_ sister	all my brother_ toys	his daughters_ room
a ten days_ wait	a whole week_ holiday	people_ shouts
Mr Smith_ car	the men_ suitcases	a boys_ school
the girls_ dolls	our babies_ names	St John_ church

*

Gängige Verkürzungen durch den Apostroph

(Das betonte Wort darf nicht verkürzt werden!)

Kurzform		*Voll-Version*	*(Beispielsätze mit Kurzformen)*
-'d	=	*'had'*	(vgl. *'I'd no time to visit him.'*) oder
		'would'	(vgl. *'I'd certainly do it if I only could.'*)
-'ll	=	*'will'*	(vgl. *'You'll hardly believe me.'*) oder
		'shall'	(vgl. *'We'll never forget this party.'*)
-'m	=	*'am'*	(vgl. *'I'm 25 years old.'*)
-'re	=	*'are'*	(vgl. *'They're older than my parents.'*)
-'s	=	*'is'*	(vgl. *'He's one of my best friends.'*) oder
		'has'	(vgl. *'It's been a long time since we met.'*)
-'ve	=	*'have'*	(vgl. *'I've seldom heard such a lie.'*)
- n't	=	*'not'*	(vgl. *'I haven't read the book yet.' – 'She doesn't like him very much.' – 'We don't know his name.' – 'They aren't at home.' – 'They shouldn't be so noisy.'*)
can't	=	*'cannot'*	(vgl. *'They can't understand English.'*)
shan't	=	*'shall not'*	(vgl. *'We shan't see them till next week.'*)
won't	=	*'will not'*	(vgl. *'She won't be home before noon.'*)

*

Lösungen:

Mary*'s* sister	all my brother*'s* toys	his daughters*'* room
a ten days*'* wait	a whole week*'s* holiday	people*'s* shouts
Mr Smith*'s* car	the men*'s* suitcases	a boys*'* school
the girls*'* dolls	our babies*'* names	St John*'s* church

g) „Beliebte" Wortvertauschungen

Wer das Englische nicht nur als reines Kommunikationsmittel betrachtet, sondern es auch schriftlich anwendet, kennt das Problem: Während des Schreibens ist man plötzlich verunsichert, welches von zwei ähnlich geschriebenen und möglicherweise sogar gleich klingenden Wörtern in diesem Fall zu wählen ist, und vergewissert sich – nicht zum ersten Mal! – der Rechtschreibung in einem *Dictionary*. Vielleicht gelingt es Ihnen in Zukunft, einige dieser Orthographiefallen zu umgehen, wenn Sie bestimmte Eselsbrücken nutzen lernen.

Äußerst nützlich ist die Erkenntnis, dass alle *Fragewörter* und *-pronomen* mit der Kombination *'**wh**-'* (in einem Fall *nur* mit *'h-'*) beginnen; damit besitzen Sie nicht nur eine verlässliche Rechtschreibhilfe an sich, sondern Sie können auch der Gefahr einer Verwechslung mit gleich lautenden, aber ohne *'**h**'* geschriebenen Wörtern vorbeugen:

Fragewörter / -pronomen		*Verwechslungsgefahr*	
who?	(wer?)	-	
whose?	(wessen?)	-	
whom?	(wem, wen?)	-	
what?	(was?)	**w**att	(Watt; elektr. Leistung)
which?	(welche, -r, -s?)	**w**itch	(Hexe)
where?	(wo?)	**w**ear	(tragen, abnutzen)
		ware	(Ware)
		were [əː]	(waren)
when?	(wann?)	**w**en	(Geschwulst)
why?	(warum?)	**y**	(Buchstabe)
- **h**ow?	(wie?)	-	
whether[1]	(ob)	**w**eather	(Wetter)

1 *'Whether'* ist zwar kein Fragewort, kann aber als Konjunktion die indirekte Frage nach einer Alternative einleiten (vgl. *entweder – oder*).

Andere *'mistakes'* – also *Missgriffe* im wahrsten Sinn des Wortes – können Sie ausschließen, indem Sie sich die unterschiedliche Herkunft von Wortpaaren merken, z.B.:

'there'** im Unterschied zu **'their'

Ortsbestimmung		*besitzanzeigendes Fürwort*	
w|here	(wo?)	they	(sie / Plural)
-|here	(hier!)	they [+ r]	
⇩		⇩	
t|here	(dort!)	**their**	(ihr/-e,-es; deren)

*

'then'** im Unterschied zu **'than'

Zeitbestimmung		*Vergleich (Ungleichheit)*	
w|hen	(wann?)	> <	(größer / kleiner ...)
⇩		⇩	
t|hen	(da, dann)	**than**	(... als)

*

'where'** im Unterschied zu **'who'

Fragewort (Frage n. d. Ort)		*Pronomen (Frage n. d. Person)*
wo? **where**?	X	wer? **who**?
(*Antwort*: here / there)		(*Antwort*: he / she, ...)

Die scheinbare Kreuzung der englischen bzw. deutschen Bedeutung dieser beiden Wörter mag als Eselsbrücke dienen – etymologisch gesehen haben *'where'* und *wer* bzw. *'who'* und *wo* natürlich nichts miteinander zu tun, obschon in manchen Gegenden Deutschlands *wo* im Sinn von *welcher* verwendet wird; vgl. *'the man who' = der Mann, wo ...!*

'while'* *im Unterschied zu* *'because'

Bindewort (Gleichzeitigkeit, Dauer)		*Bindewort (Begründung)*	
while	(während)	**because**	(weil, da)
⇧		⇧	
Weile, Dauer		***Kausal***-Zusammenhang	

*

'this'* *im Unterschied zu* *'these'

Hinweisendes Fürwort		*Hinweisendes Fürwort*	
this	(Einzahl)	**these**	(Mehrzahl)
⇧		⇧	
dies *(hier)*		***diese*** *(hier)*	

*

Die typische Kürze – wenn nicht gar Einsilbigkeit –, die englische Wörter im Vergleich zu anderen Sprachen auszeichnet, hat fast zwangsläufig zu einer verwirrenden Vielzahl von Homophonen geführt, d.h. gleich klingenden, in Bedeutung und Schreibung aber voneinander zu unterscheidenden Vokabeln (von Verwechslungsmöglichkeiten aufgrund von Ausspracheähnlichkeiten einmal ganz abgesehen; vgl. *'leaf'* = Blatt / *'leave'* = verlassen oder *'great'* = groß / *'greet'* = begrüßen / *'greed'* = Gier). Damit sind – neben manchem Missverständnis im gesprochenen Englisch – Orthographiefehler praktisch vorprogrammiert (vgl. das Ortsadverb *'here'* und das Verb *'hear'*). Vielleicht gelingt es Ihnen in Zukunft, die Gefahr einer unbedachten Vertauschung wesentlich zu reduzieren, nachdem Sie sich mit den folgenden Homophonen und ihren unterschiedlichen Bedeutungen sowie den etymologischen Hinweisen beschäftigt haben, denn: Eine erkannte Gefahr ist schon halb gebannt!

Verwechslungsrisiko bei gleich klingenden Wörtern

Homophone *(Bedeutungen und Anmerkungen)*

‘here’ - hier (*‘w|here?’* Antwort: *‘-|here’* - *‘t|here’*)
‘hear’ - hören (zuhören = *‘to listen’*)

‘bare’ - bloß, kahl (vgl. *barfuß, bare* Münze, *Bargeld*)
‘bear’ - tragen; Bär (*gebären,* austragen*;* vgl. *‘born’*)

‘be’ - sein (vgl. unsere 2. Pers. Singular: du *bist*)
‘bee’ - Biene (wie im Dt. mit gedehntem Vokal)

‘blue’ - blau (vgl. *‘Blues’* und frz. *bleu* = blau)
‘blew’ - blies (Verggh. von *‘blow’* = *blähen,* blasen)

‘by’ - von, durch (ursprüngl.: *bei,* in der Nähe von)
‘bye’ - auf Wiedersehen (*‘good bye’ = ‘God* ***b****e with* ***ye****’*)
‘buy’ - kaufen (*‘to buy’-‘bought’-‘bought’*)

‘caught’ - fing, gefangen (*‘to catch’-‘caught’- ~;* vgl. *Catcher*)
‘court’ - (Gerichts-)Hof (*Kurtisane* = Geliebte am Fürstenhof)

‘cell’ - Zelle (s. *‘cellar’* = Keller, Vorratskammer)
‘sell’ - verkaufen (*‘to sell’-‘sold’-‘sold’;* ahd. *sellen*)

‘cellar’ - Keller (vgl. *Kellner, Kellermeister*)
‘seller’ - Verkäufer (vgl. *‘to sell’;* s. *‘sale’* = Verkauf)

‘cent’ - Cent, 1/100 $ (vgl. *Zentner, Zentimeter, Zenturio*)
‘sent’ - sandte, gesandt (Verggh. von *‘to send’* = *senden*)

‘cereal’ - Getreidepflanze (*Ceres* = röm. Göttin der Feldfrüchte)
‘serial’ - serienmäßig (vgl. *‘series’* = *Serie*)

‘dear’ - lieb, teuer (dt. mundartl.: *düer;* vgl. *‘darling’*)
‘deer’ - Rotwild (vgl. *Tier; ‘deer-park’* = Wildpark)

‘eyes’ - Augen (häufig: *‘y’* = dt. *g;* vgl. auch *‘day’*)
‘ice’ - Eis (vgl. *‘Iceland’* = Island, also *Eisland*)

‘fair’ - Jahrmarkt (lat. *feria* = Feiertag; vgl. *Ferien*)
‘fare’ - Fahrgeld (vgl. *fahren, Fähre*)

‘flew’ - er/sie/es flog (Verggh. von *‘to fly’;* vgl. *flügge*)
‘flu’ - Grippe (Kurzf. von *Influenza;* vgl. *‘influence’*)

'flour'	- Mehl	(frz. *fleur de farine* = Weizenmehl)
'flower'	- Blume, Blüte	(lat. *flos, floris;* vgl. *florieren, Flor*)
'groan'	- stöhnen	(vgl. *greinen* = weinen)
'grown'	- gewachsen	(*'grow'-'grew'-'grown';* vgl. *grün*)
'heard'	- hörte, gehört	(*'to hear'-'heard'-'heard'*)
'herd'	- Herde	(vgl. *'shepherd'* = *Schafhirt*)
'higher'	- höher	(vgl. *'high'* = hoch)
'hire'	- mieten	(*heuern* = chartern, *Heuer* = Lohn)
'hole'	- Loch	(vgl. *hohl, Höhle*)
'whole'	- ganz	(eigentl.: *heil,* unversehrt)
'knows'	- er/sie weiß	(*'to know';* lat. *cognoscere* = erkenn.)
'nose'	- Nase	(vgl. *'nosy'* = neugierig)
'knight'	- Ritter	(eigentl.: *Knecht, Landsknecht*)
'night'	- Nacht	(vgl. *'nightingale'* = Nachtigall)
'knot'	- Knoten	(vgl. auch *knutschen* und *knautschen*)
'not'	- nicht	(Verkürzung v. *'nought'* = Null, *Nichts*)
'made'	- machte, gem.	(vgl. *'made in Germany'*)
'maid'	- Hausmädchen	(eigentl.: *'maiden'* = Dienstmädchen)
'mail'	- Postsendung	(vgl. *'air mail', 'The Daily Mail'*)
'male'	- männlich	(frz. *mâle,* früher *masle = maskulin*)
'often'	- oft	(das *'-t-'* wird nicht ausgesprochen!)
'orphan'	- Waise	(vgl. *'orphanage'* = Waisenhaus)
'pair'	- Paar	(vgl. lat. *primus inter pares*)
'pear'	- Birne	(lat. *pirum* = Birne)
'praise'	- Lob, loben	(vgl. *preisen, Lobpreis*)
'prays'	- er/sie betet	(vgl. ital. *prego* = bitte; *'y'* häufig *g!*)
'peace'	- Friede	(lat. *pax, pacis* = Friede; vgl. *Pazifist*)
'piece'	- Stück	(frz. *pièce;* vgl. span. *Peso, Peseta*)
'rain'	- Regen	(vgl. *'raincoat', '~drop', '~forest'*)
'reign'	- Regierung	(lat. *regnum; vgl. regina* = Königin)
'right'	- richtig	(vgl. *recht, Recht*)
'write'	- schreiben	(eigentl.: *(w)ritzen, einritzen*)

'road'	- Landstraße	(vgl. *Reede, Ritt;* verw. mit *'to ride'*)
'rode'	- er/sie ritt	(*'to ride'-'rode'-'ridden';* vgl. *reiten*)
'root'	- Wurzel	(*'beetroot'* = *rote Bete,* Wurzelgemüse)
'route'	- Reiseweg	(vgl. *Reiseroute* und *Routine*)
'sail'	- Segel, segeln	(vgl. *'sailing boat', 'sailor'*)
'sale'	- Verkauf	(vgl. *'salesman'* = Verkäufer, *'to sell'*)
'sauce'	- Soße	(*'saucer'* = Untertasse, *Soßen*schale)
'source'	- Quelle	(vgl. *Ressourcen* = Hilfsquellen)
'sea'	- Meer, Ozean	(*die See* = das Meer*; der See* = *'lake'*)
'see'	- sehen	(ohne dt. Dehnungs-*h*)
'side'	- Seite	(vgl. *'beside'* = neben, an der Seite)
'sighed'	- er/sie seufzte	(*'to sigh',* aus *'sick'* = krank, *siech*)
'sight'	- Ansicht, Blick	(vgl. *Sicht, sichten, Gesicht*)
'site'	- Lage, Bauplatz	(vgl. *Situation* = Lage)
'some'	- einige	(vgl. *gesamt, gesammelt*)
'sum'	- Summe	(lat. *summa;* vgl. *summieren*)
'son'	- Sohn	(vgl. *Johnson* = Johns Sohn)
'sun'	- Sonne	(vgl. *'Sunday'* = *Sonntag*)
'tail'	- Schwanz	(vgl. *'cocktail'* = „Hahnenschwanz")
'tale'	- Erzählung	(*'to tell' - 'tale';* vgl. *'to sell' - 'sale'*)
'threw'	- er/sie warf	(*'to throw'-'threw'-'thrown'*)
'through'	- durch	(aus ahd. *duruh*)
'tide'	- Gezeitenstrom	(vgl. *Tidenhub* und *Zeit*)
'tied'	- band, gebunden	(*'to tie'* = *ziehen,* binden)
'too'	- allzu; auch	(Aussprache: [tu:]; *'to'* dagegen: [tə])
'two'	- zwei	(vgl. eins, *zwo,* drei ...)
'wait'	- warten	(*'waiter'* = Kellner, *Wärter*)
'weight'	- Gewicht	(*'to weigh'* = wiegen, eigtl. *bewegen*)
'weather'	- Wetter	(verw. mit *Wehen* = Wind)
'whether'	- ob	(vgl. *entweder* - oder)
'wood'	- Holz	(vgl. germ. VN *Widukind* = Waldkind)
'would'	- er/sie würde	(eigtl. *wollte;* vgl. *'could', 'should'*)

h) Bindestrich und Silbentrennung

Leider gibt es weder für den Bindestrich *(Hyphen)* noch den Silbentrennstrich eindeutige Vorschriften – oder die Einzelregeln sind so verwirrend, dass wir sie hier gar nicht erst behandeln sollten.[1] Hinzu kommt, dass es in England und Amerika unterschiedliche Richtlinien gibt, die obendrein recht eigenwillig ausgelegt werden. Daher wollen wir uns auf einige grundlegende Hinweise beschränken.

Der Bindestrich ermöglicht es dem Engländer, eine enge inhaltliche Verknüpfung zwischen zwei Wörtern zu dokumentieren, und entspricht somit seiner angeborenen Scheu vor vielsilbigen und unübersichtlichen Wortungeheuern, die eher unserer Sprache eigen sind (z.B. *Untersuchungsausschussvorsitzender*). In jüngster Zeit neigt der Engländer zum völligen Verzicht auf einen Bindestrich, und zwar zu Gunsten der Getrenntschreibung (z.B. *'language laboratory'*); nur wenige, alltäglich benutzte Zusammensetzungen sind im Laufe der Zeit zu *einem* Wort verschmolzen (*'all-right'* zu *'alright'*, *'bedroom'* zu *'bedroom'*, *'to-day'* zu *'today'* oder *'where-as'* zu *'whereas'*). Ungern dagegen verzichtet der Engländer auf den Bindestrich, wenn es darum geht, möglichen Leseproblemen oder gar Missverständnissen vorzubeugen, wie sie bei der Zusammenschreibung folgender Wörter leicht entstehen könnten: *'ant-eater'* statt *'anteater'* (Ameisenfresser), *'arrow-head'* statt *'arrowhead'* (Pfeilspitze), *'by-election'* statt *'byelection'* (Nachwahl), *'to co-operate'* statt *'to cooperate'* (zusammenarbeiten), *'fire-eater'* statt *'fireeater'* (Feuerschlucker), *'flat-chested'* statt *'flatchested'* (flachbrüstig), *'to re-enter'* statt *'to reenter'* (wieder eintreten) bzw. *'the singing-teacher'* (der Gesanglehrer) und *'the singing teacher'* (der

---

[1] Wer ganz sichergehen möchte, dem wird ein preiswertes Wörterbuch empfohlen, das neben Bindestrichen auch die Silbentrennung anzeigt (z.B. *'nec·es·sar·i·ly'*), etwa *Langenscheidts Taschenwörterbuch Englisch,* Englisch-Deutsch, Deutsch-Englisch, Berlin/München 1990.

singende Lehrer), *'the rocking-horse'* (das Schaukelpferd) und *'the rocking horse'* (das schwankende Pferd) oder *'the spinning-wheel'* (das Spinnrad) und *'the spinning wheel'* (das sich schnell drehende Rad).

Tipp *Verwenden Sie den Bindestrich möglichst nur,*

- *um längere Wortzusammensetzungen oder*
- *um zwei einzelne, aufeinander folgende Vokale zu trennen!*

➲

'crossexamination'	⇨	*'cross-examination'*
'teamaker'	⇨	*'tea-maker'*
'makeup'	⇨	*'make-up'*

Die englische Silbentrennung ist wahrlich ein Kapitel für sich, da sie sowohl der Wortbildung als auch der Unterteilung nach Sprechsilben folgen kann. Die einzige verlässliche Regel ist wohl, dass Sie nie ein Wort, das als *eine* Silbe gesprochen wird, trennen dürfen (z.B. *'gone', 'horse', 'laughed'* etc.). Vorsilben und Endungen werden – anders als im Deutschen – meist vom Wortstamm getrennt (z.B. *'dis·appear', 'ex·treme'* oder *'re·member'* bzw. *'beauti·ful', 'child·ish', 'church·es', 'smil·ing', 'spot·less'* etc.). Geht der Endung dagegen ein Doppelkonsonant voraus, muss dieser getrennt werden (z.B. *'big·gest', 'but·ter', 'get·ting', 'nod·ded', 'ves·sel'* etc.). Im Übrigen dürfen Sie im Englischen die Kombination *'st'* schon immer trennen (z.B. in *'mis·ter', 'nas·ty', 'pas·tor', 'tes·ter'* etc.). – Schon nach dieser kleinen Auswahl von Vorschriften werden Sie den gut gemeinten Ratschlag verstehen, die Trennung von englischen Wörtern möglichst ganz zu vermeiden – Gott sei Dank sind die meisten ja kurz genug! – oder im Notfall auf ein entsprechendes *Dictionary* zurückzugreifen.

* * *

5

Nutzen Sie einfache Aussprachetricks!

Auch Sie werden sich schon darüber gewundert oder gar geärgert haben, dass im Englischen Schreibung und Aussprache so stark voneinander abweichen und obendrein die Artikulation bestimmter Vokale und Vokalgruppen anscheinend willkürlich erfolgt, sodass Sie zusätzlich zur richtigen Schreibweise und Bedeutung jeder einzelnen Vokabel auch die ihr eigene Aussprache lernen müssen. Genau das aber ist nicht nötig, wenn Sie einige Elementarregeln durchschauen!

Zugegeben, für eine Reihe von Vokalen, Diphthongen und Doppelselbstlauten existiert kein festes Aussprachemuster – übrigens ebenso wenig wie im Deutschen (vgl. die vier verschiedenen ***e***-Laute in *Ledersessel* oder den Diphthong ***ei*** in *heilig,* der ja eigentlich ***ai*** geschrieben werden müsste). Bei der Aussprache von Konsonanten ist der Engländer sogar konsequenter als wir (vgl. z.B. die Wörter *Weg* und *weg,* die im Deutschen in der Regel klingen, als ob sie auf ***-ch*** bzw. ***-ck*** auslauteten, oder *Mord* und *Raub,* bei denen deutlich ein End-***t*** bzw. End-***p*** zu hören ist). Im Englischen sind ***b*** und ***p, d*** und ***t, g*** und ***k*** sowie ***v*** und ***w*** exakt so auszusprechen, wie sie geschrieben werden. Weitaus schwieriger ist es da schon, die korrekte Schreibung von betonten Selbstlauten und Diphthongen zu treffen oder – umgekehrt – deren Aussprache zu „erraten", wie die folgenden Wortbeispiele veranschaulichen:

Die unterschiedliche Aussprache von Diphthongen

Schreibung: ***ea***		*Schreibung:* ***ou***		*Schreibg.:* ***ei***
break [ei]	- **wear** [ɛə]	**flour** [auə]	- **double** [ʌ]	**heir** [ɛə]
lead [i:]	- **hear** [iə]	**course** [ɔ:]	- **through** [u:]	**receive** [i:]
bread [e]	- **sergeant** [-ə]	**house** [au]	- **would** [u]	**weight** [ei]
heart [ɑ:]	- **learn** [ə:]	**tour** [uə]	- **labour** [-ə]	**height** [ai]

Die unterschiedlichen Schreibweisen gedehnter Laute

[ɑ:]	[ə:]	[i:]	[ɔ:]	[u:]	[ju:]
aunt	bird	ceiling	door	blue	argue
bazaar	herd	feel	horse	fruit	neutral
class	journal	key	pause	lose	new
clerk	learn	meat	pour	rude	queue
heart	myrrh	people	roar	pool	union
laugh	turn	quay	saw	shoe	view
sergeant	word	she	tall	wound	you

Mögliche Schreibweisen von Diphthongen

[ai]	[ei]	[ou]	[oi]	[au]
by	ale	blow	boy	crowd
buy	gaol [ʤeil]	bone	buoy	house
bye	grey	coat	oyster	kraut
die	mail	sew	toilet	plough
either	way	though		
fine	weigh	toe		

*

Leider werden Sie die richtige Schreibung der betonten Silben in der Regel auch weiterhin büffeln müssen – wenngleich Sie nach dem Studium der vorgenannten Beispiele eine gewisse Erwartungshaltung entwickeln können und zudem noch einige diesbezügliche Kniffe erfahren werden. Die Aussprache aller anderen Silben eines Wortes jedoch dürfte Ihnen in Zukunft mühelos gelingen, wenn Sie sich mit den folgenden Seiten beschäftigt haben.

a) Eine handliche Zauberformel

Ganz gleich, mit welchem Vokal oder Diphthong eine Silbe im Englischen zu schreiben ist, gesprochen wird sie (fast) immer mit einem ə-Laut – vorausgesetzt, sie ist *unbetont!* Dabei handelt es sich um jenes Verlegenheitsgeräusch, mit dem mancher ungeschulte Redner kurze Sprech- und Denkpausen füllt oder sogar Ratlosigkeit signalisiert. Im Deutschen kennen wir diesen flachen *e*-Laut ebenfalls in unbetonten Silben, z.B. beim Verbsuffix *-en* (vgl. *geben*). Sie können also mit ziemlicher Sicherheit davon ausgehen, dass mehrsilbige englische Wörter in etwa nach einem der folgenden Muster ausgesprochen werden:

´_ ə ə	ə ´_ ə	ə ə ´_
(*'**a**mateur'*)	(*'opp**o**nent'*)	(*'entert**ai**n'*)

Lediglich das unbetonte *'i'* (oder *'y'*) ist ein wenig höher zu intonieren, außerdem ist bei einem stummen End-*'e'* Vorsicht geboten; aber davon später mehr. Es soll auch nicht verheimlicht werden, dass längere Wörter und Wortzusammensetzungen eine zweite Betonung (oder Nebenbetonung) haben können, sodass die Vokale in den entsprechenden Silben stark auszusprechen sind.

Tipp

Merken Sie sich die Betonung eines Wortes, denn sie entscheidet über seine Aussprache!

Geben Sie kurze, unbetonte Vokale durch den flachen ə-Laut wieder! (*Ausnahme: i*)

➲

*'m**ai**ntenance'*	⇨	[ˈmeintənəns]	- *Wartung*
*'irr**e**vocable'*	⇨	[iˈrevəkəbl]	- *unwiderruflich*
*'moust**a**che'*	⇨	[məˈstɑ:ʃ]	- *Schnurrbart*

Anmerkungen:

- Als Anfangs- oder Endlaut eines Wortes kann ein unbetonter Vokal auch stark auszusprechen sein (z.B. bei *'abolition'* [æbəˈliʃən], *'excuse'* [iksˈkju:z], *'ideal'* [aiˈdiəl], *'ovation'* [ouˈveiʃən] oder *'unless'* [ʌnˈles] bzw. *'bungalow'* [ˈbʌŋgəlou] oder *'tomato'* [təˈmɑ:tou] etc.
- Bei der konsequenten Anwendung des oben erwähnten Tricks ergibt sich eine etwas „versnobte" Aussprache – insbesondere, wenn auch das *'i'* und das *'y'* durch den ə-Laut ersetzt werden.

Artikulieren Sie die folgenden Wörter (betonte Vokale sind jeweils fett gedruckt) und vergleichen Sie Ihre Ausspracheversion mit den in Lautschrift angegebenen Lösungen auf der nächsten Seite.

admiral	**e**ffort	pol**i**ceman	demonstr**a**tion	pr**o**duct
adm**i**re	aff**o**rd	p**o**licy	dem**o**nstrative	prod**u**cible
admirable	**o**fferer	polit**i**cian	d**e**monstrable	prod**u**ction

*

Ausspracheübung (1)

- Wörter mit Anfangsbetonung -

(Vorsicht: vom Deutschen abweichende Betonung!)

---

accent	[ˈæksənt]	- Betonung, Akzent
bl**a**mable	[ˈbleiməbl]	- blamabel
c**a**lendar	[ˈkæləndə]	- Kalender
ch**a**racter	[ˈkærəktə]	- Charakter
d**e**sert	[ˈdezət]	- Wüste, Öde (vgl. *desertieren*)
g**a**laxy	[ˈgæləksi]	- Milchstraße, Galaxie
g**a**llop	[ˈgæləp]	- Galopp; galoppieren
infamous	[ˈinfəməs]	- schändlich, infam
interval	[ˈintəvəl]	- Zwischenraum, Intervall
m**a**ssacre	[ˈmæsəkə]	- Blutbad, Massaker
n**e**cessary	[ˈnesəsəri]	- notwendig (vgl. *Necessaire*)
orchestra	[ˈɔːkəstrə]	- Orchester
p**e**rmanent	[ˈpəːmənənt]	- beständig, permanent
pr**e**ferable	[ˈprefərəbl]	- vorzuziehen (vgl. *Präferenz*)
pr**o**testant	[ˈprɔtəstənt]	- protestantisch, Protestant
r**a**tional	[ˈræʃənl]	- vernunftbegabt, rational
r**i**gorous	[ˈrigərəs]	- streng, hart, rigoros
s**e**cretary	[ˈsekrətri]	- Sekretärin
t**e**mporary	[ˈtempərəri]	- vorübergehend, temporär
v**e**hement	[ˈviːəmənt]	- heftig, vehement
v**i**olet	[ˈvaiəlit]	- Veilchen, violett
v**o**luntary	[ˈvɔləntəri]	- freiwillig (vgl. *Volontär*)

*

Lösungen:

[´ædmərəl]	[´efət]	[pə´li:smən]	[deməns´treiʃən]	[´prɔdəkt]
[əd´maiə]	[ə´fɔ:d]	[´pɔləsi]	[di´mɔnstrətiv]	[prə´dju:səbl]
[´ædmərəbl]	[´ɔfərə]	[pɔlə´tiʃən]	[´demənstrəbl]	[prə´dʌkʃən]

*

Ausspracheübung (2)

- Wörter mit Binnenbetonung -

(Vorsicht: vom Deutschen abweichende Betonung!)

---

ab**a**ndon	[ə´bændən]	- aufgeben, verlassen
ab**u**ndance	[ə´bʌndəns]	- Überfluss, -maß, Fülle
ac**a**demy	[ə´kædəmi]	- Akademie
adv**e**nture	[əd´ventʃə]	- Abenteuer (vgl. *Advent*)
aff**i**rmative	[ə´fə:mətiv]	- bejahend
cat**a**strophe	[kə´tæstrəfi]	- Unglück, Katastrophe
cert**i**ficate	[sə´tifikət]	- Zeugnis, Bescheinigung
comp**a**nion	[kəm´pænjən]	- Begleiter, Kamerad
corr**u**ption	[kə´rʌpʃən]	- Verdorbenheit, Korruption
dim**e**nsion	[di´menʃən]	- Abmessung, Dimension
ec**o**nomy	[i´kɔnəmi]	- Wirtschaft, Ökonomie
env**i**ronment	[in´vaiərənmənt]	- Umwelt, Umgebung
frat**e**rnal	[frə´tə:nl]	- brüderlich (vgl. *fraternisieren*)
hor**i**zon	[hə´raizn]	- Horizont
id**e**al	[ai´diəl]	- vollendet, ideal
ind**i**gnant	[in´dignənt]	- entrüstet
lab**o**ratory	[lə´bɔrətəri]	- Laboratorium, Labor
lux**u**rious	[ləg´zjuəriəs]	- luxuriös
mal**i**cious	[mə´liʃəs]	- boshaft, maliziös
obs**e**rvance	[əb´zə:vəns]	- Beachtung, Einhaltung
off**e**nsive	[ə´fensiv]	- offensiv, ungehörig
opp**o**nent	[ə´pounənt]	- Gegner
pav**i**lion	[pə´viljən]	- Pavillon, Klubhaus
ped**e**strian	[pi´destriən]	- Fußgänger
perc**e**ption	[pə´sepʃən]	- Wahrnehmung

permission	[pə´miʃən]	- Erlaubnis
photography	[fə´tɔgrəfi]	- Fotografie, Lichtbild
pollution	[pə´lu:ʃ ən]	- Verschmutzung
recognition	[rəkəg´niʃən]	- Wiedererkennen
society	[sə´saiəti]	- Gesellschaft
spontaneous	[spən´teinjəs]	- spontan
submission	[səb´miʃən]	- Unterwerfung
sufficiency	[sə´fiʃənsi]	- Zulänglichkeit
supplier	[sə´plaiə]	- Lieferer, Lieferant
suspicion	[səs´piʃən]	- Verdacht, Vermutung
telephonist	[ti´lefənist]	- Telefonist, Telefonistin
variety	[və´raiəti]	- Vielfalt, Abwechslung

*

Ausspracheübung (3)
- Wörter mit Endbetonung -

accord	[ə´kɔ:d]	- Übereinstimmung
account	[ə´kaunt]	- Bericht, Rechnung
address	[ə´dres]	- Anschrift, Adresse
advice	[əd´vais]	- Ratschlag, Rat
assent	[ə´sent]	- Zustimmung
canoe	[kə´nu:]	- Kanu, Paddelboot
career	[kə´riə]	- Karriere, Laufbahn
employee	[emplɔi´i:]	- Arbeitnehmer
engineer	[enʤi´ni:ə]	- Ingenieur
fatigue	[fə´ti:g]	- Müdigkeit, Ermüdung
moustache	[mə´stɑ:ʃ]	- Schnurrbart
neglect	[ni´glekt]	- vernachlässigen
obscure	[əb´skjuə]	- dunkel, verhüllt
police	[pə´li:s]	- Polizei
sincere	[sin´siə]	- aufrichtig
success	[sək´ses]	- Erfolg; vgl. *sukzessive*
support	[sə´pɔ:t]	- Unterstützung, Hilfe
technique	[tek´ni:k]	- Technik, Methode

b) Das End-'e' als verlässlicher Lautumwandler

Das stumme End-*'e'* ist beileibe nicht so harmlos, wie die Bezeichnung vermuten lässt. Zwar ist es selbst nicht hörbar, kann aber einen starken Einfluss auf die Aussprache der Endsilbe haben – häufig sogar, wenn diese unbetont ist. Das gilt insbesondere für die vielen Haupt- und Tätigkeitswörter auf *'-ise'* (Aussprache: [-aiz]), aber auch die hiervon abgeleiteten Substantive auf *'-isation'* (Aussprache: [-ai'zeiʃən]). Im Übrigen wird ein unbetontes *'i'* am Wortanfang ebenfalls häufig als Diphthong – also [ai] – gesprochen (z.B. *'identity'*).

Tipp *Nutzen Sie das End-'**e**' als Aussprachehilfe!*

Es verändert den vorausgehenden betonten Laut, wenn es von diesem durch einen Einzelkonsonanten getrennt ist:

➲

'a'	⇨	[ei]	*('hat'*	⇨	*'h**a**te')*
'e'	⇨	[i:]	*('pet'*	⇨	*'P**e**te')*
'i'	⇨	[ai]	*('sit'*	⇨	*'s**i**te')*
'o'	⇨	[ou]	*('not'*	⇨	*'n**o**te')*
'u'	⇨	[ju:]	*('us'*	⇨	*'**u**se')*

*Änderung des betonten **a**-Lauts vor stummem End-'**e**'*

[æ / ɔ: / ɑ:]		[ei]	*deutsche Bedeutungen*	
all	-	ale	*(alle, alles*	*- Bier)*
bath	-	bathe	*(Wannenbad*	*- baden gehen)*
can	-	cane	*(können*	*- Rohr, Rohrstock)*
cap	-	cape	*(Kappe, Mütze*	*- Kap; Umhang)*
car	-	care	*(Auto*	*- Sorge, Fürsorge)*
far	-	fare	*(weit, entfernt*	*- Fahrpreis, Fahrgeld)*

fat	-	fate	*(fett, dick*	*- Schicksal)*
gap	-	gape	*(Lücke, Kluft*	*- den Mund aufsperren)*
glad	-	glade	*(froh*	*- Lichtung)*
hat	-	hate	*(Hut*	*- hassen)*
lack	-	lake	*(Mangel*	*- Binnensee)*
lamb	-	lame	*(Lamm*	*- lahm; lähmen)*
mad	-	made	*(wahnsinnig*	*- machte, gemacht)*
man	-	mane	*(Mann*	*- Mähne)*
mat	-	mate	*(Matte*	*- Kumpel, Kamerad)*
nap	-	nape	*(Nickerchen*	*- Nacken, Genick)*
pal	-	pale	*(Kumpel*	*- blass, fahl, bleich)*
pan	-	pane	*(Pfanne*	*- Fensterscheibe)*
rat	-	rate	*(Ratte*	*- Rate)*
sack	-	sake	*(Sack*	*- Sache)*
snack	-	snake	*(Imbiss*	*- Schlange)*
spar	-	spare	*(Rundholz*	*- übrig, Ersatz-)*
tap	-	tape	*(Zapfhahn*	*- Band, Tonband)*
tar	-	tare	*(Teer*	*- Tara, Verpack.-Gewicht)*
van	-	vane	*(Lieferwagen*	*- Wetterfahne)*
war	-	ware	*(Krieg*	*- Ware)*

Änderung des betonten ***i****-Lauts vor stummem End-'****e****'*

[i]		[ai]	*deutsche Bedeutungen*	
bid	-	bide	*(bieten*	*- abwarten)*
bit	-	bite	*(bisschen*	*- beißen)*
dick	-	dike	*(Schnüffler*	*- Deich, Damm)*
din	-	dine	*(Lärm*	*- essen, speisen)*
fin	-	fine	*(Flosse*	*- schön, vollendet)*
hid	-	hide	*(verbarg*	*- verbergen)*
kit	-	kite	*(Bausatz, Set*	*- Windvogel, Drachen)*
lick	-	like	*(lecken*	*- mögen; ähnlich)*
pick	-	pike	*(pflücken*	*- Hecht; Pike)*
pin	-	pine	*(Nadel*	*- Kiefer, Föhre)*
rid	-	ride	*(loswerden*	*- reiten, fahren)*
shin	-	shine	*(Schienbein*	*- leuchten, scheinen)*

sit	-	site	*(sitzen*	-	*Lage, Platz)*
slid	-	slide	*(glitt*	-	*gleiten)*
spin	-	spine	*(sich drehen*	-	*Rückgrat)*
spit	-	spite	*(spucken*	-	*Boshaftigkeit)*
twin	-	twine	*(Zwilling*	-	*Bindfaden, Kordel)*
unit	-	unite	*(Element*	-	*vereinigen)*
win	-	wine	*(gewinnen*	-	*Wein)*
writ	-	write	*(Verfügung*	-	*schreiben)*

*Änderung des betonten **o**-Lauts vor stummem End-‘**e**’*

[ɔ]		[ou]	*deutsche Bedeutungen*		
block	-	bloke	*(Klotz, Block*	-	*Typ, Kerl)*
cock	-	coke	*(Hahn*	-	*Kokain)*
cod	-	code	*(Kabeljau*	-	*Kodex, Kode)*
cop	-	cope	*(Polizist*	-	*zurechtkommen)*
dot	-	dote	*(Pünktchen*	-	*abgöttisch lieben)*
hop	-	hope	*(hüpfen*	-	*Hoffnung)*
mop	-	mope	*(Mopp; wisch.*	-	*Trübsal blasen)*
not	-	note	*(nicht*	-	*Banknote, Notiz)*
pock	-	poke	*(Pocke*	-	*stochern)*
rob	-	robe	*(rauben*	-	*Robe, Gewand)*
rot	-	wrote	*(verrotten*	-	*schrieb)*
ton	-	tone	*(Tonne*	-	*Klang, Ton)*

*Änderung des betonten **u**-Lauts vor stummem End-‘**e**’*

[ʌ]		[ju:]	*deutsche Bedeutungen*		
cub	-	cube	*(Welpe, Junges*	-	*Würfel, Kubus)*
cut	-	cute	*(schneiden*	-	*entzückend, süß)*
duck	-	duke	*(Ente*	-	*Herzog)*
tub	-	tube	*(Kübel, Bad*	-	*Röhre, Tube)*
us	-	use	*(uns*	-	*gebrauchen)*

*

Bei den o.a. Beispielen handelt es sich lediglich um eine kleine Auswahl leicht zu verwechselnder Wortpaare, an denen die Lautveränderung der Vokale besonders eindrucksvoll gezeigt werden kann. Selbstverständlich gilt diese Regel auch für (fast) alle anderen Wörter mit stummem End-*‘**e**’*, besonders wenn der Vokal davor die Betonung trägt (z.B. *‘ch**a**se’*, *‘c**a**ve’*, *‘g**a**le’*, *‘st**a**te’*, *‘ins**a**ne’*; *‘compl**e**te’*, *‘extr**e**me’*, *‘interv**e**ne’*, *‘prec**e**de’*, *‘th**e**se’*; *‘bes**i**de’*, *‘cr**i**me’*, *‘dec**i**de’*, *‘pol**i**te’*, *‘tr**i**be’*; *‘al**o**ne’*, *‘comp**o**se’*, *‘d**o**me’*, *‘par**o**le’*, *‘prom**o**te’*; *‘conf**u**se’*, *‘n**u**de’*, *‘molec**u**le’*, *‘reb**u**ke’*, *‘prod**u**ce’*). Ist der Endvokal jedoch unbetont, wird er – der Grundregel folgend – schwach gesprochen (also [ə]):

*Unwirksames End-‘**e**’ nach unbetonten Vokalen*[1]

(der betonte Vokal ist fett gedruckt)

adv**e**nture	[əd΄ventʃə]	- Abenteuer; vgl. *Advent*
aggr**e**ssive	[ə΄gresiv]	- angriffslustig, aggressiv
appr**e**ntice	[ə΄prentis]	- Lehrling, Auszubildender
automobile	[΄ɔ:təməbi:l]	- Auto, Kraftwagen
avarice	[΄ævəris]	- Habsucht, Geldgier
c**o**llege	[΄kɔlidʒ]	- Fach(hoch)schule, College
comp**a**rative	[kəm΄pærətiv]	- vergleichend
conf**i**gure	[kɔn΄figə]	- konfigurieren
cons**e**rvative	[kən΄sə:vətive]	- vorsichtig, konservativ
cr**ea**ture	[΄kri:tʃə]	- Geschöpf, Kreatur
d**e**corative	[΄dekərətive]	- schmückend, dekorativ
d**e**finite	[΄definit]	- bestimmt, eindeutig
d**e**licate	[΄delikət]	- empfindlich, heikel, delikat
dep**a**rture	[di΄pɑ:tʃə]	- Abreise, Abflug
d**e**sperate	[΄despərət]	- verzweifelt, dringend
d**i**scipline	[΄disiplin]	- Disziplin
edifice	[΄edifis]	- Gebäude, Bauwerk

[1] Die Endung *‘-ise’* wird in der Regel [-aiz] gesprochen – auch wenn sie unbetont ist (vgl. *‘exercise’*)!

engine	[ˈendʒin]	- Maschine, Motor
excl**u**sive	[iksˈklu:siv]	- ausschließlich, exklusiv
expr**e**ssive	[iksˈpresiv]	- ausdrucksvoll, vielsagend
ext**e**nsive	[iksˈtensiv]	- ausgedehnt, weit reichend
f**ai**lure	[ˈfeiljə]	- Scheitern; vgl. *Fehler*
f**ea**ture	[ˈfi:tʃə]	- Gesichtszug, Merkmal
f**o**rtune	[ˈfɔ:tʃən]	- Vermögen; vgl. *Fortuna*
fr**a**cture	[ˈfræktʃə]	- Bruch, Fraktur; vgl. *Fraktion*
f**u**ture	[ˈfju:tʃə]	- zukünftig; Zukunft, Futur
g**e**nuine	[ˈdʒenjuin]	- echt, authentisch
h**a**ndsome	[ˈhænsəm]	- gut aussehend, stattlich
im**a**gine	[iˈmædʒin]	- sich vorstellen, s. einbilden
impr**e**ssive	[imˈpresiv]	- eindrucksvoll
imp**u**lsive	[imˈpʌlsiv]	- impulsiv
infinite	[ˈinfinit]	- unendlich, ungeheuer groß
injure	[ˈindʒə]	- verletzen, schädigen
inst**i**nctive	[inˈstinktiv]	- instinktiv
intimate	[ˈintimət]	- eng, vertraulich
j**u**stice	[ˈdʒʌstis]	- Gerechtigkeit; vgl. *Justiz*
l**ei**sure	[ˈleʒə]	- Freizeit, Muße
l**i**terature	[ˈlitərətʃə]	- Literatur; Fachliteratur
l**o**comotive	[ˈloukəˌmoutiv]	- Lokomotive
l**o**nesome	[ˈlounsəm]	- einsam, allein
m**e**dicine	[ˈmedsən]	- Arznei, Medizin
m**i**nute	[ˈminit]	- Minute, Augenblick
m**i**xture	[ˈmikstʃə]	- Mischung, Gemisch
m**o**tive	[ˈmoutiv]	- Beweggrund, Motiv
n**a**rrative	[ˈnærətiv]	- erzählend
n**a**ture	[ˈneitʃə]	- Natur; Beschaffenheit
n**e**gative	[ˈnegətiv]	- negativ
obstinate	[ˈɔbstiət]	- starrsinnig, hartnäckig
office	[ˈɔfis]	- Büro, Amt; Gottesdienst
opposite	[ˈɔpezit]	- entgegengesetzt; Gegenteil
p**a**sture	[ˈpɑ:stʃə]	- Weideland; *Pastor* = Hirte
p**i**cture	[ˈpiktʃə]	- Bild, Porträt; vgl. *Pigment*
pl**ea**sure	[ˈpleʒə]	- Vergnügen; vgl. *Pläsier*

pr**a**ctice	[ˈpræktis]	- Übung; vgl. *Praxis*
pr**e**face	[ˈprefəs]	- Vorwort; vgl. *Präfation*
pr**e**judice	[ˈpreʤədis]	- Vorurteil; vgl. *präjudizieren*
pr**e**mise	[ˈpremis]	- Grundstück; vgl. *Prämisse*
pr**e**ssure	[ˈpreʃə]	- Druck; vgl. *Presse*
pr**i**vilege	[ˈprivilidʒ]	- Sonderrecht, Privileg
proc**e**dure	[prəˈsi: ʤə]	- Verfahren, Prozedur
pr**o**mise	[ˈprɔmis]	- Versprechen; vgl. *Kompromiss*
s**e**nsitive	[ˈsensitiv]	- empfindlich; vgl. *Sensor*
s**e**rvice	[ˈsə:vis]	- Dienst, Dienstleistung
str**u**cture	[ˈstrʌktʃə]	- Aufbau, Struktur
s**u**rface	[ˈsə:fis]	- Oberfläche; auftauchen
t**o**rture	[ˈtɔ:tʃə]	- Folter, Folterung, Tortur
urine	[ˈjuərin]	- Harn, Urin
v**o**lume	[ˈvɔljəm]	- Band; Lautstärke
w**e**lcome	[ˈwelkəm]	- Empfang; willkommen heiß.

*

c) Wortarten und ihre typischen Betonungen

Bei der Übernahme fremder Wörter – vor allem aus dem Lateinischen und Französischen – haben die Engländer weit gehend auf die ursprünglichen Deklinations- und Konjugationsendungen verzichtet (s. Teil I: Die Bildung der englischen Sprache). Daher können unterschiedliche Wortarten absolut gleich aussehen, und oft ist nur an der Stellung innerhalb des Satzes erkennbar, ob es sich um ein Adjektiv, Substantiv oder Verb handelt. Im gesprochenen Englisch dagegen unterscheiden sich diese scheinbar identischen Wörter nicht selten in ihrer Betonung und Aussprache! Während der Akzent vieler um die Endsilbe verkürzter Hauptwörter sich im Allgemeinen nach vorne verlagert hat – was durchaus einleuchtet (vgl. lat. *his**to**ria* zu engl. *'**hi**story'* oder frz. *pers**on**ne* zu engl. *'**per**son'*) – ist die Verbversion gleich geschriebener Wörter vielfach endbetont.

Tipp *Betonen Sie gleich geschriebene mehrsilbige Wörter entsprechend der Wortart!*

Verlegen Sie im Zweifelsfall den Akzent der Substantiv-Version nach vorn, den der Verb-Version nach hinten – damit liegen Sie in der Regel richtig!

➲ *'p**ro**test'* ['proutest] - Protest
*'to pro**test**'* [prə'test] - protestieren

Anmerkungen:

- Eigentlich wendet der Engländer damit lediglich eines unserer germanischen Betonungsschemata (vgl. *M**i**ssbrauch – missbr**au**chen* oder ***Um**fang – umf**a**ngen*) auch auf die romanischen Lehnwörter an.
- Im Übrigen gilt die obige Faustregel ebenfalls für nicht völlig identische Wortpaare (z.B. *'c**o**nference'-'to conf**e**r'; 'cr**ea**ture'-'to cre**a**te'; '**en**velope'-'to env**e**lop'; '**i**gnorance'-'to ign**o**re'; 'm**ai**ntenance'-'to main**tain**'; 'r**e**ference'-'to ref**e**r'*).

Unterschiedliche Wortarten gleicher Schreibung

Hauptwort	*Tätigkeitswort*	*deutsche Bedeutungen*
accent	to acc**e**nt	- *Betonung / betonen*
attribute	to attr**i**bute	- *Eigenschaft / zuschreiben*
c**o**nduct	to cond**u**ct	- *Leitung / leiten*
c**o**nflict	to confl**i**ct	- *Kampf / sich widersprechen*
c**o**ntact	to cont**a**ct	- *Berührung / berühren*
c**o**ntest	to cont**e**st	- *Streit / streiten*
c**o**ntrast	to contr**a**st	- *Gegensatz / sich abheben*
c**o**nvict	to conv**i**ct	- *Häftling / überführen*
d**e**crease	to decr**ea**se	- *Abnahme / abnehmen*
d**e**sert	to des**e**rt	- *Öde, Wüste / verlassen*
d**i**spute	to disp**u**te	- *Wortstreit / streiten*

escort	to esc**o**rt	- *Geleit / geleiten*
exploit	to expl**oi**t	- *Heldentat / ausbeuten*
export	to exp**o**rt	- *Ausfuhr / ausführen*
extract	to extr**a**ct	- *Auszug / herausziehen*
import	to imp**o**rt	- *Einfuhr / einführen*
increase	to incr**ea**se	- *Anstieg / zunehmen*
insult	to ins**u**lt	- *Beleidigung / beleidigen*
m**i**sprint	to mispr**i**nt	- *Druckfehler / verdrucken*
object	to obj**e**ct	- *Gegenstand / dagegen sein*
overflow	to overfl**o**w	- *Überlauf / überlaufen*
overlap	to overl**a**p	- *Überschneidung / überlappen*
p**e**rfume	to perf**u**me	- *Parfüm / parfümieren*
p**e**rmit	to perm**i**t	- *Erlaubnis / erlauben*
pr**e**sent	to pres**e**nt	- *Geschenk / schenken*
pr**o**cess	to proc**e**ss	- *Vorgang / verarbeiten*
pr**o**duce	to prod**u**ce	- *Erzeugnis / erzeugen*
pr**o**gress	to progr**e**ss	- *Fortschritt / fortschreiten*
pr**o**ject	to proj**e**ct	- *Plan / planen, entwerfen*
pr**o**spect	to prosp**e**ct	- *Ausschau / Ausschau halten*
pr**o**test	to prot**e**st	- *Einwand / protestieren*
r**e**bel	to reb**e**l	- *Rebell / rebellieren*
r**e**cord	to rec**o**rd	- *Bericht / berichten*
s**u**bject	to subj**e**ct	- *Untertan / unterwerfen*
s**u**rvey	to surv**ey**	- *Überblick / überblicken*
s**u**spect	to susp**e**ct	- *Verdächtiger / verdächtigen*
tr**a**nsfer	to transf**e**r	- *Übertragung / übertragen*
tr**a**nsport	to transp**o**rt	- *Transport / transportieren*

*

Akzentverschiebung innerhalb einer Wortfamilie

(bei Adjektiven liegt die Betonung meist in der Wortmitte)

advertising	[ˈædvətaiziŋ]	- Werbung
to **a**dvertise	[ˈædvətaiz]	- anzeigen, inserieren
adv**er**tisement	[ədˈvəːtismənt]	- Anzeige, Inserat

ar**i**stocrat	[æ´ristəkræt]	- Adliger, Aristokrat
arist**o**cracy	[æris´tɔkrəsi]	- Adel, Aristokratie
aristocr**a**tic	[æristə´krætik]	- adlig, aristokratisch
b**e**nefit	[´benifit]	- Vorteil; Beihilfe
ben**e**ficent	[bi´nefisənt]	- wohltätig
benef**i**cial	[beni´fiʃəl]	- vorteilhaft, nützlich
c**e**remony	[´seriməni]	- Feierlichkeit
cerem**o**nial	[seri´mounjəl]	- feierlich
cl**i**mate	[´klaimit]	- Klima
clim**a**tic	[klai´mætik]	- klimatisch
c**o**mmerce	[´kɔmə:s]	- Handel
comm**e**rcial	[kə´mə:ʃəl]	- kaufmännisch
c**o**mpetence	[´kɔmpitəns]	- Tüchtigkeit
to comp**e**te	[kəm´pi:t]	- konkurrieren
comp**e**titive	[kəm´petitiv]	- wettbewerbsfähig
compet**i**tion	[kɔmpi´tiʃən]	- Wettbewerb
c**ou**rage	[´kʌridʒ]	- Mut
cour**a**geous	[kə´reidʒəs]	- mutig
d**e**mocrat	[´deməkræt]	- Demokrat
dem**o**cracy	[di´mɔkrəsi]	- Demokratie
democr**a**tic	[demə´krætik]	- demokratisch
to d**e**monstrate	[´demənstreit]	- vorführen, zeigen
dem**o**nstrative	[di´mɔnstrətiv]	- demonstrativ
demonstr**a**tion	[deməns´treiʃən]	- Vorführung
d**e**stiny	[´destini]	- Schicksal, Los
to d**e**stine	[´destin]	- bestimmen
destin**a**tion	[desti´neiʃən]	- Reiseziel
to **e**xecute	[´eksikju:t]	- ausführen
ex**e**cutive	[ig´zekjutiv]	- leitender Angestellter
exec**u**tion	[eksi´kju:ʃə n]	- Ausführung, Exekution
g**e**nerator	[´dʒenəreitə]	- Generator, Erzeuger
gen**e**ric	[dʒi´nerik]	- die Gattung betreffend
gener**a**tion	[dʒenə´reiʃən]	- Generation

h**i**story	[ˈhistəri]	- Geschichte
hist**o**rian	[hisˈtɔ:riən]	- Historiker
hist**o**rical	[hisˈtɔrikəl]	- geschichtlich
industry	[ˈindəstri]	- Industrie; Fleiß
ind**u**strial	[inˈdʌstriəl]	- industriell
industrialis**a**tion	[indʌstriəlaiˈzeiʃən]	- Industrialisierung
intellect	[ˈintəlekt]	- Verstand, Intellekt
int**e**lligence	[inˈteliʤəns]	- Intelligenz
intell**e**ctual	[intiˈlektjuəl]	- geistig, intellektuell
n**e**cessary	[ˈnesəsəri]	- notwendig
nec**e**ssity	[niˈsesiti]	- Notwendigkeit
origin	[ˈɔriʤin]	- Ursprung, Herkunft
or**i**ginal	[əˈriʤənl]	- ursprünglich
origin**a**lity	[əriʤiˈnæliti]	- Ursprünglichkeit
p**a**rticle	[ˈpɑ:tikl]	- Teilchen, Partikel
part**i**cipant	[pɑ:ˈtisipənt]	- Teilnehmer
particip**a**tion	[pɑ:tisiˈpeiʃən]	- Teilnahme
p**e**riod	[ˈpiəriəd]	- Periode, Zeit
peri**o**dic	[piəriˈɔdik]	- regelmäßig, periodisch
p**e**rson	[ˈpə:sn]	- Person, Mensch
to pers**o**nify	[pə:ˈsɔnifai]	- personifizieren
person**a**lity	[pə:səˈnæliti]	- Persönlichkeit
personn**e**l	[pə:səˈnel]	- Belegschaft, Personal
personific**a**tion	[pə:sɔnifiˈkeiʃən]	- Personifizierung
ph**o**tograph	[ˈfoutəgrɑ:f]	- Fotografie
phot**o**grapher	[fəˈtɔgrəfə]	- Fotograf
photogr**a**phic	[foutəˈgræfik]	- fotografisch
p**o**litics	[ˈpɔlitiks]	- Politik
pol**i**tical	[pəˈlitikəl]	- politisch
polit**i**cian	[pɔliˈtiʃən]	- Politiker
pr**e**ference	[ˈprefərəns]	- Vorliebe
pr**e**ferable	[ˈprefərəbl]	- vorzuziehen
to pref**e**r	[priˈfə:]	- vorziehen
prefer**e**ntial	[prefəˈrənʃl]	- bevorzugt

ref**u**ge	[ˈrefju:dʒ]	- Zuflucht, Schutz
refug**ee**	[refju:ˈdʒi:]	- Flüchtling
union	[ˈju:njən]	- Gewerkschaft, Union
to un**i**te	[ju:ˈnait]	- vereinigen
unific**a**tion	[ju:nifiˈkeiʃən]	- Vereinigung

*

Zum Schluss sei noch eine Eigentümlichkeit der Betonung von Hauptwörtern genannt: Trotz der Erweiterung um das Suffix *'-ism'* behalten die so gebildeten englischen Substantive – im Gegensatz zu den gleichbedeutenden *-ismus*-Wörtern unserer Sprache – den Akzent des jeweiligen Ursprungswortes (meist eines Adjektivs oder Substantivs). Ein stummes End-*'**e**'* entfällt natürlich vor *'-ism'*.

Atypische Betonung von Substantiven auf '-ism'

Basiswort	*'ism'-Substantiv*	*deutsche Entsprechung*
alcohol	**a**lcoholism	*(Alkohol / Alkoholismus)*
c**a**pital	c**a**pitalism	*(Kapital / Kapitalismus)*
coll**e**ctive	coll**e**ctivism	*(gesamt / Kollektivismus)*
col**o**nial	col**o**nialism	*(kolonial / Kolonialismus)*
c**o**mmune	c**o**mmunism	*(Gemeinde / Kommunismus)*
cr**i**tic	cr**i**ticism	*(Kritiker / Kritizismus)*
d**e**spot	d**e**spotism	*(Tyrann / Despotismus)*
ego	**e**goism	*(das Ich / Egoismus)*
er**o**tic	er**o**ticism	*(erotisch / Erotizismus)*
extr**e**me	extr**e**mism	*(krass, extrem / Extremismus)*
h**e**ro	h**e**roism	*(Held / Heldentum, Heroismus)*
id**e**al	id**e**alism	*(vollendet / Idealismus)*
imp**e**rial	imp**e**rialism	*(kaiserlich / Imperialismus)*
ind**u**strial	ind**u**strialism	*(industriell / Industrialismus)*
j**ou**rnal	j**ou**rnalism	*(Zeitschrift / Journalismus)*
l**i**beral	l**i**beralism	*(großzügig / Liberalismus)*

optimist	**o**ptimism	*(Optimist / Optimismus)*
organ	**o**rganism	*(Körperteil / Organismus)*
p**e**ssimist	p**e**ssimism	*(Pessimist / Pessimismus)*
prot**e**ction	prot**e**ctionism	*(Schutz / Protektionismus)*
r**e**al	r**e**alism	*(wirklich / Realismus)*
rh**eu**m	rh**eu**matism	*(Schnupfen / Rheumatismus)*
rom**a**ntic	rom**a**nticism	*(malerisch / Romantizismus)*
s**o**cial	s**o**cialism	*(gesellschaftlich / Sozialismus)*
s**y**mbol	s**y**mbolism	*(Symbol / Symbolismus)*
t**e**rror	t**e**rrorism	*(Schrecken / Terrorismus)*
v**a**ndal	v**a**ndalism	*(Rowdy / Zerstörungswut)*

*

d) Stumme Konsonanten

Mitlaute sind im Englischen grundsätzlich so zu sprechen, wie sie geschrieben werden (insbesondere „weiche“ Endlaute wie ***b*** und ***d***) – wenn sie denn überhaupt hörbar sind.[1] Es gibt nämlich einige Konsonantenverbindungen, die entweder ganz stumm bleiben oder von denen nur einer der Mitlaute gesprochen wird. Ein gutes Beispiel ist die nicht gerade seltene Kombination *'gh'*, die zwar eindeutig die deutsche Herkunft und damit die Bedeutung eines geschriebenen Wortes erkennen lässt, in der Aussprache jedoch völlig unterschlagen wird (vgl. *'bright', 'brought', 'fight', 'fought', 'knight', 'light', 'might', 'night', 'plough', 'sight', 'sought', 'taught', 'though', 'thought', 'through', 'tight', 'weigh'* und *'weight'*); lediglich in *'laugh'* und *'laughter'* ist das *'gh'* hörbar (Aussprache: [-f] bzw. [-ft-]). Dass in der Verbindung *'wh'* das *'h'* nicht herauszuhören ist, versteht sich von selbst. Bisweilen bleibt jedoch ein *'h'* auch am Wortbeginn stumm, besonders bei Entlehnungen aus dem Französischen (z.B. *'hour', 'heir', 'honest', 'honour'*).

---

[1] Ausnahmen sind die Konsonantenverbindungen *'th', 'ch'* und *'tch'*. Die Aussprache des englischen *'w'* ist praktisch durch seine Bezeichnung – *'double-u'* – festgelegt und entspricht in etwa unserem ***u***.

Tipp *Vorsicht bei bestimmten Konsonantenkombinationen am Wortanfang oder -ende! Sprechen Sie bei den folgenden Zweifachkonsonanten nur den fettgedruckten Mitlaut:*

- *(g)**n** – (k)**n** – (p)**s** – (w)**r*** ⇨ *im Anlaut*
- *(g)**n*** ⇨ *im Auslaut*
- *(l)**f** – (l)**k** – (l)**m*** ⇨ *nach einem **a***

➲

'gnat'	[næt]	-	Mücke
'know'	[nou]	-	wissen
'pseudo'	[ˈsju:dou]	-	unecht
'write'	[rait]	-	schreiben
'calf'	[kɑ:f]	-	Kalb; Wade
'walk'	[wɔ:k]	-	gehen
'balm'	[bɑ:m]	-	Balsam

Anmerkungen:

- Die Unterdrückung eines Konsonanten birgt natürlich die Gefahr von Missverständnissen bei Wortpaaren wie *'gnomic'-'nomic'; 'knight'-'night'; 'knot'-'not'; 'right'-'write'; 'knew'-'new'; 'wreak'-'reek'* etc.
- In einigen Fällen wird ein *'w'* auch im Wortinneren nicht gesprochen (z.B. in *'answer'* und *'sword'*), das Gleiche gilt für manches Binnen-*'s'* (z.B. *'aisle', 'island'* und *'isle'*).
- In den Verbindungen *'-mb-'* (dt. Entsprechung: *-mm-*) und *'-bt'* am Wortende bleibt das *'b'* stumm (vgl. *'lamb', 'thumb'* bzw. *'debt', 'doubt'*).

*

Ausspracheübung (1)

*stummes 'g' in anlautend. 'g**n**-'*			*stummes 'g' in auslautendem '-g**n**'*		
gnarled	[nɑ:ld]	- *knorrig*	benign	[biˈnain]	- *gütig*
gnash	[næʃ]	- *knirschen*	campaign	[kæmˈpein]	- *Feldzug*
gnat	[næt]	- *Mücke*	design	[diˈzain]	- *Entwurf*
gnaw	[nɔ:]	- *nagen*	foreign	[ˈfɔrin]	- *ausländisch*
gnu	[nu:]	- *Gnu*	reign	[rein]	- *Herrschaft*

Ausspracheübung (2)
stummes 'k' bei Wörtern mit dem Anlaut 'kn-'

*k*nack	[næk]	- *Talent*	*k*nife	[naif]	- *Messer*
*k*napsack	['næpsæk]	- *Rucksack*	*k*night	[nait]	- *Ritter*
*k*nave	[neiv]	- *Knappe*	*k*nit	[nit]	- *stricken*
*k*nead	[ni:d]	- *kneten*	*k*nob	[nɔb]	- *Knauf*
*k*nee	[ni:]	- *Knie*	*k*nock	[nɔk]	- *klopfen*
*k*neel	[ni:l]	- *knien*	*k*noll	[noul]	- *Anhöhe*
*k*nell	[nel]	- *Geläut*	*k*not	[nɔt]	- *Knoten*
*k*nelt	[nelt]	- *kniete*	*k*now	[nou]	- *wissen*
*k*new	[nju:]	- *wusste*	*k*nuckle	[nʌkl]	- *Knöchel*
*k*nickers	['nikəz]	- *Schlüpfer*	*k*nur	[nə:]	- *Knorren*

Ausspracheübung (3)
stummes 'p' bei Wörtern mit dem Anlaut 'ps-'

(die Begriffe decken sich weit gehend mit deutschen Fremdwörtern)

*p*salm	[sɑ:m]	*p*sychological	[saikə'lɔʤikl]
*p*salter	['sɔltə]	*p*sychologist	[sai'kɔləʤist]
*p*seudonym	['sju:dənim]	*p*sychology	[sai'kɔləʤi]
*p*syche	['saiki]	*p*sychopath	['saikəpæθ]
*p*sychiatry	[sai'kaiətri]	*p*sychosis	[sai'kousis]
*p*sychic	['saikik]	*p*sychosomatic	[saikousə'mætik]

Ausspracheübung (4)
stummes 'w' bei Wörtern mit dem Anlaut 'wr-'

*w*rangle	['ræŋgl]	- *Streit*	*w*riggle	['rigl]	- *sich winden*
*w*rap	[ræp]	- *einwickeln*	*w*ring	[riŋ]	- *wringen*
*w*rath	[rɔθ]	- *Zorn*	*w*rinkle	['riŋkl]	- *Falte*
*w*reak	[ri:k]	- *auslassen an*	*w*rist	[rist]	- *Handgelenk*
*w*reath	[ri:θ]	- *Kranz*	*w*rite	[rait]	- *schreiben*

*w*reck	[rek]	- *Wrack*	*w*rithe	[raið]	- *verlegen sein*
*w*ren	[ren]	- *Zaunkönig*	*w*rong	[rɔŋ]	- *falsch*
*w*rest	[rest]	- *entwinden*	*w*rote	[rout]	- *schrieb*
*w*restle	[ˈresl]	- *ringen*	*w*ry	[rai]	- *ironisch*

Ausspracheübung (5)

*stummes 'l' im Auslaut '**-alf**', '**-alk**' und '**-alm**'*

---

ca*l*f	[kɑ:f]	- *Kalb; Wade*	wa*l*k	[wɔ:k]	- *gehen*
ha*l*f	[hɑ:f]	- *Hälfte; halb*	ba*l*m	[bɑ:m]	- *Balsam*
ba*l*k	[bɔ:k]	- *Balken*	ca*l*m	[kɑ:m]	- *Ruhe; still*
cha*l*k	[ʧɔ:k]	- *Kreide*	pa*l*m	[pɑ:m]	- *Palme*
sta*l*k	[stɔ:k]	- *Stängel*	*p*sa*l*m	[sɑ:m]	- *Psalm*
ta*l*k	[tɔ:k]	- *reden*	qua*l*m	[kwɑ:m]	- *Bedenken*

*

Zusammenfassend können wir feststellen, dass das gesprochene Englisch sowohl angelsächsischen als auch französischen Aussprachemustern folgt. Daher überrascht es nicht, dass etwa die Mitlautverbindungen ***sp*** und ***st*** stets als Einzelkonsonanten gesprochen werden – also ***s·p*** und ***s·t*** –, so wie es ja noch heute bei den niedersächsischen Nachfahren der Eroberer von der norddeutschen „Waterkant" klingt, wenn sie an den sprichwörtlichen *s·pitzen S·tein s·toßen* (vgl. engl. *'to spit', 'to spring', 'to stand', 'stone'* etc.), und wer schon einmal seinen Urlaub in der schleswig-holsteinischen Landschaft *Angeln* (mit dem Zentrum Schleswig) verbracht und den Einheimischen genau „aufs Maul geschaut" hat, dem wird sicherlich eine gewisse Ähnlichkeit mit englischer Intonation und Satzmelodie aufgefallen sein! Typisch französisch dagegen ist die Eigenart der Engländer, die Wörter eines Satzes möglichst fließend miteinander zu verbinden und dadurch Explosivlaute (Vokale!) am Wortanfang zu vermeiden, wie sie im Stakkato unserer deutschen Sprache zu finden sind (z.B. ... *und ich alter*

Esel antworte ihm immer offen und ehrlich auf alle einzelnen Anfragen!). Hier kommt den englischen Artikeln – ***'a'*/*'an'*** und ***'the'*** – eine besondere Rolle zu: Um den Redefluss nicht zu unterbrechen und einzelne Wörter nicht abgehackt klingen zu lassen, wird der unbestimmte Artikel ***'a'*** zu einem ***'an'*** vor jedem mit Vokal *anlautenden* – nicht geschriebenen! – Wort (z.B. *'**an e**mpty basket', '**an i**ll boy', '**an o**ld man'* etc., aber auch vor Wörtern, die mit einem *'h'* beginnen, das bei französischer Abstammung jedoch nicht gesprochen wird, z.B. *'**an** **h**eir', '**an** **h**onour', '**an** **h**our'* etc.; demgegenüber heißt der unbestimmte Artikel schlicht ***'a'*** vor Wörtern, die am Anfang zwar mit dem Vokal ***'u'*** geschrieben werden, aber gesprochen mit einem [**ju:**] – also einem Konsonanten – beginnen, etwa bei *'**a u**nion leader'*). Entsprechend den oben genannten Fällen, in denen statt einem ***'a'*** ein ***'an'*** zu verwenden ist, wandelt sich auch die Aussprache des bestimmten Artikels ***'the'*** von [**ðə**] zu [**ði:**] (z.B. *'the **i**deal woman', 'the **a**ngry father', 'the **o**ld story', 'the **u**npaid bill'* etc.).

* * *

6

Vergessen Sie das stupide Vokabelpauken!

Wie die meisten Menschen, die ihren Wortschatz in einer fremden Sprache erweitern wollen (oder müssen), betrachten wahrscheinlich auch Sie die aufgewandte Lernzeit als entscheidenden Maßstab. Stundenlanges verbissenes Pauken mag zwar Ihr Gewissen beruhigen, führt jedoch nur selten zum gewünschten Erfolg, da unser Gehirn dem pausenlosen Bombardement mit Informationen nicht gewachsen ist. Eine zuverlässige Speicherung im Langzeitgedächtnis erfordert immer wieder Ruhephasen oder eine zwischenzeitliche Beschäftigung mit anderen Dingen. Daher ist das auf wenige Minuten beschränkte Lernen kleiner Vokabelgruppen an aufeinander folgenden Tagen sinnvoller als eine einzige mehrstündige Sitzung! Große Bedeutung kommt auch den Assoziationen – oder Eselsbrücken – zu, die Sie mit dem Lernstoff verknüpfen; dazu können wechselnde *Lernorte* ebenso zählen wie bewusste *Gedankenspielereien* oder die Einsicht in etymologische, also *wortgeschichtliche Zusammenhänge*. Dass Sie bei Anwendung der folgenden Lernempfehlungen nicht nur die Gedächtniskapazität Ihres Gehirns erweitern, sondern auch viel Zeit einsparen können, dürfte ein willkommener Nebeneffekt sein.

a) Die Kunst des ökonomischen Vokabellernens

Voraussetzung für ein erfolgreiches Einprägen neuer Wörter ist die richtige Organisation des Vokabellernens. Die *scheinbare* Konzentration auf eine unverändert vorliegende Wortliste ist reine Zeitverschwendung und birgt obendrein die Gefahr des Selbstbetrugs: Mechanisch betrachten Sie alle Vokabeln gleich lange – also auch die schon bekannten! –, sodass Ihnen

Ihre Erinnerungslücken gar nicht recht bewusst werden. Außerdem vernachlässigen Sie beim bloßen Anschauen von Vokabelgleichungen unweigerlich die korrekte Schreibweise der englischen Wörter.

Tipp *Üben Sie Ihre Vokabeln schriftlich!*

Beweisen Sie sich Ihre Lernfortschritte in regelrechten 'Ausscheidungswettkämpfen'!

- *Vergeuden Sie keine Zeit mit bereits gelernten Vokabeln!*
- *Konzentrieren Sie sich auf die echten Problemfälle, indem Sie sie in immer kürzeren Listen zusammenstellen!*

In einem ersten Lernschritt ist das herkömmliche „Herunterlesen" der exakt untereinander angeordneten Vokabeln durchaus angebracht. Nach wenigen Minuten sollten Sie aber bereits einen ersten schriftliche Test durchführen, indem Sie mit einem unbeschriebenen Blatt die Spalte mit den englischen Wörtern abdecken und den deutschen Bedeutungen die vermuteten englischen Entsprechungen zuordnen. Verschieben Sie nun die beiden Blätter so gegeneinander, dass Sie Ihre Version mit dem Original vergleichen können, und stellen Sie die nicht „erratenen" und/oder falsch geschriebenen Vokabeln in einer neuen, wahrscheinlich viel kürzeren Liste zusammen. Danach verdecken Sie die Spalte mit den deutschen Bedeutungen und gehen in gleicher Weise vor. Möglicherweise müssen Sie dieses Ausleseverfahren mit immer stärker gelichteten Listen wiederholt durchführen – wie viel Zeit sie dazu benötigen, wird letztlich davon abhängen, in welchem Maße Sie die folgenden Tipps beherzigen.

*

b) Langzeiterfolg durch die Assoziationsmethode

Die widerwillige Beschäftigung mit umfangreichen Vokabellisten ist in der Regel wenig Erfolg versprechend und hat als reine Pflichtübung allenfalls beruhigenden Charakter. Besser – da unter dem Strich schneller, ergiebiger und weniger frustrierend – ist es, wenn Sie sich neues Wortmaterial portionsweise zu Gemüte führen, in unterschiedlichen Situationen lernen und jede Vokabel zudem durch alle möglichen Assoziationen absichern. Solche gedanklichen Querverbindungen erleichtern es Ihnen, einmal Gelesenes oder Gehörtes – unbewusst oder gezielt – im Gedächtnis wiederzufinden.

Tipp *Versuchen Sie nicht, alles auf einmal zu lernen!*

Verteilen Sie Ihren Lernstoff

- *auf mehrere Tage,*
- *auf wechselnde Lernorte und*
- *auf unterschiedliche Lernsituationen!*

Viele Orte, an denen wir uns im Laufe unseres Lebens einmal aufgehalten haben, sind untrennbar mit ganz bestimmten Erlebnissen verbunden. Aber auch Gerüche, Geräusche oder scheinbar belanglose Situationen lösen bisweilen – zu unserer eigenen Überraschung – eine ganze Erinnerungslawine in uns aus. Diese Erkenntnis lässt sich leicht für ein effektives Lernen und Behalten nutzen. Machen Sie doch einmal die Probe aufs Exempel: Unterteilen Sie Ihr Vokabelpensum in Gruppen zu jeweils zehn Wörtern, und lernen Sie die erste Einheit z.B. in Ihrem Arbeitszimmer, die zweite während eines besinnlichen Waldspaziergangs, eine weitere im Café, die nächste auf einer Parkbank, die fünfte im Linienbus oder der Straßenbahn, wieder andere auf der Terrasse, im Garten, auf der Toilette usw.; wahrscheinlich werden Sie überrascht sein, wie mühelos Sie Vokabeln aus dem Gedächtnis abrufen können, sobald Sie sie mit dem jeweiligen *Lernort* oder der entsprechenden *Lernsituation* verbinden! Vielleicht finden Sie bei dieser Gelegenheit heraus, dass Sie sich nur ungenau an diejenigen Vokabeln erinnern, die Sie in Ihrer normalen Arbeitsumgebung gebüffelt haben – was beweisen würde, dass auch eine möglichst angenehme, zumindest ungewohnte *Lernatmosphäre* hilfreich sein kann (versuchen Sie es z.B. einmal mit einem Softdrink und Knabbereien bei leiser Hintergrundmusik).

Besonders nachhaltig wirken Assoziationen, die Sie vorsätzlich mit jeder einzelnen Vokabel koppeln – sei es, um die Bedeutung, die Rechtschreibung oder die Aussprache eines Wortes im Gedächtnis zu verankern. Es ist unerheblich für den Lernerfolg, ob es sich dabei um sprachwissenschaftlich fundierte Gedankenverbindungen oder um ersonnene, ja sogar zufällige Erinnerungshilfen handelt.

Tipp

Sichern Sie neue Vokabeln bewusst durch sinnvolle (oder unsinnige) Gedankenverbindungen ab – möglichst doppelt und dreifach!

Auf diese Weise können Sie

- *Ihre Gedächtnisleistung steigern und*
- *den späteren Zugriff auf entfallene Wörter erleichtern!*

Eine ganze Reihe sinnvoller Assoziationen haben Sie in früheren Kapiteln schon kennen gelernt. Dazu gehören vor allem etymologische Zusammenhänge (z.B. *'body'* und *Bottich, 'to linger'* und *lungern, 'picture'* und *Pigment, 'satisfied'* und *satt, 'share'* und *Schar* etc.), das Erfassen bestimmter Wortstämme (z.B. *'-port-' = tragen,* etwa in *'airport', 'export', 'portable', 'porter', 'report', 'transport'* etc.), die Einbettung in teils bekannte Wortfamilien (z.B. *Ausstrahlung/strahlen/strahlend: 'radio', 'radiation', 'radiance', 'radioactivity', 'to radiate', 'radiant'* etc.) oder die Anlehnung an geläufige Fremdwörter (z.B. *'delicious' - delikat, 'to inspire' - inspirieren, 'manual' - manuell, 'ordinary' - ordinär* etc.).

Gelingt es Ihnen nicht, die Herkunft eines Wortes oder dessen Verwandtschaft mit ähnlichen Begriffen zu erkennen, verbinden Sie diese Vokabel getrost mit einer willkürlichen Assoziation! Nehmen wir einmal an, Sie können sich das englische Substantiv

roar (= Dröhnen, Getöse)

nicht merken; wenn Sie es z.B. mit unserem Wort *Rohr* assoziieren, werden Sie feststellen, dass Sie sich dank dieser simplen Merkhilfe problemlos an die englische Vokabel erinnern, zumal die Vorstellung der Klangverstärkung durch ein *Rohr* eine recht anschauliche Eselsbrücke zur deutschen Bedeutung *Dröhnen* schlägt (die korrekte etymologische Assoziation wäre übrigens unser umgangssprachliches *Röhren* = Brüllen). Eine andere nützliche Gedächtnishilfe ist die Koppelung mit Reimwörtern, etwa

treasure (= Schatz, Kostbarkeit)

mit *'measure'* oder *'pleasure',* obschon auch die *Sure* des Korans zum Erfolg führen könnte (die etymologische Gedankenverbindung ist natürlich unser *Tresor*). Solche auf den ersten Blick unsinnig anmutenden Gedächtnisstützen finden sich leicht sowohl für das Einprägen der Bedeutung als auch der Rechtschreibung und Aussprache eines neuen englischen Wortes; mit ihnen besitzen Sie einen Zauberschlüssel, der Ihnen im Notfall – quasi durch die Hintertür – Zutritt zu verloren geglaubtem Lernstoff verschaffen kann.

Lassen Sie sich zu folgenden Vokabeln einmal spontan geeignete Merkwörter einfallen (englische Reimwörter, ähnlich klingende oder teilweise identisch geschriebene deutsche Wörter – möglichst mit einem gedanklichen Bezug zur englischen Wortbedeutung –, Nonsenswörter etc.):

blunder	(= schwerer Fehler)	choke	(= erdrosseln)
decline	(= sinken, abnehmen)	enterprise	(= Unternehmen)
flawless	(= makellos)	hesitant	(= zögernd)
idiom	(= Redewendung)	loiter	(= trödeln)
mention	(= erwähnen)	occasion	(= Gelegenheit)
parents	(= Eltern)	roam	(= herumstreichen)
salmon	(= Lachs)	torrent	(= reißender Bach)

Sollten sich bei Ihnen keine passenden Assoziationen eingestellt haben, helfen vielleicht die folgenden Angebote weiter: *'blunder'* (Plunder/*'under'*), *'choke'* (Schock/Schoko/*'Coke'*/*'joke'*), *'decline'* (die Kleine/die Klinik/*'clean'*), *'enterprise'* („Entenpreis"/*'enter'*/Prise), *'flawless'* („flohlos"/flau/*'floor'*/*'lawless'*), *'hesitant'* (Häschen/Tante/„He, Sie Tante!"/*'tent'*), *'idiom'* (Idiot/*'medium'*), *'loiter'* (Leiter/läutern/meutern), *'mention'* (Menschen/*'men'*/*'attention'*), *'occasion'* (o.k./Kasus), *'parents'* (Paar/*'pair'*/*'Clarence'*), *'roam'* (räumen/Raum/Rom/*'Rome'*), *'salmon'* (Salmonellen/Salomon/Samen/zähmen/*'Sam'*), *'torrent'* (Torero/ Toronto/*'current'*).

Es wäre empfehlenswert, sich die deutschen Bedeutungen der oben aufgeführten Vokabeln zu notieren und in den nächsten Tagen zu testen, ob Sie mit Hilfe Ihrer individuellen Gedankenverbindungen in der Lage sind, die englischen Wörter im Gedächtnis wiederzufinden.

c) Die bewusste Kodierung von Vokabeln

Bei besonders problematischen Vokabelgleichungen lohnt sich die Anwendung eines Verschlüsselungstricks, mit dem sich im Bedarfsfall ein gesuchtes englisches Wort leicht wieder „enttarnen“ lässt. Dazu benötigen Sie allerdings eine gewisse sprachliche Pfiffigkeit (die an sich schon die Lernsicherung unterstützt) und Ihre Bereitschaft, die fraglichen Vokabeln nach Ihren Bedürfnissen neu zu arrangieren.

> Tipp *Suchen Sie nach einem deutschen Synonym, das mit dem gleichen Laut beginnt wie die englische Vokabel!*
>
> *So haben Sie einen festen Anhaltspunkt für die Stimulation Ihres Gedächtnisses!*
>
> ➲ *'vault'* = ***W****ölbung (Gewölbe)*

Das Ersatzwort muss natürlich äußerst sorgfältig gewählt werden, da es – praktisch als Schlüsselbedeutung – Priorität genießt und allen übrigen Worterklärungen voranzustellen ist. Die folgenden Beispiele mögen der Verdeutlichung dieses Kodierungskniffs dienen und Sie zur Nachahmung anregen:

abandon	=	**a**blassen	(im Stich lassen, preisgeben)
bold	=	**b**eherzt	(kühn, mutig)
fervent	=	**f**ieberhaft	(leidenschaftlich, glühend)
hew	=	**h**auen	(fällen, schlagen)
hoarse	=	**h**eiser	(krächzend)
hustle	=	**h**asten	(drängen, drängeln)
mercy	=	**M**itleid	(Erbarmen, Barmherzigkeit)
merry	=	**m**unter	(fröhlich)
obvious	=	**o**ffensichtlich	(augenfällig, sichtlich)
purse	=	**P**ortemonnaie	(Geldbeutel, *Börse*)
serrated	=	**s**ägeförmig	(gezackt; vgl. *Sierra Nevada*)
spread	=	**sp**reizen	(ausbreiten, verteilen)
towel	=	**T**uch	(Handtuch)
trust	=	**t**rauen	(vertrauen)
warden	=	**W**ärter	(Aufseher)

d) Das Ausschalten orthographischer Fehlerquellen

Sie können den Lernprozess – sogar beim herkömmlichen Vokabelpauken – wesentlich verkürzen und vor allem die Rechtschreibung neuer englischer Wörter sicher in den Griff bekommen, indem Sie sich bereits beim ersten Anschauen der Vokabeln bewusst machen, an welcher Stelle Ihre ganz persönliche orthographische Schwachstelle liegt. Schließlich ist ein erkannter Feind nur noch ein halber Feind!

> Tipp
>
> *Fragen Sie sich ganz bewusst bei jedem neuen Wort, an welcher Stelle Sie es im Ernstfall falsch schreiben würden – Sie erhalten umgehend eine Antwort!*
>
> *Die Vorteile liegen auf der Hand:*
>
> - *Sie sind vor späteren bösen Überraschungen ziemlich gefeit und*
> - *Sie sichern die Vokabelspeicherung durch eine zusätzliche Assoziation ab!*

Selbst bei vermeintlich leicht zu lernenden Vokabeln macht sich dieser kleine Trick bezahlt, da man bei scheinbar identischen Wörtern geringfügige Abweichungen nicht selten übersieht (z.B. *'a**dd**ress' - Adresse, 'gla**ss**' - Glas, 'ma**ch**ine' - Maschine, 'w**o**nder**ful**' - wundervoll* etc.). Damit Ihnen die kritischen Stellen beim Lernen ins Auge springen, sollten Sie diese – etwa mit einem farbigen Marker – kennzeichnen! Fragen Sie sich bei den folgenden englischen Wörtern einmal ganz gezielt, wo Ihre potentiellen Fehlerquellen liegen:

message	(= Botschaft)	messenger	(= Bote)
receiver	(= Empfänger)	receipt	(= Quittung)
doubt	(= Zweifel)	dubious	(= zweifelhaft)

Möchten Sie die Fehlerprophylaxe ein wenig intensiver einüben? – Dann analysieren Sie bitte die nachstehenden Risikowörter (in Klammern ist jeweils eine Auswahl von möglichen Fehlerquellen „angeboten“, die schlimmstenfalls alle gleichzeitig in einer Vokabel enthalten sein können):

behalf	(b**e**half - beha**l**f - behal**f**)
behaviour	(b**e**haviour - behav**i**our - behavi**our**)
business	(b**u**siness - bus**i**ness - busine**ss**)
button	(b**u**tton - bu**tt**on - butt**o**n)
citizen	(**c**itizen - cit**i**zen - citi**z**en)
committee	(co**mm**ittee - commi**tt**ee - committ**ee**)
courageous	(c**ou**rageous - courag**e**ous - courage**ou**s)
descendant	(de**s**cendant - des**c**endant - descend**a**nt)
dismissal	(di**s**missal - dismi**ss**al - dismiss**a**l)
doubtless	(d**ou**btless - dou**b**tless - doubtle**ss**)
engineer	(**e**ngineer - eng**i**neer - engin**ee**r)
foreigner	(for**e**igner - fore**i**gner - forei**g**ner)
furnace	(f**u**rnace - furn**a**ce - furna**ce**)
goalkeeper	(g**oa**lkeeper - goalk**ee**per)
government	(g**o**vernment - gover**n**ment)
guidance	(g**ui**dance - guid**a**nce - guidan**ce**)
insurance	(in**s**urance - insur**a**nce - insuran**ce**)
jewellery	(j**e**wellery - jewe**ll**ery - jewell**e**ry)
journey	(j**ou**rney - jou**r**ney - journ**ey**)
juice	(j**ui**ce - jui**ce**)
lawyer	(l**aw**yer - law**y**er - lawy**e**r)
mustard	(m**u**stard - must**a**rd - musta**r**d)
necessary	(ne**c**essary - nece**ss**ary - necess**a**ry)
negligence	(negl**i**gence - neglig**e**nce - negligen**ce**)
parrot	(p**a**rrot - pa**rr**ot - parr**o**t)
personnel	(perso**nn**el - personn**e**l - personne**l**)
pleasantry	(pl**ea**santry - pleas**a**ntry - pleasant**ry**)
pursuit	(p**u**rsuit - pur**s**uit - purs**ui**t)
roast beef	(**roa**st beef - roas**t** beef - roast b**ee**f)
roughness	(**rou**ghness - rou**gh**ness - roughne**ss**)
scissors	(**sc**issors - sci**ss**ors - sciss**o**rs)

squeeze	(s**qu**eeze - squ**ee**ze - squee**ze**)
stomach	(st**o**mach - stom**a**ch - stoma**ch**)
successful	(su**cc**essful - succe**ss**ful - successfu**l**)
surgeon	(s**u**rgeon - sur**ge**on - surge**o**n)
surveyor	(s**u**rveyor - sur**vey**or - survey**o**r)
tambourine	(tamb**ou**rine - tambour**i**ne - tambourin**e**)
tongue	(t**o**ngue - tong**ue**)
traffic	(tr**a**ffic - tra**ff**ic - traffi**c**)
turpentine	(t**u**rpentine - turp**e**ntine - turpentin**e**)
volcano	(v**o**lcano - vol**c**ano - volcan**o**)
wisdom	(wi**s**dom - wisd**o**m)
woollen	(w**oo**llen - woo**ll**en)
world	(w**o**rld - wo**r**ld - worl**d**)
wrongdoer	(**wr**ongdoer - wrongd**oe**r)

Sie werden gemerkt haben, dass diese Methode schnell und zuverlässig Ihre speziellen Rechtschreibschwierigkeiten aufdeckt – Sie müssen sich halt nur selbst fragen! Andernfalls übersehen Sie allzu leicht die orthographischen Gefahrenstellen, auch wenn Sie überzeugt sind, Ihre Vokabeln gründlich gelernt zu haben (schließlich betrügt man niemanden so leicht wie sich selbst).

*

Bisher hat sich alles in diesem Buch um den englischen *Wortschatz* gedreht – um seine Herkunft und wortgeschichtliche Entwicklung, um die Verwertung etymologischer Erkenntnisse für die Erweiterung Ihres fremdsprachlichen Vokabulars, aber auch um allgemeine Lernstrategien. Das letzte Kapitel jedoch soll Sie in die elementaren Geheimnisse der englischen *Grammatik* einweihen.

* * *

7

„Überleben“ Sie mit drei Grammatikregeln!

Grammatikbücher haben gewöhnlich einen entscheidenden Nachteil: Sie sind viel zu umfangreich und mit ihrer Fülle von isolierten Vorschriften und Haarspaltereien eher dazu angetan, Verwirrung zu stiften als die erhoffte Sprachsicherheit zu vermitteln. Folglich sind Grammatikübungen den meisten Englischlernenden ein Gräuel, und die Forderung, möglichst gegen keine der „gelernten“ Regeln zu verstoßen, schließt eine spontane Kommunikation in der Fremdsprache geradezu aus. Dabei reichen zum Verständnis der englischen Grammatik drei Grunderkenntnisse, mit denen Sie sprachlich „überleben“ können und die selbst viele der sogenannten Ausnahmen von der Regel mit einschließen.

a) Alte Stammformen – neu arrangiert

Sowohl die englische Zeitenbildung als auch die korrekte Anwendung von Hilfsverben bleiben vielen zeitlebens ein Geheimnis mit sieben Siegeln, hat man ihnen doch *acht (!)* verschiedene Zeiten eingebläut, von denen allein die Hälfte in verzwickten Kombinationen mit *'will'* oder *'would'* zu konstruieren ist.

Richtig ist, dass es im Grunde nur *zwei* Zeitstufen gibt, nämlich die **Gegenwart** *('Present Tense')* und allenfalls die **Vergangenheit** *('Past Tense'),* also die ehemalige Gegenwart, – die einzigen Realitäten, die wir kennen und die mit einer einzigen Stammform auszudrücken sind (z.B. *'go'/'went'*). Alle anderen „Zeiten“ sind Variationen desselben Themas, d.h. auch die Zukunft ist in Wirklichkeit *Gegenwart* (denn unsere Wünsche und Hoffnungen, unsere Erwartungen und Befürchtungen werden uns *jetzt* bewusst!), so wie das *'Conditional'*[1] formal der *Vergangenheit* entspricht: Denn was *eigentlich* geschehen *könnte, würde, sollte* usw. – aber möglicherweise nie eintreten wird – kann sozusagen schon heute „vergessen" werden: Es ist praktisch von vornherein *passé*!

Unabhängig von der Zeit *(Gegenwart – Vergangenheit)* müssen wir allerdings zwischen **zwei Betrachtungsweisen** einer Handlung oder Situation unterscheiden: Es kann *(1)* ihr *gesamter Ablauf* (also von Anfang bis Ende) oder *(2)* nur ihr *Endpunkt* gemeint sein!

(1)

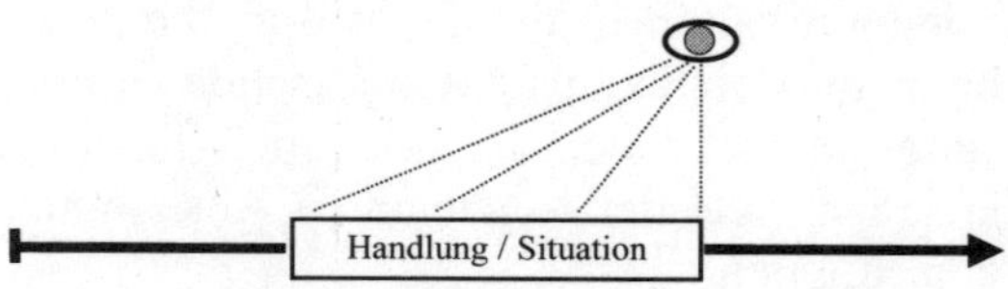

Betrachtung der gesamten Handlung oder Situation

(2)

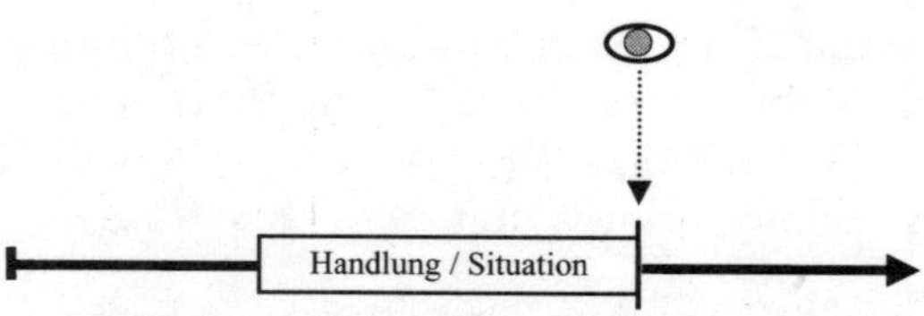

Betrachtung des Endpunktes der Handlung/Situation

Nun sollten Sie erfahren, dass es im Englischen *zwei Infinitive* gibt, die genau diesen beiden unterschiedlichen Aspekten entsprechen. Da die Briten schon vor Jahrhunderten auf (fast) alle

---

[1] = Bedingungsfall (*würde, könnte, möchte, hätte, dürfte* etc. sind auch im Deutschen Konjunktivformen der Vergangenheit!)

Verb-Endungen verzichtet haben (s. frühere Kapitel), sprechen sie – zumindest in der Gegenwart – im *Infinitiv*! Die einzige Ausnahme ist die dritte Person Einzahl, in der ein *'-s'* an das Vollverb angehängt wird (z.B. *'she speaks'* bzw. *'she has spoken'*).

1. Infinitiv:	*'(to)* ***go'***	(ganze Handlung)
2. Infinitiv:	*'(to)* ***have gone'***	(Endpunkt derselben Handlung)

Sie sollten einige Minuten darauf verwenden, möglichst viele Infinitivpaare (mündlich oder schriftlich) zusammenzustellen und sich den oben erwähnten Zusammenhang bewusst machen. Denken Sie daran, dass Sie beim zweiten Infinitiv immer die gleichen „Zutaten" benötigen, nämlich *'have'* und die *dritte Stammform* des Verbs!

Im Folgenden werden die beiden Infinitive eingerahmt, um anzudeuten, dass sie – bis auf die oben erwähnte Ausnahme – unveränderlich sind und jeweils eine feste Einheit bilden (*'have'* und *'gone'* sollten Sie also nicht als *zwei* Wörter betrachten, sondern als *einen* Infinitiv):

go	*gehen*	(1. Infinitiv)
have gone	*gegangen sein*	(2. Infinitiv)

So lustig es sich auch anhört, wenn wir es wörtlich übersetzen – der Engländer sagt wirklich *ich gehen, du gehen, ihr gehen* bzw. (für die Vollendung der Handlung) *ich gegangen sein, du gegangen sein, ihr gegangen sein* etc.

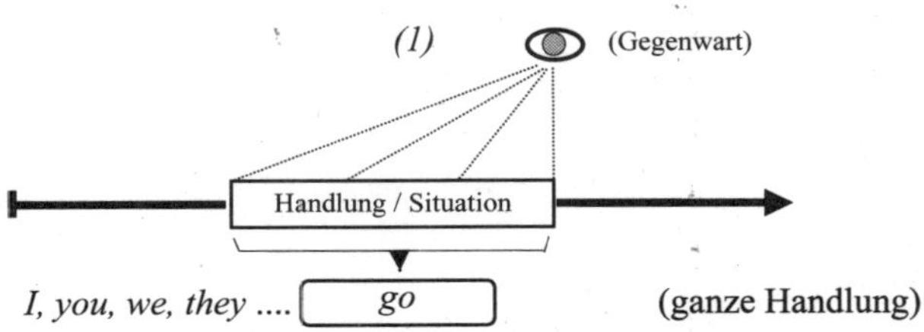

(2)

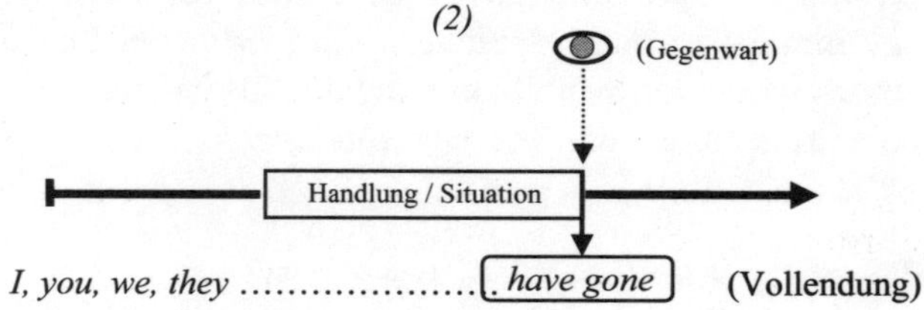

Wenn Sie diese beiden Infinitive verwenden, bilden Sie übrigens automatisch zwei der „traditionellen" Zeiten, und zwar das *'Present Tense'* und das *'Present Perfect'*!

> **Tipp** *Prägen Sie sich beide Infinitivformen ein! Der Engländer benutzt sie in der Gegenwart (Ausnahme: 3. Pers. Einz.) zur Kennzeichnung*
>
> - *einer kompletten Handlung* *(= 1. Infinitiv)*
> - *bzw. ihrer Beendigung* *(= 2. Infinitiv).*
>
> ➲ *'We* [*work*] *...'* ⇨ *gültige Situation* *(1)*
>
> *'We* [*have worked*] *...'* ⇨ *Ende der Handlung (2)*

Jetzt aber kommt die Überraschung: Sie können nämlich vor beide Infinitive *jedes beliebige* Hilfsverb stellen – und Sie erhalten immer eine formal *absolut richtige* Satzaussage!

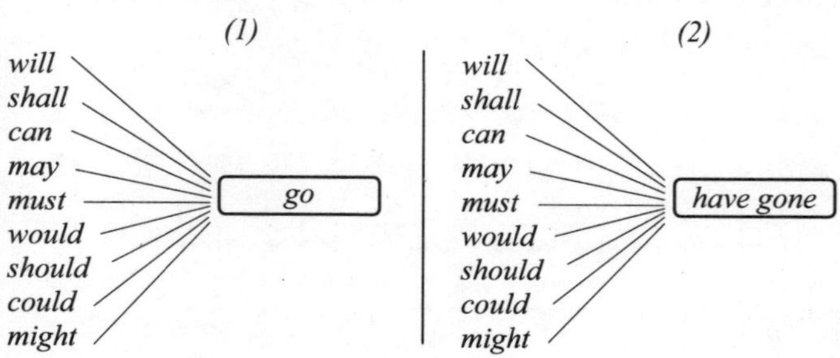

Übrigens nennt man diese Wörter *Hilfsverben*, weil sie auf keinen Fall allein im Satz stehen können, sondern immer mit dem ersten oder zweiten Infinitiv eines Vollverbs gekoppelt werden müssen – sie leisten einem „richtigen" Verb also nur „Hilfestellung". Ihre Eigenständigkeit ist so begrenzt, dass sie ihre Form auf keinen Fall verändern dürfen. Folglich weisen sie weder das sonst übliche End-*'s'* in der 3. Person Einzahl der Gegenwart auf, noch können sie irgendwelche Stammformen bilden – sie sind einfach *Konstanten*! Notwendigerweise gibt es Hilfsverben, die in der **Gegenwart**, und solche, die in der **Vergangenheit** zu benutzen sind, und vielleicht ist es ratsam, deren Bedeutung einmal grundsätzlich zu klären.

Bedeutungen der englischen Hilfsverben
(hinter denen einer der beiden Infinitive stehen muss)

Benutzung i. d. Gegenwart		*Entsprechung i. d. Vergangenheit*	
'will'	- wollen, werden	*'would'*	- würden
'shall'	- sollen	*'should'*	- sollten
'can'	- können	*'could'*	- könnten, konnten
'may'	- mögen, dürfen	*'might'*	- möchten, dürften
'must'	- müssen	-	(entfällt)

Tipp *Verwenden Sie Hilfsverben niemals isoliert – ihnen muss immer einer der beiden Infinitive (ohne 'to') folgen!*

Gehen Sie in zwei getrennten Schritten vor:

- *Wählen Sie zuerst ein treffendes Hilfsverb,*
- *entscheiden Sie sich dann für den Infinitiv.*

➲ *Er <u>muss</u> | **gehen**.* ⇨ *'He <u>must</u> [leave].'*

*Er <u>muss</u> | **gegangen** sein.* ⇨ *'He <u>must</u> [have left].'*

Ein wenig aufpassen müssen Sie allerdings bei *hätte(n, -st, -t)* und *wäre(n, -st, -t),* da der Umlaut ***ä*** in deutschen Konjunktivformen immer einem ***'would'*** entspricht! So wird aus

*Wir h**ä**tten es getan:*

*'We **would** [have done] it.'*

Übersetzen Sie nun bitte die folgenden Teilsätze, indem Sie die Hilfsverben mit einem Infinitiv (ganze Handlung? Abschluss der Handlung?) kombinieren:

(1)

er mag	*denken ...*	*er mag*	***ge**dacht haben ...*
ihr solltet	*kommen ...*	*ihr solltet*	***ge**kommen sein ...*
es wird	*kosten ...*	*es wird*	***ge**kostet haben ...*
wir würden	*rennen ...*	*wir würden*	***ge**rannt sein ...*
es mag	*sein ...*	*es mag*	***ge**wesen sein ...*
sie könnte	*haben ...*	*sie könnte*	***ge**habt haben ...*
sie würde	*geben ...*	*sie würde*	***ge**geben haben ...*

(2)

sie wird	***ge**träumt haben ...*	*du sollst*	*fragen ...*
er muss	*wissen ...*	*sie sollten*	***ge**lernt haben ...*
er möchte	***ge**fallen sein ...*	*sie müssen*	***ge**hört haben ...*
sie könnten	*kommen ...*	*sie sollte*	*haben ...*
du solltest	***ge**tan haben ...*	*ich darf*	*beginnen ...*
wir werden	*sehen ...*	*sie werden*	***ge**wachsen sein ...*
ich muss	***ge**schlafen haben ...*	*sie mag*	***ge**fühlt haben ...*

(3)

*du h**ä**ttest*	***ge**fragt ...*	*(= du **würdest** gefragt haben)*
*wir w**ä**ren*	***ge**rannt ...*	*(= wir **würden** gerannt sein)*
*ihr w**ä**ret*	***ge**wesen ...*	*(= ihr **würdet** gewesen sein)*
*ich h**ä**tte*	***ge**dacht ...*	*(= ich **würde** gedacht haben)*
*sie w**ä**ren*	***ge**kommen ...*	*(= sie **würden** gekommen sein)*
*es h**ä**tte*	***ge**brannt ...*	*(= es **würde** gebrannt haben)*
*er w**ä**re*	***ge**flohen ...*	*(= er **würde** geflohen sein)*
*wir h**ä**tten*	***ge**trunken ...*	*(= wir **würden** getrunken haben)*
*du w**ä**rest*	***ge**fallen ...*	*(= du **würdest** gefallen sein)*
*ihr h**ä**ttet*	***ge**baut*	*(= ihr **würdet** gebaut haben)*

Lösungen:

(1)

'he may	*think ...'*	*'he may*	*have thought ...'*
'you should	*come ...'*	*'you should*	*have come ...'*
'it will	*cost ...'*	*'it will*	*have cost ...'*
'we would	*run ...'*	*'we would*	*have run ...'*
'it may	*be ...'*	*'it may*	*have been ...'*
'she could	*have ...'*	*'she could*	*have had ...'*
'she would	*give ...'*	*'she would*	*have given ...'*

(2)

'she will	*have dreamt ...'*	*'you shall*	*ask ...'*
'he must	*know ...'*	*'they should*	*have learnt ...'*
'he might	*have fallen ...'*	*'they must*	*have heard ...'*
'they could	*come ...'*	*'she should*	*have ...'*
'you should	*have done ...'*	*'I may*	*begin ...'*
'we will	*see ...'*	*'they will*	*have grown ...'*
'I must	*have slept ...'*	*'she may*	*have felt ...'*

(3)

'you would	*have asked ...'*	*'it would*	*have burnt ...'*
'we would	*have run ...'*	*'he would*	*have fled ...'*
'you would	*have been ...'*	*'we would*	*have drunk ...'*
'I would	*have thought ...'*	*'you would*	*have fallen ...'*
'they would	*have come ...'*	*'you would*	*have built ...'*

Sind Ihnen bei dieser (hoffentlich) leichten Übung nicht einige alte Bekannte begegnet? Wenn Sie richtig „geraten" haben, ist Ihnen – bis auf das *'Past'* und das *'Past Perfect'* – automatisch die Bildung aller traditionellen Zeiten gelungen, die in der folgenden Tabelle aufgelistet sind:

1. Infinitiv (Handlung)			*2. Infinitiv (Abschluss der Handlung)*		
'I ...	*go.'*	(Present)	*'I ...*	*have gone.'*	(Present Perfect)
'I will	*go.'*	(Future)	*'I will*	*have gone.'*	(Future Perfect)
'I would	*go.'*	(Conditional / Future in the Past)	*'I would*	*have gone.'*	(Condit. Perfect / Future Perfect in the Past)

Ihr Grammatikbuch wird Sie wahrscheinlich gelehrt haben, dass im Englischen die Zukunft *(= 'Future')* mit dem Hilfsverb *'will'* zu bilden ist, wohingegen Sie für den Bedingungsfall *(= 'Conditional')* – der ja eigentlich das *'Past'* der Zukunft (!) ist – das Hilfsverb *'would'* verwenden müssen.

Unser oben beschriebener Trick ist viel umfassender: Sobald Sie ein beliebiges Hilfsverb der **Gegenwartsgruppe** – neben *'will'* also auch *'shall', 'can', 'may'* und *'must'* – mit dem ersten Infinitiv kombinieren, erhalten Sie immer eine korrekte *Zukunftsform* (sobald Sie diese dem zweiten Infinitiv voranstellen, drücken sie den vermuteten Abschluss einer Handlung aus)[1], während jedes Hilfsverb der **Vergangenheitsgruppe** – d.h. außer *'would'* auch *'should', 'could'* und *'might'* – in Verbindung mit einem der beiden Infinitive verlässlich zu einer richtigen *Bedingungsform* führt.

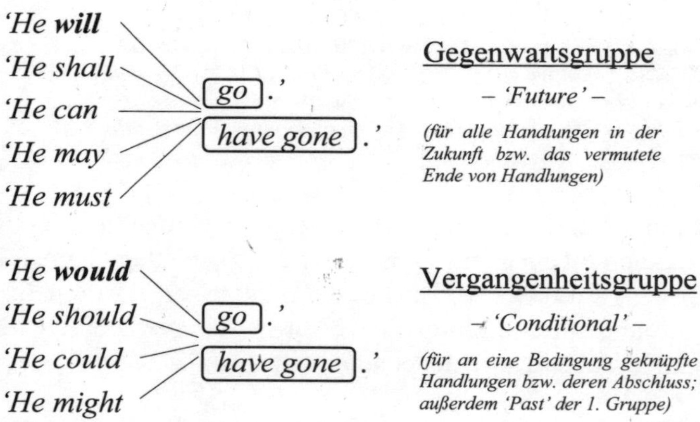

*

---

[1] also das *'Future Perfect'* – d.h. das schon jetzt kalkulierbare Ende einer zukünftigen Handlung (z.B. *'This time tomorrow, George and Tom* ***will*** *have arrived.' – Morgen um diese Zeit werden George und Tom schon angekommen sein.*)

Nun fehlen uns nur noch zwei Aspekte der **Vergangenheit des Vollverbs**. Es sind die beiden einzigen Zeiten im Englischen, die *ohne* die Hilfe eines Infinitivs gebildet werden. Dabei handelt es sich wiederum um die zwei verschiedenen Betrachtungsweisen derselben Begebenheit, die diesmal jedoch einen Tag, eine Woche, einen Monat etc. zurückliegt. Die vergangene Handlung an sich *(ganze Handlung)* wird durch die zweite Stammform ausgedrückt *(= 'Past'),* die in der Vergangenheit bereits abgeschlossene Handlung durch *'had'* und die dritte Stammform *('Past Perfect').*

Vergangenheit
– 'Past' –

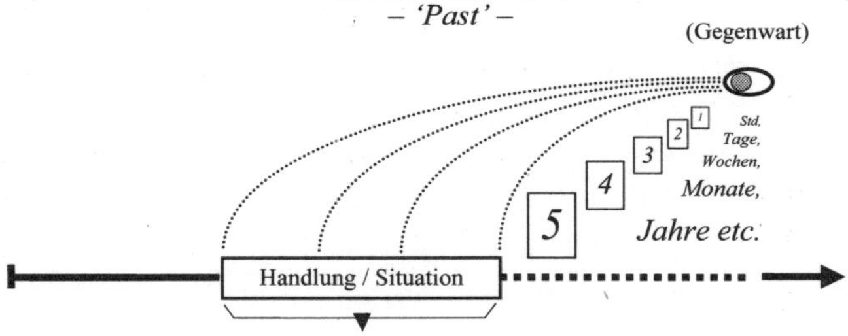

I, you, he, we, they ... ***went***

ganze vergangene Handlung(-en)

Vorvergangenheit
– 'Past Perfect' –

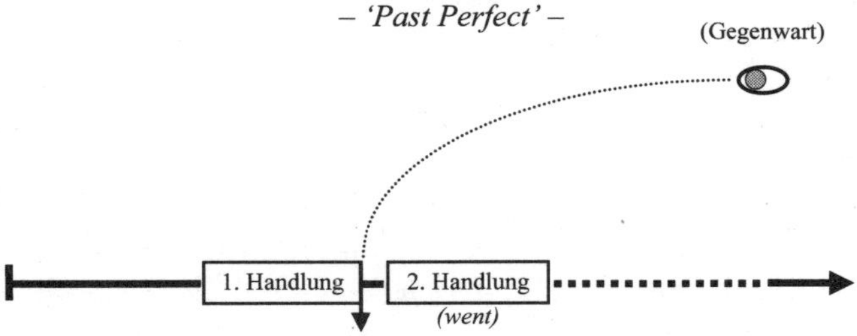

I, you, he, we, they ... ***had gone***

Abschluss einer Handlung (bevor eine zweite Handlung begann)

Übrigens ist das Zeitenschema – wie man es gewöhnlich in der Schule lernt – komplett, wenn Sie die beiden Vergangenheitszeiten *'went' ('Past')* und *'had gone' ('Past Perfect')* der Übersicht auf Seite 411 hinzufügen, die Ihnen möglicherweise gar nicht so „übersichtlich" erscheint. Daher zurück zu unserer Erkenntnis, dass es im Prinzip nur die **Gegenwart** und die **Vergangenheit** gibt – zwei Zeiten, die der Engländer nicht vermischen darf, d.h. innerhalb eines Satzes oder Textes muss er bei *einer* Zeit bleiben! Im Folgenden erfahren Sie einen Trick, mit dem Sie automatisch und zuverlässig alle erlaubten Kombinationen zur Verfügung haben.

Tipp *Arrangieren Sie die Stammformen englischer Verben neu!*

Lernen Sie statt der drei üblichen Stammformen vier „gebrauchsfertige" Grund-Module:

- *zwei für die Gegenwart und*
- *zwei für die Vergangenheit.*

➲ **go** + **have gone** = *'Present'-Zeiten*

⇩ ⇩

went + **had gone** = *'Past'-Zeiten*

Anmerkungen:

- Die erste Zeitform bezeichnet jeweils die Handlung an sich, die zweite den Abschluss einer Handlung (s. vorherige Seiten).
- Dass auch die Hilfsverben (+ Infinitiv!) in dieses Zwei-Zeiten-Schema passen, soll später nochmals verdeutlicht werden.

Sicherlich werden Sie in einem Englischlehrbuch eine Tabelle mit unregelmäßigen Verben finden, sodass Sie ausprobieren können, wie leicht die gebrauchsfertige Anordnung der herkömmlichen Stammformen ist, von denen vor allem die dritte – die als Einzelwort (z.B. *'gone'*) äußerst selten vorkommt! – immer wieder zu unnötigen Fehlern verleitet. Machen Sie sich bitte bei jedem Verb klar, dass die ersten beiden Formen eine Handlung in der **Gegenwart** beschreiben, während die beiden anderen *denselben* Sachverhalt in der **Vergangenheit** ausdrücken. Im Übrigen können Sie natürlich auch mit einigen regelmäßigen Verben üben, deren zweite und dritte Stammformen grundsätzlich auf ***'-ed'*** enden. Am besten üben Sie schriftlich entsprechend den folgenden Beispielen:

traditionelle Anordnung	***neue Anordnung (ohne 'to')***		
(to fly, flew, flown)	***fly***	-	***have flown,***
	flew	-	***had flown***
(to give, gave, given)	***give***	-	***have given,***
	gave	-	***had given***
(to see, saw, seen)	***see***	-	***have seen,***
	saw	-	***had seen***
(to write, wrote, written)	***write***	-	***have written,***
	wrote	-	***had written***
etc.			
(to move, moved, moved)	***move***	-	***have moved,***
	moved	-	***had moved***
(to stop, stopped, stopped)	***stop***	-	***have stopped,***
	stopped	-	***had stopped***
(to turn, turned, turned)	***turn***	-	***have turned,***
	turned	-	***had turned***
etc.			

*

Zur Abrundung dieser ersten Regel, mit der die Bildung der englischen Zeiten automatisiert werden kann, soll noch einmal verdeutlicht werden, wie die Hilfsverben – die ja immer mit einem der beiden Infinitive verbunden sein müssen – sich in das neue Arrangement der Stammformen einfügen. Sie erinnern sich: Hilfsverben können ebenfalls der **Gegenwart** bzw.

der **Vergangenheit** zugeordnet werden, wobei auch die *Zukunft* eigentlich eine Gegenwartsform (vgl. *'he will'* = *er wird* bzw. *er will*) und der *Bedingungsfall* eine Vergangenheitsform ist (vgl. *'he could'* = *er könnte* bzw. *er konnte*).

Das vollständige „Zwei-Zeiten-Schema“

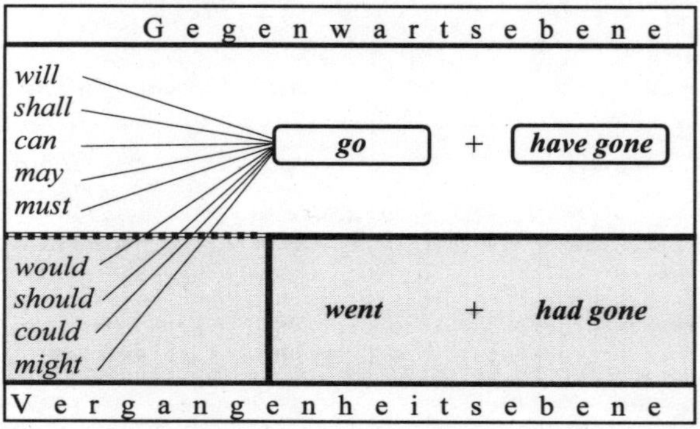

Vielleicht sollten Sie sich diese Gesamtschau aller denkbaren Zeiten im *Aktiv* (= Tatform) kopieren, sodass Sie sie zurate ziehen können (außer natürlich bei Klausuren!), wann immer Sie einen englischen Text zu entwerfen haben. Außerdem wird das saubere Abzeichnen des Schemas Ihre Einsicht in die Zeitenbildung vertiefen, – und wenn Sie es dann noch jemand anderem erklären, werden Sie selbst es nie wieder vergessen!

Der Vollständigkeit halber wollen wir uns noch kurz mit der Leideform, d.h. dem *Passiv*[1] des englischen Verbs befassen, das ebenso mechanisch zu konstruieren ist wie die Tatform. Die Ingredienzien sind in diesem Fall eine passende Form von *'to be'* sowie die dritte Stammform eines Vollverbs, z.B.

*'he **was** beaten'* *(= er **wurde** geschlagen).*

Die Zeit (in unserem Beispiel die Vergangenheit) wird also le-

---

[1] Über das Passiv werden Sie später noch mehr erfahren.

diglich durch *'to be'* ausgedrückt, während die dritte Stammform wiederum eine Konstante ist! Da das Verb *'to be'* ein echtes Kuriosum ist – kein anderes englisches Tätigkeitswort besitzt einen solchen Formenreichtum! –, sollten Sie sich unbedingt mit dieser einzigen Variablen einer Passivkonstruktion vertraut machen. Es sieht auf den ersten Blick schwieriger aus, als es in Wirklichkeit ist, denn bis auf das *'Present'* und das *'Past'* sind alle Formen „normal" entstanden.

Mögliche Formen von ***'to be'*** *im Passiv*

Formenvielfalt in Gegenwart und Vergangenheit				
Present:	*Singular*	*I*	***am***	**beaten**
		he, she, it	***is***	
	Plural	*we, you, they*	***are***	
Past:	*Singular*	*I, he, she, it*	***was***	**beaten**
	Plural	*we, you, they*	***were***	

Regelmäßig gebildete Zeiten			
Future:	*will*	***be***	**beaten**
Conditional:	*would*	***be***	
Present Perfect[1]:		***have been***	
Past Perfect:		***had been***	
Future Perfect:	*will*	***have been***	
Conditional Perfect:	*would*	***have been***	

[1] In der 3. Person Einzahl heißt es ausnahmsweise *'he / she* ***has*** *been'*.

Vielleicht ist Ihnen aufgefallen, dass die *'Perfect'*-Zeiten und das *Passiv* eine große Verwechslungsgefahr bergen, schließlich benutzen wir im Deutschen zur Bezeichnung einer abgeschlossenen Handlung bisweilen das Tätigkeitswort **„haben"**, manchmal aber auch das Verb **„sein"** (z.B. *ich habe gelacht, wir hatten beschlossen, sie hätten gefeiert* bzw. *ich bin gewesen, ihr seid gefahren, du bist geflogen, er war gegangen, wir wären begegnet* etc.). Da im Englischen ***'to be'*** in Verbindung mit der dritten Stammform für die Bildung der *Leideform* reserviert ist (z.B. *'he **was** caught'*), steht es zur Konstruktion der *'Perfect'*-Zeiten natürlich nicht zur Verfügung!

Tipp *Lassen Sie sich nicht durch deutsche Zeitformen zu Fehlern verleiten!*

Verwenden Sie im Englischen grundsätzlich

- ***'to have'*** *für alle 'Perfect'-Zeiten,*
- ***'to be'*** *dagegen für das Passiv!*

➲ *'Perfect'-Zeiten:*

*Er ist (= **hat**!) gelaufen.* ⇨ *'He **has** run.'*
*Sie waren (= **hatten**!) gefallen.* ⇨ *'They **had** fallen.'*

Passiv:

*Es wird (= **ist**!) ... genannt.* ⇨ *'It **is** called ...'*
*Wir wurden (= **waren**!) gefragt.* ⇨ *'We **were** asked.'*

Anmerkung:

- Sobald Sie eine abgeschlossene Handlung im Passiv ausdrücken wollen, kommen ***'to have'*** und ***'to be'*** selbstverständlich gemeinsam vor, da die *'Perfect'*-Zeiten von *'to be'* zwangsläufig eine Form von *'to have'* enthalten (z.B. *'... have been | beaten', '... had been | asked', '... will have been | finished', '... would have been | found'* etc.)

*

Bevor Sie die nun folgenden Sätze ins Englische übertragen, entscheiden Sie zunächst, ob es sich um den *Abschluss einer Handlung* in der Tatform oder um die *Leideform* handelt, und wählen Sie dann die entsprechende Zeitform von ***'to have'*** bzw. ***'to be'***. Bei Übung *(3)* müssen Sie ein wenig Acht geben, da es bei diesen Beispielen sowohl um eine *abgeschlossene Handlung* als auch um die *Leideform* geht – *'to have'* und *'to be'* also gemeinsam vorkommen. Denken Sie daran: Die dritte Stammform des Vollverbs benötigen Sie auf jeden Fall!

(1)

Sie ist gefahren.	*Sie wird gefahren.*
Wir haben gefunden.	*Wir wurden gefunden.*
Ich habe geschlafen.	*Es wird gegessen.*
Ihr hattet getrunken.	*Du wurdest gerufen.*

(2)

Wir sind gegangen.	*Er ist geflogen.*
Sie waren genannt worden.	*Du hast gelacht.*
Ihr seid gefallen.	*Ich wurde verletzt.*
Du bist gewachsen.	*Sie werden verkauft.*

(3)

Wir sind gefragt worden.	*Es war gekauft worden.*
Du bist gesehen worden.	*Du warst vergessen worden.*
Es ist verstanden worden.	*Sie waren verlassen worden.*
Sie würden gesandt worden sein.	*Er wäre (!) gebissen worden.*

Lösungen:

(1)

She has driven.	*She is driven.*
We have found.	*We were found.*
I have slept.	*It is eaten.*
You had drunk.	*You were called.*

(2)

We have gone.	*He has flown.*
They had been called.	*You have laughed.*
You have fallen.	*I was hurt.*
You have grown.	*They are sold.*

(3)

We have been asked.
You have been seen.
It has been understood.
They would have been sent.

It had been bought.
You had been forgotten.
They had been left.
He would have been bitten.

*

b) Der Unterschied zwischen Infinitiv und '-ing'-Form

Der englische Infinitiv mit *'**to**'* und die *'-**ing**'*-Form werden meist für identisch und daher für austauschbar gehalten; oder können Sie einen Bedeutungsunterschied zwischen

*'I have stopped smok**ing** my pipe.'*

und

*'I have stopped **to** smoke my pipe.'*

erkennen? Haben Sie nicht in *beiden* Fällen das Pfeiferauchen aufgegeben? Beileibe nicht, denn der zweite Satz meint geradezu das Gegenteil! Das Infinitiv-*'**to**'* drückt – ebenso wie die Präposition *'to'* – eine Richtung, eine Vorwärtsbewegung aus und bedeutet wörtlich übersetzt „zu" oder „um zu". In der zweiten Aussage teilen Sie also den Grund mit, warum Sie angehalten haben: Sie möchten nämlich jetzt Ihre Pfeife rauchen! Die nachstehende Zeichnung mag den Sachverhalt klären helfen:

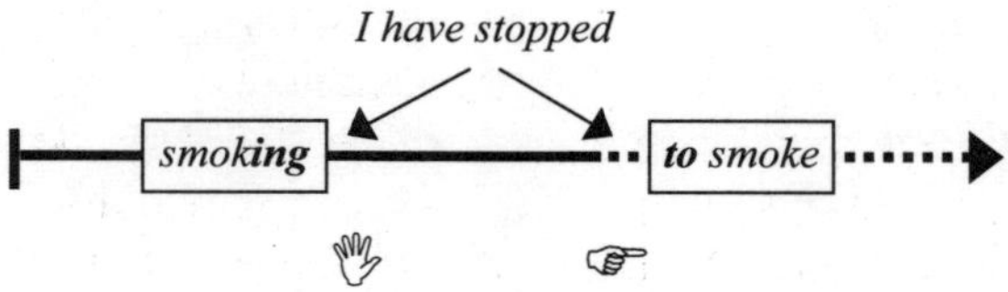

Aufgabe einer Angewohnheit
(= abgeschlossene Handlung!)

Absichtserklärung
(= zukünftige Handlung!)

Tipp *Vorsicht im Umgang mit der '-ing'-Form und dem Infinitiv mit 'to'!*

Wählen Sie

- *die '**-ing**'-Form für eine andauernde Situation oder Handlung in der Gegenwart oder Vergangenheit (= Realität),*
- *den Infinitiv mit '**to**' jedoch für eine Situation oder Handlung in der Zukunft (= Absicht, Plan etc.)!*

➲ *'I like sing**ing**.'* *(= Tatsache)*
*'I'd like **to** sing.'* *(= Wunsch)*

Jetzt wird auch klar, warum Sie viele Verben mit einem nachfolgenden ***'to'*** zu lernen hatten, handelt es sich doch jedes Mal um Tätigkeiten, deren Verwirklichung noch ungewiss ist (z.B. *'to want **to**', 'to wish **to**', 'to intend **to**', 'to plan **to**', 'to have **to**', 'to hope **to**', 'to fear **to**'* usw.).

Weitaus größere Schwierigkeiten wird Ihnen die Unterscheidung der *'-**ing**'*-Formen bereitet haben, auf die man in der Schule für gewöhnlich viel Zeit ver(sch)wendet. So haben Sie (vielleicht) begriffen, dass man aus jedem Verb ein ***'Gerund'*** (d.h. ein Hauptwort) bilden kann, indem man ihm ein *'-ing'* anhängt, dass in der ***'Progressive Form'*** (d.h. in der Verlaufsform) *'to be'* und *'-ing'* zu verwenden sind und dass es darüber hinaus noch ein ***'Present Participle'*** gibt (d.h. ein Mittelwort der Gegenwart), das ebenfalls eine *'-ing'*-Endung erhält. Anstatt die feinen Unterschiede zwischen den *'-ing'*-Varianten herauszustellen, sollten wir versuchen, ihre Gemeinsamkeiten, also das Wesen *der '-**ing**'*-Form (!) zu erkennen. Wenn Sie sich einmal die folgenden Sätze – die entweder ein *'Gerund',* eine *'Continuous Form'* oder aber ein *'Present Participle'* enthalten, genau anschauen, werden Sie schnell herausfinden, dass das *'-ing'*-Wort jedes Mal die gleiche Bedeutung hat:

*(1) 'She enjoys .... play**ing** tennis.' (= Gerund)*
*(2) 'She is/was .... play**ing** tennis.' (= Continuous Form)*
*(3) 'She spends a lot of time .... play**ing** tennis.' (= Present Participle)*

Die Einheit *'play**ing** tennis'* ist ganz offensichtlich in allen drei Sätzen identisch – und die Aussage ebenfalls! In jedem einzelnen Fall verdeutlicht die *'**-ing**'*-Endung, dass es sich bei dem *Tennisspielen* um eine kontinuierliche Aktivität in der Gegenwart *oder* Vergangenheit (= Realität), ja im ersten und dritten Satz sogar um eine Gewohnheit (also in der Vergangenheit *und* Gegenwart) handelt.[1] Die deutsche Übersetzung der drei Aussagen oben auf der Seite wird die immer gleich bleibende Funktion der *'**-ing**'*-Form unmissverständlich bestätigen, die zu erfassen wichtiger erscheint als die Kenntnis der grammatischen Fachbegriffe:

(1) „Sie liebt das Tennisspielen."	(... also grundsätzlich, schon seit Jahren).
(2) „Sie spielt(e) gerade Tennis."	(... und das kann noch dauern! – bzw. dauerte seine Zeit!)
(3) „Sie verbringt viel Zeit beim Tennisspielen."	(... das ist nun mal eine bekannte Tatsache!)

Die *'**-ing**'*-Endung kann Ihnen übrigens aus mancher Verlegenheit helfen, wenn Ihnen kein treffendes Hauptwort einfallen will: Erweitern Sie ein bekanntes Verb um dieses Suffix, und Sie erhalten ein passables Substantiv, sodass Sie sich zumindest verständlich machen können. Sie müssen allerdings bedenken, dass Sie auf diese Weise kein fertig vorliegendes Ergebnis, sondern stets eine *momentane Beschäftigung* oder eine *gerade aktuelle Situation* bezeichnen.

---

[1] Eines wird klar: *'**-ing**'* kann *nicht* die Zukunft ausdrücken! – Es sei denn, eine zukünftige Handlung hat schon so gut wie begonnen; in diesem Fall wird die *'-ing'*-Form benutzt (oft zusätzlich gefolgt von einem *'**to**'*-Infinitiv!), z.B. *'They are go**ing** on a journey.' ('They are go**ing to** make a trip to England.'),* d.h. sie stehen sozusagen „in den Startlöchern" oder sitzen bereits auf den gepackten Koffern.

c) Eine verlässliche Schablone für den Satzbau

Wer Englisch lernt, wird irgendwann zwangsläufig mit der wichtigsten Satzbauvorschrift – der sogenannten SPO-Regel – konfrontiert, welche die Reihenfolge der Satzteile festlegt. Man weiß sogar, wofür die drei Buchstaben stehen, nämlich für *Subjekt - Prädikat - Objekt*. Den Grund für die unveränderliche Wortanordnung kennt dagegen kaum jemand, und die Konsequenzen der so flott dahergesagten Syntaxregel offenbaren sich nur wenigen.

In der deutschen Sprache bleibt eine Aussage auch dann eindeutig, wenn wir einzelne Satzteile umstellen; lediglich ihre Betonung und somit ihre Gewichtung werden sich dadurch verändern. Betrachten Sie etwa die folgenden Sätze:

*„**Der Löwe** jagt den Mann."* *(... nicht der Tiger)*
*„Den Mann jagt **der Löwe**."* *(... nicht den Jungen)*

In beiden Fällen ist klar, wer hinter wem herjagt. Das Gleiche gilt für die umgekehrte Situation:

*„**Der Mann** jagt den Löwen."* *(... nicht der Junge)*
*„Den Löwen jagt **der Mann**."* *(... nicht den Tiger)*

Die englische Sprache kann sich einen solch flexiblen Satzbau einfach nicht leisten, was Sie schnell einsehen werden, wenn Sie bei der Übersetzung der obigen Beispiele in gleicher Weise vorgehen: Vertauschen Sie Subjekt und Objekt im Satz

*'**The lion** chases the man',*

so machen Sie aus dem Jäger automatisch einen Gejagten:

*'**The man** chases the lion.'*

Allein die Aufeinanderfolge der Satzteile verrät uns also den wahren Sachverhalt, denn weder der Artikel *'the'* noch die Hauptwörter selbst können ihre Form verändern – gleichgültig, ob sie Subjekt *(wer?)* oder Objekt *(wessen/wem/wen?)* sind. Vielfach gibt es ja nicht einmal einen Unterschied zwischen einer Hauptwort- und einer Verbform. Hier rächt sich die traditionelle Vorliebe der Briten, fast völlig auf Endungen zu verzichten!

Wie Sie noch sehen werden, sind Sie gut beraten, die alte SPO-Regel in eine *„**SVO**"*-Formel umzubenennen, wobei das *„V"* nicht mehr für die *ganze* Satzaussage *(= Prädikat)* steht, sondern nur noch für das **Vollverb** *innerhalb* des Prädikats.

Schauen wir uns diese *„**SVO**"*-Faustregel einmal etwas genauer an. Um die Verständlichkeit eines englischen Satzes nicht zu gefährden, müssen die mit den drei Anfangsbuchstaben gemeinten Satzbestandteile exakt in *dieser* Ordnung und *unmittelbar* aufeinander folgen; allenfalls dürfen zwischen *Subjekt* und *Vollverb* einzelne Kurzwörter – z.B. ein Adverb oder ein Hilfsverb – eingeschoben werden. *Vollverb* und *Objekt* dürfen jedoch *niemals (!)* getrennt werden, sodass Sie gut daran täten, sich die alte Regel in einem neuen Gewand einzuprägen:

(S) . . . **[V O]**

↑

(Kurzwort)

Überprüfen Sie, wie genau sich die folgenden Beispiele an dieses Schema halten:

S	. . .	**V**	**O**
He	*never*	***speaks***	***English.***
We	*seldom*	***meet***	***him.***
I	*always*	***ask***	***them.***
You	*must*	***help***	***me.***
She	*will*	***find***	***a job.***
They	*have*	***written***	***a letter.***
Tom	*had*	***found***	***the key.***

Tipp *Halten Sie sich bei der Kernaussage eines englischen Satzes unbedingt an die*

(S)..[V O]- Faustregel!

- *Vor allem trennen Sie niemals die Einheit Vollverb-**O**bjekt durch Worteinschübe!*
  *(Ein kurzes Wort nach dem **S**ubjekt ist erlaubt, da es die Übersichtlichkeit des Kernsatzes nicht stört.)*
- *Längere Satzerweiterungen stehen v o r oder h i n t e r der Kernaussage!*
  (Zeitbestimmungen gehören immer ganz nach außen.)

➲ *'On weekdays, **I** seldom **eat meat**.'*
*'**I** seldom **eat meat** on weekdays.'*

Versuchen Sie nun einmal die Satzbeispiele von der vorhergehenden Seite zu erweitern, und probieren Sie verschiedene Kombinationen aus. – Beachten Sie, dass die Bestimmung der *Art und Weise* in der Regel vor einer *Ortsangabe* steht, während *Zeitausdrücke* den Satz beginnen oder abschließen. Stellen Sie ein einzelnes *Kurz-Adverb* ruhig vor das Vollverb, auch wenn sich dort bereits ein *Hilfsverb* befindet!

(S)	...	V	O	*Art*	*Ort*	*Zeit*
... ***He***	...	***speaks***	***English***	*readily*	*at the bank*	*at last*
... ***We***	...	***meet***	***him***	*obviously*	*over there*	*every day*
... ***I***	...	***ask***	***them***	*urgently*	*in class*	*never*
... ***You***	*must ..*	***help***	***me***	*quickly*	*upstairs*	*now & then*
... ***She***	*will ...*	***find***	***a job***	*surely*	*on the beach*	*very seldom*
... ***They***	*have ..*	***written***	***a letter***	*hopefully*	*in the shop*	*sometimes*
... ***Tom***	*had ...*	***found***	***the key***	*hardly*	*at school*	*quite often*
				luckily	*in town*	*always*
				easily	*at the hotel*	*very soon.*

Zur Erinnerung:

'easily'	= mit Leichtigkeit	*'obviously'*	= offensichtlich	*'at last'*	= schließlich
'hardly'	= (wohl) kaum	*'readily'*	= bereitwillig	*'quite often'*	= ziemlich oft
'hopefully'	= hoffentlich	*'surely'*	= sicherlich	*'very seldom'*	= sehr selten
'luckily'	= glücklicherweise	*'urgently'*	= dringend	*'very soon'*	= schon bald

Ein Beispiel möglicher Kombinationen:

'Every day	**we**	.....	......	**meet him**	*at school*	...........'
'Obviously	**we**	***must***	......	**meet him**	*at the bank*	*very soon.'*
'...........	**we**	***will***	*surely*	**meet him**	*in town*	*quite often.'*
'Now and then	**we**	***should***	......	**meet him**	....	..........'
'..........	**we**	.....	*always*	**meet him**	*on the beach*	..........'
'..........	**we**	***can***	*hardly*	**meet him**	....	*every day.'*

Blättern Sie nun eine Seite zurück, und bilden Sie ähnliche Kombinationen mit den übrigen Sätzen. Variieren Sie bitte die Kernaussage auch mit passenden *Hilfsverben!*

*

Wenn Sie „unsere" Satzbauformel zu Grunde legen, wird Ihnen augenblicklich klar werden, warum der Engländer *Hilfsverben* (nicht unbedingt *'to do'!*) benötigt, um eine Aussage zu verneinen oder in eine Frage zu verwandeln.

Überlegen Sie einmal, was Sie „anrichten" würden, wenn Sie – etwa nach deutschem Muster – ein ***'not'*** *(= nicht)* in einen Kernsatz einfügten:

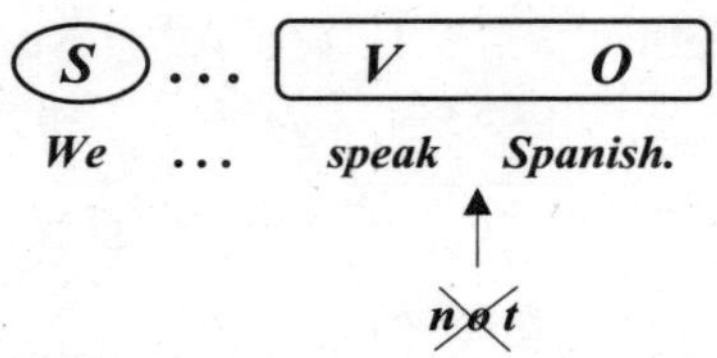

Richtig! – Sie würden das *Vollverb* vom *Objekt* trennen und damit gegen unsere Regel verstoßen. Das Problem ist nur zu lösen, indem Sie ein mit ***'not'*** verneintes *Hilfsverb* zwischen dem Subjekt und der Verb-Objekteinheit einbauen. Manche Sätze enthalten bereits ein Hilfsverb, sodass die Verneinung mühelos zu bewerkstelligen ist. Anders sieht es aus, wenn in einer Aussage *kein* Hilfsverb vorhanden ist. In diesem Fall muss ein völlig „nichtssagendes", d.h. den Satzinhalt nicht veränderndes Hilfsverb als Notbehelf herhalten: das berüchtigte *'**to do**'* – mit den Formen *'**do**'* bzw. *'**does**'* in der Gegenwart und *'**did**'* in der Vergangenheit. (In allen anderen Zeiten enthalten die Verbformen ja bereits ein Hilfsverb!)[1]

Möglichkeiten der Verneinung eines Vollverbs:

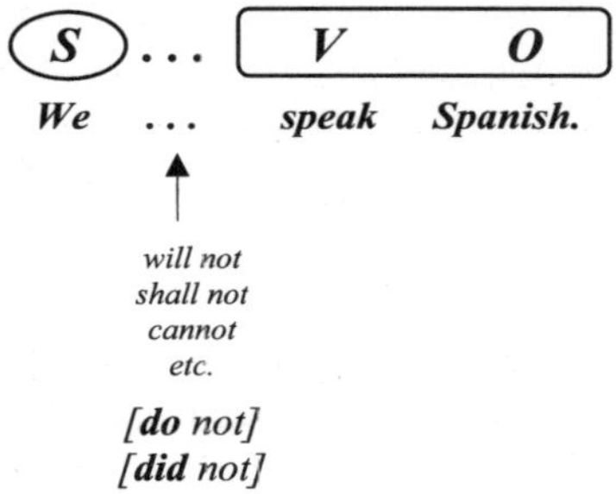

Sie werden sicher nachvollziehen können, dass sich unsere *'**SVO**'*-Regel auch in einem *Fragesatz* nur aufrechterhalten lässt, wenn wir ihn mit einem Hilfsverb beginnen. Rückten wir das Vollverb an den Anfang der Frage (wie wir es ja im Deutschen gewöhnt sind), würden wir auch in diesem Fall die feste Verb-Objektverknüpfung aufheben. Wiederum eignen sich alle Hilfsverben zur Einleitung einer Frage (= Erweiterung des Kernsatzes nach *vorn!*), einschließlich des *'**to do**'*, das purer „Platzhalter" für das Vollverb ist und keine eigene Bedeutung hat. In einer *verneinten* Frage steht das *'not'* unmittelbar vor dem Vollverb, es sei denn, es verschmilzt mit dem Hilfsverb zu einer Kurzform (*'won't he ...?', 'shan't we ...?', 'can't I ...?', 'wouldn't you ...?'* usw.).

---

[1] Die Verneinung folgender Sätze ist also einfach zu bewerkstelligen: *'We **have** (not) spoken Spanish.'* und *'We **had** (not) spoken Spanish.'* – Übrigens ist *'to have'* nur in den *'Perfect'*-Zeiten ein Hilfsverb, hinter dem ja noch eine Vollverbform folgt (in unserem Beispiel *'spoken'*); steht *'to have'* dagegen allein im Satz, muss es natürlich als Vollverb betrachtet werden und logischerweise mit einem Hilfsverb verneint werden (z.B. *'I have a car.'* - *'I **do** not have ...'*).

Die „Umschreibung“ eines Vollverbs im Fragesatz:

... (S) ... [V O]

... you ... speak Spanish?

↑

Will / Won't
Can / Can't
Would / Wouldn't
etc.

[Do / Don't]
[Did / Didn't]

(Ein zusätzliches Fragewort würde den Satz übrigens nochmals nach vorn erweitern, z.B. *'**Why** don't you speak Spanish?'*)

*

Tipp *Benutzen Sie bei der Bildung einer Frage oder Verneinung zunächst das Hilfsverb '**will**' oder '**can**' (gleicher Satzbau wie im Deutschen)!*

*Ersetzen Sie das Hilfsverb anschließend durch '**do**' oder '**does**'!*

➲

Frage:	*Verneinung:*
Do *'~~Can~~ you speak Russian?'*	***do not*** *'I ~~cannot~~ speak Russian.'*

Anmerkungen:

- Bekanntlich bekommt das Vollverb in der Gegenwart ein 3.-Person-Einzahl-*'**s**'* (z.B. *'He speak**s** Russian.'*); in Frage und Verneinung geht dieses *'**-s**'* auf das Hilfsverb *'**do**'* über und verändert es zu *'**does**'* (z.B. *'**Does** he speak- Russian?' – 'No, he **does** not speak- Russian.'*). Alle anderen, „echten“ Hilfsverben wie *'will', 'can', 'may'* etc. sind Konstanten und erhalten in der 3. Person kein *'**-s**'!*
- Ähnliches gilt für einen Satz in der Vergangenheit (z.B. *'He **spoke** Russian'*): Die Aufgabe, das *'Past'* auszudrücken, wechselt vom Vollverb auf das Hilfsverb *(= '**did**')* über, sodass das Vollverb im Infinitiv steht (also: *'**Did** he speak Russian?' – 'No, he **did** not speak Russian.'*).

Bitte bilden Sie die Frage- und Verneinungsform der folgenden Sätze; benutzen Sie auf jeden Fall ein Hilfsverb (HV)!

(HV)		*(HV)*	
'. . .	*they*	. . .	*ask him for money very often.'*
'. . .	*you*	. . .	*understand me.'*
'. . .	*he*	. . .	*makes a trip to England every year.'*
'. . .	*she*	. . .	*has a German car.'*
'. . .	*Tom*	. . .	*goes to school regularly.'*
'. . .	*you*	. . .	***bought** a road map of Bavaria.'*
'. . .	*they*	. . .	***started** their journey on Monday.'*
'. . .	*she*	. . .	***met** him yesterday.'*
'. . .	*you*	***have***	*met him lately.'*
'. . .	*we*	***should***	*invite him to the party.'*
'. . .	*they*	***can***	*translate that letter.'*
'. . .	*he*	. . .	*knows Peter very well.'*
'. . .	*you*	. . .	*do the job properly.'*
'. . .	*she*	. . .	***liked** Jack at first sight.'*
'. . .	*we*	***shall***	*travel to England alone.'*
'. . .	*John*	***has***	*joined the evening class.'*
'. . .	*they*	. . .	***told** her everything about Tim.'*

Lösungen:

*'**Do** they ask him for money very often?' – 'They **don't** ask him for ...'*
*'**Do** you understand me?' – 'You **don't** understand me.'*
*'**Does** he make a trip to England every year?' – 'He **doesn't** make ...'*
*'**Does** she have a German car?' – 'She **doesn't** have a German car.'*
*'**Does** Tom go to school regularly?' – 'Tom **doesn't** go to school ...'*
*'**Did** you buy a road map of Bavaria?' – 'You **didn't** buy a road ...'*
*'**Did** they start their journey on Monday?' – 'They **didn't** start their ...'*
*'**Did** she meet him yesterday?' – 'She **didn't** meet him yesterday.'*
*'**Have** you met him lately?' – 'You **haven't** met him lately.'*
*'**Should** we invite him to the party?' – 'We **shouldn't** invite him to ...'*
*'**Can** they translate that letter?' – 'They **cannot** translate that letter.'*
*'**Does** he know Peter very well?' – 'He **doesn't** know Peter very well.'*
*'**Do** you do (!) the job properly?' – 'You **don't** do the job properly.'*
*'**Did** she like Jack at first sight?' – 'She **didn't** like Jack at first ...'*
*'**Shall** we travel to England alone?' – 'We **shall** not travel to ...'*
*'**Has** John joined the evening class?' – 'Tom **hasn't** joined the ...'*
*'**Did** they tell her everything about Tim?' – 'They **didn't** tell her ...'*

*

Nachdem wir die Konstruktion eines englischen Verbs in der Leideform schon behandelt haben (*'to be'* + dritte Stammform, vgl. S. 416 ff.), schauen wir uns nun die *Wortstellung* in einem Passivsatz an, die natürlich der *„**SVO**"*-Regel folgen muss (allerdings mit der Einschränkung, dass ein Satz auch *ohne* Objekt vollständig ist, z.B. *'She swims.'*). Auf der anderen Seite kann er aber auch *zwei* Objekte haben, die sich formal nicht unterscheiden und deshalb wiederum nur an ihrer Reihenfolge zu erkennen sind, z.B. *'They offered | **him** | **a secretary**.'* (*'him'* = *ihm* oder *ihn*). In diesem Fall rangiert das Dativ-Objekt *(wem?)* grundsätzlich *vor* dem Akkusativ-Objekt *(wen?/was?),* es sei denn, Sie markieren das Dativ-Objekt mit einem vorangestellten *'**to**'* (z.B. *'They sent a letter **to** her.'*)

Im Englischen sind Passivkonstruktionen wesentlich häufiger anzutreffen als im Deutschen, besonders wenn das Subjekt eines Aktivsatzes völlig unbestimmt oder offenkundig ist (z.B. *'**Everybody** can trust Peter.'* bzw. *'**The police** arrested the thief.'*). Da die stärkste Betonung in der Regel auf dem Satzanfang liegt, würde damit ausgerechnet das „nichts sagende" Subjekt besonders herausgehoben! In diesem Fall bietet sich eine Passivkonstruktion an, in der das wichtigere *Objekt* zum Subjekt wird (z.B. *'**Peter** can be trusted.'* bzw. *'**The thief** was arrested.'*). Das ehemalige Subjekt entfällt entweder völlig oder wird – entsprechend seiner untergeordneten Bedeutung – mit der Präposition *'**by**'* an das Satzende verbannt (z.B. *'Peter can be trusted **by** everybody.'*).

Passivform eines Satzes mit nur einem Objekt:

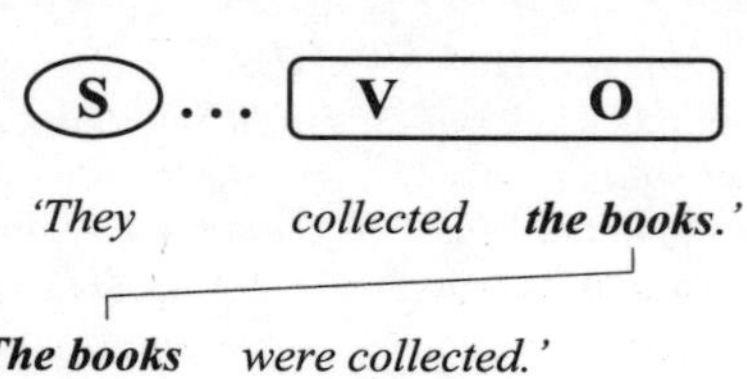

Passivform eines Satzes mit zwei Objekten

a) Das Dativ-Objekt (O_3) wird zum Subjekt des Passivsatzes:

(S) . . . [V O_3 O_4]

'They showed ***us*** *the office.'*

*'**We** were shown the office.'*

b) Das Akkusativ-Objekt (O_4) wird zum Subjekt des Passivsatzes:

(S) . . . [V O_3 O_4]

'They showed us ***the office****.'*

*'**The office** was shown* ***to*** *us.'*

Tipp *Enthält ein Satz zwei Objekte (feste Reihenfolge: O_3, O_4), können Sie sowohl das Dativ- als auch das Akkusativ-Objekt zum Subjekt eines Passivsatzes machen!*

- *Achten Sie darauf, dass das ehemalige Objekt – wenn es als Subjekt an den Satzanfang rückt – im Nominativ („Wer"-Fall) steht.*
- *Bedenken Sie, dass sich das Prädikat nach dem neuen Subjekt richtet. (Einzahl-Mehrzahl!)*

➲ *Folgende Personalpronomen ändern ihre Form:*

(O_3 / O_4)		Subjekt	(O_3 / O_4)		Subjekt
'me'	⇨	'I'	'us'	⇨	'we'
'him'	⇨	'he'	'them'	⇨	'they'
'her'	⇨	'she'	('it' und 'you' bleiben unverändert)		

Üben Sie bitte schriftlich an einigen Sätzchen die Verwandlung des *Objekt*-Personalpronomens zum *Subjekt*-Personalpronomen in der Leideform und vergleichen Sie Ihre Version mit den Lösungen. – Beachten Sie:

- Bei zwei Objekten im Aktivsatz können Sie zwei Passivsätze bilden!
- Halten Sie die vorgegebene Zeit strikt ein!
- Das Personalpronomen kann als Subjekt nur im Nominativ stehen!
- Eine Präposition vor dem Objekt wandert nicht mit, wenn dieses zum Subjekt wird!
- Ein Dativ-Objekt am Satzende muss mit ***'to'*** markiert werden!

'Somebody will tell ***you*** *|* ***the truth****.'*
'They asked ***her*** *to be quick.'*
'Everybody can rely on ***her****.'* (Präposition!)
'They offered ***me*** *|* ***a reward****.' (= Belohnung)*
'They didn't give ***him*** *|* ***a chance****.'*
'Somebody will help ***her*** *with the job.'*
'The firm promises ***us*** *|* ***a pay rise****.'*
'They must think of ***it****.'* (Präposition!)
'Wait here until they send for ***you****.'* (Präposition!)
'People carried ***them*** *into the house.'*
'They have made ***him*** *a captain.'*
'People often laughed at ***her****.'* (Präposition!)
'Someone taught ***them*** *|* ***French****.'*
'Somebody has introduced ***me*** *to Jim.'*
'People didn't listen to ***him****.'* (Präposition!)
'Nobody took notice of ***us****.'* (Präposition!)
'Everybody must admit ***it****.' (= zugeben)*
'Someone brought ***me*** *|* ***a drink****.'*
'People look upon ***him*** *as an expert.'* (Präposition!)
'Later other guests will join ***us****.'* (... *'by'* ...)

*

Lösungen:

*‘**You** will be told | the truth.’* – *‘**The truth** will be told | **to** you.’*
*‘**She** was asked to be quick.’*
*‘**She** can be relied **on**.’*
*‘**I** was offered | a reward.’* – *‘**A reward** was offered | **to** me.’*
*‘**He** wasn’t given | a chance.’* – *‘**A chance** wasn’t given | **to** him.’*
*‘**She** will be helped with the job.’*
‘We are promised | a pay rise.’ – *‘**A pay rise** is promised | **to** us.’*
*‘**It** must be thought **of**.’*
*‘Wait here until **you** are sent **for**.’*
*‘**They** were carried into the house.’*
*‘**He** has been made a captain.’*
*‘**She** was often laughed **at**.’*
*‘**They** were taught | French.’* – *‘**French** was taught | **to** them.’*
*‘**I** have been introduced to Jim.’*
*‘**He** wasn’t listened **to**.’*
*‘**We** were not taken notice **of**.’*
*‘**It** must be admitted.’*
*‘**I** was brought | a drink.’* – *‘**A drink** was brought | **to** me.’*
*‘**He** is looked **upon** as an expert.’*
*‘Later **we** will be joined by other guests.’*

*

Sollte Ihnen die Umwandlung dieser Sätze in die Passivform nicht so recht gelungen sein, ist damit wieder einmal bewiesen, dass *Verstehen* und *Behalten* zwei völlig verschiedene Dinge sind und nur wiederholtes *Üben* den sprichwörtlichen „Meister macht“.

Vielleicht ist Ihnen im zweiten Teil des Buches bewusst geworden, wie sehr selbst die Grammatik der englischen Sprache mit der Etymologie, also der Entstehungsgeschichte ihres Wortschatzes, verknüpft ist, – zwingt doch gerade die im Englischen typische „Vereinfachung“ durch weit gehenden Verzicht auf Vorsilben und Endungen zur Beachtung ungewöhnlich starrer Grammatikvorschriften. Die drei wichtigsten Faustregeln, die Ihnen helfen, die meisten Zeitform- und Syntaxfehler zu vermeiden, sollen abschließend noch einmal in einer knappen Übersicht dargestellt werden.

d) Die „Überlebensgrammatik“ auf einen Blick

I. <u>Infinitive und Hilfsverben (HV)</u>

1. Benutzen Sie in der Gegenwart einen der beiden Infinitive – *pur* oder *mit Hilfsverb!*

(HV +) →	***go***	= Handlung an sich
(HV +) →	***have gone***	= Abschluss der Handlung

Ausnahme: *kein* Infinitiv in der 3. Pers. Einz. (*'he goes'* bzw. *'she has gone'*)!

2. In der Vergangenheit lauten die Entsprechungen der beiden Infinitive ***'went'*** und ***'had gone'***. (Immer *ohne* Hilfsverb!)

II. <u>Die *'-ing'*-Form im Gegensatz zum *'to'*-Infinitiv</u>

1. Jede *'-ing'*-Form bezeichnet eine wirklich ablaufende/abgelaufene Handlung oder eine andauernde Situation:

'(He is/was)	*sing**ing**.'*	= Realität *('Present'/'Past')*
'(I hear/heard him)	*sing**ing**.'*	
'(She likes/liked)	*sing**ing**.'*	

2. Ein Infinitiv-***'to'*** deutet eine nur möglicherweise eintretende Handlung an:

'(He wants)	***to** (go ...).'*	= Wunsch, Plan *('Future')*
'(We plan)	***to** (travel ...).'*	
'(She hopes)	***to** (meet ...).'*	

III. <u>Die starre „*S–VO*“-Satzbauregel</u> *(bei 2 Objekten gilt: **O_3 + O_4**)*

1. Aussage:	. . .	***S***	. . .	***V O***
2. Verneinung:	. . .	***S***	***HV + not***	***V O***
3. Fragesatz:	***HV +***	***S***	. . .	***V O***

Es bleibt zu hoffen, dass Sie – über das Aha-Erlebnis beim Erkennen etymologischer Zusammenhänge hinaus – den einen oder anderen Trick zur Dekodierung eines englischen Wortes im Gedächtnis behalten und Assoziationen Ihnen in Zukunft helfen, sich Vokabeln und Ausdrücke in ihrer Bedeutung, Rechtschreibung und Aussprache dauerhaft einzuprägen.

Es soll nicht verschwiegen werden, dass die vorgestellte Kurzgrammatik gewöhnungsbedürftig ist, da sie immer wieder mit dem Wust an detaillierten Einzelregeln und Fachbegriffen kollidieren wird, die Sie in der Schule üblicherweise pauken mussten (oder noch müssen), und sicherlich lässt sie etliche grammatische Sonderaspekte unberücksichtigt. Sie ist eben eine „Überlebensgrammatik", mit der Sie die meisten Grundprobleme der englischen Formenbildung und Syntax sicher in den Griff bekommen können. Denn je weniger Sie über die Konstruktion eines Satzes nachdenken müssen, umso leichter kann sich die Sprache zu dem entwickeln, was sie eigentlich sein sollte: Kommunikationsmittel und Chance zum besseren gegenseitigen „Verstehen"!

* * *

Anhang

Erklärung der phonetischen Zeichen

Die in diesem Buch verwendete Lautschrift (in eckigen Klammern []) entspricht der *International Phonetic Transcription* nach Daniel Jones.

Die meisten Konsonanten (b, d, f, g, j, k, l, m, n, p, q, t, x) bedürfen keiner näheren Erläuterung, da sie im Englischen genauso gesprochen werden wie im Deutschen. Ein deutlicher Unterschied besteht hingegen beim englischen ***'r'*** und ***'w'*** (s. unten). Der Lautwert eines phonetischen Zeichens wird in der folgenden Tabelle jeweils durch ein englisches und deutsches Beispielwort veranschaulicht.

Vokale

Lautzeichen	*engl. Beispielwort*	*Erklärung*	*(deutsches Beispielwort)*
[ʌ]	***'fun'***	kurzes ***a***	*(Lamm)*
[ɑ:]	***'car'***	langes ***a***	*(Kahn)*
[æ]	***'fan'***	zwischen ***a*** und ***ä***	*(sagen/sägen)*
[e]	***'set'***	zwischen ***e*** und ***ä***	*(hätte)*
[ə]	***'an'***	wie dt. End-***e***	*(bitte)*
[ə:]	***'bird'***	offenes ***ö***	*(flirten)*
[i]	***'sit'***	kurzes ***i***	*(Bitte)*
[i:]	***'me'***	langes ***i***	*(Miete)*
[ɔ]	***'job'***	kurzes, offenes ***o***	*(Gott)*
[ɔ:]	***'saw'***	langes, offenes ***o***	*(Mord)*
[u]	***'put'***	kurzes ***u***	*(ducken)*
[u:]	***'root'***	langes ***u***	*(Hut)*

Diphtonge

Lautzeichen	*engl. Beispielwort*	*Erklärung*	*(deutsches Beispielwort)*
[ai]	***'my'***	deutsches ***ei***	*(mein)*
[au]	***'how'***	deutsches ***au***	*(Haus)*
[ou]	***'low'***	helles ***o-u***	*(-)*
[ɛə]	***'square'***	deutsches ***ä(r)***	*(Bär)*
[ei]	***'lay'***	wie ***ä-i***	*(-)*
[iə]	***'hear'***	vom ***i*** zum ***e***	*(hier)*
[ɔi]	***'coin'***	deutsches ***eu***	*(Heu)*
[uə]	***'tour'***	deutsches ***u(r)***	*(nur)*

Konsonanten

Lautzeichen	*engl. Beispielwort*	*Erklärung*	*(deutsches Beispielwort)*
[ŋ]	***'long'***	deutsches ***ng***	*(lang)*
[r]	***'road'***	Gaumen-***r***	*(-)*
[s]	***'sea'***	stimmloses ***s***	*(Hass)*
[z]	***'zero'***	stimmhaftes ***s***	*(Säge)*
[ʃ]	***'show'***	deutsches ***sch***	*(Schule)*
[ʧ]	***'much'***	deutsches ***tsch***	*(futsch)*
[ʒ]	***'vision'***	stimmhaftes ***sch***	*(Genie)*
[ʤ]	***'Jim'***	stimmhaftes ***dsch***	*(Gin)*
[θ]	***'three'***	gelispeltes ***ß***	*(-)*
[ð]	***'this'***	gelisp. weiches ***s***	*(-)*
[v]	***'van'***	deutsches ***w***	*(wann)*
[w]	***'wonder'***	ähnlich unserem ***u***, keinesfalls wie ***w****!*	*(-)*

Ein Doppelpunkt hinter einem Vokal bedeutet, dass dieser lang auszusprechen ist (z.B. [ɑ:]), während ein Apostroph anzeigt, dass die nachfolgende Silbe betont werden muss (z.B. [ˈmædəm]); bei längeren Wörtern ist meist nur der betonte Vokal angegeben (z.B. *'performance'* [-ɔ:-]).

*

Abkürzungen

afrik.	*afrikanisch*	**Mandar.**	*Mandarin (chinesisch)*
ahd.	*althochdeutsch*	**mar.**	*maritim*
altengl.	*altenglisch*	**Mehrz.**	*Mehrzahl*
altfrz.	*altfranzösisch*	**mexik.**	*mexikanisch (aztekisch)*
angebl.	*angeblich*	**milit.**	*militärisch*
angels.	*angelsächsisch*	**mögl.**	*möglicherweise*
chin.	*chinesisch*	**mundartl.**	*mundartlich*
ebenf.	*ebenfalls*	**niederl.**	*niederländisch*
eigentl.	*eigentlich*	**ON**	*Ortsname(n)*
engl.	*englisch*	**orient.**	*orientalisch*
entgg.	*entgegen*	**österr.**	*österreichisch*
etc.	*et cetera, usw.*	**peruan.**	*peruanisch*
früh.	*früher*	**pp.**	*past participle*
frz.	*französisch*	**rel.**	*religiös*
FW.	*Fremdwort*	**röm.**	*römisch*
Gegent.	*Gegenteil*	**s.**	*sich / siehe*
ggteil.	*gegenteilig*	**schott.**	*schottisch*
griech.	*griechisch*	**schweiz.**	*schweizerisch*
hebr.	*hebräisch*	**Slg.**	*Slang*
holl.	*holländisch*	**tamil.**	*tamilisch*
hottent.	*hottentottisch*	**ursprüngl.**	*ursprünglich*
ind.	*indisch*	**veralt.**	*veraltet*
indian.	*indianisch*	**Verggh.**	*Vergangenheit*
ital.	*italienisch*	**vgl.**	*vergleiche*
jmd.	*jemand(em, -en)*	**VN**	*Vorname(n)*
karib.	*karibisch, westindisch*	**westafrik.**	*westafrikanisch*
kongol.	*kongolesisch*	**wörtl.**	*wörtlich*
Kurzf.	*Kurzform*	**z.B.**	*zum Beispiel*
lat.	*lateinisch*	**zus.**	*zusammen*
malai.	*malaiisch*	↑	*siehe auch unter ...*

Anmerkung:

Im Text sind ***englische*** Wörter *kursiv* gedruckt und *in halbe Anführungszeichen* gesetzt, um sie besonders hervorzuheben.

*

Bibliographie

Baugh, Albert C., A History of the English Language. Routledge & Kegan Paul Ltd, London 1968

Berlitz, Charles, Die wunderbare Welt der Sprachen. Droemersche Verlagsanstalt Th. Knaur, München 1982

Bodmer, *Frederick,* Die Sprachen der Welt. 5. Auflage, Verlag Kiepenheuer & Witsch, Köln und Berlin (ohne Jahresangabe)

Breitsprecher, Roland u.a., Pons, Globalwörterbuch Englisch-Deutsch, Band 1. Klett Verlag und Collins & Sons, Stuttgart und London 1983

Brockhaus Enzyklopädie, 20 Bände. 17. Auflage, F.A. Brockhaus, Wiesbaden 1966-1974

Döbler, Hannsferdinand, Die Germanen. Heyne Verlag, München 1979

Dorminger, Georg, Wörterbuch Latein-Deutsch. Steffen Verlag, Limburg/ Lahn 1992

Duden, Band 1, Die deutsche Rechtschreibung. Bibliographisches Institut & F.A. Brockhaus AG, Mannheim 2000

Duden, Band 4, Die Grammatik. Bibliographisches Institut & F.A. Brockhaus AG, Mannheim 1998

Duden, Band 5, Das Fremdwörterbuch. Bibliographisches Institut, Mannheim, Wien, Zürich 1990

Duden, Band 6, Das Aussprachewörterbuch. Bibliographisches Institut, Mannheim, Wien, Zürich 1972

Duden, Band 7, Das Herkunftswörterbuch (Die Etymologie der deutschen Sprache). Bibliographisches Institut, Mannheim, Wien, Zürich 1963

Duden, Band 9, Richtiges und gutes Deutsch. Bibliographisches Institut & F.A. Brockhaus AG, Mannheim 2001

Duden, Band 10, Das Bedeutungswörterbuch. Bibliographisches Institut, Mannheim, Wien, Zürich 1985

Duden, Band 12, Zitate und Aussprüche. Bibliographisches Institut, Mannheim, Leipzig, Wien, Zürich 1993

Duden Oxford, Standard-Wörterbuch Englisch, Englisch-Deutsch, Deutsch-Englisch. Bibliographisches Institut und Oxford University Press, Mannheim, Leipzig, Wien, Zürich und Oxford 1991

Fowler, H.W., A Dictionary of Modern English Usage. Oxford University Press, London 1964

Hanowell, Manford, Sprachhistorischer Examenskurs Englisch. Max Hueber Verlag, München 1980

Heidrich, Hans, Englischer Allgemeinwortschatz Naturwissenschaften. Max Hueber Verlag, München 1976

Hermann, Ursula, Knauers Etymologisches Lexikon. Droemersche Verlagsanstalt Th. Knaur Nachf., München 1982

Jones, Daniel, English Pronouncing Dictionary. J.M. Dent, London 1964

Jung, Kurt M., Weltgeschichte in einem Griff. Safari Verlag, Berlin 1979

Knauer, Karl und Elisabeth, Wörterbuch Französisch-Deutsch, Deutsch-Französisch. Bertelsmann Lexikon-Verlag, Gütersloh 1978

Langenscheidt, Sprachführer Chinesisch. Verlag Langenscheidt, Berlin, München, Wien, Zürich, New York 1983

Langenscheidt, Wörterbuch Englisch. Verlag Langenscheidt, Berlin, München, Wien, Zürich, New York 1990

Langenscheidt, Wörterbuch Griechisch. Verlag Langenscheidt, Berlin, München, Wien, Zürich, New York 1980

Langenscheidt, Wörterbuch Italienisch. Verlag Langenscheidt, Berlin, München, Wien, Zürich, New York 1972

Langenscheidt, Wörterbuch Lateinisch. Verlag Langenscheidt, Berlin, München, Wien, Zürich, New York 1972

Langenscheidt, Wörterbuch Spanisch. Verlag Langenscheidt, Berlin, München, Wien, Zürich, New York 1972

Mader, Michael, Lateinische Wortkunde für Alt- und Neusprachler. Verlag W. Kohlhammer, Stuttgart 1979

Onions, C.T. (Edit.), The Oxford Dictionary of English Etymology. Clarendon Press, Oxford 1979

Page, G. Terry, Harrap's English Spelling Rules. Harrap Books Ltd., Bromley 1991

Putzger, F.W., Historischer Weltatlas. Verlag Cornelsen-Velhagen & Klasing, Bielefeld 1974

Scheler, Manfred, Grundlagen der Anglistik und Amerikanistik / Der englische Wortschatz. E. Schmidt Verlag, Berlin 1977

Steenmans, Heinz / Metzler, Rudolf, Abenteuer Amerika. Bertelsmann Verlag, Gütersloh (ohne Jahresangabe)

Stöver, Hans-Dieter, Die Römer - Taktiker der Macht. Rowohlt Taschenbuch Verlag GmbH, Reinbek bei Hamburg 1978

Studiosus Reisen, Urlaub Erleben, 2 / Sommer 93. Rat & Tat Verlags GmbH, Bamberg 1993

Wasserzieher, Ernst, Woher? (Ableitendes Wörterbuch der deutschen Sprache). Ferd. Dümmlers Verlag, Bonn 1974

Webster's New Encyclopedic Dictionary. Könemann Verlags GmbH, Köln 1994

Weekley, Ernest, Words and Names. University College, Nottingham 1932

Wildhagen, Karl, English-German / German-English Dictionary, 2 Bände. Brandstetter Verlag und G. Allen & Unwin Ltd, Wiesbaden und London 1962

* * *

Wortregister

A

B

C

D

F

G

H

N

O

Q

R

S

T

X

Y

Z